Sie eroberten sich eine Freiheit, die bislang Männern vorbehalten war. Sie besaßen den Mut, einsame Landschaften zu durchwandern. Sie gingen allein zu Fuß, um ihre Unabhängigkeit zu behaupten. Simone de Beauvoir war als junge Frau stundenlang auf den einsamen Küstenwegen bei Marseille unterwegs. Die Malerin Georgia O'Keeffe durchschritt mit ihrem Skizzenbuch die schier endlose Ebene bei Amarillo. Die schottische Schriftstellerin Nan Shepherd lief barfuß bei Nacht durch die Cairngorm Mountains und nahm die Schönheit der Natur mit allen Sinnen auf. So wie die australische Reiseschriftstellerin Clara Vyvyan, die walisische Malerin und Geliebte von Rodin, Gwen John, oder die aus Deutschland stammende Ehefrau von D. H. Lawrence, Frieda von Richthofen. Mutige Frauen, die immer auch aus dem Schatten von Männern treten wollten.

In diesem inspirierenden Buch stellt Annabel Abbs Künstlerinnen vor, die ein tiefes Bedürfnis nach Freiheit und Unabhängigkeit hatten. Und sie geht der Frage nach, warum das Naturerlebnis beim Wandern gerade für Frauen so beglückend ist.

ANNABEL ABBS ist Schriftstellerin und Journalistin. Nach einem Unfall entdeckt sie ihre Liebe zu langen Wanderungen in der einsamen Natur wieder. Annabel Abbs wurde für ihre historischen Frauenstoffe bereits mehrfach mit Preisen ausgezeichnet. Die Romanbiografie »Frieda«, in der sie das spektakuläre Leben der Frieda von Richthofen nachzeichnet, war u. a. »Times Book of the Year«. Annabel Abbs lebt mit ihrer Familie in London und Sussex.

ANNABEL ABBS

Den Wind in den Haaren

Auf den Spuren freiheitsliebender Frauen

Aus dem Englischen von
Charlotte Breuer und Norbert Möllemann

btb

Die englische Originalausgabe erschien 2021 unter dem Titel
»Windswept: Walking in the footsteps of remarkable women«
bei Two Roads, an Imprint of John Murray Press, London.

Der Verlag behält sich die Verwertung der urheberrechtlich
geschützten Inhalte dieses Werkes für Zwecke des Text- und
Data-Minings nach § 44 b UrhG ausdrücklich vor.
Jegliche unbefugte Nutzung ist hiermit ausgeschlossen.

Penguin Random House Verlagsgruppe FSC® N001967

1. Auflage
Erstveröffentlichung August 2024
Copyright © 2021 Annabel Abbs
Copyright © der deutschen Ausgabe 2024 btb Verlag, München,
in der Penguin Random House Verlagsgruppe GmbH,
Neumarkter Str. 28, 81673 München
Covergestaltung: semper smile nach einem Entwurf
von Jo Myler © John Murray Press
Cover photograph © Len Collection/ Alamy, Sky © Shutterstock.com
Satz: Uhl + Massopust, Aalen
Druck und Einband: GGP Media GmbH, Pößneck
Alle Rechte vorbehalten.
Klü · Herstellung: sc
Printed in Germany
ISBN 978-3-442-71947-1

www.btb-verlag.de
www.facebook.com/penguinbuecher

Für Saskia, die perfekte Wandergefährtin

INHALT

Die wandernden Frauen 9
Einleitung: Wo sind die Frauen? 13

1. Wie es anfing 25
2. Auf der Suche nach Freiheit: Frieda von Richthofen 35
3. Auf der Suche nach sich selbst und nach Einsamkeit:
   Gwen John 79
4. Die Last der Vielschichtigkeit: Clara Vyvyan mit
   Unterstützung von Daphne du Maurier 147
5. Auf der Suche nach Sein und Sinn: Nan Shepherd 175
6. Auf der Suche nach dem Körper: Simone de Beauvoir 225
7. Auf der Suche nach Raum: Georgia O'Keeffe 277
8. Zuhause 343

Epilog: Unser wildes wanderndes Ich 351
Dank 357
Bibliografie 361
Anmerkungen 367

DIE WANDERNDEN FRAUEN

Dieses Buch erzählt von den Streifzügen zu Fuß und den Lieblingslandschaften von sechs bemerkenswerten Frauen. Der besseren Übersicht halber möchte ich sie an dieser Stelle kurz vorstellen.

Frieda von Richthofen (1879–1956) war die deutsche Ehefrau von D. H. Lawrence; aus ihrer Feder stammen diverse Essays sowie ihre Memoiren mit dem Titel: *Nur der Wind*. Sie diente Lawrence für zahlreiche Figuren in seinen Büchern als Vorbild und als Inspiration, ja, sie spielt eine derart wichtige Rolle in seinem Werk, dass viele sie für seine Mitarbeiterin halten.

Gwen John (1876–1939) war eine walisische Malerin, die ihr gesamtes Erwachsenenleben in Frankreich verbracht hat. Obwohl sie eine der bekanntesten britischen Künstlerinnen ist, stand sie fast immer im Schatten ihres Bruders Augustus und ihres Geliebten Rodin. Am bekanntesten sind ihre leuchtkräftigen Frauenporträts, von denen eins (»Dorelia by Lamplight at Toulouse«) kürzlich bei Sotheby's für über eine halbe Million Dollar versteigert wurde.

Clara Vyvyan (1885–1976) war eine Reiseschriftstellerin. In Australien geboren, wuchs sie in England auf, absolvierte nach einem abgeschlossenen Studium der Naturwissenschaften eine Ausbildung zur Sozialarbeiterin und arbeitete in den Londoner Slums. Im Ersten Weltkrieg war sie Lazarettschwester, später widmete sie sich in Cornwall dem Schreiben und ihrem Gemüsegarten. Sie ist weit gereist und leidenschaftlich gewandert und hat mehr als zwanzig Bücher geschrieben, die alle in Vergessenheit geraten sind.

Nan (Anna) Shepherd (1893–1981) war eine schottische Schriftstellerin, Dichterin, Essayistin und Erzieherin, deren Buch über das Bergwandern *The Living Mountain* heute als bahnbrechendes Werk im Bereich Nature Writing gilt. Ihr Konterfei ziert die schottische Fünf-Pfund-Note.

Simone de Beauvoir (1908–1986) war eine französische Schriftstellerin, Philosophin und Feministin. Ihr bekanntestes Buch ist das radikal-feministische Werk *Das andere Geschlecht*. Sie war überaus produktiv und schrieb Tagebücher, Memoiren, Essays, Briefe und preisgekrönte Romane. Sie wohnte ihr Leben lang in Paris, von wo sie regelmäßig in ländliche, weit entlegene Gegenden entfloh.

Georgia O'Keeffe (1887–1986) war eine amerikanische Malerin, die als eine der bedeutendsten Künstlerinnen des zwanzigsten Jahrhunderts gilt und eine Ikone ist. Die für ihre Blumenbilder und ihre Landschaften berühmte Malerin arbeitete zu Beginn ihrer Karriere in Texas und siedelte später nach New Mexico um.

Ebenfalls erwähnt, jedoch ohne eigene Kapitel:

Daphne du Maurier (1907–1989) war eine ungeheuer populäre englische Schriftstellerin, ihre berühmtesten Romane sind *Rebecca, Die Bucht des Franzosen, Meine Cousine Rachel* und *Jamaica Inn* (sie wurden alle verfilmt). Sie hat aber auch Theaterstücke, Kurzgeschichten, Biografien und Bücher über Cornwall geschrieben, wo sie – ganz in der Nähe von Clara Vyvyan – lebte. In ihrem Werk kommt immer wieder ihre Liebe zu unberührten Landschaften zum Ausdruck.

Emma Gatewood (1887–1983), besser bekannt unter dem Namen Grandma Gatewood, war eine amerikanische Pionierin des Extremwanderns und die erste Frau, die allein den Appalachian Trail (3489 Kilometer) absolviert hat, und zwar insgesamt dreimal, zuletzt im Alter von fünfundsiebzig Jahren.

Einige Frauen werden in diesem Buch beim Vornamen, andere beim Nachnamen genannt werden. Nach reiflicher Überlegung habe ich mich entschlossen, die Namen so zu verwenden, wie es mir beim Schreiben richtig erschien. Im Prinzip sind es die Namen, von denen ich glaube, dass die Frauen sie selbst bevorzugt hätten. Zum Beispiel glaube ich, dass Simone de Beauvoir lieber unter Beauvoir laufen würde als unter Simone. Dasselbe gilt für O'Keeffe.

Frieda von Richthofen hat im Lauf ihres Lebens viermal den Nachnamen geändert, sich selbst aber immer einfach nur als Frieda bezeichnet. Vermutlich würde sie herzhaft lachen, wenn sie wüsste, dass mir die Frage, bei welchem Namen ich die Frauen in diesem Buch nennen sollte, schlaflose Nächte bereitet hat. Eine Malerin von Gwen Johns Format sollte vermutlich als John bezeichnet werden, allerdings hat ihr Bruder Augustus diesen Namen schon früh besetzt, wodurch Gwen, was ihren Namen anging, in eine Art Vakuum geraten ist, weshalb sie später nur widerwillig ihre Werke überhaupt signiert hat. Aus diesem Grund soll sie hier nur Gwen heißen. Clara Vyvyan hat sowohl unter ihrem Geburtsnamen als auch unter ihrem Ehenamen veröffentlicht. Da Vyvyan aber ebenso wie John ein Vorname ist, fand ich, dass der Text sich geschmeidiger liest, wenn ich sie Clara nenne. Und da Daphne du Maurier im selben Kapitel erwähnt wird, heißt sie hier Daphne.

Wo es mir unerheblich schien, welchen Namen ich benutze, habe ich mich – in Anlehnung an die männliche Tradition in der Literatur – für den Nachnamen entschieden.

Für dieses Buch habe ich das Wort Wanderin für mich definiert als eine Frau, für die das Wandern keine Plackerei, sondern Vergnügen ist, die nicht aus Notwendigkeit wandert, sondern weil sie daraus für sich einen Gewinn zieht. Leider konnte ich deshalb keine historisch bedeutsamen schwarzen oder armen Wanderinnen finden oder solche, die mit ihren Kindern gewandert sind. Diesen Frauen bot sich kaum Gelegenheit, sich zur Entspannung oder zum Zeitvertreib hinaus in die Natur zu begeben. Andererseits sind sie in Bezug auf die zurückgelegten Entfernungen und das Durchhaltevermögen unübertroffen.

Zum Schluss möchte ich noch erwähnen, dass ich die Wörter unberührt, abgeschieden, menschenleer und ländlich in ihrem ganz allgemeinen Sinn zur Beschreibung von Landschaften benutze, die in erster Linie nicht städtisch und häufig dünn besiedelt sind. Diese Begriffe beziehen sich nicht auf bestimmte Landstriche.

EINLEITUNG:
WO SIND DIE FRAUEN?

»Endlich fühlte ich mich wirklich frei.«
Mathilda Blind (1841–1896), unveröffentlichte private Notiz
über eine Wanderung allein in den Alpen, 1860

Ich wandere über einen grünen Hügel, folge meinem Schatten, der lang und blau und unscharf ist. Zu meiner Rechten der Ozean, der im Sonnenlicht glitzert. Zu meiner Linken, bis ins Tal hinunter, von Hecken eingefasste Vierecke in Senf- und Safrangelb und Rotbraun. Der Wind zerzaust mir die Haare und zupft an meinen Schattenbeinen, die im hohen Gras unwirklich lang sind. Meine Gedanken kreisen, versuchen, die Landschaft einzuordnen. Wo bin ich?

Dann ist das Bild weg, und ich bin woanders, kauere an einer Felswand. Der Himmel über mir ist schwarz und zerfranst. Ein riesiger orangefarbener Mond faulenzt in der Dunkelheit. Jemand packt mich an der Hand, zieht mich hoch. Ich stehe auf und gehe über einen steinigen, in Mondlicht getauchten Pfad. Ich spüre einen Stein unter meiner Schuhsohle, er bohrt sich in meine Blasen. Immer noch hat mein Gehirn große Mühe zu begreifen, wo sich mein losgelöster Körper befindet. Wo bin ich?

Stundenlang gleite ich von einer Wildnis in die nächste: von grellem Licht in tiefe Finsternis, aus feuchter Schwüle in eisige Kälte, aus Eichenwäldern in sandige Moore in das hohe, reife Gras von ... Wo genau bin ich? Geräusche erreichen mich: das Knirschen von Kies unter meinen Füßen, das Seufzen von Pappeln im Wind, das dumpfe Krachen, das entsteht, wenn Schafszähne Gras rupfen, das Krächzen von Krähen, der Gesang einer Drossel. Ich halte mich an den Geräuschen fest, speichere sie in meinen Gehörgängen in der Hoffnung, dass sie mir eröffnen, wo ich bin, wo ich war, wohin ich gehe.

Als ich die Augen öffne, bin ich umgeben von blendendem Weiß. Eine Krankenschwester in blauer Uniform kurbelt mein Bett hoch. Unzählige Schläuche führen von meinem Handrücken zu einem Tropf mit Kochsalzlösung, an dem ein rotes Lämpchen blinkt. Die Drossel singt leise in meinem Kopf, aber das eindringliche Piepen des Geräts ist lauter. Ich wandere nicht über einen Hügel, die Haare im Wind. Und ich balanciere auch nicht auf einem Felsvorsprung an einer Bergwand entlang. Ich liege in einem Krankenhausbett. Ganz langsam verblasst die Wildnis in meinem Kopf. Das elektronische Stottern des Tropfs wird lauter, übertönt die krächzenden Krähen, die singende Drossel. Jetzt weiß ich wieder, wo ich bin: im Charing Cross Hospital in London. Ich bin gestürzt und mit dem Kopf auf dem Pflaster aufgeschlagen, so hart, dass meine Nachbarin mir später berichtet, es habe sich angehört, als hätte der Lieferant vom Supermarkt einen Stapel Paletten auf der Straße fallen gelassen.

Mit meinen Beinen ist alles in Ordnung, aber ich kann nicht gehen. Übelkeit überkommt mich in Wellen. Es ist, als würde die Erde unter mir schwanken. Als wäre ich so betrunken wie noch nie in meinem Leben – und wie ich es nie wieder sein möchte.

»Gleich kommt Ihr Abendessen«, sagt die Schwester und schiebt die Vorhänge auseinander, die mein Bett umgeben.

»Wann kann ich wieder gehen?« Ich will nichts essen und auch nichts trinken. Ich will nur eins – gehen.

»Bald«, antwortet die Schwester. Aber ich höre ihr nicht zu. Durch die offene Tür sehe ich den Flur und das Zimmer gegenüber. Leute gehen vorbei, sie balancieren Tabletts und tragen Taschen, ein Kind zieht einen Plastikroller hinter sich her, ein Mann schiebt einen Rollator vor sich her. Einige gehen schnell, laufen beinahe. Andere schlendern, humpeln oder schlurfen langsam in Pantoffeln über den Linoleumboden.

Ich sehe den Leuten zu, bin ganz fasziniert von ihren Bewegungen. Dann, ich weiß nicht, woher – aus meinen Füßen, aus meinen Eingeweiden, aus meinem Kopf? –, steigt ein tiefer innerer Schmerz in mir auf. Ich versuche, den Schmerz zu lokalisieren, ihn mit meiner Verletzung zu verbinden. Aber er hat nichts mit dem Hämmern in meinem Kopf gemein. Und er ist auch nicht so dumpf wie eine pochende Prellung oder eine stechende Schnittwunde. Während ich die Leute beobachte, die an der offenen Tür vorbeigehen, breitet der Schmerz sich in mir aus, lässt meine Augen brennen, schnürt mir die Kehle zu, dreht mir den Magen um.

In dem Augenblick kommen mir zwei Gedanken:

Ich habe es nie wirklich wertgeschätzt, was es bedeutet, gehen, ausschreiten, schlurfen, humpeln, rennen zu können. Zweibeinig zu sein.

Ohne meine Beine bin ich gefesselt. Eine Gefangene.

Mein innerer Schmerz fühlt sich an wie ein Verlangen, die Sehnsucht danach, meine kostbaren Beine wiederzubekommen. Aber in das Sehnen mischt sich Bedauern – das Bedauern, all die Jahre so unachtsam gegangen zu sein. Das Bedauern, dass ich so viele Jahre sitzend vergeudet habe – in Autos, vor Bildschirmen, an Tischen und Schreibtischen und Kneipentresen, in Liegestühlen und Betten und Badewannen.

Die Schwester schaut mir in die Augen. »Ach du je ... Kopf hoch! Kommen Ihre Verwandten Sie heute Abend besuchen?«

Ich blinzle und nicke, während ich mir gelobe: Sobald ich wieder gehen kann, werde ich es bei jeder Gelegenheit tun. Und ich werde meine Beine hegen und pflegen, als wären sie mein kostbarster Besitz.

»In null Komma nichts laufen Sie hier im Zimmer herum«, sagt die Schwester, als könnte sie meine Gedanken lesen.

Etwas benebelt betrachte ich das Plastik und den Beton in meinem Zimmer, blicke durch das Fenster auf die Mauer aus Porenbetonsteinen. Alles ist grau und weiß. Es riecht nach ... Waschmittel? Bleichmittel? Das Dröhnen des Straßenverkehrs dringt durch das doppelt verglaste Fenster – Polizeisirenen, Hupen, das Kreischen eines Motorrads. Hier herumzugehen, erscheint mir nicht richtig.

»Ich muss zurück«, krächze ich.

Die Schwester runzelt die Stirn, dann lächelt sie. »Ich bringe Ihnen Schmerztabletten und fülle Ihren Tropf nach.«

»Ich muss in der Natur wandern ... nicht in Städten und Krankenhäusern ...«, lalle ich hinter ihr her.

Ich schließe die Augen und gelobe mir noch etwas – von jetzt an werde ich nur noch Wanderurlaube machen. Unser jüngstes Kind ist sieben. Das älteste ist vierzehn. Von jetzt an wird nicht mehr am Strand herumgelegen. Oder am Pool gefaulenzt. Von jetzt an werden wir über Zäune klettern und auf Berge steigen, über Hügel und durch Täler, an Klippen entlang- und durch

Wälder wandern ... Von jetzt an werden meine wunderbaren autofanatischen, tempobegeisterten und bildschirmfixierten Kinder wandern.

Ich bin ohne Auto aufgewachsen. Meine Eltern konnten nicht Auto fahren und haben sich konsequent geweigert, den Führerschein zu machen. Wir sind also notgedrungen zu Fuß gegangen. Aber wir sind auch jeden Tag nur zum Vergnügen zu Fuß gegangen.

Als junge Frau verliebte ich mich in einen Bergsteiger, und aus den Spaziergängen meiner Kindheit wurden Wanderungen in den abgeschiedensten Gegenden des Himalaja, in den Alpen, im Peak District, im Lake District, in den Brecon Beacons und in den Black Mountains. Der Bergsteiger ist aus meinem Leben verschwunden, und dann kam Matthew, ein begeisterter Wanderer, den ich geheiratet habe. Wir verbrachten unsere Wochenenden und unsere Urlaube mit Wandern: in Snowdonia und in den South Downs, über den Devon Coastal Path, in Dartmoor, in den Yorkshire Moors und auf dem Kilimandscharo.

Nach der Geburt unseres ersten Kindes war es mit dem Wandern vorbei. Nach der Geburt unseres dritten Kindes habe ich meinen geliebten Beruf an den Nagel gehängt und mich der Tyrannei der Hausarbeit unterworfen. Meine Welt ist immer mehr geschrumpft.

Während ich meine Kinder in einer engen Stadtwohnung großzog, sehnte ich mich nach Grün, nach Ferne, nach frischer Luft. An manchen Vormittagen war die Sehnsucht nach Bäumen so unerträglich, dass ich das Gefühl hatte, mir platzt der Kopf, und ich dachte, ich drehe durch.

Dann bin ich mit den Kindern in den Park gegangen. Was ein sehr bescheidener Ersatz war für die weiten Ebenen und die langen Wanderungen, nach denen ich mich verzehrte. Schließlich habe ich angefangen, Bücher über das Wandern und über die Natur zu lesen, am Ende hatte ich permanent ein Buch in der Hand, während ich einhändig die Waschmaschine befüllte, Schniefnasen putzte, aufgeschlagene Knie versorgte und Legohäuser baute. Selbst abends im Bett habe ich gierig noch ein paar Absätze verschlungen, bevor ich erschöpft in einen unruhigen Schlaf gesunken bin.

Eine Zeitlang reichte mir das Lesen. In meiner Fantasie bin ich über schneebedeckte Berge gewandert, durch uralte Wälder, in denen das Sonnenlicht durch das hohe Blätterdach sickerte, über bunte, von blassgrünen Weiden gesäumte Frühlingswiesen, ich bin an schäumenden Bächen und reißenden Flüssen entlang-, durch Moore, weite Täler und Sümpfe gewandert, während über mir Falken und Bussarde kreisten.

Und doch nagte etwas an mir. Etwas, das ich nicht in Worte fassen konnte. Das vage Gefühl, dass die Bücher nicht wirklich für mich gedacht waren, sondern nur zu meiner Beruhigung dienten. Ich habe versucht, dieses immer drängender werdende Gefühl des Abgekoppeltseins abzuschütteln, aus Angst, ohne meine Bücher unter dem Druck des Daseins als Hausfrau und Mutter zusammenzubrechen.

Als ich eines Abends meine Nachttischlampe ausschalten wollte, fiel mein Blick auf den Bücherstapel auf meinem Nachttisch, und ich bemerkte etwas, das mir bis dahin komplett entgangen war: Auf jedem Buchrücken stand ein Männername. Ich war total verblüfft darüber, dass ich, obwohl ich mich als Feministin betrachtete, beim Kauf oder beim Ausleihen eines

Buchs nie darauf achtete, ob es von einem Mann oder einer Frau geschrieben war.

Damals ging ich regelmäßig mit den Kindern in die Kinderbuchabteilung des örtlichen Buchladens, und wenn ich mit Kindern, Rollern, Stofftieren und einem überladenen Kinderwagen völlig gestresst zur Kasse eilte, schnappte ich mir im Vorbeigehen noch schnell ein Buch von einem Tisch, ohne groß auf den Titel zu achten, Hauptsache, es war ein Vogel oder ein Baum auf dem Umschlag abgebildet.

Als ich jetzt meinen Bücherstapel betrachtete und auf jedem Buchrücken einen Männernamen las, stutzte ich. Ich fragte mich, ob ich mich deshalb auf so seltsame Weise abgekoppelt fühlte, weil mir das Lesen nicht wie Inspiration vorkam, sondern wie ein Beruhigungsmittel.

Acht Tage nach meinem Sturz wurde ich aus dem Krankenhaus entlassen. Meine gebrochenen Schädelknochen mussten allmählich wieder zusammenwachsen. Freunde und Verwandte stützten mich. Ich konnte nur sehr langsam gehen, doch in Gedanken machte ich bereits große Pläne für lange Wanderungen.

Ich ging meine Bücher durch, und wieder fiel mir die Abwesenheit von Frauen auf. Während ich in meiner Küche umhertaperte, fand mein verwirrtes Gehirn keine Ruhe. Das Bild von kernigen Männern mit Wanderstöcken, die, den Wind in den Haaren und frei von der Last häuslicher Sorgen auf ihren breiten Schultern, kräftig ausschritten, ging mir nicht aus dem Kopf.

Der Gegensatz zwischen der Enge und Beschränktheit des für Frauen vorgesehenen häuslichen Lebensraums und der Weite, durch die diese sorgenfreien Männer streiften, beschäftigte mich unablässig. Diese Wanderer hatten Mütter, Ehefrauen, sogar Kinder. Aber wo waren die? Warum wurden sie fast nie erwähnt? Vielleicht schafften diese Frauen genau das Heim, das es den Männern ermöglichte, so entspannt und freudig in die Welt hinauszuziehen.

Ich war nicht sauer auf diese Männer (die meisten von ihnen waren sowieso längst tot), aber dass niemand ihr Vorrecht infrage stellte, machte mich wütend. Und ich ärgerte mich über mich selbst, weil ich mir bisher nicht mehr Bücher von Schriftstellerinnen ausgewählt hatte. Denn es gab doch sicherlich auch Frauen, die gewandert waren und über ihre Erfahrungen geschrieben hatten, oder?

Ich durchforstete das Internet, Antiquariate, Bibliotheken. Es waren kaum Frauen zu finden. Es war, wie Rebecca Solnit, eine der wenigen Frauen, die über das Wandern geschrieben hat, bemerkte: »In der Geschichte des Wanderns spielen Männer die Hauptrolle.«[1]

Hin und wieder stieß ich bei meinen Recherchen auf den Namen von Virginia Woolf. Ich habe meine Jugend im Schatten der South Downs verbracht, wo Woolf viele Jahre lang gelebt und ausgiebige Wanderungen unternommen hat. Meine Eltern wohnten immer noch dort, und so begann ich, mir vor jedem Besuch eine von Woolfs Wanderrouten herauszusuchen und ihren Spuren durch die South Downs zu folgen. Auf diesen Wanderungen fand ich mein inneres Gleichgewicht wieder, meine Stimmung verbesserte sich zusehends. Ich konnte wieder atmen.

Ich empfand es als beglückend, die Landschaft so zu erleben, wie Woolf sie in meiner Vorstellung erlebt hatte – die sanften grünen, von Schafen abgegrasten Hügel, das gekräuselte silbrige Meer in der Ferne, die Lerchen, die plötzlich vor meinen

Füßen aufflogen, die träge Sommersonne. Ich stellte mir vor, wie Woolfs eigensinniger Verstand all das aufnahm, filterte und in Kunst verwandelte.

Gleichzeitig beschäftigte mich immer noch die Frage, dass bestimmt noch andere Frauen außer Virginia Woolf gewandert sind. Auch sie mussten doch über die Wohltaten des Wanderns in der freien Natur geschrieben haben. Ein paar Namen fielen mir ein: Dorothy Wordsworth, die Brontë-Schwestern, Elizabeth Bennett in *Stolz und Vorurteil* … aber keine dieser Frauen hatte so viel Aufmerksamkeit und Berühmtheit erlangt wie die Männer in dem Bücherstapel neben meinem Bett.

Ich intensivierte meine Suche nach Wanderinnen, und obwohl die freie Natur weitgehend wandernden, umherstreifenden, kletternden, jagenden, schießenden und angelnden Männern vorbehalten ist, entdeckte ich mit der Zeit immer mehr (häufig unveröffentlichte oder vergriffene) Berichte von Frauen, die über ausgiebige Wanderungen schrieben.

Im kühlen, modernen Ambiente des Alpinen Museums in München fand ich sepiafarbene Fotos von Frauen, die gewandert und geklettert waren – in engen Korsetts, bodenlangen Röcken und Hüten mit sehr breiten Krempen. Allerdings war von den meisten kein Name bekannt. Die Namen der Männer, die im Museum vertreten waren – neben Erstausgaben ihrer Bücher, ihren Gemälden, ihren Fotos, ihren Originalsteigeisen – waren einschließlich ihrer Geburts- und Todesdaten auf Plaketten verewigt. Die Frauen jedoch, die mich aus den Fotos anschauten, blieben namenlos. Ich fragte eine Museumsangestellte, wer die Frauen seien.

Sie zuckte die Achseln. »Das wissen wir nicht. Vielleicht Ehefrauen oder Schwestern.«

Wenn das Wandern in der freien Natur eine derart erholsame, regenerative Wirkung hat (was mittlerweile sogar wissenschaftlich belegt ist), warum sind Frauen dann davon ausgeschlossen? Oder ist dem gar nicht so? Aber weshalb wissen wir dann nichts über diese Frauen?

Die meisten Frauen, die sich mutig auf Wanderschaft begaben – und späteren Generationen als Vorbild hätten dienen können –, sind im Nebel der Geschichte versunken. Einige von ihnen, wie Nan Shepherd, kommen allmählich wieder zum Vorschein, ihre Berichte werden wiederentdeckt, gedruckt, finden große Anerkennung. Andere, wie Simone de Beauvoir, sind zwar sehr bekannt, aber nicht als Wanderinnen. Viele jedoch wurden verdrängt von einem auf sich selbst verweisenden männlichen Kanon der Wander- und Naturliteratur, von rein männlichen Wander- und Klettervereinen, von Verlagen, die traditionell von Männern geleitet werden. Man nahm an, dass Wandern für Frauen zu gefährlich sei.

Auch ich habe mich mitschuldig gemacht, weil ich nicht viel eher auf die Idee gekommen bin, diesen wenigen, im Stillen schreibenden Frauen zu ihrer wohlverdienten Aufmerksamkeit zu verhelfen. Nebenbei bemerkt ist dieser Kreis im Lauf der vergangenen zehn Jahre unter großer Zustimmung stark angewachsen.

Als ich mit meinen Nachforschungen in Bibliotheken und Archiven begann, stieß ich auf immer mehr Hinweise, dass auch Frauen schon immer gewandert sind. In der Geschichte wimmelt es nur so von unsichtbaren Frauen, für die das Zu-Fuß-Gehen eine Lebensnotwendigkeit war. Und in unveröffentlichten und vergriffenen Reiseführern, Briefen, Manuskripten und auf Gemälden begegneten mir Frauen, die auf der Suche nach

Inspiration, Wohltat und Freiheit gewandert sind. Immer mehr gewann ich den Eindruck, dass sie viel größeren Mut, Verwegenheit und Improvisationsvermögen besessen haben müssen als Männer. Sie hatten keinen Militärdienst absolviert, weder Kenntnisse in der Kunst der Navigation noch wussten sie sich selbst zu verteidigen. Weil sie sich allein in der freien Natur bewegten, setzten sie nicht nur ihren guten Ruf, sondern ihre körperliche Unversehrtheit aufs Spiel, worüber sich die meisten Männer keine Gedanken zu machen brauchten. Allein zu wandern, verlangte von diesen Frauen ein Ausmaß an Mut – ja, Tollkühnheit –, das wir uns heute gar nicht mehr vorstellen können.

Was hat den plötzlichen Wagemut, ihrem Alltag zu entkommen, ausgelöst? Was hat diese Frauen dazu getrieben, meilenweit mit einem Rucksack auf dem Rücken zu marschieren, nicht selten allein und häufig in einsamen, abgeschiedenen Gegenden? Wie haben sich ihre Erfahrungen auf sie ausgewirkt?

Natürlich hatte ich nicht genug Platz zur Verfügung, um alle bemerkenswerten Frauen, die ich gefunden hatte, zu porträtieren. Schließlich habe ich einige Frauen ausgewählt, deren Leben sich durch das Wandern verändert hat: Frieda von Richthofen, Gwen John, Clara Vyvyan zusammen mit Daphne du Maurier, Nan Shepherd, Simone de Beauvoir, Georgia O'Keeffe und – kurz umrissen – Emma Gatewood.

Was ich bei meinen Recherchen zutage förderte, war häufig schockierend, teilweise dramatisch, manchmal tragisch, aber immer sehr aufschlussreich. Diese Frauen sind nicht gewandert, »um alle Freiheit zu genießen, die ein Mann überhaupt haben kann« (wie Rousseau)[2], auch nicht zur körperlichen Ertüchtigung oder weil die Umstände es erforderten. Diese Frauen sind gewandert, um sich selbst zu finden; sie sind gewandert, um ihre Gefühlswelt in Ordnung zu bringen; sie sind gewandert, um ihre körperlichen Fähigkeiten auszutesten; sie sind gewandert, um sich ihrer Unabhängigkeit zu vergewissern. Sie sind gewandert, um zu werden.

Der Blick durch ihre Augen und die Landschaften, die sie durchwandert haben, haben mich nicht nur viel über sie, sondern auch über mich selbst gelehrt. Ohne dass ich es anfangs gewusst habe, war meine Reise auf ihren Spuren der Versuch, mich selbst freizuwandern und freizuschreiben.

Denn ebenso wie einige dieser Frauen bin auch ich vor etwas weggelaufen. Beim Wandern – durch Wüsten und Steppen, durch Täler und über Berge, an Kanälen, Flüssen und am Meer entlang, und in meiner Fantasie über ganze Landkarten – nahm das, wovor ich auf der Flucht war, Gestalt an. Es war nicht, was ich erwartet hatte. Es war größer und schwerer zu fassen. Und so ist ein Buch entstanden, in dem es ebenso um Gedankenspuren geht wie um die Spuren, die Frauenfüße beim Wandern hinterlassen; darum, wie wir wandern, und darum, wie wir werden.

1

WIE ES ANFING

*»Das Gehen hat etwas, was meine Gedanken erregt
und belebt; wenn ich mich nicht bewege, kann ich kaum
denken, mein Körper muss gewissermaßen in Schwung
geraten, um auch meine Gedanken zum Schwingen zu
bringen.«*
Jean-Jacques Rousseau, *Bekenntnisse*, 1782

Als Kind bin ich jeden Tag über einen breiten, ausgefahrenen Feldweg, der an einem seichten Bach entlangführte, durch ein saftig grünes walisisches Tal gegangen. Das *cwm* raufgehen, hieß das bei uns zu Hause. *Cwm* ist walisisch für Tal. Ein Waliser würde sagen *y cwm*. Aber wir waren keine Waliser, sondern eine freiwillig im Exil lebende englische Familie, die versuchte, die Sprache und die Sitten des walisischen Dorfs anzunehmen, das meine Eltern als Wohnort gewählt hatten. Das *cwm* war weder richtig walisisch noch richtig englisch. So wie wir eben.

Als wir einmal an einem feuchten, windigen Tag durch das Tal gingen, eröffnete mein Vater mir, ich sei ein Experiment. Ich war fast zehn, groß genug, um mir gläserne Pipetten, bläuliche Flammen und purpurroten Funkenregen vorzustellen. Bei uns zu Hause wurde nie über wissenschaftliche Dinge geredet. Deswegen fand ich das Wort Experiment mit dem Beigeschmack des Verbotenen sehr aufregend, vor allem, weil es mir etwas Zauberisches zu verliehen schien.

»Was denn für ein Experiment?«, fragte ich neugierig.

»Wir haben dich so erzogen, dass du dich überall zu Hause fühlst«, sagte mein Vater. »Egal, wo du bist, und egal, bei wem du bist.«

Seine Worte verwirrten mich. Ich konnte mir überhaupt nicht vorstellen, nicht zu Hause zu sein, ganz zu schweigen davon, mich nicht zu Hause zu fühlen. Das Bild von Pipetten, bläulichen Flammen und Beschwörungsformeln verschwand. Plötzlich fühlte ich mich verunsichert. Mir dämmerte, dass ich eines Tages nicht mehr das Mädchen sein würde, das ich war. Dass ich woanders sein würde. Vermutlich ohne meine Familie. Und doch würde ich mich – erstaunlicherweise und obwohl ich mir ein bisschen wie eine Verräterin vorkommen würde – zu Hause fühlen.

»Gehen wir deswegen nicht mehr in die Schule?«, wollte ich wissen und fragte mich, ob meine Lehrerin, die dicke, immer ganz in Schwarz gekleidete Miss Jones, herausgefunden hatte, dass ich ein Experiment war. Meine kleine Schwester ging auch nicht mehr in die Schule, vielleicht war sie ja auch ein Experiment. Ich war mir nicht sicher, ob ich das wollte, dass meine Schwester auch ein Experiment war.

Mein Vater hob den Blick, schirmte seine Augen mit der Hand gegen das Sonnenlicht ab und beobachtete zwei Bussarde bei ihren Sturzflügen. »Ihr geht nicht zur Schule, weil ihr hier draußen in diesem Tal mehr lernen könnt, als man euch jemals in diesem Höllenloch beibringen kann.« Er machte eine ausladende Bewegung, die das ganze grüne Tal einschloss.

»Aber warum bin ich ein Experiment?«, insistierte ich.

»Wir haben dich gemäß den Prinzipien eines Genies namens Rousseau erzogen«, antwortete mein Vater.

Das verstand ich nicht. Von einem Russoh hatte ich noch nie gehört. Mein Vater erklärte mir, dass Jean-Jacques Rousseau ein berühmter Philosoph war, der ein Buch über einen Jungen namens Émile geschrieben hatte. Und von dem Buch hatten meine Eltern sich bei meiner Erziehung inspirieren lassen. Genau wie wir war dieser Russoh viel gewandert (zusammen mit dem kleinen Émile, den er sich ausgedacht hatte). »Das Buch wurde verboten und verbrannt«, sagte mein Vater und schwang elegant seinen Wanderstab. »Nur wenige Wochen nach seinem Erscheinen wurden ganze Stapel davon verbrannt, und die Leute sind um das Feuer herumgetanzt.« Er schüttelte den Kopf, dann blieb er stehen und schaute mir in die Augen. »So fängt das Buch an: ›Alles ist gut, wie es aus den Händen des Schöpfers der Dinge hervorgeht; alles verdirbt unter den Händen des Menschen.‹«[1]

Ich betrachtete ängstlich seinen Wanderstab. Das untere Ende war ganz zerkratzt, weil er mit dem Stock immer Brombeerranken und Brennnesseln zur Seite schlug. War das ein Zeichen von VERDERBEN in den Händen eines Menschen?

»Rousseaus Ideen haben mit zum Ausbruch der Französischen Revolution beigetragen«, fügte mein Vater hinzu. »Aber *Émile* ist sein bestes Buch, und du bist nach ihm geformt. Du hast *Émile* im Blut.«

Die Vorstellung, nach einem Jungen geformt zu sein, gefiel mir nicht. Erst recht nicht die Vorstellung, einen Jungen im Blut zu haben. Eine Prinzessin wäre mir viel lieber gewesen. Am besten eine adoptierte Prinzessin. Aber das Französische an der

Sache gefiel mir. Und das mit der Revolution auch. Beiden Wörtern haftete etwas Aufregendes und Exotisches an.

Damals lebten meine Eltern ihre eigene Revolution. Mein Vater, ein Dichter, und meine Mutter, die früher als Journalistin für die *Vogue* gearbeitet hatte, waren in ein kleines walisisches Dorf geflüchtet, weil sie ein einfaches, urwüchsiges Leben führen wollten. Sie pflanzten Obstbäume, bauten ihr eigenes Gemüse an und verschickten kryptische Rundbriefe an ihre Freunde.

Von diesem Außenposten an der schroffen walisischen Küste aus bewegten wir uns fort. Wir gingen grundsätzlich zu Fuß. Um Nahrung zu suchen. Damit uns nicht kalt wurde. Aus Protest. Weil die Landschaft schön und unberührt war. Weil Jean-Jacques Rousseau es vorschrieb.

Natürlich haben wir uns auch mit anderen Dingen beschäftigt. Wir lernten Walisisch. Wir lernten, vom Hungerlohn eines armen Poeten gut zu leben. Wir lasen viel. Wir malten und zeichneten. Wir kochten und gärtnerten. Wir hatten Hühner, Katzen und ein Schwein. Aber vor allem sind wir zu Fuß gegangen.

Das Zu-Fuß-Gehen wurde wohl deshalb zu einer Obsession, weil wir einige Dinge nicht besaßen. Wir hatten kein Auto, keine Zentralheizung, kein Telefon, keinen Fernseher, keine Fahrräder, keine Roller, keine Rollschuhe – wir hatten überhaupt nichts mit Rädern; wir fuhren nicht in Urlaub, wir hatten keine Tiefkühltruhe, keine Mikrowelle und keine Waschmaschine, auch kein Radio, keinen Plattenspieler, keinen Kassettenrekorder. Und wir hatten kein Geld.

Folgende Dinge waren bei uns verboten: Comics, Bücher von Enid Blyton, Puppen mit spitzen Brüsten und Namen wie

Barbie oder Cindy, weißes Toastbrot in Plastiktüten, Süßigkeiten, Popmusik, Schuhe mit Plateausohle.

Außerdem gab es damals kein Internet, kein Amazon, kein Uber, keine Fastfood-Restaurants, keine Billigflieger, keine Bildschirme, keine Espressomaschinen … kurz gesagt, keine Bequemlichkeiten des einundzwanzigsten Jahrhunderts.

Aber Mr Rousseau und der von ihm erfundene Émile besaßen auch nichts von alldem.

Rousseau, der Schutzengel meiner Kindheit, hat der simplen Tätigkeit des Gehens etwas eher Mystisches verliehen, sie zur bestgeeigneten Methode des Philosophierens und der Selbstbesinnung erhoben. Er taucht in fast jedem Buch auf, das je zum Thema Wandern geschrieben wurde. Prägnante Rousseau-Zitate zieren Buchdeckel, Webseiten und Wanderblogs. Das Wandern war für Rousseau ebenso Ausdruck seiner Freiheit wie eine ideale Methode, um seine umherschweifenden Gedanken zu ordnen. Im Alter von fünfzehn Jahren hat er mit dem Wandern angefangen und ist sein Leben lang denkend gewandert. Später hat er einmal geschrieben: »Niemals habe ich so viel gedacht, nie bin ich von der Tatsache meines Daseins, meines Lebens und … meines Ichs so erfüllt gewesen als auf meinen einsamen Fußwanderungen.«[2]

Mir selbst wurde die Einführung ins Wandern bereits im Mutterleib zuteil. Als meine Mutter mit mir schwanger war, las mein Vater ihr aus der Erziehungsfibel *Émile* vor. Während sie im Bett lag und ihren immer dicker werdenden Bauch streichelte, trug mein Vater mit sonorer Stimme Rousseaus Ansichten zur Bedeutung des Stillens, zu den Gefahren des Wickelns und dem Wert des Spielens an der frischen Luft vor. Noch heute frage ich mich, ob Rousseaus Wanderlust, seine Rastlosigkeit, sein Freiheitsdrang wohl bis in mein fötales Unterbewusstsein vorgedrungen sind.

Eines Tages, viele Jahre später, hat mein Vater mir erzählt, dass Rousseau alle seine fünf Kinder gegen den Willen seiner Lebensgefährtin als Säuglinge in ein Waisenhaus gegeben hat, was mich zutiefst erschüttert hat. Wie war es möglich, dass jemand einen derartigen Einfluss auf meine Kindheit gehabt hatte, obwohl er selbst nicht in der Lage gewesen war, seine eigenen Kinder großzuziehen? Vielleicht hätte ich mich durch Rousseaus Werk durcharbeiten, den Mann und seine Theorien gesondert betrachten sollen. Stattdessen habe ich versucht, mehr über Marie-Thérèse Levasseur herauszufinden, die Wäscherin, mit der Rousseau vierunddreißig Jahre lang zusammenlebte – die zu heiraten er sich jedoch bis zum Schluss weigerte. In Rousseau-Biografien taucht Thérèse eigentlich nur als Fußnote auf, aber 1991 wurden einige Briefe von ihr entdeckt, aus denen die Gelehrten erfuhren, wie fürchterlich sie gelitten hat, als Rousseau von ihr verlangte, ihren ersten Sohn wenige Wochen nach seiner Geburt in ein Waisenhaus zu bringen. Die gleiche Grausamkeit legte er bei allen weiteren vier Kindern an den Tag, die Thérèse zur Welt brachte. Weil sie total abhängig war von Rousseau, fügte sie sich widerstrebend.[3]

Eine ganze Weile ließ mich Thérèse' eingeengtes, tragisches Leben nicht mehr los; das ging so weit, dass ich den Gedanken nur abschütteln konnte, wenn ich an die frische Luft ging. Denn Gehen ist nichts anderes als der körperliche Ausdruck von Freiheit. Beim Gehen haben wir vollkommene Kontrolle über unsere Muskeln und Gliedmaßen und wissen, dass wir in der Lage sind, uns von etwas fort zu bewegen, zu entkommen.

Und ich wollte Thérèse' Geist entkommen. Ich hatte das Gefühl, dass ich nicht den fiktionalen, durch die Hügel streifenden Émile, sondern Thérèse im Blut hatte.

»Hat das Experiment funktioniert?«, habe ich meinen Vater gefragt, wenige Monate nachdem ich erfahren hatte, dass ich ein Experiment war. Meine Schwester und ich gingen immer noch nicht zur Schule. Wir verbrachten unsere Tage damit, durch die Natur zu streifen und Wildblumen zu suchen, die wir mithilfe unseres Blumenführers *Die walisische Flora* bestimmten; anschließend zeichneten wir sie auf hauchdünnen DIN-A4-Bögen und schrieben Gedichte über sie. Seit Monaten hatten wir keine Zahlen mehr addiert, subtrahiert oder multipliziert. Zahlen, Naturwissenschaften überhaupt, wurden bei uns zu Hause nicht als wichtig erachtet. Ich fragte mich, ob Jean-Jacques Rousseau und sein Émile sich auch nicht mit Zahlen abgegeben hatten.

»Das Experiment ist noch nicht beendet«, lautete die geheimnisvolle Antwort meines Vaters.

»Aber ich gehe doch überallhin zu Fuß«, sagte ich. Ich war es leid, zu Fuß zu gehen und wollte Auto fahren. So wie Sian, die in dem Bauernhof gegenüber wohnte. Sian wurde mit dem Auto zur Schule gebracht. Sian fuhr im Auto nach Abersystwyth. Manchmal kurbelte sie ihr Fenster herunter und winkte mit ihrer klebrigen rosafarbenen Hand, wenn sie im Auto an uns vorbeirauschte. Sians motorisiertes Leben war glamourös und abenteuerlich. Ich hatte es satt, ein Experiment zu sein. Ich hatte es satt, nirgendwohin zu kommen, außer ins *cwm* und an den grauen Kiesstrand, wo es nach Meer und Fäulnis stank. Ich wollte wie Sian sein.

»Ja, du gehst überallhin zu Fuß«, sagte mein Vater. »Rousseau wäre sehr stolz auf dich.«

»Ich dachte, der wär tot«, entgegnete ich verwirrt. »Und wieso können wir nicht wie alle anderen auch ein Auto haben?« Oder einen Fernseher oder eine Tiefkühltruhe oder einen Toaster, fügte ich im Stillen hinzu. Das alles gab es bei Sian zu Hause. Außerdem besaß sie Plateauschuhe, um die ich sie fast so sehr beneidete wie um das Auto.

»Vielleicht bekommen wir eins.« Mein Vater rieb sich den Bart. »Bauer John nimmt mich heute Abend in seinem Auto mit. Er gibt mir Fahrunterricht.«

Mein Herz machte einen Purzelbaum. Ein Auto! Wir würden ein Auto bekommen und eine ganz normale Familie werden! Mein Vater würde ein normaler Vater sein und kein verrückter Dichter, der mit seinem Wanderstab herumfuchtelte. Ich würde ein normales Mädchen sein und kein Experiment. Ich würde keinen toten französischen Jungen mehr im Blut haben.

Als mein Vater am Abend von seiner Fahrstunde zurückkam, wirkte er still und verlegen. Er hatte das Auto in einen Graben gelenkt, wo es sich überschlagen hatte. Er und John waren unverletzt, aber das Auto hatte einen Totalschaden. Das war die letzte Fahrstunde seines Lebens. Und ich habe aufgehört, davon zu träumen, dass wir eine normale Familie werden würden.

Die wenigsten Frauen, die im Lauf der Geschichte lange Wanderungen unternommen haben, wurden für normal gehalten.

Simone de Beauvoir galt als merkwürdig, weil sie allein wanderte, noch dazu mit einer falschen Ausrüstung. Georgia O'Keeffe wurde für schrullig gehalten, weil sie nachts wanderte und riesige Knochen quer durch die Wüste schleppte. Gwen John galt als seltsam, weil sie unter Bäumen schlief, häufig zusammen mit ihren Katzen. Frieda von Richthofen – die vielleicht die meisten Grenzen überschritten hat – wurde ganz offen als anormal bezeichnet; welche Mutter verlässt schon ihre Kinder, um mittellos durch die Welt zu streifen?

Merkwürdig. Schrullig. Seltsam. Anormal. Wörter, die einschränken und tendenziell Angst auslösen, dass man nicht verstanden und ausgeschlossen wird. Aber ich war erzogen worden, damit ich notfalls im Tiefschnee in Island oder auf den glühenden Felsen von Malta überleben konnte (danke, Mr Ru-so). Wie hätte ich der Verlockung dieser mutig wandernden Frauen mit ihrem kühnen, ansteckenden Draufgängertum widerstehen können? Aber war ich auch so kühn wie sie?

2

AUF DER SUCHE NACH FREIHEIT: FRIEDA VON RICHTHOFEN

Wälder, Berge und Seen, Deutschland und Italien.
Unvertraute Landschaft. Erinnerung. Kleidung.
Gut durchblutetes Gehirn. Staunen. Kinder.

»Etwas in ihr war zugrunde gegangen,
etwas war zerbrochen, das nie wieder ganz sein
würde. Sie akzeptierte das alles, all das Leid, das sie so
verwundet zurückgelassen hatte, sie akzeptierte es.«
Frieda Lawrence, *And the Fullness Thereof*, 1964

Als Frieda von Richthofen, dreiunddreißig, aus dem deutschen Adel stammend, verheiratet und Mutter von drei Kindern, am 5. August 1912 aufwachte, regnete es. Es war halb fünf Uhr morgens. Weiß schimmernde Lichtstreifen fielen durch die Spalten an den Fensterläden. Während sie schlaftrunken die Augen öffnete, hörte sie, wie ihr junger Geliebter leise vor sich hin summend ihre Rucksäcke packte. Endlich würde sie zu einem echten Abenteuer aufbrechen, zu einem Wagnis, von dem sie seit zehn Jahren träumte. Es waren lange, öde zehn Jahre gewesen, ein von unterdrückten Gefühlen bestimmtes Leben in einem komfortablen Haus am Rand der Industriestadt Nottingham, das sie kaum noch ertragen hatte. Ohne die tiefe Liebe zu ihren Kindern und die eine oder andere heimliche Affäre hätte sie vollends den Verstand verloren.

Ihr Geliebter war der junge Schriftsteller D. H. Lawrence, Sohn eines mittellosen Bergmanns, den sie vier Monate zuvor kennengelernt hatte. Die beiden hatten tagelang Landkarten und Reiseführer studiert und eine Route ausgearbeitet, die sie durch das süddeutsche Alpenvorland, durch Tirol, über den Jaufenpass nach Bozen und hinunter zu den norditalienischen Seen führen würde. »Die alte Kaiserstraße«, schrieb Lawrence, hier »zogen die Kaiser mit großem Gefolge ... südwärts ... Das ist vergessen, kaum einer, der die alte Straße noch kennt.«[1]

Es war eine Flucht und zugleich eine Abenteuerreise. Es gab viele Gründe, warum die beiden flüchteten: Friedas Exmann Professor Ernest Weekley, Friedas Eltern, die den Geliebten der Tochter als unter ihrer Würde erachteten, der Postbote, der täglich Briefe von Ernest brachte, in denen er Frieda abwechselnd verbot, jemals wieder nach Hause zu kommen und sie anflehte zurückzukehren, worauf Lawrence vor Wut und Verzweiflung regelmäßig ausrastete.

Später wurde diese sechswöchige Wanderung als Durchbrennen glorifiziert. Aber anhand dessen, was wir heute wissen, war es wohl eher ein vehementer Akt der Befreiung, getrieben von der Sehnsucht nach einem Neuanfang. Mit dem ersten Schritt auf regennassen Wegen, mit dem sie diese sechswöchige Wanderung antrat, begann Friedas Prozess, sich als Frau ohne Kinder neu zu erfinden, sich von den Einschränkungen und der Verantwortung zu befreien, mit denen eine Mutter im edwardianischen England leben musste. Beinahe über Nacht verwandelte sie sich von einer modisch gekleideten Mutter und Herrin über einen riesigen Haushalt in eine Frau, für die Kleidung nicht in erster Linie modisch, sondern bequem sein musste (wandertauglich eben), die sich ihr eigenes Essen kochte und ihre Wäsche selbst wusch, die anstatt in der warmen Badewanne in eiskalten Teichen badete und anstatt ein modernes WC zu benutzen, kurz hinter einem Busch verschwand. Und sie wurde zu einer Frau ohne Kinder, ohne Nachbarinnen und ohne ein verzweigtes Netz aus Freundinnen. All das hatte sie aufgegeben, um ihren Platz in der Welt neu zu definieren und zu behaupten.

Friedas Isolation wurde zusätzlich durch die Wahl ihres Geliebten verstärkt. Lawrence stammte aus einem Bergarbeiterdorf in den Midlands und hatte einen Derbyshire-Akzent. Er trug billige Kleidung. Außerdem war er sechs Jahre jünger als Frieda, und das in einer Zeit, als man von Frauen erwartete, dass sie ältere Männer ehelichten. Indem sie ihre Kinder, ein luxuriöses Heim und ihren erfolgreichen Ehemann verließ, verstieß Frieda ohnehin schon gegen jedes nur denkbare Tabu, aber dass sie das für einen Mann wie Lawrence tat, war unfassbar.

Im Jahr 1912 verhielt eine Frau sich nicht so, erst recht keine Mutter.

Frieda und Lawrence schlüpften in ihre identischen Regenmäntel. Frieda setzte einen Strohhut mit rotem Samtband auf, Lawrence einen etwas ramponierten Panamahut. In ihrem Rucksack befand sich ein Spirituskocher, auf dem sie sich am Wegrand ihre Mahlzeiten zubereiten wollten. Zusammen besaßen sie dreiundzwanzig Pfund, was bis Italien kaum ausreichen würde. Frieda schlug vor, im Freien oder in Scheunen zu schlafen – nicht nur, damit sie Geld sparten, sondern auch, weil sie schon immer davon geträumt hatte, im Heu zu schlafen. Einmal versuchten sie es sogar, taten jedoch vor Kälte und weil das Heu pikste, die ganze Nacht kein Auge zu.

All das geht mir durch den Kopf, während ich auf den Tag genau einhundertsechs Jahre später meinen Rucksack packe. Werde ich genauso ausdauernd und guten Mutes sein wie Frieda? Sie war es überhaupt nicht gewohnt, durch Schnee zu wandern, in kalten Heuschobern zu schlafen, Eier auf einem Spirituskocher zu kochen. Aber sie machte nicht ein einziges Mal den Vorschlag, dass sie umkehren oder mit dem Zug weiterfahren sollten, obwohl gerade erst die Strecke von Innsbruck über Bozen nach Verona eröffnet worden war.

Ich kann mich immerhin damit herausreden, dass ich meinen Mann und meine Kinder im Schlepptau habe. Ich betrachte die vier Rucksäcke, die vier Paar Wanderschuhe, die vier Reisepässe. Es ist unsere erste Familienwanderung, an der nicht alle unsere Kinder teilnehmen. Unsere ältesten Töchter, inzwischen achtzehn, kommen nicht mit. Ähnlich wie Frieda gewöhne ich mich allmählich an die Vorstellung von einem Leben, in dem ich nicht länger als Mutter definiert werde. Es ist ein beunruhigendes Gefühl, denn es erinnert mich daran, dass das Muttersein eine unendliche Folge von Verlusten ist, ein unendlich oft wiederholtes Durchtrennen der Nabelschnur, die uns einmal mit unseren Kindern verbunden hat. Die Freiheit, nach der ich mich gesehnt habe, als sie mir noch alle am Rockzipfel hingen, schimmert am Horizont. Aber anstatt freudiger Erregung überkommt mich Wehmut bei dem Gedanken, dass mein Leben nie wieder so sein wird, wie es einmal war.

Einen Moment lang frage ich mich, ob ich Frieda von Richthofen jemals wirklich verstehen werde, eine Frau, die sich so verzweifelt nach Freiheit gesehnt hat, die so entschlossen war, sich selbst zu finden, dass sie ihre geliebten Kinder verlassen hat. Indem ich ihren Spuren folge, versuche ich, in ihren Kopf zu steigen, zu begreifen, wie die Luft der Alpen in jenen turbulenten Wochen ihre Gefühlslandschaft verändert hat. »Wir machten uns frohgemut auf den Weg«, hat sie vierundzwanzig Jahre später in ihren Memoiren *Nur der Wind ...* geschrieben. »Es war für uns beide ein großes Abenteuer ... wir waren glücklich, frei :..«[2] Später schrieb sie, es sei ein packendes, ganz wunderbares Abenteuer gewesen. Und doch widmet sie diesem bedeutenden Lebensabschnitt – beide wagten den Aufbruch ins Ungewisse, der, da sind sich die Biografen einig, für Lawrence einer der Höhepunkte seines Lebens darstellte – in ihren Memoiren gerade mal einen Abschnitt. Mit diesem Abenteuer hat Frieda sich endgültig von ihrem alten Ich gelöst und alles aufgegeben, was ihr Leben bisher ausgemacht hatte. Daran war Lawrence nicht nur mitschuldig, er war die treibende Kraft. Denn das ist doch letztlich das Schicksal einer Muse, oder? Sie muss sich gemäß den Wünschen ihres Meisters neu erfinden.

Aber in dieser Anfangsphase glaubte Frieda, sie sei viel, viel mehr als eine Muse. Sie hatte ihre Familie nicht verlassen, bloß weil sie einen Mann inspirieren wollte. Sie würde seine Mitstreiterin sein. Und dazu musste sie frei sein. Lawrence wollte, dass sie frei war. Das hatte sie verdient. Aber hat sie wirklich Freiheit gefunden, indem sie ihre Kinder und ihren biederen, erfolgreichen Mann verließ? Ich stopfe Friedas Memoiren in meinen Rucksack, dazu eine posthum veröffentlichte Sammlung von Gedanken und zum Teil fiktionalisierten Erinnerungen, die sie in unregelmäßigen Abständen während der letzten zehn Jahre ihres Lebens geschrieben hat. In einem Brief hat sie diese Erinnerungsschnipsel einmal beschrieben als ein interessantes Buch über ein Frauenleben, das besser erst nach ihrem Tod veröffentlicht werden sollte. Sie selbst ist nicht mehr dazu gekommen, die Fragmente zu überarbeiten oder zu ordnen, doch sie wurden später redigiert und unter dem Titel *And the Fullness Thereof* veröffentlicht. Ich hoffe, darin die Hinweise zu finden, die mir bisher entgangen sind.

Nachdem alles gepackt ist, ermahne ich meine Kinder, die sich lieber mit ihren Smartphones beschäftigen, als über von Ziegen bevölkerte Hügel zu wandern: »Wir machen eine Bergwanderung. Ihr braucht warme Sachen, falls wir mal im Heu übernachten müssen.«

»Ich schlaf auf gar keinen Fall im Heu«, knurrt Saskia.

»Muss ich unbedingt mit?«, stöhnt Hugo. »Wieso fahren wir überhaupt nach Deutschland? Keiner macht Urlaub in Deutschland.«

Es entbehrt nicht einer gewissen Ironie. Ich folge den Spuren einer Frau, die vor ihrem Mann und ihren Kindern geflüchtet ist – in Begleitung meiner Familie.

»Genau«, sagt Saskia. »Du hast dein Buch über Deutschland doch fertig. Wieso fahren wir also noch mal hin?«

Sie hat recht. Ich habe Friedas Geschichte aufgeschrieben. Vor ein paar Jahren habe ich einen Roman über die junge Frieda von Richthofen geschrieben, in dem ihre Zwangslage, ihre Beziehung zu Lawrence und die Kollateralschäden ihres Handelns beleuchtet werden. Ihre Flucht aus Nottingham ist eins der Hauptthemen des Buchs. Ich habe jahrelang recherchiert, habe jeden einzelnen ihrer Briefe, jeden Kommentar von Freunden und Verwandten gelesen. Aber die sechswöchige Bergwanderung habe ich geschickt ausgelassen. In einer einzigen Zeile habe ich flüchtig gestreift, was Frieda selbst als ihr großes Abenteuer bezeichnet hat, ihre Beinahe-Hochzeitsreise. Natürlich habe ich versucht, die Episode mit aufzunehmen, aber irgendwie schien sie nicht zu passen. Es war, als versuchte ich, das falsche Teil in ein fast fertiges Puzzle einzufügen. Schließlich habe ich sie einfach weggelassen und die Geschichte darum herumgebaut. Aber warum habe ich eigentlich Friedas großes Abenteuer weggelassen?

»Ich habe etwas sehr Wichtiges ausgelassen und möchte rausfinden, warum«, antworte ich.

Saskia gähnt. »Alles klar.«

Wir erreichen unsere Pension, einen Backsteinbau, in dessen Erdgeschoss sich ein Supermarkt befindet. Die Luft ist erfüllt vom metallischen Scheppern der Einkaufswagen. Wir sind in Ebenhausen, einem unscheinbaren Dorf südlich von München, wo Frieda und Lawrence im Nachbardorf in einer Wohnung untergekommen waren, die dem Liebhaber von Friedas verheirateter Schwester gehörte. Die fünf Wochen, die sie hier verbrachten, waren von einem Wechselbad der Gefühle geprägt – einem Auf und Ab zwischen heißer Leidenschaft und tiefer Verzweiflung.

Sie kannten einander kaum; erst acht Wochen zuvor hatten sie sich bei einem Mittagessen kennengelernt, zu dem Ernest Weekley seinen ehemaligen Studenten Lawrence eingeladen hatte, um mit ihm über Arbeitsaussichten in Deutschland zu sprechen. Der arme Ernest wollte nur seinem ehemaligen Studenten unter die Arme greifen, doch er kam eine halbe Stunde zu spät zum Mittagessen. Und in dieser halben Stunde hatte es zwischen Frieda und Lawrence gefunkt, denn sie waren in ein äußerst geistreiches, spritziges Gespräch geraten, wonach sich beide bisher vergeblich in Nottingham gesehnt hatten. Beide waren eine Offenbarung füreinander. Lawrence marschierte die dreizehn Kilometer in sein Heimatdorf Eastwood zurück und schrieb Frieda sofort einen Brief, in dem er ihr erklärte, sie sei die großartigste Frau in ganz England.

Frieda saugte das überschwängliche Kompliment gierig auf. Seit Jahren drehte sich ihr Leben um ihre drei kleinen Kinder, auch wenn sie ein paar heimliche Affären gehabt hatte, damit sie die erstickende Langeweile des Hausfrauendaseins in Nottingham ertrug, als Ehefrau eines arbeitswütigen Etymologen, der sie – so glaubte sie – nie verstanden hatte. Ihre Langeweile stand in krassem Gegensatz zu dem ausschweifenden Leben ihrer beiden Schwestern (eine jünger, eine älter), die in Deutschland lebten, wesentlich wohlhabender waren, sich aufregende außereheliche Affären gönnten und ein ganz anderes Selbstwertgefühl entwickelt hatten.

Als alle drei Schwestern Kinder bekamen, brach die von ihren Eltern während ihrer Kindheit angestachelte Rivalität zwischen ihnen wieder auf. Die Spannungen erreichten ihren Höhepunkt, als Frieda im Sommer 1907 nach München reiste und ihrer älteren Schwester den Liebhaber ausspannte. Diese heftige, wenn auch kurzlebige Romanze legte den Grundstein für Friedas spätere Hemmungslosigkeit. Das Objekt ihrer Begierde war damals Otto Gross, Pionier auf dem Gebiet der Psychoanalyse und Verfechter der freien Liebe. Der Protegé von Freud und Jung erklärte ihr wiederholt, sie habe einen starken Freiheitsdrang, sie sei für die Freiheit geboren. Als fünf Jahre später Lawrence in ihr Leben trat, war sie reif – bereit, sie selbst zu sein. Dies war von nun an ihr Lebenszweck: zu sein, zu existieren, und so »war mir wohl wie einer Forelle im Bach oder einer Blume in der Sonne«[3], wie sie in ihren Memoiren schrieb.

Kein Wunder, dass Lawrence sie so leicht eroberte. Natürlich ist die Geschichte ein bisschen komplizierter. Es gibt ebenso viele Biografen, die behaupten, er habe sie von ihrem Mann weggelockt, wie solche, die davon überzeugt sind, dass sie ihn mit weiblicher List umgarnt hat, und der arme Lawrence ihr hemmungslos ausgeliefert war. Und dann gibt es noch jene, die glauben, die beiden seien im Liebeswahn zusammen durchgebrannt. Jede dieser Versionen birgt ein Körnchen Wahrheit. Nichts ist jemals nur schwarz und weiß. Unser aller Leben besteht aus Grautönen.

Am Freitag, dem 3. Mai 1912 hat Frieda einen kleinen Koffer gepackt, ihre zwei kleinen Töchter für die Reise fein gemacht, hat sich von ihrem Sohn verabschiedet und ist mit ihnen in den Zug nach London gestiegen. Sie wollte anlässlich des fünfzigsten Armeejubiläums ihres Vaters, des Barons von Richthofen, nach Metz reisen (das damals zu Deutschland gehörte), die Stadt, in der sie aufgewachsen war und in der ihre Eltern nach wie vor lebten. Zunächst brachte sie ihre Töchter nach Hampstead zu ihren Schwiegereltern, dann fuhr sie zum Bahnhof Charing Cross, wo sie vor der Damentoilette mit Lawrence verabredet war. Zufällig reiste auch er zu einem Verwandtenbesuch nach Deutschland, es war also eine gute Gelegenheit für die beiden, ein paar Tage zusammen zu verbringen.

Am Abend vor ihrer Abreise hatte Frieda ihrem Mann eröffnet, dass sie ihm keine treue Ehefrau war. Als Ernest nicht auf ihre gewagte Beichte reagierte, verließ sie das Zimmer unter Tränen. Lawrence wurde an dem Abend mit keinem Wort erwähnt, auch von Scheidung war keine Rede, erst recht nicht davon, dass Frieda im Begriff war, ihren Mann zu verlassen. Als sie den Zug nach Metz bestieg, ahnte sie nicht, dass ihr Leben als Mutter zu Ende war.

Ein paar Tage später dämmerte Ernest Weekley, was Frieda ihm hatte beichten wollen, zählte eins und eins zusammen und vermutete, dass Frieda mit einem Liebhaber nach Metz gefahren war. Er schickte ihr ein Telegramm, fragte, ob sie allein sei, und verlangte eine aus einem Wort bestehende Antwort. Ihre Antwort lautete: Nein.

Ernest war am Boden zerstört, aber es war die Wahl ihres Liebhabers, die ihn am meisten aufbrachte. Lawrence war einer adeligen Frau wie Frieda nicht würdig. Lawrence sei kein Gentleman, schimpfte er, und ein Gentleman zu sein – mit allem, was dies mit sich brachte, wie Pflicht, Ehre und gesellschaftliche Stellung –, war für Ernest von ungeheurer Bedeutung. Friedas Vater, Baron von Richthofen, sah die Sache genauso, für ihn war Lawrence ein mittelloser Flegel. Für viele Außenstehende stellte die Wahl ihres Geliebten ihre größte Sünde dar. Ich dagegen finde Friedas kopflose Entscheidung, ihre Freiheit über das Wohl ihrer Kinder zu stellen, am radikalsten. Es war eine Entscheidung, die ihr für den Rest ihres Lebens schlaflose Nächte bereiten sollte.

Frieda und Lawrence waren noch im Dunkeln aufgestanden, hatten sich angezogen und waren losgegangen. Die Buchen und Kastanien umgab dichter Nebel. So ehrgeizig sind wir nicht. Wir nehmen uns Zeit für ein deutsches Frühstück mit viel Wurst und entschließen uns dann, die sechzehn Kilometer, die Frieda und Lawrence durch das Isartal gewandert sind, mit dem

Fahrrad zu fahren. Es ist natürlich alles andere als authentisch, und das irritiert mich. Wie soll ich Frieda verstehen, wenn ich die Strecke, die sie gewandert ist, mit dem Fahrrad zurücklege? Ist das nicht geschummelt? Ich rede mir ein, dass Frieda auch mit dem Rad gefahren wäre, wenn sie es sich hätte leisten können, wenn es damals Mietfahrräder gegeben hätte, wenn es damals Mountainbikes mit dicken Reifen gegeben hätte.

Wir radeln die Isar entlang, deren Wasser jadegrün schimmert. Kiesbedeckte Ufer, viel grünes Schilf, Buchenwald am Steilhang. Unsere Reifen rollen schmatzend über einen matschigen Weg. Die Luft ist warm, schwer von Pollen und Staub, und es riecht nach frisch gesägtem Holz. Wir radeln an den ordentlichsten Holzstapeln vorbei, die ich je gesehen habe: Baumstämme nach Länge, Dicke und Sorte geordnet. Es sind die Hundstage, die Blätter an den Bäumen fangen schon an, zu vertrocknen und sich zu kräuseln, aber der Himmel ist stahlblau.

Das Blau des Himmels, das Blaugrün des Wassers zu unserer Linken, das Grün der Buchen, der Geruch nach Rinde und Harz und verrottenden Blättern, der Geschmack nach Erde und Laub auf meiner Zunge ... Details, die Frieda in ihrem knappen, zwei Absätze umfassenden Bericht erwähnt: »... das saftige Grün des Tals ... der Wind ... die Berge«.[4] Ich habe darüber gelesen, wie die Natur unseren Körper, unser Gehirn, unsere Gefühle beeinflusst. Anscheinend wirken sich Blau- und Grüntöne beruhigend auf uns aus. Eine Theorie besagt, wenn wir von Blau und Grün umgeben sind, entspannt sich unser Körper, weil wir wissen, dass Nahrung und Wasser nicht weit sind.[5]

Zahlreiche Studien belegen, dass das Aufhalten in der freien Natur den Blutdruck und den Blutzucker senkt, das Immunsystem stärkt, die Stimmung hebt, Energie verleiht und den

Kopf frei macht. Man löst besser Probleme und erweitert den gedanklichen Horizont. Frieda, seit ihrer Kindheit Pantheistin, hätte über dieses wissenschaftliche Zeugs die Nase gerümpft. Sie wusste instinktiv, dass sie und Lawrence auf ihrer Wanderung durch Wälder, an Bächen und Flüssen entlang und über Berge, die Entschlusskraft finden würden, die sie brauchten. Später schrieb sie: »Das alltägliche Gefühl für Zeit und Raum hatten wir verloren. Die Blumen ... die Glühwürmchen des Nachts, die gleich einem zarten Schleier von den Bäumen hingen, während unsere Füße in den dürren Blättern des vorigen Jahres versanken, das waren unsere Ereignisse, daran lasen wir die Zeit ab.«[6]

Mit Wissenschaft hatte Frieda nichts am Hut, ich schon. Die Luft in der freien Natur weist eine höhere Sauerstoffkonzentration auf und ist mit Phytonziden angereichert, Ölen, die Bäume produzieren, um sich vor schädlichen Insekten und Pilzen zu schützen. Es sind die Phytonzide, die der Waldluft ihren Duft verleihen, dieses frische, kräftige Aroma, das einen sofort beruhigt. Studien belegen, dass die Phytonzide Stresshormone abbauen, den Puls beruhigen und den Schlaf verbessern. Lawrence wusste das alles, lange bevor jemand etwas von Phytonziden gehört hatte: »Der süße Pinienduft ist belebend und aufreizend ... mir ist bewusst, dass er mir hilft, mich zu ändern, und zwar grundlegend.«[7] Friedas Liebe zu Bäumen – als Kind schlief sie unter Obstbäumen und wollte während der Apfelblüte unbedingt im Obstgarten unterrichtet werden – hatte Lawrence angesteckt, und bis an sein Lebensende saß er beim Schreiben am liebsten unter einem Baum. In ihrem Vorwort zu *Die erste Lady Chatterley* beschreibt Frieda ihn, wie er »unter einer großen Sonnenschirm-Pinie« saß und an *Lady*

Chatterley arbeitete: »zwischen Thymian und Minze ... roten Anemonen und wilden Gladiolen und Teppichen von Veilchen und Myrtensträuchern ... Er verhielt sich so still, dass die Eidechsen über ihn liefen«. Seltsamerweise produzieren immergrüne Bäume (wie die Japanische Schirmtanne) von allen Bäumen die meisten Phytonzide.

»Heute soll es dreißig Grad heiß werden«, rufe ich. »Das ist gut, denn bei solchen Temperaturen ist die Phytonzidkonzentration im Wald am höchsten.«

Keiner antwortet. Ich halte an und notiere mir die Namen von Wildblumen, die ich am Wegrand entdeckt habe: Alpenrosen mit Blütenblättern so zart wie Seidenpapier, Edelweiß, Glockenblumen mit Blüten wie seidene Häubchen, Schöllkraut, die rostroten Stängel von Sauerampfer, Blauer Enzian. Hugo und Saskia lachen, wenn ihre Fahrräder über Baumwurzeln hüpfen, und Matthew ruft freudig aus: »Ich hätte nie gedacht, dass es in Bayern so schön ist!« Einen Moment lang fühle ich mich regelrecht euphorisch und frage mich, ob es Frieda genauso ergangen ist, als sie durch diese Buchen- und Fichtenwälder gewandert ist, ob die Bäume ihr geholfen haben, ihre Trauer und ihre Schuldgefühle gegenüber ihren Kindern zu verarbeiten.

Wir erreichen Irschenhausen, einen Ort, den Lawrence und Frieda als kleines weißes Dorf beschreiben, der aber jetzt nur noch aus ein paar Häusern und einer riesigen Baustelle besteht und von einer stark befahrenen Straße durchschnitten wird. Es gibt keine bauschigen Weizenfelder, keine Bauersfrauen in Dirndl und mit Sense in der Hand, keine mit gelben Käselaiben beladenen Ochsenkarren. Wir finden das Haus, in dem Frieda und Lawrence gewohnt haben, aber es ist eingerüstet und hinter Plastikplanen verborgen. Zwischen dem Haus und dem grünen Wald am Horizont stehen ein knallorangefarbener Baukran, Paletten mit Ziegelsteinen und unzählige Reihen Sonnenkollektoren. Das Dorf hat immer noch zwei Kirchen, eine hat sogar einen schwarzen Zwiebelturm. Aber ansonsten erinnert fast nichts an die Beschreibungen von Lawrence und Frieda.

Hier in diesem Dorf hat Frieda das alltägliche Gefühl für Zeit und Raum verloren. Ihre Beschreibung der Aussicht von ihrem Balkon aus ist so eindringlich, dass sie mir monatelang nicht aus dem Kopf gegangen ist: »In der Frühe schwammen die Alpen in zartestem Blau in der Ferne. Die Gletscherwasser der Isar rauschten unten und trieben die Flöße talab. Die großen Buchenwälder erstreckten sich stundenweit bis zum Starnberger See.«

Ich lausche auf das Rauschen von Wasser, das Ächzen von Flößen, höre aber nur das Kreischen einer Motorsense und das Dröhnen des Straßenverkehrs. Von der Isar ist nichts zu sehen. Ich schaue mich um, in der Hoffnung, die Aussicht zu erblicken, die Frieda so sehr geliebt hat, die Aussicht, die ihre tiefe Trauer gelindert hat. Und endlich entdecke ich sie – ein paar Buchen stehen noch und wiegen sich hinter dem orangefarbenen Baukran im Wind.

Man darf nicht zurückgehen, niemals. Die Enttäuschung, das erste Haus, in dem Frieda und Lawrence zusammengewohnt haben, hinter einem Baugerüst und Plastikplanen vorzufinden, ohne Balkon, ohne die geliebte Aussicht, erinnert mich an den Tag, als ich einmal in das geliebte *cwm* meiner Kindheit zurückgekehrt bin.

Es ist immer ein Fehler zurückzukehren. Und doch können wir es nicht lassen. Wir glauben, wenn wir an die Orte unserer Kindheit zurückkehren, werden wir verstehen, wer wir waren und wer wir geworden sind, so, als könnte man die Punkte miteinander verbinden. Wir hoffen, dass ein Blick in die Vergangenheit unsere zerstückelten Erinnerungen an die Glücksmomente unserer Kindheit zusammenfügen wird. Psychologen glauben heute, dass die jüngsten Erinnerungen an bestimmte Erfahrungen die deutlichsten sind, dass sie alle früheren Erinnerungen überlagern, egal, wie liebevoll wir sie hegen. Zumindest werden die älteren Erinnerungen von den neueren gefärbt und verzerrt und für immer verändert. Ich habe das auf die harte Tour gelernt, lange bevor die Neurowissenschaftler es nachgewiesen haben.

Als ich Matthew kennenlernte, wollte ich ihm mein walisisches Tal zeigen, den Ort, der sich so tief in meine Seele eingebrannt hatte. Zwölf Jahre zuvor waren wir aus Wales weggezogen, und es war mir nie in den Sinn gekommen, dass mein *cwm* sich verändert haben könnte. Wir fuhren einen ganzen Tag lang durch strömenden Regen, aber als wir bei unserer Pension eintrafen, bereitete das Wetter uns einen festlichen Empfang, die Wolken rissen auf und ließen fahles Sonnenlicht durch. Wir stellten unser Gepäck ab und gingen im abendlichen Dämmerlicht los, begleitet vom Duft nach nassem Moos, frischem Farn und grünem Gras.

Ich fand den Weg zum *cwm* erstaunlich problemlos: die matschige Wiese hoch, den schmalen, von Bäumen überhangenen Pfad runter und den breiten, ausgefahrenen Feldweg entlang. Es war, als hätte der Weg sich nicht in meine Erinnerung, sondern in meine Fußsohlen eingeprägt. Doch wir erreichten das Tal ein bisschen zu schnell, als hätte meine Erinnerung mir einen Streich gespielt oder meine Füße eine lange vergessene Abkürzung genommen. Aber ich dachte nicht weiter darüber nach, denn da war der Bach, plätscherte munter über Steine so glatt und rund wie Pilzhüte, und da war die steile grüne, mit gelbem Schöllkraut gesprenkelte Böschung.

Nach wenigen Schritten wusste ich, dass etwas nicht stimmte. Stirnrunzelnd schaute ich Matthew an. Auch er hatte es wahrgenommen, es war wie ein Donnergrollen hinter den Hügeln. Sekunden später ertönte ein Hämmern in meinen Ohren, als wolle das Herz mir aus dem Brustkorb springen. Ganz allmählich merkte ich, dass das Geräusch nicht aus meinem Innern kam, sondern aus der Umgebung, in der wir uns befanden. Das ganze Tal schien unter dröhnender Heavy-Metal-Musik zu beben, der Bass wurde vom Wasser, von den Bäumen und von der neben uns verlaufenden Steinmauer zurückgeworfen. Stoisch schweigend gingen wir weiter. Plötzlich zerriss das Kreischen einer E-Gitarre die Luft. Der hämmernde Bass wurde lauter. Jaulender, undefinierbarer Gesang stürzte vom Himmel. Am liebsten hätte ich auf dem Absatz kehrtgemacht, doch wir gingen Hand in Hand weiter.

Zu meiner Überraschung waren wir schon nach einer Viertelstunde am Ende des Tals. Der Spaziergang, für den wir in meiner Erinnerung Stunden gebraucht hatten, dauerte nur fünfzehn Minuten. Das Tal, das ich als langes grünes Band in Erinnerung hatte, das sich auf wundersame Weise durch das geheime Herz von Wales wand, bestand aus einem krummen Pfad, der vor einem weißen Haus endete, das wie ein Klotz mitten in der Landschaft aufragte. In meiner Kindheit war das Haus ein leer stehendes Herrenhaus gewesen, ein unheimlicher Ort, in dem sich Hexen und andere Zaubergestalten herumtrieben. Jetzt standen vor und neben dem Haus alte Autos, türmten sich jede Menge riesige Schrottteile, was wie eine Farce wirkte, denn nie war irgendein Auto durch dieses Tal gefahren.

An dem Abend habe ich unter meiner Bettdecke geweint, aber nicht aus Trauer über die Schändung des Tals, sondern über die brutale Schändung eines wichtigen Teils meiner Kindheit. Erinnerungen, aus denen ich mehr als zehn Jahre lang Freude und Zuversicht geschöpft hatte, waren mir entrissen und neu geschrieben worden. Ich wusste, dass mein Tal nie wieder dieselbe Bedeutung für mich haben würde.

Man darf nicht zurückgehen, niemals. Lawrence hätte mir voll und ganz beigepflichtet. Frieda und er waren ihr Leben lang unterwegs zu neuen Ufern, immer auf der Suche nach dem »Neuanfang«[8], immer bereit, »den Sprung vom Gewissen ins Ungewisse«[9] zu wagen.

Aus Friedas fiktionalisierten Memoiren und aus Lawrence' Gedichten aus jener Zeit sprechen deutlich Friedas Schmerz und Trauer, Gefühle, die zu verbergen sie genauso lernte wie die Langeweile ihrem ersten Mann gegenüber. Sein Versprechen, sie würden für sich und Friedas Kinder ein Heim, ein Paradies auf Erden, schaffen, konnte Lawrence angesichts der Wut und Verbitterung von Ernest Weekley nie einlösen. Schlimmer noch, Lawrence wurde mit der Zeit sehr eifersüchtig und lebte in ständiger Angst, Frieda zu verlieren. Je deutlicher sie ihre Angst zum Ausdruck brachte, dass sie ihre Kinder nicht wiedersehen würde, umso mehr steigerte er sich in seine Eifersucht hinein, woraufhin Frieda ihre Gefühle vor ihm verbarg und sich in sich selbst zurückzog.

In den Wochen vor ihrem Aufbruch in die Alpen war Frieda hin- und hergerissen, ob sie zu Ernest zurückkehren und eins seiner Angebote annehmen sollte (die natürlich alle zur Bedingung hatten, dass sie Lawrence nie wiedersehen würde). Im Juli schließlich traf sie ihre Entscheidung und schrieb Ernest, sie werde nicht nach Nottingham zurückkehren. Die Möglichkeit, dass man ihr jeden Kontakt zu ihren Kindern untersagen könnte, kam ihr nicht in den Sinn. Sie glaubte einfach, dass Ernest als Gentleman durch und durch anständig war, und hatte keine Ahnung von den Fallstricken des englischen Rechts. Dabei war die Gesetzeslage eindeutig – eine Frau, die sich des Ehebruchs schuldig gemacht hatte, verlor das Sorgerecht. Doch Frieda weigerte sich trotzig, so etwas auch nur in Betracht zu ziehen. Stattdessen hing sie der irrigen Vorstellung nach, die Kinder würden in der Schulzeit bei Ernest sein und mit ihr die langen Ferien verbringen, sodass ihr als Teilzeitmutter noch genug Zeit mit Lawrence blieb.

Friedas und Lawrence' Entscheidung, durch die Alpen nach Italien zu wandern, hatte sowohl etwas Vorausahnendes als auch etwas Symbolisches. Als Frieda sich damit einverstanden erklärte, löste sie sich von den Bequemlichkeiten ihres Heimatlandes, von ihrer Muttersprache, vom Einfluss ihrer Eltern und der Unterstützung durch ihre Schwestern. Von jetzt an würde sie ohne Kinder, Freunde, Verwandte, Muttersprache und Vergangenheit sein. In der Fremde aufeinander angewiesen, mussten Frieda und Lawrence sich so akzeptieren, wie sie waren. Ihre Beziehung würde auf die Probe gestellt und – wenn alles gut ging – gefestigt werden.

Folgendes passiert, wenn man eine vertraute Umgebung verlässt und sich an einen unbekannten Ort begibt: Man kann sich selbst viel leichter finden und neu erfinden. Man kann die Vergangenheit auslöschen.

Wie man es auch dreht und wendet: In Nottingham wäre das für Frieda unmöglich gewesen.

Die beiden entschieden sich für eine strapaziöse Route mit steilen Anstiegen und gefährlichen Unwägbarkeiten. Beide waren noch nie in den Bergen gewesen, wussten nicht, wie man sich in der Natur orientiert, und waren vollkommen untrainiert. Die Überquerung der Alpen, wo immer noch verharschter Schnee lag, die Wanderung über Stock und Stein durch unberührte Natur stellte eine Metapher für das dar, was das Paar unlängst durchgemacht hatte. Lawrence erlebte die Berge als trostlos und einschüchternd, er sah in ihnen den ewigen Kampf zwischen Leben und Tod. Später verarbeitete er seine Eindrücke in dem Roman *Liebende Frauen* in der Szene, in der Gerald Crich allein in den Alpengletschern stirbt. Frieda dagegen beschreibt die Erfahrung als »ganz wundervoll.«[10]

Ihre Wanderung führte die beiden in ein Dorf am Gardasee, das nur mit dem Dampfer erreichbar war. Hier würden sie von der Außenwelt, von allen Menschen, die sie kannten, abgeschnitten sein. Für Lawrence war dieses Abbrechen aller Verbindungen essenziell: Nur indem sie ihre Vergangenheit hinter sich ließen, konnten sie sich selbst erneuern. Vermutlich hat er darin nicht zuletzt seine Chance gesehen, Frieda ganz für sich zu haben, fern von ihren Kindern, ihrer Familie, fern vom Einfluss ihrer Freunde. Womöglich war auch Frieda selbst froh über diesen Umstand. Vielleicht konnte sie das Hin-und-hergerissen-Sein, mit dem sie sich seit Wochen herumplagte, einfach nicht mehr ertragen. Für mich steht außer Frage: Dieser steinige Weg gab ihr den Mut, sich selbst zu erforschen, und den Raum, sehr schwere und komplexe Entscheidungen zu treffen.

Philosophen und Dichter preisen schon lange die therapeutische Wirkung des Wanderns in der freien Natur. Heute hilft uns die Wissenschaft zu verstehen, warum das Gehen so gesund ist.

Aktuelle Forschungsergebnisse belegen, dass Beinarbeit wie zum Beispiel beim Gehen das Gehirn zur Produktion von Neuronen anregt, die zur Verarbeitung von Stress und Veränderung gebraucht werden.[11] Das Auftreten auf den Boden sendet Druckwellen durch die Arterien, wodurch mehr Blut ins Gehirn gelangt. Daran muss ich denken, während ich meine Füße auf dem holprigen Pfad entlang der Isar aufsetze. Hat das viele Blut, das durch Friedas Gehirn zirkulierte und sich mit frischen Neuronen vermischte, ihr geholfen, den Stress zu bewältigen und ihre widerstreitenden Gefühle zu ordnen?

Bei vorwiegend kaltem Wetter und immer mit Rucksäcken bepackt wanderten Frieda und Lawrence im Schnitt fünfzehn Kilometer pro Tag. Meistens war der Weg steil und anstrengend. An manchen Tagen schafften sie sogar längere Strecken. Nur bei extrem schlechtem Wetter gönnten sie sich den Luxus einer Zugfahrt.

Stellen wir uns ein ganz anderes Szenario vor: Stellen wir uns vor, Frieda hätte in ihrem stickigen Salon gesessen und Lawrence gramvolle Briefe geschrieben. Vielleicht hätte sie auf Ratschläge gehört wie: Schlaf doch noch mal drüber. Aber was ist Schlaf im Vergleich zum Wandern? Im Vergleich zu all dem mit Sauerstoff angereicherten Blut, das ihr Gehirn durchflutet, all den jungfräulichen Neuronen. Zu all der reinigenden Alpenluft, die sie beim Atmen mit neuem Leben erfüllte. Hätte sie in der Enge ihres Salons in Nottingham mit derselben Entschlossenheit dieselbe Entscheidung getroffen? Das bezweifle ich. Und ich glaube, dass Lawrence das genau wusste.

Bevor sie das Alpenvorland erreichten, wanderten Frieda und Lawrence ein paar Tage lang durch die Buchenwälder Bayerns, sprangen immer wieder für ein erfrischendes Bad in die Isar oder in einen See, an dem sie vorbeikamen. Frieda berichtet in lebhaften Worten, wie sie einmal Lawrence am Ufer des Kochelsees nicht finden konnte und in Panik geriet, weil sie fürchtete, er sei ertrunken. (Lawrence konnte nicht schwimmen.)

An unserem zweiten Tag erreichen wir den Kochelsee, dessen Wasser in karibischem Türkis schimmert. Die Ufer sind mit dichtem Gras bewachsen, vertrocknetes Schilf raschelt im Wind. Dicke weiße Fische mit orangefarbenen Flossen huschen unter der spiegelglatten Wasseroberfläche umher. Saskia und Hugo ziehen sich aus und springen ins Wasser. Ich lege mich ins Gras und schließe die Augen, spüre das Sonnenlicht warm und samtig auf den Lidern. Das Lachen der planschenden Kinder vermischt sich mit dem Bimmeln von Kuhglocken, das in einiger Entfernung zu hören ist.

Ich versuche, an Frieda zu denken, aber mein Gehirn weigert sich. Ich will nur noch hier liegen und dem Bimmeln der Kuhglocken und dem glücklichen Juchzen meiner Kinder und dem leisen Plätschern des Wassers lauschen. Ich öffne die Augen und schaue auf den See hinaus. Am anderen Ufer stehen Hängebirken, Lärchen und Kiefern. In der Ferne sind die gezackten Gipfel der Alpen zu sehen, deren Spitzen in der Abendsonne rosig schimmern. Hier und da glitzert Schnee in Felsspalten. Dunstschwaden, vom Abendrot beleuchtet, bilden zarte Schleier am Himmel.

Plötzlich kehrt Frieda in meine Gedanken zurück. Und im

selben Augenblick bin ich mir ziemlich sicher, dass diese Wanderung über die Alpen für sie eine Offenbarung war und ihr Schicksal bestimmt hat. Während dieser Wanderung hat sie endgültig alle Verbindungen zu ihren drei Kindern gekappt. Sie hat sich mit ihrem Verlust arrangiert und sich als die Frau neu erfunden, die sie sein wollte – das freie Ich, von dem sie seit fünf Jahren träumte.

Unermüdlich redete Lawrence Frieda ein, dass sie einen natürlichen Freiheitsdrang besitze. In einem Brief an Ernest Weekley, in dem er diesem mitteilte, dass Frieda mit ihm durchgebrannt sei, und mit dem er das Drama um Friedas Mutterrolle zuspitzte, schrieb er: »Mrs Weekley fürchtet eingeengt und in ihrer Entfaltung behindert zu werden ... Sie muss ihr Leben uneingeschränkt in seiner ganzen Fülle auskosten. Das entspricht ihrer Natur.«

In Nottingham, in der Ehe mit Ernest, konnte sie nicht einfach sie selbst sein. Dort musste sie die Rolle der Professorengattin und guten Mutter spielen, dort musste sie mit Menschen verkehren, die gerade den Aufstieg in die Mittelschicht geschafft hatten, und für die Äußerlichkeiten von größter Bedeutung waren. In Nottingham war sie eine »harte äußere Hülle«, wie sie selbst später schrieb, eine Hülle, die in keiner Verbindung zu ihrem Innern stand.

Der voreingenommenen Welt des edwardianischen England entkommen zu sein, eine Wanderung durch die Natur Bayerns und über die Alpen zu machen, mit einem Mann, der sie genau so wollte, wie sie war, muss trotz aller Trauer und allen Schmerzes über den Verlust ihrer Kinder ein erhebendes Gefühl für Frieda gewesen sein.

Ich genieße den Rhythmus des Wanderns, wie es das Denken anregt und zarte Gedanken entstehen, die frei mäandern und mühelos ineinandergreifen. Nietzsche hat einmal gesagt: »Nur die ergangenen Gedanken haben Wert.«[12] Was natürlich nicht stimmt: Viele Menschen haben, ohne zu gehen, großartige Gedanken hervorgebracht. Bei mir jedoch setzt das Wandern neue Gedanken frei. Sie steigen an die Oberfläche und schieben den gedanklichen Müll beiseite, der mich oft beschäftigt (unausgefüllte Formulare, unbezahlte Rechnungen, Glühbirnen, die ich auswechseln muss, kaputte Toaster und Spülmaschinen, Verabredungen, Elternabende und so weiter). Beim Wandern verbinden sich Gedanken leichter mit anderen Überlegungen und Eindrücken.

Nichts lässt uns so sehr im Moment leben wie das Wandern im Grünen. Nicht einmal das Meditieren. Die Kombination aus Bewegung und Natur wirkt sich auf ganz besondere Weise auf unser Gehirn aus. Die Ängste nehmen ab, wir grübeln weniger, sind weniger anfällig für negative Gefühle. Stattdessen erhöht sich unsere Fähigkeit, uns auf unsere Umgebung zu konzentrieren. Wir sind weniger abgelenkt, leben mehr im Hier und Jetzt.

Als wir den Kochelsee hinter uns lassen und uns in Richtung Alpen aufmachen, begreife ich plötzlich etwas, das mich immer irritiert hat. Wenige Tage nach der Umrundung des Kochelsees haben sich Bunny Garnett, der Sohn von Lawrence' Verleger, und Garnetts Freund Harold Hobson Frieda und Lawrence angeschlossen, um mit ihnen von Mayrhofen bis Sterzing zu wandern. Als Lawrence und Bunny Garnett einmal ein Stück vorausgingen und Wildblumen sammelten, sind Frieda und der zweiundzwanzigjährige Harold in einer Rasthütte verschwunden und hatten dort Sex.

Wochenlang hatte ich mir in einem winzigen Büro, in das gerade mal mein Schreibtisch passte, den Kopf darüber zerbrochen, warum in aller Welt Frieda sich auf so einen flüchtigen, gedankenlosen Seitensprung eingelassen hat. Jetzt verstehe ich es. Das war nicht einfach ein flüchtiger Seitensprung, sondern ein Akt der Selbstbestätigung, mit dem sie Lawrence klargemacht hat, dass man ihr zwar die Kinder nehmen konnte, aber nicht ihren Körper. Echte Freiheit schloss für sie auch die Freiheit ein, über ihren Körper zu bestimmen. Lawrence war total monogam und glaubte an Ehrlichkeit um jeden Preis. Für Frieda jedoch waren persönliche Freiheit und sexuelle Ungebundenheit unlösbar miteinander verknüpft. Einige Tage später, als die beiden sich kurz vor der Dunkelheit in den Bergen verirrten, weil Lawrence die Wanderkarte falsch gelesen hatte, beichtete sie ihm ihre Eskapade. Ich bewundere ihr Vorgehen. In einem Moment, als Lawrence völlig verunsichert ist, als sie frierend und hungrig und ängstlich in den Bergen hocken, lässt sie unter Tränen die Bombe platzen. Wie sollte er ihr da nicht verzeihen?

Am dritten Tag unserer Wanderung komme ich auf den Gedanken, dass ich nicht so gekleidet bin wie Frieda damals. Ich trage hochmoderne Wanderausrüstung: eine ultraleichte, feuchtigkeitsabsorbierende schwarze Hose, ein schnell trocknendes schwarzes Lycra-Top, Socken mit speziell verstärkten Fersen. Ich blättere in meinem Frieda-Notizheft und suche die Stelle mit der Überschrift Kleidung. Ausnahmsweise sind meine Aufzeichnungen gut leserlich: »smaragdgrüne wollene Strümpfe, bayrisches Dirndl mit roter Schürze, Strohhut mit roter Schleife. Schuhe werden gar nicht erwähnt. Für Wollsocken ist es zu heiß, aber ich ziehe ein langes Kleid an. Es ist nicht rot, sondern geblümt. Nach einer halben Stunde verfängt sich im hohen Gras eine Wespe in den Falten meines langen Rocks. Die Wespe gerät in Panik und sticht mich – mehrmals. Wie zum Teufel sind die Frauen damals in langen Röcken gewandert?

Ich gehe zurück und ziehe mir wieder meine leichte Wanderhose an, die hat jede Menge Taschen mit Reißverschluss, und man kann sie an den Knöcheln enger machen. Ich danke dem Himmel für Hosen und moderne Textilien.

Später versuche ich es mit Sonnenbaden – nackt. Alles im Namen der Authentizität. Nackt sonnenbaden war für Frieda eins der größten Vergnügen, und auf dieser Wanderung überredete sie Lawrence, es ihr nachzutun, wenn sie sich in der Sonne auszog oder nackt in die eiskalte Isar sprang, was ihm nebenbei half, seinen Hass auf seinen weißen tuberkulösen Körper zu überwinden. Ansonsten hüllte Frieda ihren Körper in sackartige Kleider. Seitdem sie die Korsetts und die züchtigen Kleider weggeworfen hatte, die Ernest gefielen, trug sie unförmige Trägerkleider und band sich das Haar nachlässig im Nacken zusammen. Mit der radikalen Änderung ihres Stils zeigte sie auch nach außen, dass sie jetzt eine andere war, eine Frau mit einem ganz neuen Selbstverständnis und einem gestärkten Selbstwertgefühl. Außerdem demonstrierte sie durch ihren neuen Stil, dass sie eine Frau geworden war, die ihren Wert nicht an Äußerlichkeiten festmachte, die die Freiheit besaß, sich nach Belieben zu kleiden oder zu entkleiden. Für Frieda bedeutete es Freiheit, nackt in der Sonne zu liegen oder zu schwimmen – eine Angewohnheit, die sie bis zu ihrem Lebensende beibehielt. Auf mich trifft das nicht zu. Im Freien unbekleidet zu sein, verursacht mir Beklemmungen.

Ich liege auf einem von der Sonne gewärmten Felsen, zupfe an meinem Handtuch, schaue mich nervös um und möchte mich bedecken. Ich fühle mich definitiv freier, wenn ich angezogen bin. Vielleicht bin ich einfach nicht so verwegen, wie ich es gern glauben möchte.

Wir erreichen das Gasthaus oberhalb eines kleinen Klosters, in dem Frieda und Lawrence gewohnt haben. Von hier aus schrieben sie Briefe in die Heimat und berichteten vom Frühstück mit Schwarzbrot und Kaffee unter der Kastanie. Die Kastanie steht noch. Aber das Gasthaus wurde vor vierzig Jahren in ein Wohnhaus umgewandelt. Ich gehe um das Haus herum, luge in Fenster und stoße angelehnte Türen auf. In England führt so etwas nicht selten zu einer spontanen Einladung, das Haus zu besichtigen. Aber mein Deutsch reicht nicht aus, um zu erklären, was ich suche, und als die Haustür aufgeht, laufen wir weg wie Kinder, die einen Klingelstreich gespielt haben. Mein Mangel an Sprachkenntnissen entmutigt mich ein bisschen und macht mir bewusst, dass einen immer irgendetwas hemmt und einschränkt. Heute behindern mich meine nicht vorhandenen Deutschkenntnisse. Morgen ist es etwas anderes. Das Leben ist ein endloses Umschiffen von Einschränkungen, ein permanentes Überwinden von Hindernissen.

So beglückt Frieda und Lawrence auch waren über ihre neu gefundene Freiheit, nachdem sie die Vergangenheit und den gefühlsarmen Provinzialismus im gottesfürchtigen England hinter sich gelassen hatten, so wussten sie doch, wie eingeengt ihr Leben letztlich war. Friedas Gegenwart löste bei Lawrence einen enormen Kreativitätsschub aus, er schrieb nicht nur zahlreiche Kurzgeschichten, Gedichte, Essays, sondern auch seine drei Meisterwerke: *Söhne und Liebhaber*, *Der Regenbogen* und

Liebende Frauen. Er führte Frieda immer weiter weg von ihrem früheren Leben und von ihren Kindern, die für ihn die größte Bedrohung darstellten, wobei er begriff, wie sehr er sie brauchte, nicht nur für sein Glück, sondern auch als Quelle der Inspiration. Aus vielen seiner Gedichte spricht seine Bedürftigkeit, die manchmal in eine angstvolle Abhängigkeit umschlägt. Er hat mehrere ähnliche Gedichte geschrieben, in denen er seine Zweifel zum Ausdruck bringt, ohne Frieda leben zu können, seine Angst, von ihr geschwächt und »zum Krüppel« gemacht zu werden. Er glaubte, dass Liebe und Freiheit nicht miteinander vereinbar waren, dass zu lieben bedeutete, irgendwie besessen zu sein – und dass Besessenheit die Freiheit zerstörte.

Auch Frieda musste feststellen, dass ihre neu gewonnene Freiheit gefährdet war. Sie hatte ihren Mann, ihre Kinder und ihre Freunde verlassen, weil sie sich selbst verwirklichen, ganz sie selbst sein wollte. Aber die Freiheit ist unendlich viel komplizierter, es reicht nicht, einfach alles abzuwerfen, von dem man sich eingeengt fühlt. Dass Frieda bei ihrem Streben nach Freiheit und Selbstverwirklichung andere verletzt hatte, stürzte sie in Konflikte, verursachte ihr Schuldgefühle. Aber darüber hat sie nie mit Lawrence gesprochen. Das ging nicht. Lawrence hätte es nicht zugelassen. Und seine Freunde bestärkten ihn in seiner Haltung, sie verlangten von Frieda, sie solle sich gefälligst nicht so wichtig nehmen, ihre Rolle bestehe allein darin, Lawrence' Genie zu fördern. Koste es, was es wolle.

Lawrence arbeitete fieberhaft, sein Kopf war voller Ideen, die Texte flossen ihm mühelos aus der Feder. War es da verwunderlich, dass er Frieda um jeden Preis haben wollte? Später prahlte er, es sei ihm gelungen, »Frieda vor seinen Karren zu spannen«.[13] Sie blieb bis zu seinem Lebensende bei ihm, begleitete ihn ruhelos auf seiner wilden Pilgerreise von einem Land ins nächste. »Wir müssen immer weiter ziehen ... um die ganze Welt«, sagte er, »ich brauche Veränderung, das Neue, das mich aus der Selbstzufriedenheit reißt.« Aber Frieda beschäftigen andere Dinge. »... ich war wie eine Katze, der man die Jungen genommen hat und in meinem Herzen war immer die Frage wach: Wenn sie kämen, wo würde ich sie schlafen legen?«[14]

Aber daran war nicht zu denken. Ernest Weekley schämte sich dermaßen für das Verhalten seiner Frau, dass er seinen Kindern kein Wort erzählte. Ein ganzes Jahr lang hatten sie keine Ahnung, wo ihre Mutter steckte. Ernest Weekley erklärte ihnen einfach, sie hätten jetzt eine neue Mama, nämlich ihre Tante Maude, die sie nicht ausstehen konnten. Er schickte alle drei auf eine andere Schule in einer anderen Stadt, wo niemand sie kannte. Er verbot ihnen, Deutsch zu sprechen. Er schöpfte in vollem Maße die strengen Gesetze aus, um seine auf Abwege geratene Frau zu bestrafen, und sorgte dafür, dass sie keinen Zugang zu ihren Kindern bekam. Erst mit Erreichen des einundzwanzigsten Lebensjahrs hatten sie das Recht, ihre Mutter wiederzusehen.

Vor ein paar Tagen habe ich über ein paar wissenschaftlichen Aufsätzen zum Thema der Ehrfurcht gebrütet und mich über die schlechten Formulierungen geärgert, die eher verwirrten als erklärten. Forschungsergebnisse legen nahe, dass Ehrfurcht eins der wesentlichen Gefühle ist, die beim Aufenthalt in der Natur ausgelöst werden. Spektakuläre Schluchten, flammende Sonnenuntergänge, glitzernde Seen erfüllen uns mit Ehrfurcht. Ein Wissenschaftler beschrieb das Gefühl als das »magische Element«, während ein anderer die quasi mystische Bezeichnung

»dunkle Kraft« benutzte. Wie auch immer man es nennt, die Erfahrung ist dieselbe: eine Mischung aus Neugier und Demut, die dazu führt, dass wir uns zugleich klein und erhaben fühlen. Frieda besaß eine große Fähigkeit, zu staunen und Ehrfurcht zu empfinden. Sie und Lawrence sprachen oft von Wunder. In Friedas Schriften kommt es immer wieder vor: »Sonnenaufgänge über dem Pazifik ... das Wunder des Neuen ... Berge, goldgestreift wie Tiger ... Schnee tropft von Zedern, in denen es vor Vögeln wimmelt ... Brombeerhecken und Pilzwiesen und zarte Sonnenuntergänge hinter Bäumen ... Wunder direkt vor unseren Augen ...«[15]

Ihre Fähigkeit, über die Sonne, den Mond, die Sterne, die Bäume, die Wolken und die Blumen zu staunen, hat sie nie verloren.

Frieda und Lawrence haben das Staunen entdeckt (das Lawrence auch als »unseren sechsten Sinn« und »das kostbarste Element des Lebens« bezeichnete), lange bevor Wissenschaftler es benannt und kategorisiert haben. Sie wussten sogar damals schon, dass der einschränkende Prozess der Analyse und Benennung des Phänomens ihm etwas von seinem Glanz nehmen konnte: »... das Eindringen des geistigen Prozesses trübt das Leuchten, den Zauber ... Wissen und Staunen arbeiten gegeneinander ... wächst das Wissen, nimmt das Staunen ab«, schrieb Lawrence. Ich kann mir gut vorstellen, wie er und Frieda sich ereifern würden über unsere wissenschaftlichen Versuche, das Staunen zu verstehen, es zum Lehrinhalt zu machen und »so tot und langweilig wie dogmatische Religion«.[16]

Ich kann zwar verstehen, was die beiden meinten, aber ich teile ihre Ansicht nicht uneingeschränkt. Für mich beinhaltet Wissenschaft immer noch den Reiz des Verbotenen, und so beziehe ich mich einerseits auf die Ideen der Lawrences, aber auch auf die Wissenschaft. Aber letztlich sind wir uns einig: Es ist die Auflösung des Ich, verbunden mit einem Hochgefühl, das die Erfahrung der Ehrfurcht oder des Staunens ausmacht, der Magie oder der dunklen Kraft, wie auch immer man es bezeichnen will.

Zu staunen bedeutet, das Wunder des Lebens zu verstehen.

Am Nachmittag geraten wir ins Staunen, als es vor uns auf dem schlammigen Weg nur so wimmelt von winzigen Kröten, nicht größer als ein Fingernagel. Wir hocken uns hin und lassen sie auf unsere Handflächen hüpfen und über unsere nackten Unterarme krabbeln. Wir finden auch tote ausgewachsene Kröten, dick und so groß wie unsere Kniescheiben, mit riesigen rosafarbenen Zungen, die ihnen aus dem Maul hängen. Wir drehen sie mit Stöckchen um, staunen über ihre dicken Bäuche, die Muster auf ihrer Haut, ihre riesigen Hinterbeine und fragen uns, welche Krötenpest so viele von ihnen dahingerafft und lauter Waisenbabys zurückgelassen hat, die jetzt auf Menschenhände springen. Wir stochern im Schilf auf der Suche nach noch lebenden erwachsenen Kröten, finden jedoch keine.

Als Familie machen wir viel Lärm, scheuchen die Tiere auf und treiben sie in die Flucht. Aber diesmal haben wir Glück. Nicht nur sind die Krötenbabys noch zu klein, um zu wissen, dass sie sich in Sicherheit bringen sollten, sondern wir stoßen kurz darauf auf einen Weiderost, unter dem in einem Meter Tiefe im trüben Wasser fünfzehn fette Kröten hilflos gefangen hocken. Wir beugen uns hinunter, streiten darüber, welche Kröte die dickste ist, bis Hugo feststellt, dass seine Kröte in Wirklichkeit ein Klumpen aus vier oder fünf Tieren ist, die in einer Ecke aufeinandersitzen.

Die Kröten – gefangene, hilflose Waisen – lassen mich an Friedas Kinder denken, an die fünf weggegebenen Säuglinge von Rousseau und Thérèse, an Thérèse, die, ihrer Nachkommenschaft beraubt, niedere Arbeiten verrichtet. Und auf einmal bin ich zutiefst dankbar dafür, in diesem Teil der Welt und in dieser Zeit zu leben. Es ist eine Lektion, für alle, die die Geschichte verklären: Wir sollten uns nicht nach der Vergangenheit sehnen! Für die meisten von uns ist die Gegenwart die beste Option.

Nachdem wir vier Tage lang Friedas Spuren gefolgt sind, ändern wir die Richtung. Die Alpenroute, wo Frieda »barfuß über eisige Stoppeln ging und über die Nässe, die Kälte und den Hunger lachte«[17], existiert nicht mehr; in dem Gebiet, durch das sie führte, liegt jetzt ein Stausee, und es wird von einer Autobahn durchschnitten, über die man die verschiedenen alpinen Skiorte erreicht. Außerdem scheint uns die Route, die Frieda und Lawrence damals gewählt haben, unnötig anstrengend und kompliziert. Vielleicht wäre es anders, wenn ich allein unterwegs wäre, ohne meine Familie, und wir ebenso wie die beiden sechs Wochen Zeit hätten, anstatt zehn Tage. Wir mussten die gesamte Route sowieso in drei Teile aufteilen, die wir in umgekehrter Reihenfolge zu bewältigen versuchen. Vor einem Jahr sind wir (alle sechs) an die italienischen Seen gefahren, wo wir uns die Strecke Gargano-Riva-Bozen vornehmen wollten, was eine Hitzewelle jedoch verhindert hat. Vor zwei Jahren haben wir den mittleren Teil der Strecke absolviert, die über die österreichischen Alpen führt – eine Woche in strömendem Regen.

Als wir jetzt in Deutschland ankommen, um die Strecke von München nach Österreich zu laufen, ist unsere Familie geschrumpft, wir sind nur noch vier anstatt sechs, und die beiden

Mädchen fehlen uns. Ebenso wie Frieda trauere ich auf dieser Wanderung um die Vergangenheit, um mein Leben als Mutter, das unaufhaltsam in den Hintergrund tritt, und fürchte mich vor den bevorstehenden Veränderungen. Eines Tages werde ich ganz ohne Kinder wandern und in ein leeres Haus heimkehren. Wie wird sich das anfühlen? Wer werde ich dann sein?

Beim Wandern und Radeln entlang der Isar und in Richtung Alpen habe ich – wie meine Naturbücher es mir prophezeit haben – einiges gelernt. Genau wie Frieda. Vor der Wanderung war sie »todtraurig … immer voller Sehnsucht nach den Kindern«, hin- und hergerissen, ob sie nach England fahren und Ernest aufsuchen sollte. Ihr ständiges Schwanken brachte Lawrence dermaßen in Rage, dass er sein Versprechen, ihren Kindern »einen neuen Himmel und eine neue Erde zu machen«, zurücknahm. Aber die Wanderung setzte ihrem Wankelmut ein Ende. Als sie in Riva del Garda eintrafen, war sie bereit, mit Lawrence zusammenzubleiben. Zwar hoffte sie, dass ihre Kinder die Schulferien bei ihr verbringen würden, aber die Nabelschnur war endgültig durchtrennt. Die erlebnisreiche Alpenüberquerung hatte den Prozess beschleunigt. Frieda und Lawrence waren beide äußerst empfänglich für landschaftliche Eindrücke. Die offene Weite, die schwindelerregende Erhabenheit der Berge lieferten Frieda den Sauerstoff und die Kraft, eine schockierend gewagte Entscheidung zu treffen.

Es gibt noch etwas, das sich beim Wandern durch unbekannte Landschaften einstellt und das die symbolische Durchtrennung der Nabelschnur zwischen Frieda und ihren Kindern befördert haben könnte. Wenn wir ohne Besitztümer durch eine fremde Landschaft wandern, fühlen wir uns seltsam ungebunden, losgelöst. Und gleichzeitig empfinden wir eine tiefe Verbundenheit mit dem Land, denn es gibt nichts, das zwischen uns steht. Nichts als eine Schicht Kleidung und unsere Schuhsohlen – es sei denn, wir wandern barfuß, so wie Frieda es häufig getan hat. Und sich gleichzeitig ungebunden und tief verbunden zu fühlen, verändert die Art, wie wir die Welt erfahren, es macht uns auf rebellische Weise mutig und zuversichtlich und überzeugt uns davon, dass alles gut wird.

Mit einem Mal betrachten wir die Welt nicht länger mit dem Tunnelblick, der zum Lesen nötig ist (oder bei der Arbeit am Bildschirm), sondern mit einem weiten Horizont, der das ganze Panorama einschließt, das sich uns darbietet. Neurowissenschaftler nennen das Panoramablick. Sie vermuten, dass unser Gehirn anders arbeitet, wenn wir den Blick bis zum Horizont schweifen lassen. Wir entspannen uns. Wir sind besser in der Lage, Erinnerungen zu verarbeiten und zu speichern, mit Unsicherheit und Ängsten umzugehen. Und es ist ein weiteres Element, das mir zu verstehen hilft, wie Frieda ihren Trennungsschmerz verarbeitet hat.

Hätte sie wohl dieselbe Entscheidung getroffen, wenn sie von London nach Verona geflogen wäre? Damals war das noch nicht möglich. Aber stellen wir es uns trotzdem einmal vor, sie hätte einen Charterflug gebucht und wäre wenige Stunden nach ihrer Abreise aus Nottingham in Verona vom Himmel geschwebt. Mit einem Rollkoffer.

Das Wandern entwurzelt uns langsam und behutsam. Wir haben Zeit, uns zu akklimatisieren, uns anzupassen, unseren Gedanken nachzuhängen. Wir werden nicht aus unserer Heimat herausgerissen, sondern ganz vorsichtig losgelöst. Das ist eine vollkommen andere Erfahrung.

Aber warum hat Frieda diesen entscheidenden Wochen ihres Lebens in ihren Memoiren nur wenige Zeilen gewidmet? Während wir quer durch den Wald stapfen, auf die weiß und silbrig schimmernden Alpengipfel zu, kommt mir eine Zeile aus Friedas Memoiren in den Sinn: »Ich wollte es für mich behalten.«

Wenn man eine Erinnerung in Worte fasst, verändert man sie. Wenn man diese Worte zu Papier bringt, fängt man die Erinnerung ein, bewältigt und verändert sie. Eine Erinnerung, die vorher frei in unserem Gedächtnis umhergeschwebt ist, hört auf zu schweben und nimmt eine harte, kristalline Form an.

Und wenn diese Worte veröffentlicht werden – so wie Friedas Memoiren –, wird die Erinnerung nicht nur zu einer starren, fest umrissenen Größe, sie wird von anderen in Besitz genommen. Man gibt die Erinnerungen beschnitten und geschoren aus der Hand, auf dass sie zu dem werden, was andere aus ihnen machen. Ihre Wanderung war so eine lebhafte und intensive Erfahrung, so persönlich, dass weder Frieda noch Lawrence darüber schreiben und die Erfahrung mit anderen teilen wollten. *Mr Noon* enthält zwar eine fiktive Version der Wanderung, aber Lawrence hatte nie vor, diesen Roman zu publizieren (ziemlich ungewöhnlich für ihn, weil die beiden stets knapp bei Kasse waren), sondern ließ ihn in der Schublade liegen. Auch nach seinem Tod hat Frieda keine Versuche unternommen, *Mr Noon* drucken zu lassen – im Gegensatz zu anderen Texten aus Lawrence' Privatbesitz. Erst 1984 wurde *Mr Noon* veröffentlicht.

Während die Welt hinter uns versinkt, ordne ich meine verworrenen Gedanken. Später erinnere ich mich an sie als meine Berggedanken, Ideen, die ein bisschen entwirrt oder miteinander verknüpft werden müssen, Gedanken, die sich je nach Lichteinfall ändern. Im Lauf unserer Wanderung habe ich über das unausweichliche Schrumpfen unserer Familie nachgedacht und über eine Zukunft, in der Kinder nur sporadisch vorkommen. Die Traurigkeit, die ich zu Anfang empfunden habe, hat sich in etwas vollkommen anderes verwandelt, etwas, in dem Hoffnung und neue Möglichkeiten mitschwingen. Das ist natürlich einfacher hier, mitten in dieser herrlichen Landschaft, wo jeder Tag unendlich viel Neues bringt. Es wird nicht mehr so leicht sein, wenn ich erst einmal mit den leeren Kinderzimmern konfrontiert bin, der Stille, den Geistern der Kinder, die das Haus verlassen haben.

Frieda und Thérèse Levasseur haben ihre Kinder verloren, und doch haben sie beide einen gewissen Frieden gefunden. Lawrence bei seiner Arbeit zu unterstützen, ihm emotionalen Halt zu geben und für die Begegnungen zu sorgen, die er brauchte, gab Frieda eine neue Lebensaufgabe, die ihren Kummer über den Verlust der Kinder abmilderte. Zwanzig Monate nach der Alpenwanderung gab sie seinem Drängen nach und heiratete Lawrence, der zunehmend gereizt und streitsüchtig wurde, womit sie letztlich das eine Gefängnis gegen das andere eintauschte. Erst nach Lawrence' Tod im Jahr 1930 war sie frei, so zu leben, wie sie wollte. Wie um ihre eigene Identität endlich zu behaupten, veröffentlichte sie ihre Memoiren *Nur der Wind ...* kühn unter dem Namen Frieda Lawrence geb. Freiin von Richthofen. Ich vermute, es war für sie der ultimative Befreiungsakt.

Über Thérèse ist viel weniger bekannt, doch wir wissen, dass Rousseau sie irgendwann tatsächlich geheiratet und ihr sogar hin und wieder gestattet hat, ihn auf seinen Spaziergängen zu begleiten. Für die Öffentlichkeit und für die Nachwelt hat er sie ausgelöscht; in seinem letzten großen autobiografischen Werk *Die Träumereien des einsamen Spaziergängers* schreibt er: »Da bin ich nun, allein auf der Welt, ohne Bruder, Nachbar, Freund oder Gesellschaft außer mir selbst.« Was für ein Stuss! Thérèse war ihm bis zum Ende treu ergeben. Und im Gegenzug hat er ihr nach seinem Tod seine gesamte Habe vermacht. Sie hat sofort wieder geheiratet und noch zwanzig Jahre eheliches Glück erlebt, das er ihr verweigert hatte. Wir wissen auch, dass zwei ihrer weggegebenen Kinder überlebt haben und deren Nachkommen wohlhabende Händler und Rechtsgelehrte wurden. Ich stelle mir gern vor, dass Thérèse wenigstens eins ihrer Kinder wiedergesehen hat. Aber das werden wir nie erfahren.

Ich sehe Hugo und Saskia zu, die in der Nähe auf Felsbrocken herumklettern. Nicht Kinder oder das Muttersein engen uns Frauen ein, sondern die Tyrannei der Begleitumstände – die Wäscheberge, das Kochen (drei Mahlzeiten pro Tag), der endlose Papierkram, der Geldmangel. Dazu kommt der Stress am Arbeitsplatz – lange Arbeitstage, kurze Urlaube, die Verpflichtung, stets erreichbar zu sein. Darüber hinaus wird unsere Freiheit durch Faktoren eingeschränkt, die wir eigentlich selbst bestimmen können: unser Gesundheitszustand, unsere körperliche Kondition, unsere Einstellung zu gesellschaftlichen Konventionen, unsere Sturheit.

Das Familienleben ist am intensivsten beim Wandern, und es kann innerhalb von Sekunden von liebevoll zu grob umschlagen. Meist diskutieren oder besser gesagt streiten wir uns in bewohnten Gegenden oder auf Straßen. Oder wenn wir uns verlaufen. Dann geben wir demjenigen die Schuld, der für das

Kartenlesen zuständig ist, wir machen das iPhone verantwortlich, denjenigen, der die Route ausgesucht hat, wir geben uns gegenseitig die Schuld. Erst wenn wir unseren gemeinsamen Zorn gegen jemanden außerhalb der Familie richten – den Kartenhersteller, den Stadtplaner, D. H. Lawrence –, kehrt wieder Harmonie ein.

Am letzten Tag unserer zehntägigen Wanderung kommt es zu dem schlimmsten Familienkonflikt. Wir wollen in einem Vorort den Bus nehmen, finden jedoch leider nicht die Haltestelle. Deshalb gehen wir zwei Kilometer weiter bis zum Bahnhof, um dort in den Zug zu steigen. Der Bahnhof besteht aus einem vier Meter langen, zwischen zwei Bergen eingequetschten Bahnsteig. Wir verstehen den Fahrplan nicht und wissen nicht, auf welcher Seite des Bahnsteigs wir warten müssen. Wir haben keine Ahnung, wo wir sind und in welche Richtung wir fahren müssen. Züge halten und fahren wieder ab, zu unserer Verwirrung immer auf demselben Gleis, aber in verschiedene Richtungen. Es gibt Bummel- und Schnellzüge. Ich rufe den Namen unseres Zielorts, aber niemand versteht mich. Wir schreien einander an – jetzt ist es meine Schuld, weil mein Deutsch so lausig ist –, bis uns keine Vorwürfe mehr einfallen. Irgendwann hält ein Zug, ein Schaffner, der perfekt Englisch spricht, fordert uns auf einzusteigen, und erklärt uns, dass wir bis zur nächsten Station fahren müssen. Plötzlich sind wir wieder eine glückliche Familie. Einfach so.

Nach sechs Wochen trafen Frieda und Lawrence in Riva am Gardasee ein, damals eine österreichische Garnisonstadt. Nach anstrengenden Kletterpartien über steile Bergpässe und Übernachtungen in heruntergekommenen Gasthäusern sahen sie aus wie »zwei Landstreicher mit Rucksäcken«. Nach wenigen Tagen traf eine Kiste mit abgelegten Kleidern von Friedas eleganter jüngerer Schwester ein, außerdem ein Scheck über fünfzig Pfund von Lawrence' Verleger, ein Vorschuss für *Söhne und Liebhaber*. In einem paillettenbesetzten Abendkleid und mit einem riesigen, mit Federn geschmückten Hut flanierte Frieda am Arm des eher schäbig gekleideten Lawrence über die Uferpromenade, wo das Paar sich unter österreichische Offiziere und deren elegant gekleideten Frauen mischte und seine Rückkehr in die Zivilisation genoss.

Da wir der Route der beiden in Etappen und noch dazu in entgegengesetzter Richtung folgen, kehren wir aus den Alpen direkt nach München zurück. Nach zehn Tagen in der freien Natur lockt uns die Aussicht auf das Großstadtleben. Städte faszinieren mich – ihre fieberhafte Energie, ihre Enge und Hektik, ihre Intimität und Kreativität. Großstädte spiegeln die großartige Kühnheit des menschlichen Geistes wider, und München mit einigen der weltbesten Galerien und Museen und seiner Jugendstilarchitektur ist vielversprechend. Auch wir freuen uns auf die Rückkehr in die Zivilisation, die wir mit einem erstklassigen Frühstück in einem noblen Hotel begehen wollen.

Das ist das Paradoxe an der Sehnsucht nach der Natur und der Flucht vor der Zivilisation. Wir brauchen beides. Und das eine erhöht das andere. Je länger ich unterwegs bin, desto mehr freue ich mich darauf, wieder in die Zivilisation einzutauchen. Und je länger ich dort bin, desto mehr freue ich mich darauf, wieder in die freie Natur hinauszuziehen.

Kaum sind wir in München, erschaudere ich angesichts der Pracht dieser Stadt, es ist ein Staunen über den Drang und die Veranlagung der Menschheit, zu gestalten, zu ordnen und zu bauen, ihre Fähigkeit, auf so engem Raum zusammenzuleben. Die Zeit in den Bergen hat unser Raumgefühl geschärft und intensiviert, und das Menschengewimmel in der Stadt wirkt auf uns zugleich überraschend und beklemmend.

Es ist ein warmer Nachmittag, die Biergärten sind brechend voll, Leute plaudern, lachen, stoßen mit Bierhumpen an, rauchen, essen, diskutieren, gestikulieren, küssen und umarmen sich, klopfen sich auf die Schulter, zeigen gerade gekaufte Andenken, Bücher, Schuhe herum. Ein paar bärtige Männer in Trachtenlederhosen und ihre Frauen mit eleganten Frisuren und lackierten Fingernägeln machen mir mein eigenes Aussehen bewusst – als wäre ich direkt aus einem Berg hervorgekrochen. Meine Haare sind zu lang, mein Pony hängt mir in die Augen wie bei einem zottigen Hund. Außerdem trage ich immer noch meine Wanderklamotten und bin ungeschminkt – komplett naturbelassen.

Während wir unser Frühstück genießen, erreicht mich die erste Nachricht aus der Schulwelt und löst schnaubendes Gelächter aus. Der neue Direktor von Hugos Schule hat eine E-Mail geschickt, die mit dem Satz beginnt: Bestimmt kauft ihr gerade eure neue Schuluniform, näht Namensschildchen ein, füllt eure Bleistiftvorräte auf und packt die Schulranzen, damit alles bereit ist für den ersten Schultag. Ohne eine Spur Ironie fährt er fort: Ich bin fest davon überzeugt, dass das Lernen das größte Abenteuer des Lebens ist. Tja, denke ich, mein Sohn und ich sind gerade intensiv mit dem Abenteuer des Lernens beschäftigt, Sie werden uns also hoffentlich verzeihen, wenn er am ersten Schultag in einer namenlosen Uniform und ohne neue Bleistifte im Mäppchen erscheint.

Eingehende E-Mails katapultieren uns unsanft zurück in die

Zivilisation und erinnern uns daran, dass wir nicht für immer in der freien Natur bleiben können. Aber E-Mails in einem noblen Hotel in einer aufregenden Stadt zu erhalten, ist nicht dasselbe, wie zu Hause E-Mails abzurufen, wo es zum Alltag gehört. Nach den Strapazen des Wanderns (Regen, Kälte, Blasen an den Füßen, Orientierungsverlust) sehnen wir uns nach unserem Zuhause: nach unserem eigenen Kopfkissen, nach der Matratze, die sich mit der Zeit genau unserem Körper angepasst hat. Frieda ist nie wieder nach Hause zurückgekehrt. Sie ist noch ein einziges Mal in Nottingham gewesen, wo Ernest eine Einzimmerwohnung gemietet hatte. Um ins Haus zu gelangen, hat Frieda sich der Vermieterin als Mrs Lawson vorgestellt, aber Ernest hat sich geweigert, mit ihr zu sprechen, sie als Hure beschimpft und wütend davongejagt. Auf ähnliche Weise hat sie versucht, sich ihren Kindern zu nähern, hat vor der Schule auf sie gewartet, im strömenden Regen hinter Hecken versteckt, ist durch die Straßen von Chiswick gelaufen, bis sie die roten Samtvorhänge aus ihrem Haus in Nottingham an den Fenstern entdeckte. Immer unter Tränen.

In ihrer Verzweiflung hat sie sich sogar einmal in das Haus in Chiswick geschlichen, wo Ernest die Kinder bei seinen alten Eltern und seinen Geschwistern untergebracht hatte. Sie ist die Treppe hochgestiegen und hat an der Tür gelauscht. Sie hörte Stimmen und das Klappern von Geschirr und Besteck, offenbar saßen sie beim Essen. Sie hat die Tür geöffnet, und alle sind erbleicht. Im nächsten Augenblick ist Friedas Schwägerin aufgesprungen und hat sie aufgefordert, sofort das Haus zu verlassen. Als Frieda sich geweigert hat, ist Ernests alte Mutter wütend aufgestanden, hat Frieda in Richtung Treppe gestoßen und geschrien: »Raus! Raus!« Zu Friedas Entsetzen haben dann auch noch die Kinder sie wüst beschimpft. Gedemütigt und gekränkt hat sie die Flucht ergriffen. Später erinnerte sich ihre Tochter an die schreckliche Situation und sagte, Frieda sei »inzwischen für uns zu einer unwirklichen Person geworden ... fremd und sogar ein bisschen furchteinflößend.«[18]

Der Gedanke an diesen Vorfall bringt mich dazu, die E-Mail des Schuldirektors noch einmal zu lesen. Dieselben Worte, die mich eben noch irritiert und mir ein spöttisches Lachen entlockt haben, erfüllen mich jetzt mit Dankbarkeit. Schuluniform, Bleistifte, Namensschildchen ... Diese Dinge verkörpern Vertrautheit, Heimat. Das alles war Lawrence natürlich ein Graus. Er wollte »mitten ins Neue geworfen werden ... in die Freiheit des Neuen«, unbelastet von materiellem Besitz.[19] Aber Frieda hat, solange sie mit Lawrence zusammenlebte, jedes Haus, in das sie zogen, so gut es ging, heimelig gestaltet, Kissenbezüge genäht und die Wände mit ihren Halstüchern geschmückt.

Nach seinem Tod ist sie sechsundzwanzig Jahre und fast bis zu ihrem Lebensende auf der Ranch in Taos, New Mexico, geblieben. Sie pflegte enge Freundschaften, ein Ersatz für die Familie, die sie geopfert hatte. Und sie ist viel gewandert. In ihren Memoiren ist immer wieder die Rede davon: »Wir waren fast immer im Freien«, schreibt sie, »machten lange Wanderungen.« Ihr erster Ausflug mit Lawrence fand in Derbyshire mit den beiden kleinen Töchtern statt: »Eine lange Zeit gingen wir durch die Wälder und Felder, die im ersten Frühlingsglanz standen.« Auf diesem Spaziergang wurde ihr bewusst, dass sie sich in Lawrence verliebt hatte. Später schrieb sie von herrlichen Spaziergängen mit Katherine Mansfield, von Wanderungen durch italienische Olivenhaine, durch den Dschungel von Ceylon, entlang der australischen Küste, durch die Canyons von New Mexico und von Spaziergängen »zwischen den frühen Mandelblüten, rosa und weiß, gelben Lilien, wilden Narzissen und Anemonen.«[20]

Doch die erste große Wanderung ihres Lebens – die sechswöchige Wanderung, die sie nur knapp in einem Absatz erwähnt – bleibt die wichtigste. Aus dieser Schlüsselerfahrung ist Frieda als sie selbst hervorgegangen, als die freie Frau, die zu sein sie sich erträumt hatte – bekleidet mit knallroten Trägerkleidern und grünen Strümpfen, die nackt in Seen badete, in der freien Natur Sex hatte, die nach Herzenslust wanderte. Außerdem war sie zu der freien Frau geworden, die Lawrence für sein Schreiben brauchte. Und er hat sie weidlich ausgenutzt, sie immer wieder umgemodelt, sie wurde zu Ursula in *Liebende Frauen* und zu Connie in *Lady Chatterley*. Lawrence' Romane haben Geschichte gemacht, aber Frieda war der Katalysator.

»Wieso hast du dann die Wanderung nicht in deinen Roman aufgenommen?« Saskia quetscht sich im Flugzeug in ihren Sitz und schnallt sich an.

»Hat nicht gepasst«, antworte ich ausweichend. Aber die Wahrheit ist etwas komplexer. Ich hatte die Bedeutung der Wanderung unterschätzt und dieses beglückende Erlebnis und Friedas schmerzliche Entscheidung, ihre Kinder zu verlassen, einfach nicht unter einen Hut bringen können.

Aber ich bekomme Thérèse nicht aus dem Kopf und frage mich immer wieder: Was wäre gewesen, wenn sie ebenso wie Rousseau die Freiheit gehabt hätte, ausgiebige Spaziergänge zu unternehmen? Was wäre gewesen, wenn sie ihren Job in dem Pariser Hotel hingeschmissen hätte und mit kugelrundem Bauch an Rousseaus Seite aus der Stadt hinausmarschiert wäre?

Vielleicht hätte sie es sich nicht so einfach gefallen lassen, dass man ihr das neugeborene Kind aus den Armen reißt.

Was hat mich eigentlich dazu gebracht, den Spuren einer Frau zu folgen, die ihre Kinder im Stich gelassen hat, und mich intensiv mit einer Frau zu beschäftigen, der ihre Kinder genommen wurden? Erst nach drei Jahren habe ich begriffen, dass Friedas Wanderung auch meine Wanderung war, ein nicht vorhersehbarer Schritt in Richtung meiner eigenen Befreiung.

Aber läuft das nicht immer so? Meine Favoritin unter den unbekannten Frauen, die über das Wandern geschrieben haben, hat es so formuliert: »Das Schwierigste ist, das zu sehen, was wirklich da ist.«[21]

3

AUF DER SUCHE NACH SICH SELBST
UND NACH EINSAMKEIT: GWEN JOHN

Flusswanderungen. Frankreich. Straßenverkehr.
Einsamkeit. Sexuelle Belästigung. Wer bin ich?
Was bin ich? Verletzlichkeit. Das Meer.

»*In letzter Zeit denke ich viel ans Malen. Ich glaube,*
ich werde bald etwas Gutes schaffen, wenn ich allein
und nicht am Boden zerstört bin.«
Gwen John in einem Brief an Ursula Tyrwhitt, 1910

An einem heißen, trockenen Tag im August 1903 kletterten zwei junge Frauen die Uferböschung der Garonne hoch, kämpften sich durch Schilf und Weidenschösslinge und schüttelten sich welkes Laub aus den Haaren. Flussschlamm klebte an ihren Knöcheln. Sie ächzten unter dem Gewicht der hölzernen Staffeleien, Farbpaletten und Mappen mit billigem Papier, die sie mit Bast an ihren Umhängetaschen befestigt hatten. In ihren Taschen und Gürteln steckten Pinsel, Bleistifte und Farbtuben. Ihre Füße schmerzten in ihren geknöpften Stiefeletten. An den Ärmeln ihrer Kleider zeichneten sich Schweißringe ab.

Gwen John und Dorelia McNeil waren keine alten Freundinnen, sie hatten sich erst vor wenigen Monaten kennengelernt. Aber Gwen hatte sich sofort in Dorelia verliebt, hingerissen von ihrer Heiterkeit, ihrer Gelassenheit, ihrer umwerfenden Schönheit. Dorelia hatte ein Engelsgesicht und die innere Ruhe einer Heiligen. Das einzige Problem war, dass Gwens jüngerer Bruder, ein Maler, der Frau und zwei kleine Kinder hatte, Dorelia ebenfalls unwiderstehlich fand. Schlimmer noch, Augustus John war ausgerechnet mit Ida verheiratet, einer von Gwens besten Freundinnen. Und erleben zu müssen, wie Dorelia sie bei ihrem geliebten Mann, ihrem Wunderkind, ihrem Gus, als Muse und Modell ersetzte, brach Ida das Herz und erfüllte sie mit Selbsthass.

Das war fünf Jahre vor dem Zeitalter des Augustus John, wie Virginia Woolf die Zeitspanne bezeichnete, in der Augustus John wie ein Meteorit zum Star aufstieg und John Singer Sargent als berühmtesten und angesagtesten Porträtmaler der Welt ablöste. Aber 1903 war er bereits ein gefeierter Maler, sein Weg zu Ruhm und Erfolg war vorprogrammiert. Heute gilt Gwen, seine schüchterne Schwester, als die größere Künstlerin, als Genie und ist eine der berühmtesten Malerinnen des zwanzigsten Jahrhunderts, während Augustus, gnadenlos aus dem Kunstkanon verstoßen, in ihrem Schatten dahindümpelt. Er hat es kommen sehen. 1956, lange nach Gwens Tod hat er einmal gesagt: »In fünfzig Jahren wird man mich nur noch als Bruder von Gwen John in Erinnerung haben.«[1]

Mit Gwens ehrgeizigem und mutigem Entschluss, die tausend Kilometer von der Küstenstadt Bordeaux bis nach Rom zu wandern und unterwegs Zeichnungen und Bilder zu verkaufen, endete ihr Leben in England endgültig. Der Plan war ein spontaner Einfall gewesen, und doch markierte diese Wanderung für Gwen den Beginn eines neuen Abschnitts in ihrem Leben als Künstlerin, gab ihrer Karriere eine ganz andere Richtung und katapultierte sie endgültig aus dem Zeitalter des Augustus John. Unerwartete Ereignisse wirkten sich auf ihr späteres Leben aus, eröffneten ihr Möglichkeiten, die sie nicht hatte voraussehen können, während sie mit schmerzenden Wadenmuskeln, geschwollenen Füßen und verschwitzten Haaren an der Garonne entlangmarschierte.

Außerdem setzte die Wanderung einen Schlusspunkt unter ihr Familienleben, so wie sie es bis dahin gekannt hatte, das Leben in Wales, wo sie eine trostlose Kindheit verbracht hatte. Bis zu ihrem Tod sechsunddreißig Jahre später ist sie nie wieder nach England zurückgekehrt. Und mit ihrem Vater gab es nur noch zwei kurze Begegnungen, die allerdings so unerfreulich waren, dass sie »danach total erschöpft war und tagelang nicht malen konnte«.[2]

Ihre Wanderung markierte auch die Entfremdung von ihrem Bruder Augustus, den Bruch der tiefen Bindung, die die Geschwister seit dem frühen Tod der Mutter zusammengeschweißt und die Gwen mit den Jahren als zunehmend erdrückend empfunden hatte. Der Gipfel für Augustus war, dass Gwen ihm seine Dorelia vor der Nase weggeschnappt hatte (die in Wirklichkeit Dorothy hieß, doch Augustus bevorzugte den exotischer klingenden Namen Dorelia). Albert Rutherstone, ein befreundeter Maler, fand, dass Gwen und Dorelia sich aufführten wie zwei Verliebte, die gegen Augustus' Willen durchbrannten. Er fand den Plan undurchführbar. Und total verrückt. Aber Gwen John schlug seine Einwände in den Wind, wollte nichts davon hören.[3] Augustus wollte die verrückten Wanderinnen dazu überreden, eine Pistole mitzunehmen, doch das lehnten sie ab. Ein Messer unterm Kopfkissen würde ausreichen, meinten sie.

Wenn ich früher, als meine Kinder noch klein waren, zu Hause festsaß, weil mal wieder eins oder mehrere krank waren, und wir weder Wanderungen unternehmen noch in den Park gehen konnten, haben wir zusammen in Kunstbänden geblättert, und ich habe ihnen Vögel, Fische und Muscheln gezeigt. Die Bilder in diesen Kunstbänden halfen mir an solchen öden Tagen des Eingesperrtseins, nicht den Verstand zu verlieren. Vor allem ein Gemälde hatte es mir angetan, und ich schaute es mir immer wieder an. Meine Kinder fanden es langweilig, denn auf ihm waren weder Tiere noch Wracks noch sonst irgendetwas abgebildet, das ich in eine Geschichte hätte einflechten können. Aber mich faszinierte es. Schließlich habe ich es im Keller über der Waschmaschine aufgehängt, wo ich stundenlang schmutzige Wäsche sortierte und einweichte. Beim Betrachten des Bildes fühlte ich mich, als würde ich in einem warmen, nach Lavendel duftenden Bad liegen. Dabei hätte die Darstellung einer Frau in einem kahlen, dunklen Zimmer eigentlich mein Gefühl des Eingesperrtseins verstärken müssen. Aber in meinem vollgestopften, fensterlosen Keller habe ich immer wieder gedankenverloren eine Frau angeschaut, von der ich später erfuhr, dass es sich um Dorelia handelte. Gwens Gemälde hatte etwas Unaussprechliches, das mich beruhigte und gleichzeitig den Gefühlskonflikt in meinem Leben widerzuspiegeln schien. Das Porträt strahlte Gwens zärtliche Gefühle für Dorelia aus, aber unterschwellig auch noch etwas anderes, etwas Dunkleres.

Schließlich habe ich angefangen, in Büchern, in Galerien und im Internet nach weiteren Gemälden von Gwen John zu suchen.

Alle Gemälde stellen Frauen dar. Immer jeweils nur eine. Sie hat nie einen Mann gemalt. Nie eine Frau in Begleitung. Auf allen Gemälden waren die Frauen bekleidet (mit einer peinlichen Ausnahme), und keine befand sich im Freien. Einige der Porträts besaßen etwas Düsteres, Trauriges, aber alle verströmten eine spirituelle Gelassenheit, sodass es sich anfühlte, als würde man das Meer an einem windstillen Tag betrachten oder mit geschlossenen Augen den Duft von Geranien einatmen. Aber wenn ich genauer hinsah, beschlich mich ein Unbehagen, eine Unruhe, die mich fesselte, bis ein Baby anfing zu schreien oder die Wäsche fertig war.

In ihren Porträts zeigt Gwen uns ein Innenleben – seine spirituelle Würde, seine Gelassenheit, seine Tiefe. Damals gab es in meinem Leben kein Alleinsein, keine Gelassenheit. Ich war reizbar und oft wütend. Obwohl ich rund um die Uhr beschäftigt war, fühlte ich mich ziellos und verwirrt. Mir war nicht bewusst, wie sehr ich es brauchte, hin und wieder allein zu sein. Zwar bemerkte ich, dass ich mich eingeengt fühlte, doch ich dachte, es würde reichen, regelmäßig – die Kinder im Schlepptau – an die frische Luft zu gehen. Gwens Gemälde belehrten mich eines Besseren.

Ihre Bilder zeigen nicht schmerzliche, beängstigende Einsamkeit, sondern wie befriedigend, würdevoll und lebensnotwendig Alleinsein ist. Ihre Frauen fühlen sich wohl in ihrer Haut und genügen sich selbst. Was also wühlte mich so auf?

Ich machte zig Kopien von Gwens Gemälden und Zeichnungen, klebte sie an Wände und betrachtete sie jeden Tag. Mir fiel auf, dass es um die Frauen herum nichts gab. Das bisschen Raum, das Gwen ihnen zugestand, bot nichts Ablenkendes – kahle Wände, die das Modell exponiert und seltsam verletzlich wirken ließen. Durch die Pinselführung und die gedeckten Farben erscheinen sie flach, als ob sie beinahe mit dem Hintergrund verschmelzen. In späteren Porträts begann Gwen, die Körper ihrer Modelle zu verzerren, verlieh ihnen überlange Arme, übergroße, muskulöse, häufig verschränkte Hände, pyramidenförmige Körper, die über den Rand der Leinwand hinauszugehen schienen. Irgendwie waren ihre Bilder zugleich tröstlich und verführerisch, beruhigend und verunsichernd, zart und beängstigend. Als wären sie Ausdruck einer inneren Anspannung der Künstlerin. Als hätte sie verzweifelt versucht, in den Porträts die widerstreitenden Seiten ihrer Persönlichkeit unterzubringen – ohne großen Erfolg.

Und genauso ging es mir auch. Ich hatte geglaubt, wenn ich viele Kinder bekäme, würde daraus eine Familie entstehen, mit mir in der Mitte als einer Art Mutter Erde, ganz entspannt und mit mir im Reinen. Womit ich nicht gerechnet hatte, war die emotionale und physische Einengung, die das Muttersein mit sich bringt, das permanente Gefühl, mich vollkommen verloren zu haben, die bedingungslose Liebe, die Schuldgefühle, das ganze Kuddelmuddel. Gwen schien mein Gefühlschaos zu malen, den Zwiespalt zwischen der Sehnsucht nach Harmonie und der Wirklichkeit, die das genaue Gegenteil davon war.

Natürlich hat Gwen nichts gemalt, was irgendwie mit mir zu tun hatte oder mit den gemischten Gefühlen einer Mutter. Sie selbst hatte gar keine Kinder. Dass eine Frau sich zur Mutter berufen fühlte, war ihr fremd, und sie verachtete Frauen, denen ihre Kinder wichtiger waren als die Kunst. An Rodin schrieb sie einmal: »Noch nie wurde jemandem fürs Kinderkriegen ein Denkmal gesetzt.«

Zum ersten Mal seit einundzwanzig Jahren habe ich zehn Tage für mich und begebe mich auf Spurensuche. Zehn Tage, um endlich das Alleinsein auszuloten, nach dem Gwen sich gesehnt hat, von dem ich jedoch bei meinen überhasteten Spaziergängen über die Hügel nur einen Hauch gespürt und vor dem ich mich oft gefürchtet habe.

Die Vorstellung ist aufregend und zugleich beängstigend. Als ich in Bordeaux ankomme, hat die Aufregung sich gelegt. Die Angst dagegen hat mich so stark im Griff, dass ich tatsächlich zittere. Sosehr mich meine lächerliche Angst auch nervt, ich kann sie nicht abschütteln. Immer wieder muss ich daran denken, wie ich vor zwei Jahren aus unerklärlichen Gründen umgefallen bin und eine Nachbarin, die mich bewusstlos vorfand, den Notarzt gerufen hat. In meiner Fantasie sehe ich mich an einem einsamen Flussufer zusammenbrechen, bewusstlos ins Wasser gleiten – und ertrinken. Ich male mir aus, wie ich in einem dichten Wald überfallen und verfolgt werde. Die Worte einer Freundin kommen mir in den Sinn: »Treidelpfade sind das natürliche Biotop von Vergewaltigern und Mördern.« Ich überprüfe zum x-ten Mal meine (dünnen) Wanderstöcke, die mir, wie Matthew optimistisch meinte, notfalls als Waffen dienen können.

Mit solchen düsteren Gedanken haben Gwen und Dorelia sich nicht herumgeplagt. Freunde und Verwandte hielten ihre geplante Wanderung zwar für undurchführbar, verrückt und unerhört, aber das hat die beiden nicht angefochten. Trotzdem war ihr Vorhaben tatsächlich waghalsig und potenziell gefährlich. Jedenfalls war Gwens Entscheidung, in Bordeaux loszugehen, nachvollziehbar, denn sie hatte sich schon immer von Wasser angezogen gefühlt. Und wenn es eine Stadt gibt, deren Form vom Meer beeinflusst wurde, dann ist es Bordeaux.

Die Stadt liegt an der größten Flussmündung Europas. Jahrhundertelang war sie Europas Tor zu Welt. Von hier aus brach man nach Lissabon, New York und Rio de Janeiro auf. Das Bordeaux, das sich Gwen darbot, ging auf den lukrativen Handel mit Kaffee, Zucker, Baumwolle und Wein zurück. Auf Gemälden ist der alte geschäftige Hafen zu sehen: Schoner, die Apfelsinen aus Spanien und Afrika bringen, Lastkähne, schwer beladen mit Weinfässern, Kisten mit getrockneten Feigen und Körben voller Austern, Fischkutter, die prall gefüllte Netze einholen, Kriegsschiffe, vollbesetzt mit Matrosen, Passagierschiffe, über deren Landebrücken Damen mit Parasols an Land gehen. Ganz zu schweigen von mageren Katzen und räudigen Hunden, von wohlgenährten Händlern und grell geschminkten Prostituierten, von alten Fischersfrauen, die Netze flicken und barfüßigen Jungen, die auf Flößen angeln.

Ich finde einen leeren Fluss vor, ein paar halb verrottete Landungsstege und ein Kreuzfahrtschiff. Am Ufer der Garonne wimmelt es von Menschen auf Fahrrädern, Einrädern, Skateboards, Cityrollern und Rollschuhen. Sie telefonieren lachend mit ihren Handys, die Haare im Wind. Sie rasen an Starbucks und McDonald's vorbei, die Speichen ihrer Räder blitzen im Sonnenlicht. Aber die Garonne mit ihrem aufgewühlten braunen Wasser – von den Einheimischen liebevoll Café au Lait genannt – fließt leer und still dahin.

Schnell fließendes Wasser konnte Gwen nicht einschüchtern. Als Kind war sie in Wales am Ufer des Flusses Cleddau gewesen, wo Lastkähne an morschen Landestegen vertäut lagen, hatte an einem Mühlenbach gespielt und war besonders gern über die Klippen an der walisischen Küste gestreift. Die Liebe zum Wasser teilte sie mit ihren Geschwistern, die alle den größten Teil ihres Lebens auf Flüssen, Seen und in Meeresnähe verbrachten.

Aber die Garonne mit einer Breite von etwas über einem halben Kilometer und ihrer starken Strömung hat wenig Ähnlichkeit mit dem Cleddau. Im Flussabschnitt zwischen Bordeaux und Toulouse gibt es gefährliche Stromschnellen und tückische Untiefen. In der Vergangenheit hat die Garonne, die im Winter nicht selten Hochwasser führt, schon Brücken beschädigt, Obstplantagen, Felder, Häfen, Mühlen und ganze Dörfer überflutet und sich immer wieder ein neues Bett gesucht.

Von all dem wusste Gwen nichts. Und sie wusste auch nichts vom Mascaret, einer Gezeitenwelle, die besonders stark ausgeprägt ist am Ende des Sommers, genau zu der Jahreszeit, als die beiden Frauen in Bordeaux eintrafen. Der Mascaret ist sehr beliebt bei Surfern, und die Welle kann bis zu drei Meter hoch sein. Eine solche Gezeitenwelle weckte Gwen und Dorelia, die auf einer der vielen kleinen Flussinseln im Freien schliefen, um drei Uhr früh. Es war ein vielversprechender Auftakt ihrer Wanderung, der erahnen ließ, welche Abenteuer ihnen noch bevorstanden.

Ich habe allerdings nicht vor, meine Wanderung auf die gleiche Weise zu beginnen.

Es gibt keine Aufzeichnungen über die Strecke, die Gwen und Dorelia gewählt haben. Von einem Heimatkundler erfahre ich, dass es 1903 keinen Uferweg gab, nur kleine Häfen, von denen einige durch einen unbefestigten Weg verbunden waren. Wir wissen nur, dass Gwen ihren ersten Brief in der Poststelle eines Städtchens namens Langon abholte. Vor dem Bahnhof in Langon befindet sich jetzt ein Kreisverkehr, über den der morgendliche Berufsverkehr in alle Richtungen rauscht. Ich suche nach einem Hinweisschild. Oder nach im Sonnenlicht glitzerndem Wasser. Nichts. Von den Leuten, die mit mir aus dem Zug gestiegen sind, ist niemand mehr zu sehen. Ohne Proviant, mit einer Landkarte, auf der Langon nicht eingezeichnet ist, und einer winzigen Wasserflasche stehe ich allein in einer Asphaltwüste.

Ich gehe an einer Straße entlang, die zum Flussufer zu führen scheint. »Castets?«, rufe ich einem vorbeifahrenden Radfahrer zu. »Uferweg?«

»*Non.*« Er zeigt auf die vierspurige Straße, auf der der Verkehr vorbeidonnert – Tieflader, Lastwagen, Lieferwagen, Wohnmobile, eingehüllt in gelbe Abgaswolken.

Das einzige Gebäude weit und breit ist eine Autovermietung, wo ich dieselbe Frage stelle und dieselbe Antwort bekomme: »*Non.*« Die Frau hinter dem Tresen bietet mir an, mir ein Taxi zu rufen.

Ich überlege. Gwen und Dorelia haben sich oft mitnehmen lassen, in Pferdekarren, Heuwagen, einmal sogar in einem Automobil. Aber gleich am ersten Tag ein Taxi nehmen? Nein, das fühlt sich an wie Scheitern. Wie Schummeln. Die Frau sagt, es sind zwölf Kilometer, und reißt entgeistert die Augen auf, als ich ihr in gebrochenem Französisch erkläre, dass ich zu Fuß gehen will.

Zwei Stunden lang wandere ich langsam und vorsichtig über einen schmalen Seitenstreifen. Lastwagen brettern mit einem Karacho vorbei, dass mir fast der Rucksack wegfliegt und ich beinahe das Gleichgewicht verliere. Was ich hier mache, ist verboten, denke ich mit diebischer Freude. Ich könnte verhaftet werden oder ums Leben kommen, umgenietet von einem schlingernden Wohnwagen oder einem zu schnell fahrenden Lastwagen. Ein Motorrad zischt an mir vorbei, ich spüre den heißen Atem seines Motors an meinem nackten Arm.

Den Geschmack und Gestank von Diesel in Mund und Nase, das Dröhnen des Verkehrs in den Ohren, halte ich nicht mehr nach glitzerndem Wasser Ausschau. Meine Muskeln sind angespannt, und Kopfschmerzen kündigen sich an. Das hier hat so gar nichts von einer romantischen Flusswanderung.

1903 war auf den Landstraßen alles unterwegs: Pferde- und Schubkarren, ab und an ein Automobil, Fahrräder, Esel, Ziegenherden. Und vor allem Fußgänger. Gwen und Dorelia sind eine Straße entlanggewandert, die von Tieren und Menschen gleichermaßen genutzt wurde und Gemeinden miteinander verband. Menschen grüßten sich im Vorbeigehen und tauschten Informationen aus über den Wasserstand der Garonne, den Zustand von Brücken, über Schafherden, die die Straße blockierten, über die Wetteraussichten. Das Laufen über Landstraßen war zwangsläufig kommunikativ, und Gwen und Dorelia wurden immer mal wieder ein Stück weit mitgenommen. Sie bekamen Verpflegung und Informationen über Leute, die vielleicht daran interessiert waren, sich porträtieren zu lassen.

Welch eine Ironie. Ich gehe einfach so die Straße entlang, frei von den Zwängen des häuslichen Lebens und bin doch total eingeschränkt durch den gnadenlosen Autoverkehr, der mich dazu verdammt, über einen Seitenstreifen von der Breite eines Lastwagenreifens zu balancieren, wobei ich zu allem Überfluss auch noch aufpassen muss, nicht auf leeren Coladosen, Plastikflaschen und Bonbontüten auszurutschen. Ich gebe eine einsame, verwirrte, etwas lächerliche Figur ab.

An einer Landstraße gibt es weder Fußgängerüberwege noch

Ampeln oder Bürgersteige. Man begegnet keinen anderen Wanderern. Nur hin und wieder platt gefahrenen Tieren, deren Innereien über den Asphalt verschmiert sind. Und der Verkehr rauscht und rauscht ...

Zunehmend ungeduldig und irritiert warte ich, bis ich die Straße überqueren kann. Ich fluche vor mich hin, atme schwitzend Abgase ein, von Kopf bis Fuß angespannt und bereit loszusprinten.

Von Castets aus kann ich dann endlich genau wie Gwen und Dorelia einfach dem Lauf der Garonne folgen.

Mein walisisches Dorf lag nur achtzig Kilometer nördlich von Gwens Heimatort. Eine Straße teilte unser Dorf in der Mitte. Um sie überqueren zu können, mussten wir auf eine Lücke im Verkehr warten und dann schnell loslaufen und aufpassen, dass wir nicht hinfielen und von einem Wohnmobil überrollt wurden. Mein Vater konnte es nicht ausstehen zu warten. Wütend über die Vorrangstellung des Autos, ignorierte er jede Vorsichtsregel und marschierte mit dem Schlachtruf »Tod dem Auto!« einfach mit erhobenem Wanderstab auf die Straße.

Wie ein Schülerlotse hielt er für uns den Verkehr an. Lastwagen, Motorräder, Wohnmobile, alle blieben stehen, und die Fahrer sahen mit vor Verblüffung offenem Mund zu, wie wir lachend und winkend über die Straße hüpften, während unser Vater seinen Wanderstab schwenkte und schrie: »Tod dem Auto! Tod dem Auto!«

Am liebsten hätte ich auch meinen Wanderstab erhoben und wäre wie er einfach in den Verkehr gelaufen.

Als ich das Flussufer erreiche, fliegt ein riesiger Fischreiher aus dem Schilf auf, breitet seine blassen Flügel aus und gleitet im Tiefflug über das Wasser, und die Landstraße ist sofort vergessen.

Die Garonne ist ein schnell fließender, launenhafter und tosender Fluss. Sie ist weder so hübsch noch so elegant wie einige ihrer ruhigeren Zuflüsse und hat nichts von der Behäbigkeit der Themse oder von der Eleganz der Seine.

Da, wo ich auf sie treffe, in Castets, besitzt sie eine Unbarmherzigkeit, die unter ihrer stillen Oberfläche fließt, erkennbar an den Stromschnellen, die sich bilden, wo ein umgestürzter Baum oder Schilfknäuel ihren Lauf behindern.

Als ich ihr etwas mühsam auf dem unbefestigten Uferweg folge, wird mir bewusst, dass ich der Garonne eigentlich gar nicht folge, denn während sie sich in Richtung Meer wälzt, gehe ich landeinwärts. Wir bewegen uns also in entgegengesetzte Richtungen. Ich bin wie ein Lachs, der sich unter großen Gefahren flussaufwärts kämpft, um nach Hause zu kommen. Was natürlich genau das ist, was Gwen getan hat: Sie hat alles aufs Spiel gesetzt, um einen Ort zu finden, an dem sie sich heimisch fühlen konnte. Die Wanderung stellte einen rebellischen Akt dar, und Gwen ist insgeheim ihr Leben lang rebellisch gewesen und unbeirrt ihren Weg gegangen, stets gegen den Strom geschwommen.

Durch unbekannte Gegenden zu wandern – noch dazu mittellos und schwer beladen mit Staffelei und Farbkisten –, war gefährlich. Aber auf öffentlichen Plätzen zu singen und den Hut herumgehen zu lassen, Männer für eine warme Mahlzeit und ein Bier zu porträtieren, in Heuschobern zu schlafen, und all das ohne männliche Begleitung, das war auch noch anrüchig. So etwas taten die Töchter von wohlhabenden, aufstrebenden Anwälten nicht. 1903 wurde von Frauen der Mittelschicht erwartet, dass sie in ihren stickigen Häusern hockten, eingeschnürt in starre Korsetts – Foltergeräte, die die Brüste heben, die Hüften betonen und den unteren Rücken strecken sollten, dabei jedoch die Hüft- und Kniegelenke schädigten, die Nieren einquetschten, die Hüftknochen wund scheuerten und an der weichen Haut unter den Brüsten Blasen verursachten.

Die Frauen mussten sich damals nicht nur wegen ihres eigenen guten Rufs wie Kirmespuppen aufdonnern, sondern auch wegen des Rufs der ganzen Familie. Eine sich frei bewegende Frau beschmutzte die gesamte Verwandtschaft, was jede Art von Ambition im Keim erstickte. Lizzie le Blond, eine begeisterte Alpinistin und Bergsteigerin, hat das in ihren Memoiren eindrücklich beschrieben, in denen sie wütende Telegramme ihrer Großtante an ihre Mutter zitiert: »Sie (Lizzie) soll das Bergsteigen sofort lassen! Sie schockiert ganz London und sieht aus wie ein Indianer!«[4]

Kein Wunder, dass das Zu-Fuß-Gehen sich für Frauen damals auf wackelige Spaziergänge im Sonntagsstaat beschränkte.

Was hat Gwen also dazu gebracht, derart die Grenzen zu überschreiten?

Die Johns lebten als Familie ziemlich isoliert; sie gehörten nicht den besseren Gesellschaftskreisen von Haverfordwest an, und mit den weniger guten Kreisen wollten sie nichts zu tun haben. In seiner akribisch recherchierten Biografie von Augustus John schreibt Michael Holroyd: »Die Kinder fühlten sich nur wohl, wenn sie in der freien Natur umherstreifen konnten.« Nach dem Tod der Amateurmalerin Augusta John, der Mutter von Thornton, Gwen, Augustus und Winifred, war die Familie noch isolierter. Seit der Geburt ihres jüngsten Kindes hatte Augusta sich immer mehr aus dem Familienleben zurückgezogen und reiste wegen ihres schlechten Gesundheitszustandes auf der Suche nach Heilung umher. Im Alter von fünfunddreißig Jahren starb sie unter Fremden und Hunderte Kilometer von zu Hause entfernt in Derbyshire. Auf ihrem Totenschein stehen als Todesursache Gicht und Erschöpfung. Sie hat einige Gemälde hinterlassen – Landschaftsbilder, Meereslandschaften, ein Wandgemälde in einem Kinderzimmer – und Gwen und Augustus ihr Maltalent vererbt.

Nach Augustas Tod wurde Gwens Vater Edwin zunehmend verschlossener und überließ die Kinder immer mehr sich selbst. Aus Augustus' Memoiren und aus den wenigen Bemerkungen, die Gwen über ihren Vater gemacht hat, ergibt sich ein Bild von einem Mann, der strikt den viktorianischen Moralvorstellungen verhaftet war, einem Mann mit einem Kleiderbürstenkult, dem Äußerlichkeiten über alles gingen. Er war viel zu steif und förmlich, um seinen Kindern, die ihn nach dem plötzlichen Tod ihrer Mutter besonders gebraucht hätten, väterliche Liebe zu geben. Edwin holte seine beiden frömmelnden und krankhaft grausamen Schwestern ins Haus, die nichts Besseres zu tun hatten, als das Kindermädchen zu feuern und Gift und Galle über Gwen und ihren Geschwistern auszuschütten, um sich anschließend aus dem Staub zu machen.

Als wäre das alles noch nicht schlimm genug, zog Edwin alsbald mit den Kindern aus ihrem vertrauten Haus »mit all seinen Erinnerungen und Familientraditionen« aus und siedelte in eine andere Stadt um. Das neue Haus war »ein düsterer Kasten mit einer bröckelnden Fassade ... in einer dunklen Gasse«. Gwen verlor kaum jemals ein Wort über ihre Kindheit – und wenn, kein positives –, doch Augustus beschrieb ihr Zuhause als »ein Leichenhaus, wo alles tot war, so tot wie die ausgestopften Tauben unter ihren Glasglocken und so fleischlos wie die abscheuliche Skelettuhr auf dem Kaminsims: dieses Schundmuseum, dessen einzige Veränderung im kaum merklichen Verfallsprozess bestand, spiegelte die eingefrorene geistige Unbeweglichkeit seines Kurators wider«. Im Kinderzimmer war es so kalt, dass die Kinder in kalten Nächten Möbelstücke auf ihre Betten stapelten. Und Edwin, der es nicht nur mit Äußerlichkeiten, sondern auch mit der Einhaltung von Regeln peinlich genau nahm, zwang Gwen regelmäßig, den Reisbrei, den sie verabscheute, bis auf den letzten Löffel aufzuessen.

Edwin, gefangen in seiner Trauer und seinen Neurosen, war nicht in der Lage, Liebe, Zuneigung oder sonstige Gefühle zu zeigen. In ihrem kalten, düsteren, stillen Heim erfanden Gwen und ihre Schwester eine Sprache, die auf Berührungen und Grimassen basierte, aber auch das wurde den Kindern von Edwin verboten.

Kein Wunder, dass die Klippen, der Wald ihr Zuhause wurden, die Kiesstrände, wo Gwen und Augustus sich die Kleider vom Leib rissen und sich in die Wellen warfen.

All das trug Gwen in sich. Den frühen, plötzlichen Verlust der Mutter, die Kälte des Vaters, das neue Haus, das eher einem Mausoleum ähnelte, den krassen Gegensatz zwischen häuslicher Unterdrückung und Freiheit in der Natur.

Was macht das mit einem achtjährigen Kind? Oder mit einer siebenundzwanzigjährigen Frau?

Während Gwen auf Wanderschaft war und in Kneipen Männer porträtierte, saß Sigmund Freud in seinem Arbeitszimmer in Wien und entdeckte den Zusammenhang zwischen in der Kindheit erlittenem Verlust und dem Auftreten von Melancholie (Depressionen) im späteren Leben. Seitdem hat sich viel getan, und durch die neuen Forschungszweige, von der Neurologie bis hin zur Entwicklungspsychopathologie, verfügen wir heute über ein immenses Wissen in Bezug auf die Auswirkungen von Traumata. In Hunderten von Studien wurde der Zusammenhang zwischen dem frühen Verlust eines Elternteils mit späteren Depressionen, Ängsten und anderen psychischen Störungen beziehungsweise körperlichen Leiden untersucht. Wir wissen heute, »dass Traumata zu physiologischen Veränderungen führen, unter anderem zu solchen, die sich auf das Alarmsystem des Gehirns auswirken, zu einer verstärkten Ausschüttung von Stresshormonen und zu Veränderungen in dem System, das relevante Informationen von irrelevanten trennt.«[5]

Der frühe Verlust eines Elternteils wird immer wieder als tiefes Trauma beschrieben, das noch verschlimmert wird, wenn der überlebende Elternteil sich in sich zurückzieht und unfähig ist, dem Kind Liebe zu schenken. Eine in den Achtzigerjahren von Karlen Lyons-Ruth durchgeführte Studie ergab, dass emotionaler Rückzug die tiefgreifendsten und langfristigsten Folgen für Kinder nach sich zieht. Damit hatte Lyons-Ruth nicht gerechnet. Sie war davon ausgegangen, dass Feindseligkeit und Aggressivität seitens des überlebenden Elternteils die gravierendsten Auswirkungen hätten. Stattdessen wies sie einen »markanten und unerwarteten Zusammenhang« nach zwischen dem emotionalen Rückzug des überlebenden Elternteils und späteren Verlassenheitsgefühlen und Depressionen.[6]

In seinem Buch *Verkörperter Schrecken* beschreibt Dr. Bessel van der Kolk, wie unser Gehirn nach einem erlittenen Trauma ganz neu verdrahtet wird, und dass »… Trauma nicht nur ein Ereignis aus ferner Vergangenheit ist, sondern dass durch dieses Erlebnis auch eine Prägung entsteht, die auf Geist, Gehirn und Körper wirkt ... (Traumata) verändern nicht nur, wie wir denken und womit wir uns dabei befassen, sondern auch unsere Denkfähigkeit selbst«. Besonders interessant ist ein durchgängiges Profil, das traumatisierte Kinder aufweisen – ein Profil, das sich in Gwens Charakterzügen widerspiegelt und auf überraschende Weise in ihre Kunst eingeflossen ist.

Laut van der Kolk leiden Menschen, die als Kinder ein Trauma erlitten haben, an einer tiefgreifenden emotionalen Dysregulation und an Konzentrations- und Aufmerksamkeitsstörungen und haben Probleme, mit sich selbst und anderen zurechtzukommen. Durch die physischen Veränderungen im Gehirn werden sie verschlossen und anfällig für »Tunnelblick und Hyperfokussierung«. Außerdem neigen solche Menschen dazu, immer wieder dieselben Fehler zu machen, weil sie kaum aus ihren Erfahrungen lernen. Obendrein führt die permanente Ausschüttung von Stresshormonen zu körperlichen Problemen wie Immunschwäche, Kopfschmerzen und Schlafstörungen, und sie sterben oft früher.

Und ganz plötzlich erklärt sich vieles an Gwens Verhalten – ihr unablässiges Ringen um Konzentration, ihre Essstörungen, ihre Menschenscheu, ihr anhaltend schlechter Gesundheitszustand, ihre zwanghafte Liebe – erst zu Rodin und später zu einer Frau namens Vera Oumancoff (beide wurden von Gwen regelrecht gestalkt, und vor beiden hat sie sich erniedrigt).

Umso erstaunlicher ist es, wie es Gwen immer wieder gelang, ihre wiederkehrenden lästigen Gefühlsschwankungen in den Griff zu bekommen. Van der Kolk benennt drei Strategien, um Traumata entgegenzuwirken: Gesprächstherapie, in der quälende Erinnerungen verarbeitet werden, Medikamente, »die unverhältnismäßige Alarmreaktionen unterbinden«, und drittens Ermöglichung von Erfahrungen, »die jenen Gefühlen der Hilflosigkeit und Rage oder dem Zusammenbruch, zu dem es durch Traumata kommen kann, ... entgegengerichtet sind«. Zu diesen Erfahrungen gehört sportliche Betätigung, so Kolk. Oder künstlerische Betätigung. Gwen hatte weder Zugang zu Medikamenten noch zu Psychologen. Aber sie hatte ihre Kunst, ihre Leidenschaft für das Wandern, ihre Liebe zum Meer, sie hat Briefe geschrieben und Tagebuch geführt. Dadurch hat sie sich selbst erforscht, auf fantasievolle Weise innerlich befreit, sich neu organisiert und so zu Ruhe und Frieden gefunden. Aus ihren Tagebüchern und ihren Briefen geht sehr deutlich hervor, wie schwierig das war, wie sehr sie gekämpft hat, wie viel Kraft es sie gekostet hat, und wie sehr ihre Gesundheit darunter gelitten hat. Gwen war oft krank und hat immer wieder darüber geklagt, wie viel Zeit sie dadurch verliert. Ihre Briefe sind voll mit Bemerkungen über alle möglichen Beschwerden (Kopfschmerzen, Erkältungen, Abgeschlagenheit, Fieber) und über schlimme Depressionen, »die dunkle Wolke, die sich über mir zusammenbraut«.

Ihre unglaublich schönen Bilder sind – paradoxerweise – das Ergebnis ihres gestörten inneren Gleichgewichts. Nicht Freunde zu finden oder eine Familie zu gründen, war ihr das wichtigste Anliegen im Leben, sondern ihrem Leben einen Sinn zu geben, sich selbst zu heilen, neu zu erfinden und zu befreien. Dazu brauchte sie die Einsamkeit. Und in dieser Einsamkeit hat sie ihre Vergangenheit abgeworfen, die Zukunft vergessen und nur im Hier und Jetzt gelebt – es ausgekostet –, hier war sie ihre eigene Herrin.

Gwens Bedürfnis nach Alleinsein klingt in all ihren Briefen und Tagebucheinträgen an: »Um arbeiten zu können, muss ich allein sein«; »Jeder Tag, den ich allein bin, macht mich zu der Frau, die ich bin«; »Wenn ich allein bin, geht es mir besser«; »Am liebsten würde ich irgendwo leben, wo ich niemandem über den Weg laufe, den ich kenne«; »Allein sein«.

Und dann ihre berühmtesten Worte: »Vielleicht werde ich nie etwas anderes zum Ausdruck bringen als diese Sehnsucht nach einem intensiveren Innenleben.« Kein Wunder, dass sie sich in ihren Gemälden so sehr auf die Innenschau konzentrierte und die Einsamkeit in ihrem Leben und in ihrer Kunst von so zentraler Bedeutung war.

Als sie ihr Studium an der Slade School of Fine Art 1898 beendet hatte, war ihre Begeisterung für bildlichen Raum und für die Darstellung des Innenlebens ihrer Modelle bereits sichtbar. Sie ging von London nach Paris, um bei Whistler zu studieren und ein fundiertes Verständnis vom Malen zu erwerben. In Paris malte sie ihre ersten Selbstporträts und bekam vielleicht zum ersten Mal eine Ahnung von der Macht der Porträtmalerin, sich selbst durch die Malerei neu zu erfinden. »Gwen John sitzt vor einem Spiegel und probiert die richtige Pose aus«, schrieb Ida, die mit Gwen zusammen in Paris studierte. »Das macht sie jetzt schon seit einer halben Stunde.«[7]

Gwen liebte Paris – die Freiheit, die künstlerischen Möglichkeiten. Am liebsten wäre sie dort geblieben, aber als ihr Vater nach Paris kam, um mit ihr über eine mögliche finanzielle Unterstützung zu reden, und sie mit den Worten begrüßte: »Du siehst aus wie eine Prostituierte«, entgegnete sie wütend, von jemandem mit solchen Ansichten werde sie niemals Geld annehmen. Ihr Stolz und ihr trotziges Unabhängigkeitsbedürfnis bereiteten ihrem Aufenthalt in Paris ein Ende.

Sie kehrte nach London zurück, wo sie kreuzunglücklich war.

Sie selbst beschrieb die Zeit dort einmal als grauenvoll, und ihre Biografin Sue Roe bezeichnet sie als Gwens »verstörte Jahre«. Später erinnerte sich Gwen: »Ich hatte mit niemandem Kontakt.« Sie brauchte andere Menschen, aber zugleich wuchs ihr Drang, allein zu sein: »Menschen sind für mich wie Schatten, und auch ich bin wie ein Schatten«, schrieb sie einem Freund. Immer stärker wurde ihr bewusst, welche Voraussetzungen sie brauchte, damit sie malen konnte: »Zum Malen brauche ich innere Ruhe«, schrieb sie einige Jahre später.[8]

Obwohl sie zeitweise wohnungslos war oder in Kellerwohnungen hauste, »in die nie ein Lichtstrahl fiel«,[9] malte Gwen in jener Zeit zwei ihrer bekanntesten Porträts – und zur selben Zeit begann sie, sich neu zu erfinden und in sich selbst zurückzuziehen. Ihr Selbstporträt – das heute in der National Portrait Gallery hängt – zeigt Gwen als die Frau, die sie sein wollte: modern, zuversichtlich, bejahend und stolz auf ihre Identität als Künstlerin. Sie bezeichnete sich selbst häufig als verwahrlost, aber davon ist in diesem Porträt nichts zu sehen. Gwen beeindruckt in ihrem modischen Kleid, mit ihrem herausfordernden Blick, ihrem Wissen um die Konventionen der Porträtmalerei.

Innerhalb von zwei Jahren hat sie ein weiteres fantastisches Selbstporträt gemalt, heute in der Tate Britain zu finden, ein Selbstporträt, auf dem sie ganz anders wirkt, stärker in sich gekehrt, nicht mehr so selbstsicher. Ihre Kleidung – extravagant und modisch in dem anderen Selbstporträt – ist adrett und sittsam. Jetzt schaut sie dem Betrachter nicht mehr in die Augen, wir sollen sie nicht ansehen, sondern in sie hineinsehen.

Gwens Professor an der Slade School war so beeindruckt von dem Gemälde, dass er es gekauft, in seinem Atelier aufgehängt und sich selbst vor dem Bild stehend gemalt hat. Aber so handwerklich meisterhaft das Bild auch ist, Gwen war nicht damit zufrieden, nicht stolz darauf. Sie hätte es genauso gut nicht malen können, hat sie einmal einer Freundin gegenüber bemerkt, denn von all der Zeit, die es sie gekostet hatte, das Bild zu malen, habe sie nur wenige Sekunden genossen.

Als meine Kinder laufen lernten, habe ich sie manchmal in die Tate Britain mitgenommen, wo wir uns Tierbilder angesehen haben. Inzwischen studierte ich nicht mehr Gwens Porträt von Dorelia, aber wir sind jedes Mal beim Verlassen des Museums an Gwens Selbstporträt vorbeigegangen. An manchen Tagen hat es mich so sehr aufgewühlt, dass ich es kaum ertragen konnte, Gwen anzusehen, und mit den Kindern an ihr vorbeigeeilt bin. Aber wenn ich stehen geblieben bin und sie mir in Ruhe angesehen habe, habe ich zu ergründen versucht, was mich an anderen Tagen so aufgewühlt hat. War es das schwarze Samtband, das um ihren Hals lag wie eine Henkersschlinge? War es das Blutrot ihrer Bluse? War es das Muster auf dem Stoff, das eher an die Stangen eines Käfigs erinnerte als an ein Karomuster? Waren es ihre eng an den Körper gepressten Arme? Oder ihr säuberlich frisiertes, dicht am Kopf liegendes Haar? Oder die ungewöhnlich kleine Leinwand?

Unter der schimmernden Oberfläche dieses großartigen Selbstporträts lauerte etwas Verstörendes. Gwen hat sich als Gefangene gemalt.

Vor hundertzwanzig Jahren war Gwens Entscheidung, das Alleinsein zu suchen und zum Lebensprinzip zu machen, gefährlich radikal.

Auch heute ist eine solche Entscheidung radikal. Und doch glaube ich, dass Alleinsein in unserer hypervernetzten Welt notwendig ist. Während der vergangenen Jahre habe ich miterlebt, wie sich bei meinen halbwüchsigen Töchtern unzählige sogenannte Freunde online anhäuften, wie sie ständig unter dem Druck standen, in den sozialen Medien Likes zu vergeben und Inhalte zu teilen. Auch ich habe diesen Druck gespürt und mich über die Zeit geärgert, die ich auf das Pflegen digitaler Kontakte vergeude, über die unausgesprochene Erwartung, in Online-Gruppen zu sein. Studien belegen, dass der Druck auf Frauen besonders hoch ist. Nicht nur müssen wir uns ständig um andere kümmern,[10] wir fühlen uns zunehmend verpflichtet, online präsent zu sein, (unverzüglich) auf die endlosen Bilder und Kommentare unserer zahllosen Freunde zu reagieren. Es erinnerte mich an die Zeit, als ich noch berufstätig war, wo wir ständig Netzwerke bilden und uns als teamfähig erweisen sollten.

Als ich im dicht bevölkerten London wohnte, hatte ich das Gefühl, dass ich nie allein war. Zu diesem Gefühl trug auch mein Smartphone bei, das mich, so unglaublich nützlich es auch war, in die digitalen Arme Tausender Menschen geworfen zu haben schien. Meine Gefühle waren natürlich ambivalent. Durch die sozialen Medien und das Internet hatte ich viele wundervolle Menschen kennengelernt, aber ich wurde den Eindruck nicht los, dass all das obsessive Miteinander das Alleinsein, die Einsamkeit zugleich bedrohlicher und notwendiger machte. In den Medien wimmelte es von Artikeln darüber, welche Schäden (unausweichlich Demenz) das Alleinsein, die soziale Isolation bei Menschen anrichtet. Ich hatte den Eindruck, dass, wer den Wunsch äußerte, allein zu sein, als unsozial angesehen und misstrauisch beäugt wurde.

Bei der Lektüre von Gwens Briefen muss ich daran denken,

dass die Gesellschaft allein lebenden Frauen immer misstraut hat. Eine Frau, die die Einsamkeit sucht, die gern Zeit allein verbringt, macht sich zutiefst verdächtig. Sie ist entweder allein, weil sie keinen Partner finden kann (was natürlich bedeutet, dass irgendetwas mit ihr nicht stimmt: Ist sie sonderbar? Oder ist sie nur traurig und einsam? Oder ist sie eine Narzisstin?), oder sie ist allein, weil sie auf Partnersuche ist oder sie sich heimlich prostituiert. Oder, schlimmer noch, sie drückt sich vor Verantwortung. Von Frauen wird erwartet, dass sie sich um ihre Kinder, ihre alten Eltern, ihren Partner kümmern; dass sie die Sippschaft zusammenhalten. Also wird logischerweise geargwöhnt, dass eine Frau, die Zeit für sich allein fordert, entweder verwirrt oder schamlos lüstern und egoistisch ist. In ihren Briefen beschreibt Gwen immer wieder, welche Reaktionen sie hervorrief, wenn sie allein unterwegs war: Männer folgten ihr auf der Straße, erschreckten sie im Wald oder pöbelten sie an und wollten wissen, warum sie allein war.

Die Lage hat sich gebessert, aber ich habe erlebt, dass auch heute noch viele Leute verwundert darauf reagierten, dass ich allein unterwegs war. Selbst in unserer heutigen Zeit, in einer Kultur, in der die Unabhängigkeit und Freiheit des Individuums (fast) über allem steht, können Frauen nicht zugeben, dass sie die Einsamkeit lieben. Wirklich absurd.

Es sollte noch siebzig Jahre dauern, bis eine Frau öffentlich ihr Bedürfnis nach Einsamkeit kundtun konnte. In ihren bahnbrechenden Memoiren *Journal of a Solitude* schrieb May Sarton 1973: »Einsamkeit ist die Armut des Ich; Einsamkeit ist der Reichtum des Ich.« Wenn sie keine Zeit für sich allein hatte, geriet Sarton aus dem Gleichgewicht: »Ich fühle mich zerstreut, konfus, zerbrochen.« Selbst die winzigste Unterbrechung konnte ihre »glückliche und fruchtbare Einsamkeit« zunichtemachen.

Der Psychiater Antony Storr, der in seinem wegweisenden Werk On Solitude verschiedene Arten der Einsamkeit beleuchtet, sagte, die wichtigsten Momente eines kreativen Menschen seien diejenigen, »in denen er neue Einsichten gewinnt oder etwas Neues entdeckt, und das sind meistens ... Momente, in denen er allein ist«. Zeit, die wir allein verbringen, beflügelt nicht nur unsere Kreativität, sondern bestärkt auch unser Gefühl, frei zu sein. Unsere Verbindung mit dem Spirituellen und der Natur vertieft sich, und wir verstehen eher, wer wir sind. Laut Antony Storr ist die Fähigkeit, allein zu sein, ein »Aspekt emotionaler Reife«. Als sie am Ufer der Garonne entlanggewandert ist, war Gwen auf dem Weg hin zu dieser emotionalen Reife.

Vermutlich war es ein Zeichen emotionaler Reife, als ich aufgrund einer Krise aus meiner beengten Situation ausgebrochen bin. Ich schiebe die Wörter in meinem Mund hin und her, schmecke sie, genieße sie. Emotionale Reife fühlt sich viel besser an als die rohen, beschämenden Schuldgefühle und die fürchterliche Klaustrophobie, die mich an kurzen Wintertagen überfielen, wenn es einfach nicht aufhörte zu regnen und die Kinder schrien und sich das Schmutzwasser aus der Waschmaschine auf dem Küchenboden verteilte und die Ratten unter dem Kühlschrank aufscheuchte.

Gwen hatte ein ähnliches Erlebnis, das ihre Sehnsucht nach dem Exil heraufbeschwor, nach freier Natur und Einsamkeit, und sie darin bestärkte, die Kunst über das Familienleben zu stellen. Ida hatte in Liverpool ihren ersten Sohn (Gwens ersten Neffen) zur Welt gebracht, und Gwen war zur Unterstützung zu ihr gefahren. Ida hatte es schwer. »Er schreit«, schrieb sie einer Freundin. »Jetzt gerade schreit er wieder. Ich habe alles für ihn getan, was ich konnte ... Ich glaube, er wäre lieber gar nicht erst geboren worden.« In einem anderen Brief heißt es: »Das Baby nimmt so schrecklich viel Zeit in Anspruch – die Zimmer ... sind nicht besonders sauber, und ich bin ständig dabei, Staub zu wischen und zu putzen.« Um dem häuslichen Chaos und Idas Gejammer zu entfliehen, hat Gwen sich den Kinderwagen mit ihrem kleinen Neffen geschnappt und kreuz und quer durch Liverpool geschoben. »Ich bin die ganze Zeit mit dem Baby beschäftigt«, schrieb sie gereizt in einem Brief an eine Freundin.

Aus dieser Zeit gibt es ein Foto, das ich mir immer wieder anschaue. Auf ihm ist eine sehr verlegene Gwen zu sehen, ganz am Rand, neben Augustus, Ida und dem Baby. Das Bild wird dominiert von den riesigen Hüten, die Augustus und Ida tragen. Gwen, die ein Faible für Hüte hatte, ist ebenso wie das Baby barhäuptig, das Haar ist streng nach hinten frisiert, wodurch ihr Kopf sehr klein wirkt, fast so klein wie der des Babys. Sie steht abseits, Hals und Arme wirken angespannt, die Schultern gestrafft. Alle schauen in die Kamera, außer Gwen, die den Blick stur in die Ferne richtet. Sie verweigert den Blickkontakt mit uns. Sie will nicht Teil dieser glücklichen Familie sein, die Scharade mitspielen, und sei es nur für die Kamera. Sie ist bereits auf dem Weg ins Exil.

Während ich durch das Garonne-Tal wandere, verflüchtigen sich meine alltäglichen Sorgen. Die Rastlosigkeit der Stadt fällt von mir ab, nach und nach erfüllt mich eine tiefe innere Ruhe, und es ist, als wäre ich nicht in die Außenwelt, sondern in mein Innerstes unterwegs.

Die Landschaft ist menschenleer. Hin und wieder sehe ich einen Mann auf einem Bagger oder einem Traktor. Dies ist nicht die Landschaft, durch die Gwen und Dorelia gewandert sind. Es gibt keine Landstreicher, Feldarbeiter, Obstpflücker, Kesselflicker, Kuhhirten oder Schäfer. Auf der Garonne fahren keine Schiffe, von den alten Anlegestellen sind nur noch verrottende Pfosten und bröckelige Backsteine übrig. Es gibt keine Ausflugsdampfer, keine Anglerboote, keine Kiesbagger, keine Schilfschneider. Auf dem Seitenkanal ist es still. Es gibt keine Lastkähne, Maultiere, kein fahrendes Volk oder Landarbeiter. Immerhin fährt ab und zu ein Radfahrer an mir vorbei und gibt mir das Gefühl, dass ich nicht von der Welt abgeschnitten und in Sicherheit bin. In dieser unheimlichen Leere begreife ich, dass ich nicht allein bin. Neben mir der Fluss, mein Reiseführer, mein unerschütterlicher Begleiter, der mir süße Nichtigkeiten ins Ohr flüstert und auf meinen Weg glasklare Lichtspiele zaubert. Und in seiner gedämpft murmelnden Gesellschaft muss ich an meine Kinder denken, an ihr Geplapper, wie sie mir Süßigkeiten und Schokolade zuwerfen, während wir gemeinsam wandern. Wie kann ich allein sein, wenn ich einen Fluss an meiner Seite habe?

Erst als ich in der Pension ankomme, wo ich ein Zimmer für eine Nacht gebucht habe, kommt es mir merkwürdig vor, allein zu sein – und verletzlich. Deutlich spüre ich die Verletzlichkeit, die uns Frauen begleitet, wenn wir allein wandern, die unser Leben so unglaublich viel komplizierter macht.

»Sie sind allein?« Der Blick meines Pensionswirts wandert über meine Schulter, und ich drehe mich unwillkürlich um, so als hätte ich meinen Weggefährten verloren.

»*Je suis toute seule*«, sage ich. »*Moi et mon sac à dos!*« Ich lache nervös. Er hat mich in Verlegenheit gebracht, weil ich ohne Begleitung unterwegs bin. Ich bin derart verlegen, dass ich aus meinem Rucksack einen Freundersatz mache.

François erklärt mir, dass er normalerweise für seine Gäste kocht. Für zwanzig Euro bietet er mir ein dreigängiges Menü und zwei Glas Wein an. Ich habe seit dem Mittagessen, das aus ein paar von einem Baum gepflückten Feigen, einem geklauten Apfel und einer Handvoll Brombeeren bestand, nichts mehr gegessen und nehme das Angebot an. Dann gehe ich erst mal duschen.

In meinem Zimmer liegt ein Gästebuch voller begeisterter Kommentare von Paaren mit Namen wie Eric und Monique, Pierre und Patricia. »François ist ein exzellenter Koch und Violette eine wunderbare Gastgeberin«, lese ich erleichtert. Zu wissen, dass es hier eine Frau gibt, beruhigt mich, auch wenn ich nicht so genau weiß, warum. Vielleicht liegt es an den seltsamen Kunstdrucken an den Wänden, Kohlezeichnungen von Frauen, denen die Brüste und die Füße amputiert zu sein scheinen. Oder vielleicht an dem Stifthalter, einem aus Ton modellierten Hintern, in dem ein Bleistift steckt.

Zur verabredeten Uhrzeit um halb acht gehe ich nach unten, gespannt auf Violette, neugierig auf die Befindlichkeiten einer Frau, in deren Haus lauter Bilder von verstümmelten Frauen hängen. Gwen hat einmal für eine Skulptur Modell gesessen, die unvollendet blieb und der beide Unterarme fehlen.

Aber in der Küche steht nur François, in der einen Hand ein Glas Wein und in der anderen eine halb leere Weinflasche. Ich sehe mich um.

»Wir essen mit Blick auf die Garonne«, sagt er und zeigt auf einen großen Tisch auf dem Balkon.

Ich frage mich, ob er betrunken ist, und wünsche mir, Violette würde sich blicken lassen. Auch in der Küche hängen Bilder von verstümmelten Frauen, deren Körper und Gliedmaßen zerhackt und wahllos wieder zusammengesetzt wurden. François bemerkt, dass ich die Bilder betrachte.

»Voodoo-Kunst«, sagt er. Dann fügt er hinzu: »Wir essen zusammen.«

Ich schaue nach draußen auf den dunklen Balkon in der Erwartung, dass dort ein für drei gedeckter Tisch steht. Aber es ist nur für zwei gedeckt.

»Normalerweise bediene ich meine Gäste«, fährt er fort. »Wenn Sie zu zweit wären, würde ich Sie bedienen, dann würde ich mich nicht mit an den Tisch setzen. Aber da Sie ja allein sind …«

Am liebsten würde ich ihm sagen, dass ich gern allein esse, aber mir dämmert, dass es gar keine Violette gibt, dass ihr vielleicht die Gliedmaßen abgehackt und sie entsorgt wurde. Vielleicht sind es Violettes Überreste, die mich von den Wänden anstarren.

»Ich habe vier Kinder«, stoße ich hervor, als würde mich das schützen.

»Von vier Männern?«

Ich bin dermaßen verblüfft – die Frage hat mir noch nie jemand gestellt –, dass ich einen Moment lang sprachlos bin. Was François ausnutzt und gleich die nächste unangenehme Frage stellt: »Und jetzt sind Sie geschieden?«

»Nein!«

»Nein? Und was machen Sie dann allein hier?«

Er schaut mich perplex an. Als ich ihm erkläre, dass ich für ein Buch recherchiere, atmet er tief aus – endlich versteht er und ist offensichtlich erleichtert. »Ah, Sie sind eine Schriftstellerin, die für ein Buch recherchiert! Sie sind auf einer Pilgerreise!«

Ich nicke eifrig. Genau, denke ich. Ich bin nicht etwa eine Frau, die aus lauter Freude am Alleinsein durch die Gegend reist. Ich habe berechtigte Gründe für das, was ich tue.

Er wedelt mit dem ausgestreckten Zeigefinger vor meiner Nase. »Sie sind eine Rabenmutter!«

Vor hundertsechzehn Jahren sind Gwen und Dorelia am späten Abend im selben Ort angekommen, müde und hungrig, und auch sie brauchten ein Zimmer. In einem Brief an ihre Freundin Ursula Tyrwhitt berichtet Gwen, dass sie und Dorelia es sich meistens nicht leisten konnten, in einer Pension zu übernachten, und das nur taten, wenn sie nach Einbruch der Dunkelheit eintrafen. Die Männer, schrieb sie, »wollen wissen, wo wir schlafen, und dann folgen sie uns«.

In der ersten Pension, wo sie nach einem Zimmer gefragt haben, behauptete die Wirtin, »es sei keins mehr frei, was gelogen war«, schreibt Gwen. Sie haben es in jeder Pension im Ort versucht, wurden aber überall fortgeschickt: »Die Leute in dem Dorf mochten uns nicht, sie hielten uns für *mauvais sujets*.«

Gwen und Dorelia sangen und malten Porträts für ein paar Münzen, damit sie sich eine warme Mahlzeit leisten konnten. Trotzdem begegnete man ihnen meistens mit Argwohn oder lüsterner Neugier. »Die Frau hat uns zwei Franc für das Abendessen abgenommen, obwohl wir fast nichts gegessen haben – ich habe sie als Diebin beschimpft«, schreibt Gwen. Und nach diesem spartanischen Mahl ist das Unvermeidliche passiert: »Als wir uns eilig und ängstlich auf den Weg gemacht haben, sind uns zwei Männer gefolgt«, die sie erst in Ruhe gelassen haben, als sie ihnen mit Engelszungen versprochen haben, sich später mit ihnen zu treffen. In der Nacht haben sie in einem Heuhaufen geschlafen, bis Gwen von Dorelia geweckt wurde, die meinte, »da sei ein Mann und starre uns an ... Wir hätten wohl eine kleine Versammlung«.

Auf ihrer Wanderung waren sie oft schrecklich müde und hungrig und erlebten immer wieder ähnliche Situationen: »Es ist wieder ziemlich übel für uns ausgegangen, weil die Leute (im Dorf) sich keinen Reim auf uns machen konnten ... Die Leute waren sehr abweisend ... Sie wollten uns kein Brot verkaufen ... Als wir schliefen, sind Leute aus dem Dorf gekommen und haben uns angeschaut ... Ich kann jetzt nicht weiterschreiben, weil zwei *mauvais sujets* bei uns sitzen und nicht weggehen wollen.«[11]

Es gehörte sich nicht für junge Frauen, ohne Begleitung und mit schweren Staffeleien und Malutensilien auf der Schulter durch die Landschaft zu wandern; es gehörte sich nicht für sie, Gasthäuser aufzusuchen und mit den Männern zusammen zu essen. Das waren von Männern besetzte Räume, und den Männern war die Gegenwart von Frauen, die nicht ihren Körper verkaufen wollten, fremd. Gwen und Dorelia waren auf unerklärliche Weise anders, dreiste Außenseiterinnen, die bei ihren Mitmenschen gleichermaßen Angst wie begehrliche Neugier weckten.

Zum Glück hat sich das alles zum Besseren gewendet. Zwar kann eine Frau, die allein mit einem Rucksack unterwegs ist, immer noch rebellisch und provozierend wirken, aber ich begegne weder Argwohn noch Feindseligkeit. Trotzdem werden mir immer wieder verwunderte Fragen gestellt: »Warum sind Sie denn allein unterwegs? Wird es Ihnen allein nicht langweilig? Fühlen Sie sich nicht einsam? Haben Sie denn keine Freunde, mit denen Sie wandern könnten?«

Als ich einmal eine schmale Buckelbrücke überquere, hält neben mir mit quietschenden Reifen ein weißes Auto. »Wo wollen Sie hin?«, fragt mich die weißhaarige Fahrerin.

»Nach Toulouse«, antworte ich.

Sie schlägt mit den Handflächen auf ihr Steuerrad und lacht laut. »Bravo! Bravo! *Toute seule?*«

»*Oui.*«

»*Vous avez courage! Beaucoup de courage!*« Sie wendet sich zu dem alten Mann auf dem Beifahrersitz um: »*Elle va à Toulouse! A Toulouse! Toute seule!*«

»*Valeur!*«, ruft der Mann aus. »*Vous avez de la valeur, Madame!*«

»*Bonne chance!*«, rufen sie wie aus einem Mund, dann gibt die Frau Gas, und sie fahren davon.

»Hast du das gehört?«, frage ich meinen Rucksack. »Wir haben Mut und Format.«

Später hält ein Radfahrer mit einer Schiebermütze und fragt mich das Gleiche. Ich gebe ihm dieselbe Antwort. »Nach Toulouse.«

»*Vraiment? Toute seule?*«

Ich nicke, woraufhin er begeistert die Faust nach oben reckt. »*Vous avez du courage! Vous êtes une aventurière, Madame! Anglaise?*«

»*Oui.*« Ich nicke. Er winkt zum Abschied und ruft, als er losfährt: »Ich habe mal in England gelebt... schreckliches Brot... schreckliches Wetter ... nur die Äpfel kann man essen!«

Ich sitze am Rand eines verlassenen Wegs in der Nähe des Kanals und studiere meine Wanderkarte, als ein Mann in einem roten T-Shirt vorbeiradelt. Ich blinzle erschrocken. Der Radweg befindet sich laut Karte eigentlich auf der anderen Seite das Kanals, und mein Weg – eher ein überwucherter Pfad, den ich mit meinem Wanderstab freigeschlagen habe – ist holprig und von Brombeersträuchern und Kopfweiden gesäumt. Seit drei Stunden bin ich keiner Menschenseele begegnet, sodass ich mich schon fühle wie auf meinem persönlichen Geheimpfad. Wie kann der Kerl hier mit dem Fahrrad entlangfahren, ohne sich Arme und Beine zu zerkratzen?

Ich überlege kurz, ob er mir womöglich gefolgt ist, während ich mir mit meinem Wanderstab den Weg durch Ranken und Disteln freigekämpft habe. Aber er radelt weiter, und ich atme erleichtert auf und wende mich wieder meiner Wanderkarte zu.

Doch dann höre ich ein Knistern und ein Rumpeln ... dann das Holpern von Rädern und das Rascheln von Weidenzweigen. Im nächsten Augenblick kommt der Radfahrer auf mich zugeschlingert, sein rotes T-Shirt leuchtet wie ein Feuerwehrauto. Wieso kommt der zurück? Ich erstarre. Und noch bevor ich ihn fragen kann, schwirren mir Bilder durch den Kopf. Im Geiste gehe ich den Inhalt meines Rucksacks durch. Schmutzige Wäsche. Bücher. Was noch? Keine Zeit – er ist fest zugeschnürt. Dann fällt mir die Trillerpfeife ein, die an einem Gurt meines Rucksacks befestigt ist. Aber hier ist sowieso kein Mensch, denke ich panisch, während ich nach der kleinen Trillerpfeife taste, die mir so unglaublich nützlich erschien, als ich den Rucksack gekauft habe. Angstvoll ergreife ich meinen Wanderstab.

Beruhige dich, sage ich mir und versuche, während mein

Körper vor Angst zittert, einen klaren Gedanken zu fassen. Wahrscheinlich hat der Mann sich nur verfahren. Wahrscheinlich kommt er zurück, weil er nach dem richtigen Weg sucht. Wenn ich ihm den Radweg zeige, ist er gleich wieder weg. Sein Fahrrad rutscht, und ich höre ihn wütend fluchen, während er Ranken und Brennnesseln zur Seite schiebt.

Dann blicke ich auf und erstarre. Meine Kehle ist plötzlich wie zugeschnürt. Der Mann ist vom Rad gestiegen. Er ist nur noch drei Meter von mir entfernt. Warum schiebt er sein Fahrrad? Und warum bleibt er jetzt stehen?

Ich warte darauf, dass er auf mich zukommt. Stattdessen setzt der Mann sich nur drei Meter von mir entfernt hin. In der plötzlichen Stille beruhigt sich mein Atem etwas, und ich frage mich, warum er so lange braucht, bevor er mich angreift. Immer noch zitternd falte ich meine Wanderkarte zusammen und stehe auf. Wenn ich es durch das Gestrüpp bis zum Kanal schaffe, kann ich meinen Rucksack abwerfen und ins Wasser springen – vielleicht rettet mich ein Boot. Während ich meine Flucht plane, scheint die Zeit sich endlos in die Länge zu ziehen.

Erst als mir bewusst wird, dass er mit mir spricht, löse ich mich aus dieser seltsamen Starre. Er entschuldigt sich auf Französisch, dass er mich erschreckt, mich gestört hat. Dann sehe ich, warum er sich ausgerechnet dorthin gesetzt hat. Er sitzt auf einem Baumstumpf und trinkt gierig aus einer Wasserflasche. Wahrscheinlich hat er den Baumstumpf im Vorbeifahren gesehen und ist umgekehrt, weil er dachte, dass es die einzige Sitzgelegenheit weit und breit ist.

Vor lauter Erleichterung lächle ich und erzähle ihm, dass ich auf dem Weg nach Toulouse bin.

»Sind Sie auf einer Pilgerreise?«, fragt er. »Auf dem Jakobsweg?« Er zeigt in die Ferne und erklärt mir, dass ich mich ziemlich weit von dem alten Pilgerweg nach Santiago entfernt habe.

Ich sage ihm, dass ich tatsächlich auf einer Art Pilgerreise bin, denn ich habe die Erfahrung gemacht, dass die Leute das gern hören. Denn es bedeutet, dass ich weder sonderbar noch geistig verwirrt noch ohne Freunde bin.

Wir plaudern ein bisschen, vergleichen unsere Routen, studieren meine abgegriffene Karte. Irgendwann machen wir uns zusammen auf den Weg. Ich schlage mit meinem Wanderstab das Gestrüpp weg, während er mit seinem Rad hinter mir bleibt. Als wir die Brücke erreichen, sind wir fast Freunde. Er zeigt nach links und wendet sein Fahrrad nach rechts. »*Au revoir et bonne chance*«, sagt er und streckt mir seine Hand hin, die so braun ist wie eine Walnuss.

Auf einmal gehe ich ganz beschwingt durch das schräge Septemberlicht und fühle mich unbesiegbar. So als hätte ich eine dumpfe Angst bewältigt, sie als irrational und unsinnig entlarvt.

Allein in abgelegenen Gegenden fühlt man sich als Frau verletzlich. Wird uns jemand belästigen oder angreifen? Werde ich vor Einbruch der Dunkelheit ankommen? Ist die Gegend hier sicher? Kann ich hier rasten, oder sollte ich lieber weitergehen? Wie finde ich hier ein Klo?

In der Vergangenheit waren die Ängste wandernder Frauen noch viel größer, und hinzu kam noch die Angst, was die Leute von ihnen denken, und ob ihr guter Ruf womöglich in Mitleidenschaft gezogen werden würde. Lange Röcke, Unterröcke und Vorstellungen von Weiblichkeit und Anstand erschwerte es den Frauen damals, mal eben hinter einem Strauch zu verschwinden. Frieda von Richthofen hat einmal gesagt, dass »sie in ihrer ersten Ehe nicht dabei gesehen werden durfte, wie sie die Tür zur Toilette öffnete«. Etwas Ähnliches habe ich auch bei Flora Thompson gelesen, die in ihren Memoiren schreibt, dass Kindern in der viktorianischen Zeit eingebläut wurde, »sich niemals dabei sehen zu lassen, wie sie sich der Tür zur Toilette näherten«.[12]

Trotz aller Fortschritte muss auch ich mich manchmal viel zu lange mit der Suche nach einem diskreten Örtchen herumplagen.

Ein Boot nähert sich. Am Steuer steht eine Frau mit einem eleganten Kopftuch, und ich hebe die Hand zu einem schwesterlichen Gruß. Als das Boot vorbeifährt, sehe ich, dass auch ein Mann an Bord ist. Er steht am Heck und pisst im hohen Bogen in den Kanal und grinst mich dabei an.

Warum ist es für Frauen vollkommen akzeptabel, wenn sie allein zu Fuß eine Pilgerreise machen? Weil Frauen als Begleiter- und Trägerinnen schon immer Teil von Pilgerzügen waren? Oder weil wir bei einer Pilgerreise automatisch an Hingabe, Unterwerfung und Demut denken und dadurch eine Pilgerin nicht mehr so bedrohlich wirkt? Denn wenn sie auf einer religiösen Pilgerreise ist, muss sie ja rein und pflichtbewusst sein und nicht eine, die vor ihren weiblichen Pflichten davonläuft und damit die soziale Ordnung gefährdet. Für unzählige Frauen in der Geschichte stellte eine Pilgerreise die einzige Möglichkeit dar, ihr Zuhause zu verlassen.

Als Frau allein zu wandern, weil man die Freiheit und die Unabhängigkeit genießen und Abenteuer erleben will, verstößt heute genauso gegen die Normen wie zu Zeiten unserer Mütter und Großmütter. Das ändert sich zwar ganz allmählich, aber so langsam, dass meine verblüfften Gastgeber es noch nicht mitbekommen haben.

Als ich am nächsten Abend wieder gefragt werde, warum ich nach Toulouse wandere, antworte ich seufzend: »Ich bin auf einer Pilgerreise.« Ich habe keine Lust, in gebrochenem Französisch zu erklären, dass meine Pilgerreise viel komplexer, unkalkulierbarer und vielfältiger ist als die religiöse Pilgerfahrt, die die Leute im Sinn haben.

Eine Pilgerreise ist ein sehr guter Grund, sich auf Wanderschaft zu begeben, egal, ob nun aus religiösen oder anderen Gründen. Aber warum können wir nicht auch einfach so wandern?

1985, da war ich zwanzig, habe ich in meinem Tagebuch meinem Ärger darüber Luft gemacht, dass ich nicht allein wandern konnte. Ich hatte eine schlimme Phase hinter mir und wollte unbedingt allein auf Wanderschaft gehen. Mein Tagebuch ist mir kürzlich zufällig wieder in die Hände gefallen, und dort steht: »Warum kann ich nicht allein wandern? Wieso kann ich wählen, heiraten, Kinder kriegen, arbeiten, ins Gefängnis kommen – aber keine popelige Wanderung machen? Das nervt mich total. Okay, ich könnte einfach losgehen. Aber ich würde mich zu Tode ängstigen. Wie kann das sein? Wieso muss ich überall Angst haben?«

In meiner Jugendzeit trieb der Vergewaltiger und Serienmörder Peter Sutcliffe (der Yorkshire Ripper) sein Unwesen. Immer wieder verschwanden junge Frauen, und kurz darauf wurden ihre schrecklich verstümmelten Leichen gefunden. Wir wuchsen mit der Angst vor der Dunkelheit auf und lernten, dass wir spätestens bei Einbruch der Dämmerung zu Hause sein mussten, hinter verschlossenen Türen, wir konnten nirgendwo allein zu Fuß hingehen. Obwohl Sutcliffe in Yorkshire seine Verbrechen beging, bläute man uns ein, dass wir nirgendwo in Sicherheit waren. Fünf Jahre lang wurde er von der Polizei gejagt. Wie konnte ein einzelner Mann Hunderte Polizisten austricksen? Die Frage verschlimmerte unsere Angst nur noch.

Gleichzeitig schenkten mir Männer jede Menge ungebetene Aufmerksamkeit: Sie pfiffen mir hinterher, machten im Vorbeigehen anzügliche Bemerkungen, verfolgten mich. Seit ich mit ungefähr dreizehn allein ausging, wurden mir unsittliche Angebote gemacht. Jeder Mann tat das, egal, wie alt ich war, und egal, wo: wenn ich aus einem Laden kam, auf der Rolltreppe in U-Bahnhöfen, in dem Café, wo ich nach der Schule kellnerte, beim Fahrradfahren. Als ich zum ersten Mal allein beim Friseur war, hat der Friseur (Mitte vierzig, Halbglatze) sich die ganze Zeit hinten an mir gerieben. Ich wurde mit Blicken ausgezogen, mit lüsternen Kommentaren bedacht, angegrapscht.

Einige Jahre später schlief ich an der türkischen Südküste in einem Zelt und wurde wach, weil sich ein mir unvertrauter Körper an mich drückte. Verschlafen fragte ich mich, wo mein Freund war, und was da gerade mit mir passierte. Hände befummelten mich, aber ich wusste, dass das nicht seine Hände waren, denn er lag neben mir und schlief. Auf der anderen Seite lag ein Mann, der regelrecht versuchte, in meinen Schlafsack zu kriechen. Im nächsten Moment habe ich ihn erkannt – er war einer der türkischen Studenten, mit denen wir uns beim Abendessen angefreundet hatten.

Irgendetwas hat mich davon abgehalten, laut zu schreien. Als hätte ich Angst, seine Gefühle zu verletzen oder ihn zu ärgern, als wollte ich nicht unhöflich sein. Stattdessen habe ich meinen

Freund wach gerüttelt, der den Typen dann fluchend rausbugsiert und ihm seine Klamotten hinterhergeworfen hat. Obwohl es mitten in der Nacht war, haben wir unser Zelt abgebaut und unsere Sachen gepackt und sind durch die Dunkelheit marschiert, bis die Sonne über dem Meer aufging.

Danach hat es noch zwanzig Jahre gedauert, bis ich wieder den Mut aufgebracht habe und allein gewandert bin. Die Entscheidung wurde mir erleichtert durch einen großen schwarzen Hund, den ich mir extra angeschafft hatte, damit ich mich sicher fühlte, wenn ich in London an der Themse entlangjoggte oder im Morgengrauen in den Sussex Downs spazieren ging. Ich verdanke es meinem Hund, dass ich mich ganz allmählich wieder in der Lage fühlte, allein zu wandern.

Seitdem sind weitere fünfzehn Jahre vergangen, und jetzt bin ich hier, fühle mich herrlich frei und wandere in meinem eigenen Tempo, begleitet von meinen eigenen Gedanken. Und ganz allein. Allerdings lauert die Angst – die mich wirklich einschränkt – immer unter der Oberfläche.

Die unerbetene Aufmerksamkeit – die Lillias Campbell Davidson in ihrem 1889 erschienenen Buch *Hints to Lady Travellers* als »Gefahr und Ärgernis durch unverschämtes oder aufdringliches Verhalten seitens des anderen Geschlechts« bezeichnet –, die Frauen begleitet, wenn sie allein in der freien Natur wandern, erhob ihr hässliches Haupt immer wieder während der Zeit, in der ich für dieses Buch recherchiert habe.

Mit Anfang zwanzig berichtete Frieda von Richthofen in ihren Briefen von »seltsamen Männern«, die ihr und ihren Kindern folgten, wenn sie zum Strand gingen. »An dem Tag, als dein letzter Brief kam«, schrieb sie an einen Freund, »war ich allein mit den Kindern in einer kleinen Bucht. Dann hat sich ein hünenhafter, blonder Bauernbursche in unserer Nähe herumgedrückt und wollte nicht mehr weggehen. Er ist uns gefolgt, und an einer Stelle, wo der Weg dunkel und schmal wird, hat er anzügliche Bemerkungen gemacht. Ich bin an ihm vorbeigegangen, dann hat er gebrüllt wie ein Bulle und wollte sich auf mich stürzen, aber ich habe mich umgedreht, die Schaufeln der Kinder in der Hand, und habe geschrien: ›Geh weg, geh weg, du bist verrückt!‹«[13]

Während ihrer Jahre in Frankreich hat Gwen John sich ständig über unerwünschte Aufmerksamkeit von Männern beklagt. Wenn sie in Paris in einem Café saß und zeichnete oder Briefe schrieb, wurde sie jedes Mal angesprochen. Ihre Leidenschaft für das Wandern in der freien Natur wurde gedämpft, weil sie sich ständig Gedanken über ihre Sicherheit machen musste: »Ich bin aus Sicherheitsgründen kaum vom Weg abgewichen …, weil sich dort immer Männer herumtreiben, und solange man auf dem Weg bleibt, trauen sie sich nicht an einen heran.« Auf einer Wanderung wurde sie von einem Mann verfolgt, der seinen Penis zur Schau stellte. Kein Wunder, dass sie schrieb: »Nur in meinem Zimmer bin ich ganz ich selbst« (was überhaupt nicht stimmte) und Trost darin fand, ihr Zimmer immer wieder zu malen.

Die englisch-deutsche Schriftstellerin und Dichterin Mathilde Blind berichtete, dass ein »gefährlich aussehender Franzose« ihr ihre Alpenwanderung ruiniert hat. Der Mann ist ihr gefolgt und hat an ihrem Rock gezerrt, bis sie ihm »einen derartigen Schlag ins Gesicht« versetzt hat, »dass er gestürzt ist. Er hat stark geblutet, wahrscheinlich aus der Nase, aber ich bin nicht stehen geblieben. Ich bin weitergegangen, als hätte ich Flügel an den Füßen.«[14]

Mary Eyre wurde 1863 in Spanien von Männern belästigt: »Eine ehrbare, unauffällig gekleidete Frau, die allein durch die Straßen geht, wird beleidigt und angefeindet ... Selbst in Begleitung eines Führers war ich Gejohle und Demütigungen ausgesetzt«, schrieb sie über eine Wanderung in den Pyrenäen. Dies machte es ihr »absolut unmöglich, die schönen seltenen Bergpflanzen zu sammeln.«[15]

Aber Frauen zu belästigen, war nicht nur das Privileg von Franzosen und Spaniern. 1934 schrieb die Journalistin und Autorin Odette Keun: »Ich kann mich immer nur darüber wundern, was mir in Parks passiert, wenn ich einfach nur still dasitze und ein Buch lese. Ein Engländer kommt, verbeugt sich und hockt sich vor mich ins Gras ... Er spricht mit mir übers Wetter – so höflich, dass ich ihn unmöglich mit einem Schnauben abspeisen kann. Zwei Minuten später fragt er: ›Wollen Sie mit mir in meinem Auto fahren?‹ Und: ›Wollen Sie nicht auf einen Tee mit in meine Wohnung kommen? Ich wohne gleich hier um die Ecke.‹« Odette war nicht jung, wie sie ihren Lesern versichert: »Ich bin keine junge Frau.«[16]

In Parks und in den Straßen der Stadt waren Frauen einigermaßen in Sicherheit, solange sie sich in der Nähe von Menschen aufhielten, so wie Gwen es tat. Aber in der freien Natur gab es weniger Menschen, da war mehr Wagemut vonnöten. 1938 machte die finnische Autorin und Malerin Tove Jansson in Italien einen frühmorgendlichen Spaziergang an den Strand; ihre Unterkunft lag knapp zwei Kilometer entfernt. Trotz der frühen Stunde wurde sie schon nach wenigen Schritten von einem bärtigen Bauern angesprochen. Er saß auf einem Pferd, das rote handgestrickte Ohrenwärmer und eine rosafarbene Schleife um den Hals trug. Sofort kamen die üblichen Fragen: Signora oder

Signorina? Ganz allein? Warum allein? Tove antwortete wahrheitsgemäß – sie sei unverheiratet, sie sei allein. Der aufdringliche Bauer zückte eine mit Scheinen gefüllte Brieftasche und machte ihr einen Heiratsantrag. Nach einer Weile war Tove es so leid, überall angesprochen zu werden, dass sie schließlich einen Ehemann erfand. Aber es waren nicht nur Männer, die sie belästigten, weil sie allein und anders war. Wenige Monate zuvor hatte sie in England den Fehler begangen, um vier Uhr nachmittags nach Schulschluss schwimmen zu gehen. Als die Kinder eine Frau in einem Badeanzug erblickten (so etwas hatten sie noch nie gesehen), rannten sie hinter ihr her und bewarfen sie mit Steinen.

Tatsächlich werden Frauen jedoch in städtischen Gebieten häufiger angegriffen als in ländlichen Gebieten.[17] Die meisten Morde und Vergewaltigungen werden in Innenräumen von Bekannten der Opfer begangen. Im Freien sind wir sicherer als im Haus.

Anstatt uns von der Angst behindern zu lassen, sollten wir weiterkämpfen und die freie Natur für uns, für unsere Töchter, Enkelinnen und Urenkelinnen zurückerobern. 2018 hat Frankreich ein Gesetz erlassen, das das Belästigen von Frauen in der Öffentlichkeit unter Strafe stellt. Es ist das erste Gesetz dieser Art. Männer müssen mit einem Bußgeld rechnen, wenn sie Frauen hinterherpfeifen, sie beleidigen, sexuelle Geräusche oder Gesten machen, ihnen folgen. Zwar glauben viele Französinnen, dass das nur die Spitze des Eisbergs ist und die meisten Frauen solche Belästigungen immer noch nicht zur Anzeige bringen, aber es ist immerhin ein Schritt in die richtige Richtung.

Befreiung kann sehr unterschiedliche Gesichter haben. Sie ist ein Ziel, das sich ständig ändert und hartnäckigen, unablässigen

Einsatz erfordert. Wenn ich heute beim Wandern die vertraute Angst spüre, denke ich an Simone de Beauvoirs mutige Worte: »Ich hatte nicht die Absicht, mir durch Vorsicht die Farbe aus dem Leben zu nehmen.«[18]

Oder ich rufe mir die amerikanische Schriftstellerin Mary Lee Settle in Erinnerung, die allein in den türkischen Bergen gewandert ist. Der Pfad, den sie gewählt hatte, war total überwuchert, und sie kam nur mühsam voran. Plötzlich stand ein Mann mitten im Gestrüpp. »Er stand stumm vor mir und lächelte mich an, ein großer, starker Türke«, schrieb sie. Aber anstatt über sie herzufallen, bot er ihr »ein Sträußchen wilden Thymian« an. Der Mann – er war taubstumm – bedeutete ihr mitzukommen, und sie folgte ihm zu einer Ruinenstätte, wo er sie herumführte und ihr mit Gesten jeden Stein und jeden Raum erklärte. Am Ende der Führung nahm er sie in die Arme und küsste sie auf beide Wangen. Mary war so gerührt, dass sie das Thymiansträußchen mit nach Hause genommen, gepresst und bis ans Ende ihres Lebens aufbewahrt hat.[19]

In dem Dorf Meilhan miete ich mir ein Zimmer in einem Haus, das so liebevoll gepflegt ist, dass ich jederzeit damit rechne, abgestaubt, poliert und auf ein Regal gestellt zu werden. Die vollkommen durchchoreografierte Ordnung hat etwas Erdrückendes. Ein antiker Löffel mit einem gewundenen Griff wurde haargenau so positioniert, dass sich das Licht, das durch mein Fenster fällt, in dem auf Hochglanz polierten Silber bricht und lauter Lichtsprenkel an die Decke wirft. Ein Badetuch mit einer Satinbordüre wird von einer limonadengelben Schleife zusammengehalten. Auf dem Mahagonibett im französischen Empire-Stil liegen Kissen, nach Größen sortiert und farblich mit der

Tagesdecke abgestimmt. Jedes Bild, jedes Buch, jeder einzelne Gegenstand wurde mit größter Sorgfalt platziert. Ich gehe auf Zehenspitzen durch das Zimmer, wage es kaum, irgendetwas anzufassen, und frage mich, wie ich mich in so ein makellos gemachtes Bett legen soll.

Beim Frühstück – Orangensaft in einem Kristallglas, Butter in einem Gefäß aus Kristallglas, das so viel wiegt wie ein Ziegelstein, Croissants auf einer antiken Leinenserviette und Goldrandporzellan, das per Hand gespült werden muss – unterhalte ich mich mit Pierre, dem Eigentümer. Er fühlt sich geschmeichelt von meinem Interesse an seinen Gemälden, seinem feinen Wedgewood-Porzellan, an der ausgewählten Einrichtung des Esszimmers.

Nachdem wir eine halbe Stunde geplaudert haben, fragt mich Pierre – fast flüsternd, in einem verschwörerischen Ton –, ob ich mir gern sein Atelier ansehen würde. »Wenn Sie Ihr *petit déjeuner* beendet haben, klopfen Sie einfach«, sagt er und zeigt auf eine Tür hinter einer Palme in einem großen Blumentopf.

Sein verheißungsvoller Ton macht mich neugierig. Ich fühle mich Pierre gegenüber vollkommen entspannt. Ich beende mein Frühstück, sammle sorgfältig jeden Croissantkrümel ein und klopfe an die Geheimtür.

Zu meiner Überraschung führt sie in ein schummriges, unordentliches Zimmer – braune Wände, schwere Vorhänge. An allen Wänden hängen dicht gedrängt Bilder, manche schief, ohne jede Ordnung. Mir ist, als wäre ich hinter die Bühne getreten – aus einem hell erleuchteten Theaterraum in das Chaos einer Künstlergarderobe.

Fast lautlos kommt Pierre aus einem angrenzenden Zimmer. »Meine Sammlung«, verkündet er. Ich schaue die Bilder an, die mir irgendwie vertraut vorkommen. Mit zusammengekniffenen Augen betrachte ich eine kleine Zeichnung. Ist das etwa …? Nein, das kann nicht sein. Ich suche nach der Signatur. Es ist tatsächlich ein Chagall! Ich wende mich zu einem kleinen Gemälde auf einer Staffelei um. Es ist eine Seelandschaft in Türkistönen signiert von … Ich beuge mich vor … Gustave Courbet! Darüber an der Wand hängt eine Zeichnung von Jean Cocteau.

Pierre durchquert den Raum und ergreift eine Leinwand von der Größe eines kleinen Fensters, die an der Wand lehnt. »Mein derzeitiges Restaurationsprojekt«, sagt er. Das Gemälde ist mit roter Farbe signiert, und zwar von niemand anderem als A. Lhote.

»Gwen John hat in den dreißiger Jahren bei André Lhote studiert«, sage ich atemlos. Plötzlich schießt mir der Gedanke durch den Kopf, dass sich zwischen all diesen Kunstwerken eine Zeichnung von Gwen John befinden könnte, eine von den vielen, die sie im Austausch für eine Mahlzeit auf ihrer Wanderung angefertigt hat.

»Gwen John«, wiederholt Pierre und reibt sich nachdenklich die Nase. »Eine Frau? Damals haben nicht viele Frauen gemalt.« Das ist natürlich Unsinn. Es gab damals unzählige Frauen, die malten: Als Gwen John 1895 ihr Studium an der Slade School antrat, »waren die Frauen in der Überzahl und überstrahlten die Männer«.[20] An den Pariser Kunstakademien wimmelte es nur so von talentierten Studentinnen, die aus so weit entfernten Ländern wie den USA und Australien kamen. Einige von ihnen sind inzwischen endlich als Künstlerinnen anerkannt, aber viele sind leider in Vergessenheit geraten.

»Nein«, sagt Pierre schließlich. »Ich kenne Ihre Gwen John

nicht.« Seine Sammlung, erklärt er mir, hat er in *brocantes* (Trödelläden) und auf *marchés aux puces* (Flohmärkten) zusammengetragen, und sein Interesse gilt französischen Meistern zwischen 1870 und 1930. Seine Lieblingsbilder sind *les marines*, Meereslandschaften, fügt er hinzu und macht eine Geste, die alle Wände des dunkelroten Raums einschließt.

In dieser Epoche waren Gewässer ein beliebtes Motiv. Pisarro, Sisley, Whistler, Monet, Bonnard, Courbet, Sickert und viele andere Künstler haben Fluss- und Meereslandschaften gemalt. Boote, Kanäle, das Meer, Flüsse, Seen, Brücken, Häfen, Strandszenen – zahlreiche Maler haben mit den technischen Herausforderungen experimentiert, um fließendes und kräuselndes Wasser, Lichtbrechung, das Abendrot auf schäumenden Wellen, glitzernde Wassertropfen auf Haut, Ebbe und Flut und reißende Wasserfälle darzustellen. Für Frauen waren Porträts und Innenansichten geeignete Themen, nicht die Weite und die befreiende Unendlichkeit des Meers.

Gwen hat ihre einzige bekannte Strandszene im Alter von zwanzig Jahren in Tenby gemalt. Aber ihr Interesse galt nicht dem Meer, sondern, wie nicht anders zu erwarten, einer Mutter mit einem Kind in schwarzer Trauerkleidung. Trotz – oder vielleicht auch wegen – ihrer tiefen Liebe zum Meer und zu Flüssen, hat sie nie wieder einen Versuch unternommen, Wasser auf die Leinwand zu bannen. Das lag nicht etwa daran, dass sie sich gefürchtet hätte, im Freien zu malen – wir wissen, dass sie das häufig getan hat. Und es lag auch nicht daran, dass sie nie an die damals beliebten Badeorte fuhr, wo sich die anderen Maler tummelten – sie ist häufig am Meer gewesen und hat einige ihrer eindrucksvollsten Zeichnungen in Pléneuf in der Bretagne angefertigt. Vielleicht widerstrebte es ihr, etwas, das von so großer emotionaler Bedeutung für sie war, zum Gegenstand von Maltechnik zu machen. Vielleicht wollte sie dem Wasser nicht seine Kraft rauben, es schwächen, wenn nicht sogar zerstören. Vielleicht gab es aber auch Wichtigeres durch ihre Malerei zu erobern. Wie sie selbst zum Beispiel. Denn indem sie sich immer und immer wieder selbst malte, erschuf sie sich ständig neu und hat sich ihrer Identität vergewissert.

Eine der schlimmsten Auswirkungen von Traumata ist, dass es unsere Fähigkeit beeinträchtigt, andere Menschen zu verstehen, was das soziale Miteinander sehr erschwert. Gwen war so menschenscheu, dass sie sich in Gesellschaft nicht entspannen und das Zusammensein mit anderen nicht genießen konnte. Aber sosehr sie das Alleinsein suchte, sie brauchte auch – wie wir alle – menschliche Kontakte.

Durch die Porträtmalerei konnte sie nicht nur mit sich selbst, sondern auch mit anderen in Kontakt treten. Mit einem Modell allein in ihrem Atelier befand sie sich auf sicherem Terrain, das war wesentlich weniger gefährlich als ein gesellschaftlicher Anlass. In ihren eigenen vier Wänden, mit einem bezahlten Modell, war sie in Sicherheit vor Konflikten und dem Kontrollverlust, eine der größten Ängste von Traumapatienten, so van der Kolk. Gwen hat kein einziges bei ihr in Auftrag gegebenes Porträt vollendet. Sie wurde häufig um ein Porträt gebeten, und einige hat sie auch angefangen, aber es kostete sie zu viel Überwindung, und am Ende hat sie jedes Mal aufgegeben. Sie konnte nur zufriedenstellend malen, wenn sie völlige Kontrolle über die Situation hatte.

Deswegen lösen viele ihrer Werke beim Betrachter ein seltsames Unbehagen aus. Ihre Modelle – dicht an der Wand stehend, unverrückbar eingerahmt auf der Leinwand – haben selten Namen, sie strahlen keine Persönlichkeit aus, wirken »wie Schatten«. Wenn man genauer hinsieht, stellt man fest, dass Gwens Modelle ihr ähneln. Sie tragen ähnliche Kleidung und die gleichen Frisuren wie sie. Sie halten Gegenstände in den Händen, die ihr gehören, die ihr wichtig sind (Bücher, Blumen, Katzen). Sie sitzen auf ihrem Stuhl. Ihre Hände sind auf die gleiche Weise verschränkt wie Gwens auf Kinderfotos. Ebenso wie Gwen sind sie alle alleinstehende Frauen, ohne Mann, ohne Kinder.

Jeanne Foster, die 1921 für ein in Auftrag gegebenes (und nie vollendetes) Porträt Modell saß, schrieb über Gwen: »Wenn sie die Pose einmal arrangiert hat, darf nicht um Haaresbreite davon abgewichen werden. Sie öffnet mein Haar und frisiert es so, wie sie es selbst trägt ... Sie will, dass ich mich so hinsetze wie sie, und während der Sitzung habe ich das Gefühl, von ihrer Persönlichkeit aufgesaugt zu werden ... Sie ist mehr ich, als ich es selbst bin«.[21] In ihrem Buch *Gwen John* schreibt Mary Taubman: »Ihr Werk ist vor allem das Selbstporträt, egal, in welchem Stil und mit welchem Material sie malt.«[22]

Das Meer ist ein einsamer Ort. Die Malerei ist ein einsamer Beruf. Und die Grenze zwischen Einsamkeit und Alleinsein ist hauchdünn. Die Porträtmalerei bewahrte Gwen vor der Einsamkeit. Bezahlte Modelle oder Kinder (die sie ebenfalls bezahlte) zu porträtieren, gab ihr das Gefühl, Herrin der Lage zu sein und die Kontrolle zu haben. Nicht über ihre Modelle, sondern über sich selbst.

Es heißt immer wieder, die Porträtmalerei stelle die »Unterwerfung der Beute durch den Jäger«[23] dar. Wenn ich an die zahllosen Porträts von nackten, auf dem Rücken liegenden Frauen denke, wird mir klar, was damit gemeint ist.

In Gwens Fall war die Sache wesentlich komplexer: Sie war zugleich Jägerin und Beute.

Gwen behandelte ihre Modelle gut und wusste genau, wie es sich anfühlte, stundenlang in einem kühlen Atelier nackt auf einem Podest zu stehen. Auf dem Weg zurück zum Fluss suche ich nach dem Stall, in dem ihre Karriere als Modell angefangen hat.

Am 2. September 1903 trafen Gwen und Dorelia in dem Dorf Meilhan am Ufer der Garonne ein. Es war schon dunkel, sie hatten Hunger und Durst und sind laut singend die Hauptstraße entlanggegangen. Wenn sie sangen, warfen die Leute ihnen manchmal ein paar Münzen hin, und sie brauchten Geld für ein Gasthaus. Aber an dem Abend wurden sie überall weggeschickt. Schließlich fanden sie einen Stall, wo sie sich ins Heu zum Schlafen hinlegten und sich mit ihren Bildern zudeckten. Ein junger Künstler erfuhr davon, dass zwei hübsche junge Frauen in dem Stall übernachteten. Sie sind aufgewacht, als er auftauchte. Er hat sich vorgestellt, sie haben ein bisschen über brotlose Kunst geplaudert, über Paris. Er hat ihnen seine Visitenkarte gegeben und gesagt, sie sollten doch mal bei ihm vorbeischauen, wenn sie das nächste Mal in die Stadt kämen. In Paris könnten sie als Modelle arbeiten, hat er dann noch beiläufig hinzugefügt.

Frauen, die Künstlern Modell standen, waren in der Regel arm und ungebildet und sehr jung. Aber Gwen hat sich die Adresse des Künstlers notiert und eingesteckt.

Es war ein flüchtiger Moment – der ihr Leben für immer in eine andere Richtung lenken sollte.

Was hat Wasser an sich? Warum fühlen sich so viele von ihm angezogen? Immer wieder begegnet mir dieses Phänomen: Leute, die unbedingt am Meer wohnen müssen, Künstler, die den inneren Drang verspüren, das Meer zu malen oder zu fotografieren, Musiker, die sich von Meeresgeräuschen inspiriert fühlen, Familien, die nur am Meer oder an einem See oder auf einem Hausboot Urlaub machen, Rentner, die ihr ganzes Leben lang gespart haben für ein Häuschen mit Meerblick.

Mein Vater ist da keine Ausnahme. »Ich muss das Meer in der Nähe haben«, sagt er gern. »Sonst bin ich nicht ich selbst.« Selbst Jean-Jacques Rousseau, der die Berge liebte, wusste, wie wichtig Wasser in der perfekten Landschaft war: »Es muss muntere Bäche, Felsen, Fichten, dunkle Wälder, Berge geben.«[24]

Ich dachte immer, ich wäre immun gegen diese Besessenheit von Wasser. Auf mich übten Flüsse und das Meer keine besondere Anziehungskraft aus. Ich mochte die Berge lieber. Aber als ich mir auf halber Strecke zwischen Bordeaux und Toulouse einen Ruhetag gönne, passiert etwas Verblüffendes und fast Seltsames. Etwas, das mich die Bedeutung von Wasser in meinem Leben neu überdenken lässt.

Es ist mein fünfter Tag, meine wunden Füße sind bisher hundert Kilometer gewandert, immer hin und her zwischen der Garonne und dem Kanal. Aber anstatt gut gelaunt aufzuwachen, beglückt über die Aussicht, dass meine geschundenen Muskeln sich einen Tag lang entspannen können, habe ich das Gefühl, dass mir etwas fehlt.

Aus unerklärlichen Gründen sehne ich mich plötzlich nach meiner Garonne, nach meinem Kanal. Als hätte ich Heimweh, und ich will unbedingt wieder ans Wasser. Der Charme der kleinen französischen Stadt, in der ich mich befinde – ein Schloss aus goldgelbem Sandstein, Kirchen, Cafés, Croissants – hat seinen Reiz verloren.

Im fahlen Morgenlicht werfe ich einen Blick auf meine Wanderkarte. Ich verstaue die Sachen, die ich mir für meinen Ruhetag zurechtgelegt habe, ziehe meine Wanderhose und meine Wanderstiefel an und schultere meinen Rucksack. Ich fühle mich beschwingt und – trotz meines schweren Rucksacks – so leicht wie der Samen einer Pusteblume. Ich gehe wieder zu meiner Garonne. Zu der glitzernden Wasseroberfläche, in der sich die ganze Welt spiegelt. Vor mir liegt ein weiterer Tag, an dem ich nichts weiter tun werde, als einen Fuß vor den anderen zu setzen.

Lächelnd verlasse ich die Pension, mein Herz pocht vor Freude. Ich fühle mich regelrecht rebellisch, weil ich meine eigenen Regeln gebrochen habe, weil ich mich mit einem Wasserlauf verbünde. Das gefällt mir, das fühlt sich auf seltsame Weise richtig an. Als würde ich nach Hause gehen.

Aus Toulouse schrieb Gwen: »Ich fürchte, wir kommen nie bis Rom – es scheint weiter weg zu sein als England.« Toulouse, wo sie in einem »sehr bürgerlichen Zimmer« wohnen, ist längst nicht so aufregend wie die Landstraße, und doch entschließen sic sich, dort zu überwintern, in ihrem Zimmer zu arbeiten und zu malen. Gwen schrieb über die unglaubliche Schönheit der Natur, die Pyrenäen am Horizont, die »herrlichen« Sonnenuntergänge und die »grandiose« Aussicht ... »eine rote Sonne – tiefrot.«

Aber nur ihre meisterhaften Porträts von Dorelia haben überlebt; sie sind erfüllt von einer Zärtlichkeit und Intimität, die in Gwens späteren Arbeiten kaum noch zu finden sind. In ihren

Toulouse-Gemälden schwingt etwas Geheimnisvolles, Neuartiges mit, ein neu entdecktes Gefühl der Freiheit. Befreit von ihrer Vergangenheit, löste Gwen sich ganz vorsichtig von den traditionellen Regeln der Porträtmalerei: Auf einem Bild steht Dorelia nicht still, sondern ist in Bewegung, so als würde sie durch das Bild gehen. Als Gwens Porträts von Dorelia der Öffentlichkeit vorgestellt wurden, waren die Kritiker begeistert und verglichen sie mit Whistler, Degas und Vuillard. Durch die seltsam heitere Umgebung und weil sie mit ihrem alten, von Unsicherheit geprägten Leben abgeschlossen hatte und sich etwas ganz Neues am Horizont abzeichnete, war Gwen in Aufbruchstimmung. In einem Brief an Ida schrieb sie, sie arbeite wie verrückt, male fünf Porträts pro Stunde.[25] Ihrer Freundin Ursula Tyrwhitt schrieb sie: »Ich tue nichts als malen ... Ich habe ein paar kleine Entdeckungen über das Malen gemacht.«[26]

Die lange, anstrengende Wanderung von Bordeaux bis Toulouse hat etwas in Gwen freigesetzt. Die offene Landschaft, die ständige Nähe fließenden Wassers, der weite Himmel animierten sie dazu, unter den Sternen zu schlafen, durch den Wald und an Flüssen entlangzuwandern. Ebenso wie das Briefeschreiben und das Malen sollte die Wanderlust sie bis an ihr Lebensende begleiten, als Lebensthema und als Teil ihrer Identität.

In ihren Briefen aus Paris berichtet sie immer wieder, dass sie auf dem Land Wanderungen unternahm, und wie gut ihr das Wandern tat. In einem Brief an Ursula aus dem Jahr 1904 schreibt sie: »Ich möchte so gern aufs Land, und sei es nur für kurze Zeit. Auf dem Land fühle ich mich mehr zu Hause als in der Stadt.«

Besonders gern fuhr sie mit einem Boot auf der Seine bis Suresnes (heute ein Vorort von Paris), wo sie wanderte, las und malte. »Nach einer langen Wanderung in der Natur fühle ich mich wieder besser. Es ist unglaublich, wie sehr das Wandern mir das Herz erleichtert«, schrieb sie einmal nach einem solchen Ausflug. Obwohl es potenziell gefährlich war, wanderte sie häufig allein durch den Wald und schlief unter Bäumen. »Oft komme ich drei, vier Tage lang nicht nach Hause«, schrieb sie in einem Brief. An anderer Stelle heißt es: »Ich bin im Dunkeln und im Regen durch den Wald gewandert, es war schön, über den mit Laub bedeckten Boden zu gehen.«

Furchtlos ging sie in Paris auch nach Einbruch der Dunkelheit noch spazieren. »Es macht mich glücklich, im Dunkeln durch die Straßen zu laufen«, sagte sie. Im Dunkeln, »wenn es still ist und nicht viele Lichter brennen«, könne sie »in Ruhe nachdenken, den Himmel betrachten«. Regelmäßig schlief sie im Jardin du Luxembourg unter einer Baumgruppe. Hier, zwischen den Pflanzen, konnte sie besser als in ihrem Zimmer oder im großstädtischen Lärm ihren Gedanken freien Lauf lassen. Weil der Park nachts abgeschlossen wurde, fühlte sie sich dort vor neugierigen Augen und tastenden Händen sicher.

Wenige Monate nachdem sie Toulouse verlassen hatte, war Gwen wieder in Paris, wo sie allein lebte und für Rodin Modell saß. Er war dreiundsechzig – gut aussehend, kraftvoll, ein gefeiertes Genie. Sie war siebenundzwanzig – orientierungslos, schüchtern, menschenscheu. Und trotzdem wurden die beiden ein Liebespaar.

Sie hatte ihren Namen von Gwen Mary John zu Mary Gwendolen John geändert und nannte sich jetzt Mary. Seltsamerweise nannte Rodin sie oft *ma petite sœur* Sie nannte ihn *mon maître* und erklärte ihm, er sei »alles, was in meinem Leben schön und romantisch ist«. Ihre Liebe zu ihm war stürmisch und unbändig.

Für Gwen war die Affäre atemberaubend, eine Offenbarung. Rodin bedeutete sie nichts. Wenn man Berichte über diese Beziehung liest, kann man leicht Mitleid mit Gwen bekommen. Und es tut richtig weh zu lesen, wie sie sich vor ihrem *maître* erniedrigt hat: Wie sie ihn um ein Treffen angefleht hat, wie sie gefroren und die Kohle für den Tag aufgehoben hat, an dem er sie besuchen würde, wie sie sich vor seinem Haus herumgedrückt hat, nur um einen Blick auf ihn zu erhaschen. Trotzdem hat Gwen sich mit ihrer Entscheidung für Rodin gegen ein Hausfrauenleben entschieden, das ihr so verhasst war und an dem nicht wenige Malerinnen zerbrochen sind. Sie hatte den Untergang zahlreicher Künstlerinnen mitansehen müssen, die mit ihr an der Slade School studiert hatten. Die hochtalentierte Edna Waugh hatte einen Mann geheiratet, der ihre Kunst verachtete und ihr das Malen mehr oder weniger verbot. Ida, einst ein aufgehender Stern an der Slade School, war Mrs Augustus John geworden und wurde vom Familienleben zermürbt. In ihren Briefen an Gwen schrieb sie: »Ich fühle mich elend« und »Ich komme mir nur noch dumm vor« und »Ich wünschte, ich wäre du ...« »Du hast Rodin und deine Arbeit und die Straßen und die Museen«. Ida starb wenige Tage nach der Geburt ihres fünften Kindes.[27]

Rodin hingegen, der Gwens Talent erkannt hatte, ermutigte sie, zu zeichnen, zu malen und zu schreiben. Er hatte auch ihre Unfähigkeit erkannt, sich zu organisieren, und brachte ihr bei, sich ihre Tage einzuteilen. Er bezahlte ihre Miete. Er sorgte dafür, dass sie sich gut ernährte und jeden Tag einen ausgiebigen Spaziergang machte. Er lieh ihr Bücher. Er führte sie in den Katholizismus ein, der später zu einem wichtigen Teil ihres Lebens wurde. Vielleicht hat er sogar die zweitausend Briefe gelesen, die sie ihm geschrieben hat, manchmal zwei, drei an einem Tag. Aber auf keinen Fall wollte er eine neue Frau und erst recht nicht noch ein Kind. Ob Gwen das gespürt hat? Hat sie sich deshalb während ihrer fruchtbaren Jahre so sehr an ihn geklammert?

Ihre Beziehung zu Rodin ermöglichte ihr das unkonventionelle Leben, das ihr gefiel. Niemand hielt sie davon ab, in Parks zu schlafen, allein in Cafés zu sitzen und zu zeichnen und zu schreiben, nachts durch die Straßen zu laufen, nackt Modell zu stehen, Katzen einzusammeln. Was natürlich Rodins kalte Grausamkeit nicht entschuldigt. Denn die Beziehung der beiden war kompliziert – zumindest für Gwen. Indem sie sich Rodin unterwarf, erhielt sie sozusagen die Erlaubnis, zu tun und zu lassen, was sie wollte.

Ihren Traum, bis nach Rom zu wandern, hatte sie nicht vergessen. Und sie hat noch einmal versucht, ihn zu verwirklichen, diesmal mit Rodin. Sie wollte ihn zu der Wanderung überreden. Aber Rodin hat sich nicht darauf eingelassen. Und Gwen ist nie nach Rom gewandert.

Jeden Morgen, egal, wo ich bin, fliegt ein riesiger Reiher aus dem Schilf auf, langbeinig und mit gelbem Schnabel. Er breitet die Schwingen aus wie zwei fedrige Vorhänge, dann verschwindet er in der Ferne, und zurück bleibt nur sein zittriges Spiegelbild auf dem Wasser.

Meine Gedanken treiben hin und her, sie sind immer in Bewegung, kommen nie an. Wie Wasser. Je länger ich das Wasser betrachte, in dem sich Himmel, Bäume und Vögel spiegeln, die

Gräser, die sich unter der Oberfläche wiegen, desto mehr entschlüsseln sich mir Gwen und ihre Gemälde. Während ich zwischen dem wilden Fluss und dem gebändigten Kanal hin- und herwandere, ist mir, als würde ich zwischen Gwens zwei Seiten hin- und herwandern. Und dabei eine ganz neue Seite an mir selbst entdecken.

Nach fünf Tagen Flusswandern fließen meine Wassergedanken ungehindert. Ich habe ein paar von Gwens Porträts dabei, denn ich spüre, dass sie – mit ihrem stampfenden Refrain: Wer bin ich? Wer bin ich? – der Schlüssel zu Gwen sind. Jeden Abend breite ich sie neben meinen Notizen aus, die ich mir zu ihr gemacht habe. Allmählich bekomme ich das Gefühl, dass ich nicht nur auf ihren Spuren den Fluss und Kanal entlangwandere, sondern mitten durch ihr herrliches, tragisches Leben.

Kleine Hinweise fügen sich allmählich auf eine Weise zusammen, die zugleich erhellend und beunruhigend ist. Ihr letztes Selbstporträt hat Gwen im Alter von fünfunddreißig gemalt. Danach hat sie sich nie wieder selbst gemalt. Mit fünfunddreißig ist ihre Mutter gestorben. War es purer Zufall, dass sie sich genau in dem Alter von ihrem Selbst verabschiedet hat, in dem ihre Mutter sich aus dem Leben verabschiedet hat? Oder habe ich bei all der intensiven Innenschau etwas übersehen?

Rodin hieß Auguste. Ihr Bruder hieß Augustus. Ihre Mutter hieß Augusta. Rodin nannte Gwen *ma petite sœur* und Marie – so hieß seine von ihm geliebte verstorbene Schwester: Maria. Marie, Mary, Maria. Zweifellos alles Zufälle. Aber das menschliche Gehirn sucht nach Mustern.

Der merkwürdigste Zufall ereignet sich am letzten Tag meiner Wanderung. Kurz vor meiner Ankunft in Toulouse wird mir bewusst, dass ich keine Ahnung habe, wo Gwen eigentlich in Toulouse gewohnt hat. Dort haben sie und Dorelia den Winter verbracht. Ihre Liebe erlosch, und sie langweilten sich, weil sie nichts mit sich anzufangen wussten. Die beiden Frauen hatten ein Zimmer bei einer Frau gemietet, die häufig nachts trotz abgeschlossener Tür in ihrem Zimmer stand. Gwen stieg oft auf einen Hügel, wo sie stundenlang saß, die Stadt malte und die Pyrenäen am Horizont betrachtete. Aber in welcher Straße haben sie gewohnt? Ich krame mein Handy aus dem Rucksack und gebe bei Google Gwen John und Toulouse ein. Ein Bild von ihr erscheint, begleitet von ein paar Infos: Geburtsdatum, Todesdatum, Name ihres berühmten Bruders, ihres berühmten Geliebten. Ihr Todesdatum kommt mir seltsam vertraut vor. 18. September 1939. Ich habe jedes Zeitgefühl verloren, aber ich weiß, dass gerade September ist. Gwen ist im September nach Toulouse gewandert, und heute ist der 18. September. Ich bekomme eine Gänsehaut.

Es hat etwas Unheimliches: Ich beende meine Wanderung genau an dem Tag, an dem Gwen in der Hafenstadt Dieppe einsam gestorben ist. Es fühlt sich an, als würden Vergangenheit und Gegenwart zusammenfallen, als würden mein Fluss und ihr Meer außerhalb von Zeit und Raum ineinanderfließen.

»Zufall«, sagt Matthew, als ich ihn anrufe.

»Aber ich will die Wanderung nicht heute beenden«, protestiere ich. Ich erzähle ihm nichts von der Anziehungskraft des Flusses, davon, dass das Wasser mich auf den Weg zurück gelockt hat. Ich erzähle ihm nicht, dass das Wasser mein Freund geworden ist. Wie soll ich einem rationalen Menschen wie Matthew so etwas plausibel machen?

In der Nacht träume ich von meinem Fluss, von seinen milchigen Tiefen, seiner gekräuselten, schimmernden Oberfläche, dem verlockend leuchtend blauen Himmel darüber. Die ganze Nacht lang begleitet mich der Fluss, mäandert durch meine Träume, durch meine Gedanken, wenn ich wach bin. Als wäre das Wasser in mein Gehirn gesickert.

Gwen hat häufig von Wasser geträumt, vom Meer. In einem ihrer Wasserträume sind sie und Rodin aus dem im Meer versunkenen Eiffelturm gestiegen und nackt und glücklich im Meer geschwommen. Bis ein Mann aufgetaucht ist und sie gezwungen hat, an Land zu gehen und sich anzuziehen. Zu diesem so offensichtlich phallischen Traum hätte Freud sicherlich einiges zu sagen gehabt. Aber wer braucht Freud, wenn ein Traum dermaßen eindeutig ist?

Als ich in Toulouse eintreffe, fühle ich mich zum ersten Mal einsam. Toulouse ist eine Stadt der Jugend, in den Hunderten von Cafés und Bars drängen sich schöne Menschen. Aber obwohl das Leben hier pulsiert, fühle ich mich schrecklich allein. Auf dem Land habe ich es genossen, allein zu essen (mein Buch an den Brotkorb gelehnt, mein Handy hinter meinem Weinglas), aber hier verkrieche ich mich in meinem Zimmer und ernähre mich von Nüssen und Bananen. Die Einsamkeit der Großstadt lähmt mich so sehr, dass ich mich nicht entspannen und mich nicht zum Arbeiten an den kleinen Schreibtisch in meinem dunklen, schäbigen Zimmer setzen kann.

Auf dem Land ist das Alleinsein viel einfacher, dort fühlt man sich im Gegensatz zur Enge der Stadt behütet – so widersprüchlich das auch klingen mag. Wehmütig denke ich an all die Menschen, denen ich an den Ufern der Garonne und des Kanals begegnet bin: an die Radfahrer, denen ich ein »*Bonjour!*« zugerufen habe, an die Angler, mit denen ich geplaudert habe, an die Bootsleute, denen ich zugewinkt habe. Jeden Tag wurde mein Alleinsein unterbrochen durch diese flüchtigen Begegnungen, die mich daran erinnerten, dass ich ein winziges Teil im unendlichen Menschenmeer bin. Aber hier, in Frankreichs viertgrößter Stadt, fühle ich mich isoliert und abgeschnitten.

In achtundvierzig Stunden geht mein Heimflug, aber schon jetzt sehne ich mich nach meinem Fluss, brüte ich über meiner Wanderkarte. Habe ich noch Zeit, noch einmal kurz an meinen Fluss zu gehen, zu meinem Reiher, meinen Feigenbäumen mit ihren violetten Früchten? Ich denke an das Schilf mit seinen Rohrkolben, an den rosa blühenden Klee und das gelbe Pfennigkraut, an das Geißblatt und die wilde Minze, an das jadegrüne Wasser des Kanals, die silbrig schimmernde Garonne. Ich denke an das türkisfarbene Gefieder des Eisvogels, an die am Himmel kreisenden Bussarde, an die dicken Brombeeren, die gelben Mirabellen. Und auf einmal will ich nicht länger in Toulouse bleiben.

Virginia Woolf glaubte, Frauen brauchten ein eigenes Zimmer. May Sarton glaubte, Frauen brauchten Zeit für sich. Und ich? Ich glaube, Frauen brauchen ihren eigenen Weg. In der freien Natur. Weit weg vom Beton der Stadt. Zwischen Erde und Himmel. Nahe am Wasser.

August 1918. Der Krieg wütete seit vier Jahren, Rodin war gerade gestorben, und Gwen war krank und kreuzunglücklich. In ihren Tagebüchern finden sich zahlreiche selbst auferlegte Regeln, mit denen sie ihre Gedanken zu kontrollieren suchte, und strenge Stundenpläne, mit deren Hilfe sie in ein normales Leben zurückzukehren hoffte: »06:00 Uhr – 07:30h Frühstück und Haushalt, 7:30 Uhr – 8:30h Gebet«.

Ursula schrieb und riet ihr dringend, ans Meer zu fahren, worauf Gwen antwortete, auf dieselbe Idee sei sie auch schon gekommen. Das Meer rief sie, und – praktischerweise – weilten gerade ein paar Freunde von ihr in Pléneuf, einem winzigen Dorf an der bretonischen Küste, wo sie schon die letzten vier Sommer verbracht hatte. Dort fühlte sie sich »sehr glücklich«, so ihre Biografin Sue Roe, »total befreit, organisch und ... friedfertig, sorgenfrei und tatkräftig«. Die leere bretonische Küste mit ihren Klippenpfaden und ihrem klaren Licht inspirierte und beruhigte sie. Am Tag vor ihrer Rückreise nach Paris hat sie auf ihrem morgendlichen Spaziergang ans Meer einen anderen Weg eingeschlagen. Der glückliche Zufall wollte es, dass sie auf ein verfallenes Herrenhaus stieß, das etwas versteckt im Schatten riesiger Kastanien stand, umgeben von einem überwucherten Garten und einer Wiese, durch die ein kleiner Bach floss. Sie wusste sofort, wenn sie hier wohnte, könnte sie nach Herzenslust zeichnen, all ihren Stimmungen und Gefühlen Ausdruck verleihen.

Im neuen Jahr kehrte sie in die Bretagne zurück und mietete mehrere Zimmer in dem abgeschiedenen, verwitterten Château du Vauclerc. Ihrem Gönner John Quinn schrieb sie: »Es ist so ein herrlicher Ort ... Es gibt eine einsame Bucht ... und wunderschöne Stellen in unmittelbarer Nähe.« Der Krieg war vorbei, und das Château sollte ihr Chef d'Œuvre sein, ihr ganz privater Arbeitsplatz, der Ort, an dem sie spirituelle Einsamkeit fand. Sie war verzaubert von der Stille und der bescheidenen, traurigen Schönheit dieses Ortes. Es war eine bemerkenswert kreative und produktive Zeit, hier konnte sie ungestört arbeiten, begleitet von den Geräuschen und Gerüchen der Küste, die sie so sehr an Pembrokeshire erinnerte, wo sie aufgewachsen war.

Jeden Wintermorgen begann sie mit einem Spaziergang zu einem einsamen Strand. Dort zog sie ihren wollenen Mantel und ihr schwarzes Kleid aus und warf sich in die Wellen, genau so, wie sie es als Kind in Tenby gemacht hatte. Sie war vollkommen fasziniert von den sich ewig brechenden Wellen, sie beobachtete sie und zählte sie und stellte fest, dass es immer neun kleine, gefolgt von einer großen Brandungswelle waren. Dieses Muster verglich sie mit sich selbst, ihr Herz, schrieb sie, sei auch ein Meer mit vielen kleinen Wellen der Trauer und des Schmerzes, denen jedoch immer wieder eine Brandungswelle großer Freude folgte.[28]

Zwei Monate später entschlossen sich die Eigentümer, Château du Vauclerc zu verkaufen, und Gwen blieben nur noch wenige Monate an diesem Ort, der ihr so viel bedeutete. Sie schrieb dem Anwalt der Käufer und fragte, ob die Leute, die das Schloss gerade erst gekauft hatten, vielleicht bereit wären, es wieder zu verkaufen, und sie schrieb an Augustus und flehte ihn an, die nötigen fünfzigtausend Francs aufzutreiben. Sie wandte sich sogar an ihren Vater. Sie schrieb an John Quinn und fragte ihn, ob er es vielleicht kaufen wolle. Sie nahm sich vor, einen Geldverleiher aufzusuchen. Sie weigerte sich, aus dem Schloss auszuziehen.

Das Jahr allein in der Bretagne mit den täglichen Küstenwanderungen veränderte ihre Malerei. Von da an, so führt Sue Roe an, seien Gwens Porträts noch mehr nach innen gerichtet, was ihr mit handwerklich und psychologisch komplexen Techniken gelang. Ihr eher meditativer Stil sollte ihre Darstellung spiritueller Gelassenheit (sie benutzte häufig das französische Wort *recueillir*) zu höchster Vollendung führen.

Was mich an Gwens Château-Periode beeindruckt, ist die

Art und Weise, wie die Landschaft sie befreit, sie befähigt, ihr Selbst freizulegen und den Prozess, wieder zu einer ganzen Person zu werden, fortzuführen. Während dieser Zeit hat sie eine Vielzahl von Zeichnungen und Gemälden angefertigt, viel mit Bleistift und Wasserfarben gearbeitet und häufig Kinder als Modelle benutzt, meistens Mädchen (etwa im selben Alter, wie sie selbst zu dem Zeitpunkt des Todes ihrer Mutter). Gwen hat die Mädchen in Kleidern posieren lassen, wie sie in ihrer eigenen Kindheit Mode gewesen waren – mit Hut und Sonntagskleid –, und mit verschränkten Händen, so wie bei ihr auf jedem Kinderfoto. Es schien beinahe, als wolle sie ihre eigene Kindheit reinszenieren, sie wieder zum Leben erwecken. Ihre Zeichnungen aus dieser Zeit fangen eine Stimmung der Unschuld, Verletzlichkeit und Zartheit ein und gehören zu ihren besten Arbeiten.

Aber wie sollte es weitergehen ohne ihre Klippenwanderungen, ohne Wind und Weite, ohne die Einsamkeit im Château du Vauclerc? Zurück in Paris war sie so krank vor Heimweh nach der bretonischen Küste, dass sie häufig nachts durch die Straßen lief und Blätter von den Hecken zupfte, »es war dunkel und neblig, aber wenn ich nach Hause kam, merkte ich manchmal, dass meine Hände voller Blüten waren«. Nachdem sie in der Bretagne so kreativ, ruhig und ausgeglichen gewesen war, befand sie sich im November wieder in einer desolaten Gemütsverfassung. »Alles, was ich bisher wusste, ist fort, aus der Erinnerung verschwunden«, schrieb sie, erschöpft, krank und von Fieber geschüttelt. Sie führte wieder Tagebuch, ermahnte sich zu mehr Frömmigkeit und Selbstdisziplin, während ihr Zustand sich zunehmend verschlechterte, bis hin zu Phasen des Deliriums und der chronischen Erschöpfung. Sie konnte nicht aufhören, an Pléneuf und die raue bretonische Küste zu denken. Etwas Trost fand sie im Wald bei Meudon, wo sie regelmäßig wandern ging, immer bewaffnet mit einem kleinen Block, auf dem sie Blumen, Farne und Gräser zeichnete. Obwohl sie gesundheitlich angeschlagen war, half ihr das Wandern, klar zu denken. Im Wald machte sie sich neben den kleinen Zeichnungen Notizen zu möglichen Motiven und Ideen für neue Bilder, zu den Farben, die sie verwenden würde.

Aber ihr Herz war immer noch am Meer. Sie hielt sich auf dem Laufenden über die Entwicklungen im Château, »neue Fenster wurden eingebaut, und hinter dem Haus wurde eine neue Mauer errichtet ...«. Ein Jahr nach ihrem Auszug war sie immer noch davon überzeugt, dass sie dorthin gehörte, versuchte sie immer noch, John Quinn zum Kauf des Schlosses zu überreden. »Es ist einfach wunderbar«, schrieb sie ihm. »Bei Ebbe kann man kilometerweit den Strand entlangwandern.« Er beantwortete ihren Brief nicht, worüber sie »zutiefst enttäuscht« war, was »den Stress und die Anspannung, die sie krank machten, noch verschlimmerte«.

»Irgendwann werde ich wieder dort wohnen«, schrieb sie in einem Brief, ein letzter Funken Hoffnung, an den sie sich tapfer klammerte.

Es hat ein ganzes Jahr gedauert, bis es ihr wieder besser ging und sie sich endlich damit abfinden konnte, dass Château du Vauclerc für sie verloren war. In einem Brief teilte sie Ursula mit: »Ich bin wie eine Pflanze, die verwelkt war und fast gestorben wäre und jetzt wieder anfängt zu wachsen.«

Aber sie ist nie wieder in die Bretagne gefahren. Tatsächlich scheint sie nicht mehr am Meer gewesen zu sein, bis sie 1927 den Ärmelkanal überquerte, um Gus und Dorelia in England zu besuchen. Dort ist sie dann jeden Tag mit dem Bus nach Bournemouth gefahren, um das Meer betrachten zu können. Im September 1939, inzwischen schwer krank, träumte sie von »frischer Luft und dem Meer«.[29] Am 10. September hat sie einen Anwalt kommen lassen und ihn gebeten, ihr Testament aufzusetzen. Am nächsten Tag ist sie trotz heftiger Leibschmerzen mit dem Zug nach Dieppe gefahren, »in die Freiheit«.[30] Gwen hat kein Gepäck mitgenommen und dafür gesorgt, dass jemand sich um ihre geliebten Katzen kümmerte, so als wüsste sie, dass sie nicht wieder zurückkehren würde. Sie ist aus dem Zug gestiegen, auf der Straße zusammengebrochen und ins Krankenhaus von Dieppe gebracht worden. Wieder hat sie einen Anwalt kommen lassen und ihr Testament verfasst, mit dem sie alles einem Neffen vermacht hat.

Am Morgen des 19. September um 08:30 Uhr wurde ihr Tod festgestellt, Todesursache unbekannt. Sie war dreiundsechzig Jahre alt. Ebenso wie ihre Mutter ist sie allein und fern von zu Hause gestorben.

Ihr Grab wurde erst fünfundsiebzig Jahre später schließlich auf einem Friedhof außerhalb von Dieppe entdeckt. Es hat so lange gedauert, weil auf dem kleinen Grabstein nicht Gwen John, sondern Mary John eingraviert war.

Möglicherweise hatte sie vor, nach England zurückzukehren. Aber viel wahrscheinlicher ist, dass sie sich todkrank nach Dieppe geschleppt hat, um ein letztes Mal die Meeresluft zu spüren. Um noch einmal die Farben zu sehen, wie sie nur der Ozean bietet. Um ihr Leben am Meer zu beenden, in einer Art spiritueller Übereinstimmung, was ihr so viel bedeutete.

Ihr Leben sollte so enden, wie es begonnen hatte.

Was, wenn Gwens Vater (der sehr reich war, wie nach seinem Tod herauskam) ihr das Geld geliehen hätte, um Château du Vauclerc zu kaufen? Hätten Klippenwanderungen und das Schwimmen im eiskalten Meer sie gesund werden lassen? Hätte sie weiter gemalt?

Von solchen flüchtigen Launen des Schicksals wird unser Leben bestimmt.

Die Vorteile eines Lebens am Meer oder in der Nähe von Wasser liegen auf der Hand. Zahlreiche Studien belegen,[31] dass Menschen, die in der Nähe von Wasser leben, gesünder und glücklicher sind. Warum, ist nicht bekannt – vielleicht wegen der Omega-3-Fettsäuren, die in Fisch enthalten sind? Wegen der Bakterien und Mineralien im Meerwasser? Wegen des vielen Lichts? Es ist nur bekannt, dass wir uns in der Nähe von Wasser entspannen, aus uns herausgehen. Wasser reinigt unsere überreizten Gehirne, so der Meeresbiologe Wallace Nichols. »Es bietet Regelmäßigkeit ohne Monotonie … im Gegensatz zu der Monotonie, die uns zu ersticken droht«.[32]

Willa Cather, die an der südfranzösischen Küste gewandert ist, hat es treffend ausgedrückt: »Es tut der Seele gut, nichts anderes zu tun, als diese immense Wassermasse zu betrachten, die ihren delftblauen Umhang um die ganze Welt zu legen scheint.«[33]

In einem Brief an Gwen, einige Monate nach der Wanderung entlang der Garonne, fragt Ida: »Und hast du dich verändert?«

Das hatte sie.

Und auch ich habe mich verändert.

Ich bin nicht nur dem Gefängnis der Stadt mit ihrem strapaziösen Alltag entkommen, sondern auch dem Gefängnis meines

Ich. Ich habe meine alte Angst vor der Einsamkeit abgeschüttelt und ein Gefühl von Verletzlichkeit abgestreift. Ich habe gelernt, dass Alleinsein auch für mich wichtig ist, dass die freie Natur nicht nur Männern vorbehalten ist, dass Wasser mich stark beeinflussen kann – genauso wie Gwen –, wenn ich es nur zulasse.

Als ich nach Hause zurückkomme, fühle ich mich bereichert und ermutigt. Nicht nur ich habe mich geändert. Auch meine Zukunft sieht jetzt anders aus: Sie hat einen rosigen Schimmer bekommen, den Schimmer von Verheißung und Möglichkeiten und Hoffnung.

Inzwischen habe ich die Fotokopien von Gwen Johns Bildern wieder von den Wänden genommen. Bis auf eine. »*Girl by a Window.*« Eines ihrer letzten Ölbilder. Wie alle ihre Gemälde ist es klein und zeigt eine Frau, die aus dem Fenster schaut. Sie trägt einen übergroßen Hut und einen voluminösen Rock. Ihre Hände ruhen locker auf einem Buch, das aufgeschlagen auf ihrem Schoß liegt. Das Bild enthält alle typischen Merkmale: der schmucklose Hintergrund, das Fenster, das warm angezogene, anonyme Modell, das den Rahmen zu sprengen scheint, das aufgeschlagene Buch, der Eindruck der Stille.

Aber das Element des Leidens, der quälenden Bedrücktheit, fehlt, als hätte Gwen endlich, ganz vorsichtig, ihren Frieden mit der Welt gemacht. Als wüsste sie, dass sich das Fenster eines Tages öffnen würde und wir wie die Reiher unsere schweren Flügel ausbreiten und davonfliegen. Kein Wunder, dass die Galeristin Cecily Landale meinte, Gwens Malerei werde »von Frauen mehr bewundert als von Männern«[34]. Denn obwohl Gwen eigentlich für sich selbst gemalt hat, so hat sie auch für alle gemalt, die wissen, was es bedeutet, eingeengt und gefangen zu sein.

Und am Ende zeigt sie uns den Ausweg: »*Girl by a Window*« ist eine Darstellung der Eigenständigkeit, der Unabhängigkeit und vor allem des Alleinseins.

4

DIE LAST DER VIELSCHICHTIGKEIT: CLARA VYVYAN MIT UNTERSTÜTZUNG VON DAPHNE DU MAURIER

*Nicht wandern. Wandern als Katharsis.
Fantasiereisen. Gynäkologie. Die ältere Wanderin.
Wandergefährten. Zeichnen und Fotografieren.
Vergessen.*

»*Ich wurde das Gefühl nicht los, dass ich nie finden
würde, was ich suchte, wenn ich mich nicht in die wilden,
unbewohnten Gegenden der Welt begab ...*«
Clara Vyvyan, *Roots and Stars*, 1963

Als ich von meiner Gwen-John-Wanderung zurückkehre, überhäufen mich meine Freundinnen mit Fragen, wie es war, zehn Tage lang ganz allein unterwegs zu sein: War es nicht langweilig? Hast du dich nicht einsam gefühlt? Hat dir deine Familie gefehlt? Musstest du dich gegen Männer zur Wehr setzen?

Ich antworte ziemlich einsilbig und schäme mich, weil mir meine Familie nicht gefehlt hat, weil ich mich nie gelangweilt habe, weil gefährliche Männer nur in meiner schrägen Fantasie vorkamen. Aber am meisten schäme ich mich zuzugeben, wie pudelwohl ich mich mit mir allein gefühlt habe.

Irgendwann gestehe ich Matthew, dass es mir Spaß gemacht hat, allein zu wandern, und zwar mehr, als ich erwartet hatte. Entgeistert sieht er mich an, dann rät er mir, das lieber für mich zu behalten, er meint, es klingt irgendwie ... Er spricht es nicht aus, aber das braucht er auch nicht. Ich weiß, was ihm auf der Zunge liegt: selbstgefällig, narzisstisch, eingebildet ...

Also gut, ich sei ja nicht ganz allein gewesen, füge ich hastig hinzu. Gwen sei bei mir gewesen, und ein Fischreiher. Matthew verdreht die Augen.

Man braucht Mut, um sich für längere Zeit mit sich selbst wohlzufühlen. Aber es braucht vielleicht noch mehr Mut, das auch noch zuzugeben.

Jedenfalls ist allein sein nicht dasselbe wie einsam sein. Allein sein heißt, sich mit sich selbst zu konfrontieren. Und wenn wir uns nicht mit uns selbst auseinandersetzen, wie soll es uns dann gelingen, alte Gewohnheiten abzulegen? Wie sollen wir uns ändern, uns weiterentwickeln? Wie können wir immer mehr wir selbst werden?

Drei Wochen später bleibe ich in einem Kaninchenloch stecken und breche mir den Knöchel. Eigentlich ist es nur eine kleine Fraktur, trotzdem muss ich einen monströsen, viereckigen Plastikstiefel tragen. Nach fünf Tagen bekomme ich eine seltsame, an den Zehen offene Sandale mit einer Art Plateausohle. Ich nenne sie Geisha-Sandale. Gestützt auf Krücken, die rote Druckstellen an meinen Händen hinterlassen, humple ich herum. Ich fühle mich eingeengt, erdrückt von den Wänden meines Hauses und behindert durch meinen unerträglich nutzlosen Fuß. Ich habe sämtliche Termine abgesagt, sitze brav mit hochgelegtem Bein auf dem Sofa und schaue aus dem Fenster wie eine der von Gwen John porträtierten Frauen. Vergeblich versuche ich, mich abzulenken, mich daran zu erinnern, dass Gwen die Einsamkeit gebraucht hat, dass das Alleinsein von essenzieller Bedeutung für ihr Leben und ihre Kunst war. Aber mit diesem klobigen Ding am Fuß kann ich nur an meine eigene Zwangslage denken.

Ich mache kurze Spaziergänge, fühle mich jedoch durch meine Humpelei den Blicken der anderen ausgesetzt und ziemlich ohnmächtig. Es gibt kein Entrinnen. Stundenlang grüble ich darüber nach, wann und wo ich meine bescheidenen Runden drehen kann. Ausflüge im Dunkeln und in der Dämmerung kommen nicht infrage, ebenso unebenes Gelände und Straßenkreuzungen. Nicht nur fühle ich mich eingeschränkt – ich verliere auch das Gefühl dafür, wer ich bin. Die Art und Weise, wie wir gehen, ist Teil unserer Identität. Diese humpelnde, stolpernde Frau, das bin nicht ich. Es ist, als wäre ich in den schlecht sitzenden Kleidern einer anderen Frau aufgewacht.

Meine Freundin Alice erwähnt in einer E-Mail den Namen einer Wanderin und Autorin, von der ich noch nie gehört habe. »Es ist regelrecht kriminell, aber tatsächlich kennt sie fast niemand«, schreibt Alice. »Sie heißt Clara Vyvyan und ist zusammen mit Daphne du Maurier gewandert.«

Ich klappe meinen Laptop auf und durchsuche Antiquariatsseiten, bestelle zerlesene Bände mit ausgefransten Rücken und Landkarten, die nach Staub und Feuchtigkeit riechen. Es ist mein neues Projekt in Zeiten der Wanderabstinenz: Ich folge den Spuren einer unbekannten Wanderin nur in meiner Fantasie und mithilfe von Landkarten, Büchern und eines Laptops. Eine Reise in Gedanken. Bewegung nicht vonnöten.

Tagelang fahre ich mit der Fingerspitze an Flussläufen entlang, über Bergrouten, Landstraßen, Kanäle, Eisenbahnlinien. Ich verharre mit dem Finger auf Dörfern und auf Kirchen, rätsele über die Bedeutung gepunkteter schwarzer, dicker roter und mäandernder grüner Linien. Landkarten haben etwas Geheimnisvolles und Verheißungsvolles, es ist faszinierend, wie all die Linien Dörfer mit Städten verbinden, einzelne Gehöfte mit Weilern, die Küste mit dem Hinterland, die Berge mit den Metropolen. Auf Landkarten finden wir, was Rebecca Solnit die Sprache der Erde nennt. Obwohl ich gerade nicht laufen kann, fühle ich mich auf einmal wieder mit der Welt verbunden.

Aber zugleich quält mich der Gedanke, wie ich sehenden Auges in dieses Loch habe treten und mir den Knöchel brechen können. Ich bin in meinem Körper gefangen und kann nicht entkommen. Alte Ängste scheinen wieder hochzukommen.

Wer das Wandern genießen will, muss sich über die Schwierigkeiten im Klaren sein und darf sich nicht abschrecken lassen. Weil wir Angst vor Überfällen und körperlichen Beeinträchtigungen haben, meiden wir einsame oder dunkle Orte. Mit den Jahren wird unsere Angst vor körperlicher Gewalt immer größer und damit auch die Angst, wir selbst zu sein. Laut der Psychologin Dr. Karin Arndt fürchten sich ältere Frauen dermaßen vor dem Alleinsein, dass es großen Einfluss auf ihre Entscheidungen hat.[1]

Evolutionspsychologen vermuten, dass unsere Angst vor dem Alleinsein tief in unsere DNS eingeschrieben ist. Jahrtausendelang haben wir in Gruppen gelebt, haben gemeinsam nach Nahrung gesucht, haben einander während der Menstruation, der Schwangerschaft und der Geburt beigestanden, haben die Kinder gemeinsam gefüttert und aufgezogen und einander vor wilden Tieren und sexhungrigen Männern beschützt. Wer in der Steinzeit aus der Gruppe ausgestoßen wurde, war dem Tod geweiht. Und im einundzwanzigsten Jahrhundert macht es uns Frauen immer noch Angst, allein unterwegs zu sein. Eine unbegleitete Frau erregt die Aufmerksamkeit der Männer, denn sie wirkt ungeschützt und verfügbar. Kein Wunder also, dass Frauen meistens in Gruppen reisen und die Angst davor, allein gelassen zu werden, groß ist.

Aber so muss es nicht sein.

Als die in Australien geborene Schriftstellerin und Gemüsegärtnerin Clara Vyvyan drei Monate die Rhone von der Quelle bis zur Mündung entlangwanderte, war sie siebenundsechzig. 1952 lag die durchschnittliche Lebenserwartung bei siebenundsechzig Jahren. In der heutigen Zeit würde das einer Zweiundachtzigjährigen entsprechen, die mit einem Rucksack auf dem Rücken mehr als achthundert Kilometer zurücklegt. Für mich ist Clara ein leuchtendes Vorbild, der Beweis, dass das Alter unserer Wanderlust nichts anhaben kann.

Ich gebe mir selbst ein Versprechen: Wenn ich siebenundsechzig bin, werde ich auch die Rhone entlangwandern. Vorerst folge ich ihrer Route auf der Landkarte, fahre mit dem Finger über die gewundene Linie des Flusses und schaue mir auf meinem Laptop die Sehenswürdigkeiten des Rhone-Tals an – Gletscher, Seen, Weinberge, Flamingos. Obwohl ich die Landschaft, durch die Clara gewandert ist, nur vor meinem inneren Auge sehe, anstatt sie unter den Schuhsohlen zu spüren, fühle ich mich wie auf einer Art Wanderung und fange an, in meinem Garten umherzuhumpeln – ein kläglicher Abklatsch von Claras Naturerlebnis.

Ebenso wie für Gwen bedeutete für Clara die Flusswanderung das Ende eines Kapitels in ihrem Leben und den Beginn eines neuen. Aber Claras Wanderung war auch eine symbolische Läuterung, der Versuch, alles loszuwerden, was sie an sich selbst nicht mochte.

»Ich begebe mich auf eine Pilgerreise, um mich in einem Fluss zu verlieren«, schrieb sie. Europa kämpfte mit den Nachwehen des Zweiten Weltkriegs, aber Clara hatte andere Sorgen. Sie nannte sie ihre persönlichen Pygmäenprobleme, Schwächen, die ausgemerzt werden mussten. Aber die Wahrheit war etwas komplizierter: Clara trauerte. Sie hatte ihre Mutter und ihren geliebten Mann im Krieg verloren, hatte mitansehen müssen, wie ihr Garten mit seinen alten Bäumen und seltenen Pflanzen zerstört wurde, und die Schlüssel zu ihrem geliebten Haus einem entfernten geldgierigen Verwandten aushändigen müssen, der es geerbt und ihr ein paar nur über eine sehr steile Treppe zu erreichende zugige Zimmer im obersten Stockwerk zugewiesen hatte.[2] Aber um einen Mann und ein verlorenes Haus zu trauern, schien ihr ungebührlich und übertrieben in einer Zeit, wo andere so viel mehr verloren hatten. In ihre Trauer mischten sich Schuldgefühle, Scham und Selbsthass.

Eine Wanderung entlang eines Flusslaufs von der Quelle bis zur Mündung würde sie reinigen, so hoffte Clara, ihr altes Ich wegwaschen, das unter der Last der Verbitterung und des Selbstmitleids ächzte. Sie wollte sich nicht nur von der frustrierten, desillusionierten Frau befreien, die sie geworden war, sondern auch aus ihren Lebensumständen, die sie zu erdrücken und zu schwächen schienen. Und sie sehnte sich nach Einsamkeit. »Mehr als alles andere wünschte ich mir, allein zu sein«, schrieb sie. »Ich wollte frei ausschreiten … irgendwohin gehen, wo es keine mir bekannten Menschen gab, nur Täler und Berge und Fremde.«

Sie plante nicht einfach einen Spaziergang am Flussufer. Um sich zu verlieren, brauchte sie einen breiten Fluss, das wusste Clara, »einen der mächtigen kosmopolitischen Flüsse Europas«, einen Fluss, dem sie von seinem Ursprung »bis zu seiner Apotheose« folgen konnte, »wo er sich ins Meer ergießt«. 1952 lagen die Wolga und der größte Teil der Donau hinter dem Eisernen Vorhang, waren also für Clara nicht zugänglich. Der Rhein kam für sie auch nicht infrage – erst sechseinhalb Jahre waren seit dem Krieg mit Deutschland vergangen, und sie fühlte sich nicht wohl bei dem Gedanken, durch ein Gebiet zu wandern, das bis vor Kurzem noch Feindesland gewesen war. Also bot sich die Rhone an, die in der Schweiz entspringt und in Südfrankreich ins Meer mündet. Dem gesamten Lauf der Rhone zu folgen, bedeutete einen Fußmarsch von siebenhundertvierzig Kilometern, den sie weder als Eroberin noch Entdeckerin oder Ausbeuterin zurücklegen würde, wie sie betonte, sondern als Pilgerin. Sie wollte sich mit Körper, Seele und Geist dem großen Fluss hingeben, seinen Stimmungen und seinen Windungen, und jeden Tag dieselbe Kleidung tragen. Clara nahm nur ein Nachthemd und einen Satz Unterwäsche zum Wechseln mit, die sie in der Rhone waschen wollte. Auf keinen Fall würde sie schummeln, etwa indem sie in ein Auto stieg. Als eine Freundin ihr riet, per Anhalter zu fahren, wenn die Strecke langweilig wurde, entgegnete sie entrüstet: »Ich werde jeden Kilometer von der Quelle bis zur Mündung wandern.«

Ich tippe Claras Packliste ab und hänge den Zettel an die Wand, direkt unter einen Ausdruck von ihrer Wanderstrecke, die heute ein asphaltierter Radwanderweg ist. Clara, im australischen Outback geboren und aufgewachsen, hatte in die englische Aristokratie eingeheiratet. Sie war inzwischen die verwitwete Lady Clara, nicht nur belastet mit ihren eigenen Sorgen und Nöten, sondern auch mit Krempel, der noch dazu schäbig war. Drei Monate lang in derselben Kleidung zu wandern, stellte einen trotzigen Versuch dar, sich aus der »Knechtschaft altvertrauter Dinge« zu befreien. Nicht nur hatte mutwillige Zerstörung ihr großes Leid und tiefe Schuldgefühle verursacht, sondern sie bereitete sich auch auf ein Leben vor, in dem sie nicht länger Herrin über Haus, Ländereien und vertraute Dinge war, die sie nach dem Tod ihres Ehemanns Sir Courtenay Vyvyan zurücklassen musste.

Aber ist das nicht das Schönste an einem Rucksackurlaub, wenn man merkt, wie wenig man wirklich braucht? Dass zum Überleben eine Packung Heftpflaster, ein Stück Seife und ein Satz Unterwäsche zum Wechseln ausreichen? Natürlich ist es befreiender, wenn man danach in ein Zuhause zurückkehren kann, ein bisschen Geld dabeihat. (Allen, die allzu romantische Vorstellungen vom Ungebundensein haben, sei *Der Salzpfad* von Raynor Winn als heilsame Lektüre empfohlen.)

Trotzdem erinnert uns das Wandern mit dem Rucksack daran, wie wenig wir brauchen. Was allerdings die Frage aufwirft: Wenn wir so wenig brauchen, warum verwenden wir dann so viel Zeit darauf, so viel anzuhäufen?

Ich stelle mir vor, wie Clara ihren Gedichtband (ausgewählte Gedichte von Matthew Arnold, falls es Sie interessiert), ihren

Regenhut aus Filz und ihre windresistente Baskenmütze in den Rucksack stopft. Ausschließlich Sachen, die sie an sich mag, faltet Clara ordentlich zusammen und verstaut sie in den Seitentaschen. Somit wird sie auf einfache Art und Weise das los, was sie an sich selbst nicht leiden kann. Sie lässt es einfach zurück, zusammen mit dem anderen Krempel. Und falls irgendetwas davon mitkommen will und sich an sie zu klammern versucht, geht sie einfach schneller und übergibt es dem Fluss.

Wochenlang hatte Clara sich Sorgen gemacht, weil sie jeden Abend auf der Suche nach einem Bett für die Nacht an fremde Türen klopfen muss. Wochenlang hatte sie ihre Freundinnen beruhigen müssen. »Und Sie wollen wirklich jeden Tag fünfzehn Kilometer wandern?«, hatte eine Nachbarin entgeistert gefragt. »In Ihrem Alter?«

In Wirklichkeit fürchtete Clara sich davor, allein zu wandern. »Ich werde aus dem Berghotel treten, vor mir viele Wochen der Hoffnungslosigkeit ... ein Nomadenleben, in dem ich jeden Abend meinen ganzen Mut werde zusammennehmen und meine Menschenkenntnis bemühen müssen, damit ich ein Kopfkissen und einen Kanten Brot bekomme«, schrieb sie. Wenn sie eine Gefährtin hätte, wäre es nicht so schlimm, wenn ihr jemand die Tür vor der Nase zuschlagen würde. Also machte sie sich auf die Suche, und tatsächlich erklärte sich die Schriftstellerin Daphne du Maurier bereit, sie dreizehn Tage lang zu begleiten. Daphne, eine leidenschaftliche Wanderin, machte in Cornwall jeden Nachmittag einen Ausflug, bis vor Kurzem in Begleitung ihrer drei Kinder.

Ebenso wie Clara hatte Daphne damals eine emotional aufwühlende Zeit hinter sich. Nachdem sie sich damit abgefunden hatte, dass Ellen Doubleday, die Ehefrau ihres amerikanischen

Verlegers, in die sie jahrelang verliebt gewesen war, lediglich an einer Freundschaft interessiert war, hatte sie sich (so ihre Biografin Margaret Forster) auf eine Beziehung mit der Schauspielerin Gertrude Lawrence eingelassen. Aber Gertie war krank, und Daphne machte sich Sorgen um sie. (Gertie starb wenige Wochen nach Daphnes Rückkehr von der Rhone an Leberkrebs, was Daphne in tiefe Trauer stürzte und sie an Selbstmord denken ließ.) Aber das musste geheim bleiben, denn Daphnes Mann und Kinder hatten keine Ahnung von ihrer Liebe zu Gertie. Daphne war rastlos, ihrem Verleger Victor Gollancz schrieb sie: »Können das die Wechseljahre sein? Aber ist fünfundvierzig nicht ein bisschen früh?« Voller Bestürzung beobachtete sie, dass sie immer mehr Falten im Gesicht bekam und um die Taille herum zulegte. Zudem waren mittlerweile alle ihre Kinder aus dem Haus, und sie fühlte sich orientierungslos. Konnten zwei Wochen Wandern an der Rhone ihr helfen, ihre Gelassenheit wiederzufinden?

Sie besorgte sich einen Armeerucksack und packte eine große Auswahl an Kleidung, eine Wärmflasche und jede Menge Kosmetika ein: Tagescremes, Sonnencremes, Windschutzcremes, Insektenschutzlotion und winzige Parfümfläschchen. Dann machten die Frauen sich auf den Weg, Clara in ihrem grünen Cordrock, ihrem Wollpullover und ihrer Baskenmütze, Daphne in einem leichten Leinenrock, mit einer weißen Jockeymütze und Bergwanderschuhen mit gelben Schnürsenkeln. Aber als sie ihr Hotel verlassen wollten, erklärte ihnen die Empfangsdame, sie könnten nicht am Flussufer entlangwandern, dort sei eine Baustelle. Es war der erste Umweg von vielen, wodurch sich die geplante Wanderung um fast hundertfünfzig Kilometer verlängerte.

Kaum waren die beiden allein, stopfte Daphne sich ihren Rocksaum in den Gürtel (sie trug eine kurze weiße Hose unter dem Rock), und nur wenn Häuser in Sichtweite kamen, bedeckte sie sich wieder. In einem kleinen Camping-Kochtopf brühten sie sich über einem Feuer aus trockenen Zweigen löslichen Kaffee auf, den sie aus einem Zahnputzbecher tranken. Sie wuschen ihre Wäsche in der Rhone und legten sie zum Trocknen auf von der Sonne aufgeheizte Felsen. Immer mal wieder trennten sich ihre Wege. (Daphne meinte, man solle »den Sonnenaufgang und den Sonnenuntergang stets allein erleben«.) Abend für Abend wies man sie an jeder Tür ab, an die sie klopften. Was Daphnes Begeisterung jedoch keinen Abbruch tat, wie sie einer Freundin schrieb. Für sie war es »einer der besten Urlaube meines Lebens. Wir leben wie zwei Landstreicherinnen.« Sie habe sich in ihrem ganzen Leben noch nie so frei gefühlt.

Aber sosehr sie ihre Freiheit auch genoss, so sehr war ihr bewusst, welchen Widrigkeiten wandernde Frauen ausgesetzt sind. Im Gegensatz zu Clara wollte Daphne nicht im Heu schlafen. In einem Brief an eine Freundin schrieb sie, wie wichtig es ihr sei, sich »das Gesicht einzucremen und die Haare hochzustecken ...« Als sie ihre Periode bekam, geriet sie in Panik: Wie sollte sie mit einer von Blut durchtränkten Binde auf einen Berg steigen? »Was mach ich bloß ...? Ich sehe mich schon hastig hinter einem Gletscher verschwinden«[3], schrieb sie in einem Brief.

Und was mit gebrauchten Binden machen? Zudem können unterschiedliche Menstruationsbeschwerden auftreten: Krämpfe, Kopfschmerzen, Rückenschmerzen, Durchfall, Übelkeit. All das war Daphne zu viel, und sie war nicht bereit, an solchen Tagen zu wandern, und nahm stattdessen den Bus, während Clara allein weiterging. In früheren Zeiten jedoch konnten Frauen nicht auf solchen Luxus zurückgreifen. Zwar findet sich in schriftlichen Zeugnissen fast nichts zu dem Thema, aber natürlich mussten auch sie sich mit diesen Problemen herumplagen, hinter Bäumen Binden wechseln, Bauch- und Rückenschmerzen ertragen, wobei ihnen die Schultern von den hölzernen Gestellen ihrer Rucksäcke schmerzten.

Während der Periode mussten Frauen nicht nur zusätzliche Wäsche waschen, sie sahen sich auch Demütigungen ausgesetzt. In ihrem Buch *Das andere Geschlecht* beschreibt Simone de Beauvoir, wie beschämend es für Frauen war, wenn sie eine Binde vom Boden aufheben mussten, die sich beim Gehen gelöst hatte. Auf langen Fußwegen mussten Binden diskret gewaschen und getrocknet werden. Und wenn die Periode unerwartet kam, mussten sie sich aus irgendetwas, das gerade greifbar war, eine Art Binde basteln. In den schottischen Cairngorms benutzten Frauen häufig Torfmoos, das extrem viel Flüssigkeit aufsaugen kann. Auch Schafswolle wurde benutzt: Römerinnen stellten aus Schafswolle nicht nur Binden her, sondern auch eine primitive Art von Tampon. Ägypterinnen benutzten Blätter der Papyruspflanze. Später gab es unförmige rudimentäre Binden aus Gras und anderen faserigen Pflanzen, die an einem Gürtel befestigt wurden (aus dem sie sich häufig lösten). Noch im Jahr 2010 haben junge Mädchen, die sich keine Einmalbinden leisten konnten, alte Lappen benutzt und natürlich bei jeder Menstruation ein paar Tage in der Schule gefehlt: »Ich kann doch nicht aus dem Haus gehen, wenn ich blute.«[4]

Heute haben die meisten Frauen Zugang zu Menstruations-Apps, der Pille, Menstruationstassen, Tampons, immer dünneren Monatsbinden und starken Schmerzmitteln. Unsere Vorfahrinnen kannten keinen derartigen Luxus. Dennoch sind sie gewandert, geklettert und gereist, häufig unter großen Anstrengungen und ebenso häufig gegen gesellschaftlichen Widerstand. Blutende Frauen sollten gefälligst heimlich zu Hause bluten. Schwangere sollten auf keinen Fall anstrengende Fußmärsche unternehmen, denn man glaubte, das löse Fehlgeburten aus. Als die amerikanische Dichterin Edna St. Vincent Millay ungewollt schwanger wurde, schickte ihre Mutter sie auf lange Wanderungen in den Bergen, damit sie eine Fehlgeburt erleide.

Kurz bevor Daphne in die Schweiz fuhr, um sich mit Clara zu treffen, wurde ihre schillerndste, faszinierendste Geschichte veröffentlicht. *Monte Verità* ist eine Geschichte, die vom »Bergfieber« handelt, von dem »Drang, alle Energie, alle Gedanken loszulassen, sich wie ein Nichts vom Himmel abzuheben«. In Daphnes unheimlicher, packender Novelle entschließt sich eine junge Frau namens Anna, ihren Mann und ihr vertrautes Leben zu verlassen, um sich einer in den Bergen lebenden Sekte anzuschließen, deren Mitglieder angeblich Unsterblichkeit im Nirwana erlangen. Es ist eine verstörende Erzählung, die sich nicht leicht interpretieren lässt.

Bevor Anna sich den Bergen verschreibt, heiratet sie und macht sich – sehr zur Überraschung und Verwirrung des männlichen Erzählers – daran, den angestammten Wohnsitz ihres frischgebackenen Ehemannes auszumisten, »allen Nippes, die seit Generationen in der Familie vererbten Möbelstücke, den ganzen Krempel«. Dieser Akt der Befreiung von Besitztümern ist das erste Anzeichen dafür, dass Anna sich auf eine Reise zu spiritueller Unabhängigkeit und der Suche nach der Wahrheit macht und sich von Männern abwendet, um sie selbst zu werden.

Monte Verità ist eine Geschichte über Frauen, die dem häuslichen Leben als Ehefrau den Rücken kehren. Es ist eine Darstellung, die deutlich macht, was passiert, wenn wir das, was wir lieben, »der banalen Dinge, der Bequemlichkeit und der Sicherheit wegen« verraten. Es ist eine Geschichte über das Altwerden und das Resignieren, aber vor allem darüber, wie Männer Frauen bestrafen, die es wagen, ihren eigenen Weg zu gehen. Für Frauen, sagt uns Daphne, ist der Preis der Freiheit sehr hoch.

Nach ihrer Rückkehr von der Rhone schrieb sie an eine Freundin: »Es war himmlisch. Vorher war ich mir nicht so sicher, wie es werden würde, wenn ich mit einem Rucksack auf dem Buckel die Straße entlangwandere, jeden Tag woanders übernachte, aber es war einfach großartig … Und das Seltsame ist, ich habe in einem Seitental ein Dorf entdeckt, das haargenau dem Dorf in meiner Geschichte glich, und ich habe einen riesigen, felsigen Berg gesehen, der der Monte Verità hätte sein können. Ich wollte auf den Berg klettern, aber ich hab's nicht geschafft.«[5]

Es gibt keine richtige oder falsche Art, *Monte Verità* zu lesen, aber ich lese die Erzählung als Beschreibung Daphnes eigener Qualen auf der Suche nach der Wahrheit. Und natürlich als Bestätigung dafür, dass das Wandern in freier Natur uns zu einer Art innerer Wahrheit führt. Selbst wenn es uns nicht gelingt, jeden Berg zu erklimmen …

Nach Daphnes Abreise ist Clara allein weitergewandert. Einmal wurde sie von einem Hund angefallen und so schlimm ins

Bein gebissen, dass sie siebzehn Tage im Krankenhaus verbringen und die Wunde danach noch wochenlang täglich neu verbinden musste. Während dieser Zeit erhielt sie einen Brief von Daphne, den sie immer und immer wieder las. Die gemeinsame Wanderung hatte bei Daphne eine innere Unruhe ausgelöst. Sie schrieb: »Ich kann an nichts anderes denken als an die Straße. Was hast du nur mit mir gemacht? Ich wandere und wandere ... Ich habe nicht intensiv genug gelebt. Ich sehne mich danach, Bohnen auszurupfen und in Misthaufen zu schlafen.«

Die Vorstellung, wie Daphne in ihrem blitzblanken Haus sitzt, umgeben von poliertem Silber und glitzerndem Kristallglas und sich nach Misthaufen sehnt, amüsiert mich ungemein. Denn es stimmt ja tatsächlich: Bequemlichkeit und Sicherheit können in null Komma nichts in schale Trägheit umschlagen. Und dann sitzen wir in der Falle, versklavt von unserer eigenen süßlich duftenden Faulheit, kraftlos und ängstlich anstatt abenteuerlustig. Ich weiß das, denn ich habe es selbst erlebt.

Und vermutlich Daphne auch.

Später begleiteten zwei Freundinnen Clara ein Stück weit auf ihrer Wanderung. Die drei waren so knapp bei Kasse, dass sie Tomaten und Aprikosen aus Gärten klauten und mit bloßen Händen Kartoffeln ausbuddelten. »Mir tun die Schultern weh ... Ich habe Blasen an den Füßen, und mir läuft der Schweiß den Rücken hinunter«, schrieb Claras Freundin in ihr Tagebuch, »aber es ist ein wunderbar freies Leben.«

Ebenso wie Gwen und Dorelia fünfzig Jahre vor ihnen wurden die drei Frauen auf ihrer Suche nach einem Nachtquartier fast jeden Abend abgewiesen, selbst wenn Hotels offensichtlich noch Zimmer frei hatten. Die Wirtinnen »sehen uns nicht so, wie wir uns selbst sehen«, schrieb Clara. Aber sie schrieb auch:

»Wir waren die Einzigen, die auf diesen Straßen mit dem Rucksack unterwegs waren ... die einzigen Verrückten, die bei dieser Hitze zu Fuß gingen. Männer bewegen sich normalerweise ... auf Rädern fort.«

Sie schliefen auf harten, schmutzigen Fußböden. Häufig wuschen sie sich mit kaltem Wasser aus einem Wasserhahn in einem Hof oder neben einer Außentoilette. Nur selten gab man ihnen ein Kopfkissen. Sie wurden von Hunden angefallen. Morast und baufällige Brücken zwangen sie zu teilweise großen Umwegen. Stürme drohten, sie in den schäumenden Fluss zu fegen. »Von *amour* beseelte Franzosen« machten ihnen unanständige Anträge. Nachdem ihre Freundinnen sich verabschiedet hatten, setzte Clara allein den Weg fort. Ihre Schuhe waren inzwischen durchgelaufen, was ein großes Problem war, denn wegen ihrer Senk-Spreizfüße trug sie maßgefertigte Schuhe, die in den abgelegenen Rhone-Tälern nicht so leicht zu ersetzen waren. Aber wie sollte sie ohne ihre Schuhe weiterwandern?

Doch sie ließ sich nicht beirren und »trottete weiter in meinen durchgelaufenen Schuhen«. Die Rhone ließ sie nicht los: »Dem Fluss zu folgen, Meile um Meile, Tag für Tag, das war jetzt mein Leben ... Die Rhone war ... die Verkörperung des großen Rhythmus des Gebens und Nehmens geworden.« Sie war wild entschlossen, der Rhone bis zum Mittelmeer zu folgen. Als kein Weg mehr weiterführte, überredete sie einen Fischer, sie durch die weiten, brackigen Lagunen der Camargue ans Meer zu bringen. Erst nachdem sie ihr Ziel erreicht hatte, war sie bereit, nach Hause zurückzukehren. »Plötzlich wusste ich, dass meine Reise zu Ende war... Ich konnte beruhigt zu all den schönen Dingen des alltäglichen Lebens zurückkehren.«

Entschlossen und unbeirrbar ist Clara der Rhone von der Quelle hoch oben in den Gletschern bis zum Meer gefolgt.

Nach mehrmaliger Lektüre ihrer Berichte gewinne ich den Eindruck, dass sie sich nicht nur von schwierigen Gefühlen befreien wollte. Auf dieser unglaublich mutigen Wanderung hat sie ihr Leben geordnet und ihren Frieden mit ihrer Sterblichkeit gemacht.

Wenn wir an einem Fluss entlangwandern, dann bewegen wir uns durch eine Landschaft, die gespiegelt wird. Das war mir während meiner Wanderung entlang der Garonne aufgefallen. Nicht nur der Himmel und die Bäume spiegelten sich im Wasser, sondern auch ich selbst, wie ich wanderte. Zehn Tage lang gab es meine Welt, mein Leben doppelt. Wenn wir einem Fluss von der Quelle bis zur Mündung folgen, spiegelt sich in dieser Wanderung unser Leben in seinem mäandernden Lauf: der tastende Anfang, die von Umwegen bestimmte Mitte, das unabwendbare Ende.

Sich der eigenen Sterblichkeit zu stellen, ist schwieriger denn je. Wir leben in einer Gesellschaft, die den Tod in die dunklen Ecken von Altersheimen verbannt. Aber wenn wir uns dem Tod stellen, wenn wir ihm in die Augen sehen, ihn akzeptieren, macht das unser Leben nicht ausgefüllter und verleiht ihm einen größeren Sinn? Dieser Meinung war Etty Hillesum zweifellos, als sie kurz vor ihrem Tod in ihr Tagebuch schrieb: »Wenn wir den Tod leugnen, können wir kein erfülltes Leben führen ... indem wir den Tod in unser Leben lassen, erweitern und bereichern wir es.« Frieda von Richthofen hatte zehn Jahre zuvor schon einen ähnlichen Gedanken: »Das Leben ist nur lebendig, wenn der Tod ein Teil davon ist.«[6]

Während ich an meinem Fenster sitze, das verletzte Bein

hochgelegt, schlecht gelaunt und voller Selbstmitleid, denke ich an Clara, die, nachdem ein womöglich tollwütiger Hund sie gebissen hatte, tausendfünfhundert Kilometer von zu Hause entfernt in einem Krankenhaus lag, sie war »krank vor Angst ... und dachte, das ist das Ende«. Spätestens zu diesem Zeitpunkt musste sie sich mit ihrer eigenen Sterblichkeit auseinandersetzen. »Der Tod«, schrieb sie später ziemlich verwegen, »ist das letzte Abenteuer ... vielleicht das allergrößte.«

Claras Wanderung entlang der Rhone hebt sich auch in späteren Jahren von ihren anderen Erinnerungen ab, als der Inbegriff der absoluten Freiheit. Clara dachte immer wieder an diese Zeit zurück, und elf Jahre später, im Alter von achtundsiebzig Jahren, ist sie noch einmal an die Quelle der Rhone gereist, »um ihre Erinnerung zu ehren«. Noch einmal ist sie durch Schnee gestapft, über Gletscher geklettert und über Berge gestiegen, bis sie schließlich am Ufer ihres geliebten Flusses stand. Nachdem sie der Rhone ein Stück weit gefolgt war, musste sie mit einer Mischung aus Trauer und Ärger feststellen, wie sehr sich alles verändert hatte: »Man hatte sie für menschliche Zwecke trockengelegt, ihren Lauf verändert und gestaut.« Auch die Dörfer hatten sich verändert: »Jedes Dorf hat jetzt ein Hotel.«[7]

Man darf nicht zurückgehen, niemals.

Und doch war Clara am Ende ihrer Reise erfüllt von »Ehrfurcht und tiefem Frieden«. Zum zweiten Mal hatte sie sich »ganz und gar im Fluss« verloren. Es war ihre letzte große Wanderung, ihr Schwanengesang an die Rhone, an den Fluss, der sie zehn Jahre zuvor »geläutert« hatte ... der ihr »altes Ich mitgenommen und in der starken Strömung ertränkt« hatte.

Aber sie hat es sich immer noch nicht mit ihren geliebten ägyptischen Zigaretten auf dem Sofa bequem gemacht, sondern ist in ihrem schwarzen Regenzeug, ihrer alten schwarzen Baskenmütze und ihren abgenutzten schwarzen Fausthandschuhen über die Straßen Cornwalls gewandert, fast bis zu dem Tag, an dem sie halb blind im Alter von neunzig Jahren gestorben ist.

Claras Leidenschaft für einsame Wanderungen hat eher zufällig im Jahr 1907 ihren Anfang genommen, als sie im Alter von einundzwanzig Jahren bei einer Freundin in Irland zu Besuch war. Eines Tages hat sie das Haus verlassen, weil sie ein bisschen frische Luft schnappen wollte. Schwarze Wolken verdunkelten den Himmel, und das Laub der Bäume schimmerte grün im Dämmerlicht. Es begann zu nieseln, und die Vögel verstummten. Es regnete immer heftiger, und Nebel kam auf. Aber anstatt umzukehren, ist Clara immer weitergegangen, als würde sie von einem unsichtbaren Faden gezogen. Der Regen tropfte aus ihren Haaren und lief ihr in die Schuhe. Der Nebel wurde immer dichter, während sie durch die weiße Suppe stapfte und den Duft von nassen Birken und aufgeweichtem Farn einatmete. Sie lief, ohne zu wissen, wo sie sich befand oder wie lange sie schon unterwegs war, von einer seltsamen Freude erfüllt und ohne Schutz suchen zu wollen. Dieser einsame Spaziergang im Regen war für sie ein Erweckungserlebnis. Ganz plötzlich fühlte sie sich vollkommen frei und ganz und gar eins mit der Natur. »Es schien, als gehöre mir das ganze Land, oder als gehöre ich ihm ... Ich bin immer weitergegangen, von einem ekstatischen Gefühl übermannt und versunken in meiner eindimensionalen Nebelwelt«, schreibt sie in ihren Memoiren. Als sie zum Haus zurückkehrte, war sie eine Andere, denn sie hatte ein ganz neues Gefühl der Autonomie erfahren. »Ich war ein Atom, frei schwebend, aber nicht im leeren Raum, sondern in einem neuen, vielfältigen Universum«, schrieb sie. »Ich war ein Atom voller Begeisterung über seine gerade gewonnene Freiheit.«[8]

Zehn Jahre nach ihrem Erweckungserlebnis in Irland begann Clara mit ihrer rastlosen Suche nach dem Wilden und Erhabenen, die den Rest ihres Lebens bestimmen sollte. Die Jahre dazwischen waren schrecklich gewesen: Sie hatte als Sozialarbeiterin in den Slums im Osten Londons bittere Armut und als Lazarettschwester das Grauen des Ersten Weltkriegs erlebt, und sie hatte – innerhalb von vier Jahren – einen Bruder, eine Schwester und ihren Vater verloren.

Um ihrer Verzweiflung zu entkommen, begab sie sich auf ihre mutigste Reise, ungeachtet ihres Alters (sie war schon über vierzig) und ungeachtet der Unkenrufe von Freunden. Zusammen mit einer Freundin fuhr sie mit einem Dampfer nach Kanada, wo die beiden an Flussläufen entlang von Aklavik nördlich vom Polarkreis bis nach Fort Yukon in Alaska wanderten. Ein paar Teilstrecken haben sie mit dem Kanu zurückgelegt, aber meistens sind sie gelaufen. Neun Tage lang haben sie sich durch hüfthohes Gras und durch Dickicht gekämpft, sind durch Sümpfe gestapft, wo der Boden unter ihren Füßen gefährlich nachgab. Sie sind an steilen Flussufern entlanggekraxelt, wo sie sich an Wurzeln und Ästen festhalten mussten, während sie von Mückenschwärmen attackiert wurden. Und trotz allem hätten sie »am liebsten bis ans Ende unserer Tage dieses unbekannte, grausame, großartige Land erkundet«.

Als sie in Yukon eintrafen, wurden sie groß gefeiert. Noch nie waren zwei Frauen allein an den trügerischen Ufern des »rauen, kalten, reißenden, mückenverseuchten Rat River«[9] gewandert.

Nach dem Zweiten Weltkrieg änderte Clara ihren Kurs. Sie war zu dem Schluss gekommen, dass sie ihr inneres Gleichgewicht am besten finden konnte, wenn sie ohne feste Route und ohne festen Plan losmarschierte. Verwirrt und mit wundem Herzen hat sie ihren Rucksack gepackt, ihren Wanderstab genommen und ist in den Zug nach Dorset gestiegen. Dort angekommen, ist sie an der Küste entlanggewandert. Sie sehnte sich nach der freien Natur und wollte nur »allein tagein, tagaus ohne festes Ziel wandern ... nur mit meinem Rucksack und meinem Wanderstab als Begleitung«. Im Freien, zwischen Himmel und Erde, weitete sich ihr Herz, sie fühlte sich, als würde sie sich »im Rhythmus mit dem Puls des Landes« bewegen. So zu wandern, machte sie glücklich, »ohne Verpflichtungen, Einschränkungen, feste Pläne, ohne zeitliche Einschränkungen ... allein ... und zu Fuß«.

Einfach so loszuwandern, ohne Plan und ohne Erwartungen fasziniert mich. Als es meinem Fuß allmählich besser ging, machte ich wieder kurze Spaziergänge entlang der Themse, die am Ende meiner Straße vorbeifließt. Meine Wanderung entlang der Garonne hatte mich für das Wasser sensibilisiert. Ich konnte es kaum glauben, dass ich die Themse früher nie weiter beachtet, ihre Schönheit nie wahrgenommen hatte, ihren Reichtum an Vögeln. Zwanzig Jahre lang war ich an ihrem Ufer entlanggegangen, ohne sie zu sehen. Mein Selbstbild – dass ich Berge bevorzuge – hatte mich blind gemacht für etwas Verblüffendes und Wunderbares direkt vor meiner Haustür. Wahrscheinlich war Heidi daran schuld, dachte ich, die Geschichte von schneebedeckten Bergen und hohen Fichten, die meine Kindheit geprägt hat. Aber vielleicht lag es ja daran, wie ich die Themse immer erlebt hatte.

Jahrelang hatte ich nach innerer Ruhe gesucht. Umgeben anfangs von kleinen Kindern und später von Jugendlichen war mein Blick selten auf die Gegenwart gerichtet (schon gar nicht entspannt), sondern immer auf eine vage Zukunft – meistens auf eine Zukunft, in der meine Kinder durch mich traumatisiert worden waren, weil ich sie gezwungen hatte, einen Fahrradhelm aufzusetzen, ihre Zahnspange zu tragen, Augenübungen zu machen, sich jeden Abend die Zähne mit Zahnseide zu reinigen, häufiger Klavier zu üben oder für eine Klassenarbeit zu pauken. Ich war ohne Mutter aufgewachsen und hatte kein Vorbild, wie ich mich in diesen heutigen Zeiten der überängstlichen Mütter verhalten sollte.

Wenn ich an der Themse spazieren ging, hatte ich meistens Kinder oder einen Hund im Schlepptau, die immer wieder der niedrigen Ufermauer zu nahe kamen, und war ständig kurz davor, in Panik zu geraten. Gedanklich war ich dauernd mit altvertrauten Dingen beschäftigt, was, wie Clara richtig erkannt hatte, zu Ängstlichkeit und Engstirnigkeit führt. Keine Milch im Kühlschrank, unerledigter Papierkram, kein Hundefutter mehr, Zahnarzttermin vergessen. Jahrelang war jeder Spaziergang von Hast geprägt, weil ich immer versuchte, viel zu viel in einer viel zu kurzen Zeitspanne unterzubringen, weswegen ich immer möglichst schnell wieder zu Hause sein musste.

Für Clara war Wasser – vor allem Flusswasser – das ultimative Symbol der Freiheit, für sie bedeutete es sowohl körperliche als auch gedankliche Befreiung. Und das ist genau das, was Frauen brauchen. Weil Frauen sich permanent um ihre Eltern, ihre Kinder, ihre Partner kümmern, meistens auch noch Haushalt und Arbeit unter einen Hut bringen müssen, fühlen sie sich körperlich und auch gedanklich fast nie frei. Bei meiner Wanderung entlang der Garonne war mir beides gelungen, und als ich nun an der Themse entlangspazierte, sah ich sie mit ganz anderen Augen. Eine einzige Flusswanderung hatte mich von meinen festgefahrenen Denkmustern und Vorstellungen, wie ich zu sein hatte, befreit. Natürlich waren meine Kinder inzwischen größer geworden, und ich musste nicht mehr dauernd fürchten, dass sie ertrinken könnten. Während ich mich mit meinen Krücken auf dem Uferweg vorwärtsschwang – ich war mittlerweile so geschickt wie der Pirat Long John Silver –, beobachtete ich die Lachmöwen, die kreischend ihre Flugkünste darboten, bewunderte die Kormorane und die Reiher, erfreute mich an den Silberpappeln und dem Licht, das auf den Wellen glitzerte.

Auf diesen Krückenstreifzügen habe ich es schätzen gelernt, ohne Erwartungen, ohne Absichten und ohne Verpflichtungen einfach immer weiterzugehen. Ich brauchte nichts über die Themse zu schreiben. Ich hatte weder Handy noch Kamera dabei, brauchte also kein Foto zu rahmen oder zu versenden, brauchte weder meine Schritte zu zählen noch auf die Zeit zu achten. Ich bin nur gegangen, um an der Themse zu sein.

Clara hatte auf ihren Wanderungen nie eine Kamera dabei. Die Freundin, mit der sie am Rat River entlanggewandert ist, hat die ganze Zeit gezeichnet, aber Clara nicht. Die Erinnerungen hatten sich jedoch so tief in ihr Gedächtnis gebrannt, dass sie sie noch fünfunddreißig Jahre später aufschreiben konnte. Die Flüsse, Berge, Wälder, Gletscher und Vögel stünden ihr »so lebhaft« vor Augen, »als hätte ich sie erst heute Morgen gesehen«, schreibt sie in ihrem Buch. Die Erinnerungen an ihre Wanderungen in Irland, niedergeschrieben nach vierzig Jahren, sind sogar noch beeindruckender.

In Zeiten von Instagram kommt man sich schon regelrecht

merkwürdig vor, wenn man unterwegs keine Fotos macht. Auf meiner Garonne-Wanderung habe ich hin und wieder gezeichnet, anstatt zu fotografieren. Nicht weil ich eine besonders gute Zeichnerin wäre, sondern weil ich Gwen John verstehen wollte. Viel später habe ich festgestellt, dass mir die Landschaften oder Szenen, die ich gezeichnet hatte, deutlich wie in HD-Auflösung in Erinnerung geblieben sind.

Hinter der Kamera befinden wir uns außerhalb des Geschehens, getrennt von der Landschaft durch Linse oder Display. Wenn ich dagegen später meine kleinen Zeichnungen betrachtete, erinnerte ich mich an das warme Sonnenlicht in meinem Nacken, an den Geschmack von wilden Feigen in meinem Mund, an das feuchte Moos an meinen Beinen, an die innere Stille – Gefühle, die sich nicht einstellten, wenn ich mir die Fotos auf meinem iPhone anschaute. Meine primitiven Zeichnungen waren keine Bilder oder Andenken, sondern Türen zu meiner Fantasie.

Unser verschwenderischer Umgang mit der Kamera – allzu einfach, allzu schnell, allzu sorglos – führt dazu, dass wir den Moment verlieren, ihn nicht mehr einfangen. Wenn wir zeichnen oder malen, verlängern wir den Moment, schaffen Raum für alle unsere Sinne und halten die Erinnerung mit messerscharfer Klarheit fest.

Übrigens sind Neurowissenschaftler der Meinung, dass die intensivsten und deutlichsten Erinnerungen entstehen, wenn wir allein sind. Es sind Erinnerungen in Technicolor anstatt in Sepia. Weniger Ablenkung.

Im selben Jahr, in dem Clara die Rhone entlanggewandert ist, schrieb der amerikanische Autor und Kritiker Lionel Trilling über die »moderne Angst, von der gesellschaftlichen Gruppe abgeschnitten zu werden, und sei es nur für einen Moment«.[10] Auch mich hat jahrelang die Angst vor dem Abgeschnittensein eingeschränkt. Vor lauter Bemühen, immer in Gesellschaft zu sein, vermochte ich nicht mehr das Alleinsein zu genießen. Meine Angst trieb mich sogar zu Entscheidungen, die ich andernfalls vielleicht nicht getroffen hätte. Sie engte mich ein wie eine Zwangsjacke. Als Rechtfertigung meiner Angst vor dem Alleinsein schob ich häufig die Angst vor Übergriffen und körperlichen Problemen vor – ein starker Cocktail aus Einschränkung und Vermeidung.

Daran muss ich denken, wenn ich die eloquenten Berichte von Männern über ihre sorgenfreien Abenteuer lese: Laurie Lee, Werner Herzog, Bruce Chatwin, Patrick Leigh Fermor, Edward Thomas oder Henry David Thoreau. Es gab Zeiten, da habe ich ihre Bücher verschlungen, aber die lockere Großspurigkeit – verpackt in Zeilen wie bei Werner Herzog: »Wo ich heute Nacht schlafe, darüber mach ich mir keine Gedanken«[11] – führte mir vor Augen, dass ich diesen Männern und ihren Abenteuern nicht nacheifern konnte. Es sind Frauen wie Clara Vyvyan, die all ihre Ängste überwinden und alle Gefahren auf sich nehmen und uns dazu ermutigen, unseren eigenen Weg zu gehen und unser Leben voll auszukosten. Sie zeigt uns, dass der Mut der anderen ansteckend ist, dass tapfere Frauen anderen Frauen Hoffnung und Kraft geben können.

Dank den schwer zu findenden Schriften zahlloser Frauen wie Clara habe ich erfahren, wie tagelang allein zu wandern, einen euphorisch machen kann. Es ist vielleicht die wichtigste und befreiendste Erkenntnis meines Lebens.

Aber auch das Wandern in Gesellschaft kann zutiefst befriedigend sein. Clara wusste das und ist auch häufig mit Freundinnen gewandert. Ein paar Jahre nach ihrer Rhone-Wanderung ist sie mit Daphne du Maurier im Pindos-Gebirge in Griechenland gewesen. »Die Natur hat nie aufgehört, uns zu faszinieren«, schrieb Clara. Daphne war für sie die perfekte Wandergefährtin: Sie war abenteuerlustig, begeisterungsfähig, gut in Form, naturbegeistert und vor allem »ruhig und schweigsam«. Immer wieder zog Daphne sich während einer Wanderung an einen geschützten Ort zurück, um dort zu meditieren, manchmal stundenlang. Das war Clara mehr als recht.

Viele Frauen glaubten, nicht ohne Gefährten wandern zu können. Clara hat sich lang und breit zu diesem Dilemma geäußert. Sie wanderte am liebsten tagsüber allein, wünschte sich aber für den Abend eine Gefährtin. In Gesellschaft fühlte sie sich nicht so gedemütigt, wenn sie an allen Türen abgewiesen wurde. Außerdem hatte sie dann jemanden, mit dem sie sich beim Abendessen über ihre Erfahrungen austauschen konnte. Nan Shepherd sah die Lösung in der Wahl der »passenden Wandergefährtin«. Die »perfekte« Gefährtin steigere noch die Stille und das Einssein mit den Bergen, also brauchte sie jemanden, der genau wie sie auf die Landschaft ansprach, »die Berge sprechen ließ«.[12] Laut Clara und Nan Shepherd waren die schlimmsten Gefährtinnen »Schwätzerinnen«.

Neue Studien haben ergeben, dass gemeinsam schweigend zu wandern, äußerst erfüllend sein kann, denn unsere Körper kommunizieren auch ohne Worte. Zum Beispiel gehen wir automatisch im Gleichschritt. Forscher bezeichnen das als »Schrittsynchronisierung als Ausdruck der nonverbalen Kommunikation.«[13]

Während der langen gemeinsamen Wanderungen war zwischen Clara und Daphne eine tiefe Freundschaft entstanden: »Es war eine Verbindung, die aus den gemeinsamen Erfahrungen erwachsen war, eine Verbindung ... die jeder Belastung standhält, die alle Veränderungen und Zeiten der Trennung übersteht«, schrieb Clara nach ihrer Rückkehr von der Rhone. Ihr Buch über die Suche nach Wildblumen in den griechischen Bergen widmete sie »meiner lieben Gefährtin Daphne«.[14]

Eigenartigerweise scheint die Überwindung großer Entfernungen Menschen einander näherzubringen. Tagein, tagaus mit dem richtigen Gefährten zu wandern, schafft eine unbeschreibliche Nähe. Wenn wir nicht als Familie all die Jahre gemeinsam gewandert wären, dann wären wir heute vermutlich eine andere Familie, dann würden wir uns vielleicht nicht so nahestehen. Und von den Freunden, die ich als Jugendliche hatte, ist mir nur der in Erinnerung geblieben, mit dem ich gewandert bin.

Nicht alle Frauen, mit denen Clara gewandert ist, waren wie Daphne. In ihren Büchern schimpft Clara über Gefährtinnen (ohne ihre Namen zu nennen), die entweder zu herrisch oder zu passiv waren und ihr damit die Freude am Wandern nahmen. Für Daphne wiederum war Clara ebenfalls die perfekte Gefährtin, weil sie so entspannt war, und auch ich muss sagen, dass das Entspanntsein die wichtigste Eigenschaft eines Wandergefährten ist.

Am Ende meiner Wanderung im Geiste mit Clara ist mein Knöchel verheilt, und ich kann es kaum erwarten, wieder loszumarschieren. Während ich meinen Rucksack packe, frage ich mich, ob ich Clara aus meinem Buch streichen soll. Jedes Mal, wenn ich irgendwo ihren Namen erwähnte, kommt die gleiche Reaktion: Wer in aller Welt ist Clara Vyvyan? Obwohl sie mehrere

Bücher über ihre Wanderungen geschrieben hat, wird sie in keinem einzigen Buch über das Wandern erwähnt, nicht einmal in *The Illustrated Encyclopaedia of Walking and Backpacking*, in dem jeder Mann aufgeführt ist, der jemals ein Buch über seine Wandererfahrungen geschrieben hat. Außerdem gibt es keine Biografie über Clara Vyvyan, ihr Name ist weder in irgendeinem Archiv noch bei Wikipedia zu finden.

Aber ist nicht genau das das Problem?

5

AUF DER SUCHE NACH SEIN UND SINN: NAN SHEPHERD

Indien, Schottland, Berge, Höhenangst, Enttäuschung, Orientierung, Selbstvertrauen, Stille, Wurzeln, Hoffnung.

»Eine Stunde lang bin ich frei von Verlangen. Nicht die Verzückung, dieser Sprung über die Grenzen des Selbst, macht den Menschen gottgleich. Ich bin nicht außer mir, sondern in mir. Ich bin. Das Sein kennenzulernen, das ist schließlich die größte Gnade, die die Berge gewähren.«
Nan Shepherd, Der lebende Berg, 1977

Es ist immer dasselbe. Ich bewege mich durch einen Raum. Nicht durch einen Ort, sondern durch einen Raum. Still, undeutlich, apokalyptisch leer. Die Zeit verschwimmt. Manchmal weisen mir Morgenlichtstreifen den Weg, manchmal ist das Licht aber auch körnig, wie mit Kohle schraffiert – eine Art Zwielicht. Immer bin ich allein, mal laufe ich, mal schlendere ich. Die einzige Gewissheit ist die, dass meine Wanderung so enden wird wie immer: an einer Kante, vor mir ein Abgrund. Als wäre ich am Ende der Welt angekommen. Manchmal bleibe ich stehen, bevor sich diese schwindelerregende Leere vor mir auftut, und gleite mühelos in einen anderen Traum hinüber. Häufig fahre ich mit pochendem Herzen aus dem Schlaf, wenn ich auf diesem schmalen Vorsprung hocke. Manchmal wandere ich auch einfach weiter, spüre, wie ich falle, strample mit den Beinen, rudere mit den Armen. Als versuchte ich, mich mit Fingern und Zehen an der Luft festzuhalten. Dann wache ich atemlos auf, nass geschwitzt und heillos in mein Laken verheddert.

Kein Albtraum, sagt meine Freundin, die Psychologin. Ein Nachtschreck. »Wie lange hast du das schon?«

»Seit zwanzig Jahren«, antworte ich ihr. Sie schürzt die Lippen und nickt. Ich sage ihr nicht, dass ich meinen Nachtschreck bis zu einem ganz bestimmten Ereignis zurückverfolgen kann, das sich tief und unauslöschlich in meine Erinnerung eingebrannt hat.

Im Alter von zwanzig habe ich mein Studium an den Nagel gehängt und bin in die Berge geflüchtet. Ich sehnte mich nach Höhe und Weite. Ich wollte weg und das möglichst weit – von Menschen, von der Zivilisation, von mir selbst. Ohne dass ich es in Worte hätte fassen können, brauchte ich eine Landschaft, die diese chaotische innere Leere widerspiegelte. Nachdem ich Monate in dunklen, verrauchten und beengten Räumen zugebracht hatte, brauchte ich Luft, Licht und Höhe. Am meisten sehnte ich mich nach Gipfeln.

Wieso assoziieren wir Gipfel mit Erlösung? Ich dachte, wenn ich mich in die Höhe begab, würde ich den Scherbenhaufen meines Lebens aus einer anderen Perspektive betrachten können. Aus irgendeinem Grund glaubte ich, dass nur die weit entfernten Höhen des Himalaja mir die klare Sicht, die ich brauchte, Weite und Wildnis bieten konnten.

Und so machten mein Freund – ein Bergsteiger, dessen Leben praktischerweise zur selben Zeit aus den Fugen geraten war – und ich uns auf zu den entlegenen Ausläufern des Pir Panjal, einer Berggruppe im Vorderen Himalaja, abseits der üblichen Wander- und Kletterrouten. Wir kampierten unterhalb der Schneegrenze, wo die Temperaturen nachts unter null fielen. Jeden Morgen sahen wir, wie die Sonne hinter den Bergen aufging, wie sie einen Gipfel nach dem anderen mit buttergelbem Licht überzog, bis überall um uns herum, so weit man sehen konnte, alle schneebedeckten Berge rosa-golden glitzerten. Dann bauten wir unser Zelt ab, schulterten unsere Rucksäcke und machten uns auf den Weg – ohne Karten, ohne festgelegte Route, immer weiter in Richtung Norden.

Wir schlitterten vereiste Hänge hinunter und kletterten über Geröllfelder. Wir durchquerten menschenleere Täler, wo Kiefern, Fichten, Wacholder und wilde Aprikosenbäume wuchsen, und wo kein Weg erkennbar war, kämpften wir uns, beladen mit unseren schweren Rucksäcken, durch Bambusdickicht und folgten Flussläufen.

Abends aßen wir gemeinsam mit unseren Gaddi-Führern Linsen und Fladenbrot. Im Himalaja verschwindet das Tageslicht sehr schnell, ohne Dämmerungsphase. Während wir unsere Schlafsäcke und Matten ausrollten, durchsuchten unsere Führer mit Fackeln aus langen Kiefernwurzeln das Dickicht rund ums Lager. Wir lagen in unseren Schlafsäcken und sahen ihnen dabei zu, wie sie auf der Suche nach entlaufenen Ziegen in ihren Plastiksandalen umherstapften. Ihre lückenhaften Gebisse glänzten weiß im Licht der orangefarbenen Glut ihrer Zigaretten.

Drei Monate lang lebten wir so in den Tag hinein. Meine

Lebenskrise trat immer mehr in den Hintergrund, aber dafür beschlich mich etwas, das mir bis dahin vollkommen unbekannt gewesen war: Angst. Plötzlich hatte ich fürchterliche, lähmende Höhenangst, Angst zu fallen, Angst vor dem Tod. Ich war überzeugt, dass ich in irgendeine Felsspalte stürzen und dort sterben würde. Auf schmalen Pfaden, kaum mehr als in den Fels geschlagene Simse, wurde die Angst so extrem, dass meine Muskeln krampften. Am ganzen Körper zitternd bin ich dann auf allen vieren Zentimeter um Zentimeter vorwärtsgekrochen, ohne einen Blick in den Abgrund zu werfen.

Häufig mussten wir atemberaubend tiefe Schluchten auf schwankenden Seilbrücken überqueren, die meist an mehreren Stellen verschlissen und notdürftig repariert worden waren. Allein der Anblick dieser Brücken versetzte mich in Angst und Schrecken. Aber da es keinen anderen Weg gab, habe ich schließlich eine Technik entwickelt – Blick starr nach vorne, Zeitlupentempo –, die leider nur bis zur Mitte funktionierte, denn spätestens dort fing die Brücke an, wie verrückt zu schaukeln. Die eine Felswand lag meilenweit hinter mir, während die andere, zu der ich wollte, sich in unerreichbarer Ferne vor mir befand. Meistens fehlte auch noch eine hölzerne Sprosse, wodurch mein Blick ungehindert in den gähnenden Abgrund fiel. In der Tiefe rauschte schäumendes Wasser über spitze Felsen. Die Angst hatte mich fest im Griff. Meine Muskeln verkrampften sich. Schweiß tropfte mir in die Augen. Ich zitterte am ganzen Körper. Mein armer, leidgeprüfter Freund – der immer vorausging – rief mir das inzwischen vertraute Mantra zu: »Du hast nichts zu fürchten außer dich selbst!« Wenn ich dann irgendwann auf der anderen Seite ankam, war ich ein einziges Nervenbündel.

Kein einziges Mal habe ich mich wie eine stolze Eroberin gefühlt. Ich habe nie die Faust in die Luft gereckt oder Siegesschreie ausgestoßen wie die Leute im Reality-TV. Nach dem emotionalen Stress und der körperlichen Anstrengung war ich jedes Mal total erschöpft. Außerdem hatte ich ja nichts erobert. Denn das Theater würde bei der nächsten ramponierten Seilbrücke und dem nächsten glitschigen Felsensims von vorne losgehen. Und ich war mir sicher, dass ich beim nächsten Mal ausrutschen und sterben würde.

Die Enttäuschung war niederschmetternd. Ich begriff, dass ich niemals die wagemutige Bergsteigerin werden würde, von der ich geträumt hatte, dass ich an einer Schwäche litt, die mich fast handlungsunfähig machte, und dass auf meinen Körper kein Verlass war. Gleichzeitig wuchs etwas in mir: ein vorsichtiger Optimismus. Die panische Angst vor dem Tod machte mir bewusst, wie sehr ich am Leben hing.

Die schottische Autorin Nan Shepherd war eine unerschrockene Bergsteigerin. Aber auch sie litt unter Angstattacken, die sie jedoch erst nach einem bestandenen Abenteuer befielen. Wenn sie abends im warmen Bett unter der Decke lag und die Wagestücke des Tages Revue passieren ließ, lief es ihr eiskalt den Rücken hinunter. Aber kaum war sie wieder am Berg, war sie völlig angstfrei: »Doch kehre ich zurück, trägt mich der gleiche Aufschwung des Gemüts hinauf.«[1]

Ich beneidete Shepherd um ihren angstfreien »Aufschwung des Gemüts« und hätte nur zu gern gewusst, wie es ihr gelungen war, die Angstattacken zu überwinden, die mich so fest im Griff hatten. Immerhin teilte ich ihre Leidenschaft für Gipfel. Obwohl der Himalaja mich so gnadenlos mit meinen kläglichen

Ängsten konfrontiert hatte, war ich seitdem von einer großen Begeisterung für Höhen beseelt und träumte nur noch von weiten Aussichten, vom Panorama der Berggipfel, von ihrer dünnen, sauberen Luft mit dem scharfen, mineralischen Geruch. Und – erstaunlicherweise – vom Bergwandern.

Im Himalaja hatte ich auch eine neue Vorstellung von meiner Zukunft gewonnen. Von dort oben hatte die Welt ganz anders ausgesehen: klarer, sicherer. Und mein Platz in der Welt war mir einfacher erschienen, weniger beklemmend. Ich hatte ein paar Wochen lang bei Mutter Teresa mitgearbeitet, einige Zeit in buddhistischen Klöstern verbracht und war völlig abgemagert und mit einer chronischen Autoimmunkrankheit nach Hause zurückgekehrt. Ich beendete mein Studium und fand eine Stelle in der gerade aufblühenden Technologiebranche, in Zeiten, als Computer noch so groß wie Einfamilienhäuser und Handys etwa so handlich wie Ziegelsteine waren. Aber in meiner Londoner Wohnung und in meinem in Mattschwarz gestalteten Büro sehnte ich mich nach Höhe und Weite. Während der nächsten zehn Jahre kletterte ich bei jeder Gelegenheit auf Hügel und Berge – in Snowdonia, im Peak District, im Lake District, in den Black Mountains, ich war in den Alpen, in den Dolomiten, auf dem Kilimandscharo, habe die Gipfel und Plateaus der spanischen Sierra Nevada erkundet. Aber ich hatte keinen der schottischen Munros bestiegen.

Ich war überhaupt nur ein Mal in Schottland gewesen, auf einer kleinen Insel an der Westküste, wohin man Matthew geschickt hatte, damit er in Ruhe an einem Strategiepapier arbeiten konnte. Ich durfte ihn nur unter der Bedingung begleiten, dass ich nicht mit ihm reden würde. Fünf Tage lang bin ich durch nasses Heidekraut gestapft, habe Hirsche beobachtet oder mich auf feuchte Klippen gesetzt und das graue Meer betrachtet oder gelesen. Das war's. Und da Schottland in dem Ruf steht, dass man dort von Mücken aufgefressen wird und es ununterbrochen regnet, hatte ich es einfach nicht auf dem Schirm.

Bis ich auf Nan Shepherd stieß. Und auf ihr Buch *Der lebende Berg*.
Was bringt eine Frau dazu, so genau hinzusehen, dass sie die winzigsten Adern in einem Blatt und das zarteste Muster auf einer Blüte erkennt? Was bringt sie dazu, den Geruch, den Geschmack, die Textur eines runzligen Blatts, einer verblühten Blume, einer Eiskruste, der Erde, von Moos und Flechten zu erkunden, an denen wir achtlos vorübergehen? Was bringt sie dazu, so aufmerksam zu lauschen, dass sie »die Bewegung der Nachteule« und »das leise weit entfernte Murmeln des Wassers« hört?
Shepherd wurde charakterisiert als eine Frau, die erfüllt war von der Liebe zur physischen Welt, zur physischen Realität des Lebens, seiner »anhaftenden, reichhaltigen Reife«.[2] Aber ich glaube, dass ihre Geschichte auch vom Lebenshunger einer Frau handelt. Davon, was passiert, wenn dieser so überwältigend wird, dass man zu verhungern glaubt.
In meiner Phase der Verunsicherung habe ich mal eine lächerliche Fastenkur gemacht. Während der vier Tage des sogenannten Heilfastens habe ich fast die ganze Zeit ans Essen gedacht. Als ich dann endlich wieder essen durfte, ist etwas Merkwürdiges passiert. An meinem Gemüseeintopf – ein Gericht, das ich häufig zubereitete – entdeckte ich plötzlich Farben, Düfte und Geschmacksnoten, die mir bis dahin nie aufgefallen waren. Es war dasselbe Rezept wie immer, aber diesmal

blubberte und summte es ganz anders im Topf. Auf dem Teller wirkten das Rot, das Violett und Hellgrün viel kräftiger. Die Kräuter dufteten intensiver, beißend erdig. Das Öl glänzte grüngolden. Mein unbändiger Appetit hatte sowohl mich selbst als auch den Eintopf verändert. Es war einfache Hausmannskost, aber dieser Eintopf ist bis heute das Leckerste, das ich je gegessen habe.

Und was hat Shepherd so lebenshungrig gemacht?

Marie Stopes' 1918 erschienenes Buch *Das Liebesleben in der Ehe* (in dem es auch um Geburtenkontrolle ging) war kurz nach dem Ersten Weltkrieg ein Bestseller und bereits in fünfter Auflage erschienen. Aber in den Briefen, die Marie Stopes erhielt, wurde sie immer weniger um Informationen zum Thema Verhütung gebeten, sondern immer mehr um Ratschläge zum Thema sexuelle Frustration.[3]

Der Krieg hatte fast eine ganze Generation junger Männer verschlungen und unzählige junge Frauen der Zukunft beraubt, auf die sie gehofft hatten und auf die sie vorbereitet worden waren. Am stärksten betroffen waren die Jahrgänge zwischen 1885 und 1905.[4] Shepherd wurde 1893 geboren. Was ihre Heiratsaussichten betraf, hätte sie sich kein schlechteres Jahr aussuchen können.

Allein in Großbritannien erlitten zwei Millionen Frauen dieses Schicksal, und Millionen weitere in den anderen europäischen Ländern. Diese Frauen, von der britischen Presse brutal als »überschüssig« bezeichnet, sahen einer Zukunft ohne Ehepartner, ohne Kinder, ohne körperliche oder romantische Liebe entgegen. Ganz besonders traf es Frauen aus der Mittelschicht wie Nan Shepherd. Denn es waren überproportional viele Offiziere gefallen, und Frauen der Mittelschicht wurden dazu erzogen, möglichst einen Mann aus derselben oder einer höheren gesellschaftlichen Schicht zu heiraten. Einen Mann aus der Unterschicht zu ehelichen war undenkbar.

In den britischen Tageszeitungen wurden die jungen Frauen als »Problem« und »eine Katastrophe für die Menschheit« bezeichnet.

Wie Virginia Nicholson in ihrem wegweisenden Buch *Singled Out* aufzeigt, hatte diese Masse unverheirateter Frauen einen immensen Einfluss auf alle Aspekte des Ehelebens. Die Arena der Brautwerbung wurde zur Kampfzone. Die wichtigsten Aktivposten im Wettkampf waren Schönheit und Weiblichkeit. Wer keinen Ehemann ergatterte, dessen Leben verlief in sehr eingeschränkten Bahnen, war bedeutungslos. Die Frauen führten ein isoliertes Dasein, mit anderen Worten, sie wurden zu einer Witzfigur.[5] Schlimmstenfalls drohte sogar ein Leben in Knechtschaft. Noch 1949 berichtete Simone de Beauvoir von alleinstehenden Frauen, die im Haushalt ihres Vaters, ihres Bruders oder ihrer Schwester unentgeltlich als Dienst- und Kindermädchen tätig seien.[6]

Unverheiratet zu sein, bedeutete außerdem, auf körperliche Nähe zu verzichten und »als Jungfrau zu verkümmern«, wie die Autorin Winifred Hodgkiss es drastisch ausdrückte.[7] Kein Wunder, dass Marie Stopes so viele Briefe von Frauen bekam, die nicht wussten, wohin mit ihren sexuellen Bedürfnissen. Die Briefschreiberinnen baten um Rat zum Thema Masturbation und wie sie ihre sexuellen Gelüste befriedigen konnten. Viele plagten sich mit Scham und Schuldgefühlen herum, weil sie nicht aufhören konnten zu masturbieren, und baten regelrecht um die Erlaubnis, weitermachen zu dürfen. Stopes empfahl ein »sehr heißes Bad«, um die »elektrischen Ladungen abzuleiten«.

Unter Strom stehen. Appetit. Lebenshunger. Wo lässt man so etwas?

Shepherd waren explosive Gefühle wie Begierde und unter Strom zu stehen nicht fremd. Sie hat darüber in *The Quarry Wood*, ihrem autobiografischen Roman geschrieben: »… eine irritierende Reizung ging durch Marthas Körper. Sie dachte: Das ist kein Schmerz – aber was ist es? Es ist in mir. Es schmerzt meinen Körper. Sie wand sich, warf sich auf dem Bett hin und her … Ihre Gelüste wirkten unmäßig, sie dagegen kam sich klein und schwach vor.« Martha weiß, was sie will: »… nur seine Hand berühren, das würde ihre Qualen lindern, den Schmerz, der sie peinigte und nicht zu orten war, der in ihrem ganzen Körper und doch nirgendwo war. Jetzt wusste sie es. Sie wollte Luke … Sie begehrte Luke mit animalischer Leidenschaft.«

Endlich wurde die weibliche Fähigkeit zu »animalischer Leidenschaft« zur Kenntnis genommen, die die Situation der überschüssigen Frauen zusätzlich verschlimmerte. Frieda von Richthofen hatte das Ihre dazu beigetragen: Durch sie hatte Lawrence nicht nur die Freuden der Sexualität, sondern, wichtiger noch, weibliche Begierde kennengelernt und das bei einer Frau, die die Welt freimütig in die Geheimnisse ihrer Sinnlichkeit einweihte. Lawrence machte es sich zur Lebensaufgabe, die Engländer von ihrer spießigen Einstellung zum Sex zu kurieren, und schrieb über Frauen, die sich durch die ekstatische körperliche Vereinigung mit einem Mann selbst verwirklichen. Die Zeiten, in denen Frauen bis zur Hochzeitsnacht keine Ahnung von Sex hatten, waren vorbei. Lawrence und Frieda hatten die

Büchse der Pandora geöffnet. Sex war nicht länger etwas, das man fürchten und verdrängen musste und das nicht nur zur Fortpflanzung da war. Von nun an diente er der Befreiung, der Ekstase und einer quasispirituellen Transzendenz.

Wie alle belesenen Frauen ihrer Generation hatte Shepherd natürlich auch Lawrence gelesen. Mehrere von Lawrence' Romanen wurden in ihrer Bibliothek gefunden, in alle hatte sie handschriftlich ihren Namen eingetragen. O'Keeffe besaß sämtliche Werke von Lawrence, Gwen Johnson besaß seine Romane, die Freundinnen ihr geschickt hatten, und de Beauvoir hat Lawrence in *Das andere Geschlecht* ein ganzes Kapitel gewidmet, in dem sie seine phallozentristische Weltsicht analysiert.

Auch ich habe als Jugendliche *Lady Chatterley* gelesen, am liebsten die schlüpfrigen Stellen (die mir heute unglaublich zahm erscheinen), und mir vorgestellt, wie ich nackt in einem alles verändernden Lustrausch über eine Veilchenwiese tanzte. Es kam mir überhaupt nicht in den Sinn, dass ich diese Art der von Lawrence beschriebenen Glückseligkeit nie erleben könnte. Aber viele Frauen aus Shepherds Generation waren sich durchaus darüber im Klaren, dass dieser angeblich welterschütternde Sex (im strengen Schottland reichte schon küssen) ins Reich der Fantasie gehörte. Es gab einfach nicht genug Männer.

Shepherd lebte ihre animalische Leidenschaft in den Bergen aus, bewältigte ihre Enttäuschung, ihre Verzweiflung und ihre Gelüste durch das Erleben der Landschaft und später durch das Schreiben. Kein Wunder, dass in Beschreibungen ihrer Bücher von »erotischen Schaudern« die Rede ist.[8]

Für viele der überschüssigen Frauen war die Sehnsucht nach Kindern noch schwerer zu ertragen als das Bedürfnis nach Sex. Der Mutterinstinkt, die biologische Uhr stellt ein ganz eigenes

Begehren dar, das sehr schmerzhaft sein und oft auf furchterregende Weise unbeherrschbar werden kann. Ob es hormonell bedingt oder existenziell ist, spielt eigentlich keine Rolle: Die Fortpflanzung ist sowohl für Männer als auch für Frauen von wesentlicher Bedeutung für das Selbstverständnis. Und das galt ganz besonders für jene Generation Frauen, die dazu erzogen worden waren, Kinder in die Welt zu setzen, und denen keine Zeit gegeben wurde, sich auf eine andere Zukunft einzustellen, sich eine andere Zukunft auch nur vorzustellen, geschweige denn, sie zu planen. Es spielte kaum eine Rolle, dass Shepherd eine exzellente Schülerin gewesen war – die Frauen der Mittelklasse wurden gut für das Mutter- und Ehefrauendasein ausgebildet, nicht um eine glänzende Karriere zu machen.

Aus Shepherds unveröffentlichten Tagebüchern geht hervor, wie groß die Erwartungen an die Mutterschaft damals waren. Im Alter von etwa sechzehn Jahren hat sie fein säuberlich seitenweise Gedichte, Liedtexte und Sprichwörter abgeschrieben, die von der Glückseligkeit des Mutterseins oder von der Tragik der Kinderlosigkeit handelten. Für uns heutige Frauen, die im Zeitalter des Feminismus aufgewachsen sind, ist es schwer nachvollziehbar, wie sehr diese Art Literatur die Frauen damals beeinflusst hat, wie tief diese Bilder saßen und die Lebensentwürfe und das Selbstverständnis der Frauen geprägt haben. Die Gedichte in Shepherds Tagebuch tragen Titel wie »Mutterschaft«, »Die gesegnete Unfruchtbare« (darin geht eine kinderlose Frau ihren einsamen Weg in den Himmel, wo Gott ihr Kinder schenkt), »Die tugendhafte Hausfrau« oder »Madonnen«.

Des Weiteren finden sich dort ein Zitat eines Rabbi (»Der Herr konnte nicht überall sein, also schuf er die Mütter«), verschiedene Kirchenlieder über die Jungfrau Maria, die *raison d'être* aller Mütter,[9] außerdem ein Gedicht über eine kinderlose Frau, die im Traum ein Kind bekommt, doch dann ernüchtert aufwacht, »ungeliebt und allein, der Traum vom Glück zerstört ... Welche Zunge kann die traurige Leere beschreiben?« Die Themen Mutterschaft und Kinder ziehen sich wie ein glitzernder Faden durch Sheperds Tagebuchnotizen, Briefe und Romane. Unter ihren Hinterlassenschaften befinden sich mehrere Tagebücher, in denen sie über die Entwicklung einer Nachbarstochter, Sheila, und später über deren Kinder schreibt, für die sie eine Art Adoptivgroßmutter wurde. All das ist ein Ausdruck von Shepherds eigenen, unaussprechlich traurigen Gefühlen.[10]

Wo lässt man solche Sehnsüchte? Was macht man mit all dieser quälenden, unerfüllten Liebe? Viele Frauen hatten Neffen und Nichten, aber Shepherd hatte nur einen Bruder, und der war 1917 am anderen Ende der Welt an Tuberkulose gestorben – ein sinnloser Tod, der die ganze Familie Shepherd erschütterte. Er hinterließ Frau und Tochter, aber sechs Jahre später starb die Tochter ebenfalls.

Shepherd hatte erlebt, wie sehr eine Frau unter Unfruchtbarkeit leiden konnte. Ihre Mutter war ganz verrückt nach Kindern gewesen und hätte sehr gern mehr als zwei gehabt, doch es war ihr nicht vergönnt. Vor Gram darüber wurde sie bettlägerig und verließ bis zu ihrem Tod im Alter von achtundachtzig Jahren kaum noch ihr Zimmer. Die Nachbarn hielten sie für eine Simulantin.

Als der Erste Weltkrieg endete, war Shepherd erst fünfundzwanzig, ein Alter, in dem Abenteuer und Liebe vor ihr hätten liegen sollen. Aber sie lebte im Nachkriegs-Aberdeen, in Zeiten der Arbeitslosigkeit, der Inflation, der Grippe-Epidemien.

Außerdem wimmelte es in der Stadt von ehemaligen Soldaten, die vom Krieg körperlich versehrt und seelisch traumatisiert waren und keine Arbeit fanden (ein Thema, das Shepherd später in *Descent from the Cross*, einem ihrer besten Romane, behandeln sollte).

Jede Hoffnung auf ein Entkommen wurde zunichtegemacht, als ihr Vater 1925 starb, seine Rente ausblieb, und Shepherd keine andere Wahl hatte, als sich um ihre bettlägerige Mutter zu kümmern.[11] Im Alter von zweiunddreißig Jahren war Shepherd an ihre Mutter und ihr Elternhaus gefesselt. Was macht man mit all den Gefühlen? All dem Verlust, der Sehnsucht, der Enttäuschung, dem Kummer?

Hinunterschlucken und zu einem eiternden Geschwür werden lassen? Zu Papier bringen? In die Berge tragen?

April. Mein erster Ausflug in die Cairngorms, Großbritanniens größten Nationalpark. Weder Straßen noch Eisenbahnlinien führen durch das Gebiet. Es gibt auch keine Strom- oder Telefonmasten. Der Nationalpark, in dem sich fünf der höchsten Gipfel Großbritanniens befinden, ist so groß wie Luxemburg und fast menschenleer – eigentlich nicht verwunderlich, wenn man bedenkt, dass dort Windgeschwindigkeiten von bis zu zweihundertsiebzig Stundenkilometern gemessen werden, es fast das ganze Jahr über schneit und immer wieder Menschen in Flüssen ertrinken, von Böen in Abgründe gerissen werden oder erfrieren.

Nach einer siebeneinhalbstündigen Fahrt steigen Hugo und ich in Aviemore aus dem Zug. Es ist schon dunkel, und als wir vom Bahnhof zu Fuß zu unserer Pension gehen, fängt es an zu nieseln. Innerhalb von Sekunden wird aus dem Niesel Schneeregen, der uns in die Wangen beißt und an unserer Kleidung kleben bleibt.

»In Schottland regnet es immer Eis«, knurrt Hugo. »Das weiß doch jeder, Mum.«

Am nächsten Morgen wütet ein Schneesturm, Schnee wirbelt in alle Richtungen. Straßen und Dächer sind von einer dicken, weißen Schicht überzogen. Dicke weiße Wolken verhüllen die Berge. Stille liegt schwer über allem: Schneestille. »Heute fahren keine Busse und Bahnen«, verkündet der Pensionswirt.

Wir machen uns trotzdem auf den Weg. In der Zwischenzeit hat der Schnee sich in Regen verwandelt, und wir stapfen durch Schneematsch. Autos und Lastwagen fahren vorbei, und die braune Brühe spritzt auf unsere Hosen und läuft in die Schuhe. Hugo hat vergessen, die Kapuze aufzusetzen, und als er es bemerkt, ist sie voll mit Wasser. Seine Haare kleben ihm am Kopf. Nach kurzer Zeit haben wir klatschnasse Füße. Wasser dringt am Rücken in meinen Anorak, und die Feuchtigkeit kriecht mir in die Knochen.

Wir wandern zum Rothiermurchus, dem riesigen, uralten Kiefernwald. Das Wasser tropft uns von den Kapuzen, den Ellbogen, den Rucksäcken, unsere Füße schmatzen in den Schuhen. Am Ufer des Loch an Eilein finden wir die von Shepherd beschriebenen »enormen altehrwürdigen Waldkiefern«, gigantische Bäume, »deren Borkenschuppen fast einen halben Meter messen und dick wie ein Buch sind«. Wir hocken uns unter eine hohe Kiefer und atmen den Duft von Kiefernnadeln, feuchter Erde und nassem Moos ein. Ebenso wie Clara Vyvyan wollte Shepherd einen Ort spüren, seinen Anblick, seinen Geruch und seine Geräusche in sich aufnehmen. So zu wandern gefällt mir immer besser, allerdings macht es bei strömendem Regen keinen Spaß.

Schweigend gehen wir zu unserer Pension zurück. Wir sind kaum mehr als zwei durchnässte Körper, kaum noch menschlich, bis auf die Knochen durchgefroren. In unserem Zimmer kippen wir das Wasser aus unseren Schuhen, schälen uns, besiegt von Shepherds »schwarzem, gnadenlosem Dauerregen«, aus unseren Kleidern.

Während sie zum Trocknen über den Heizkörpern hängen, breitet sich in unserem kleinen Zimmer Feuchtigkeit und der Geruch nach schwarzem Torf aus, sodass ich Beklemmungen kriege. Ihr Leben lang hat Shepherd in einer winzigen Mansarde mit einem schmalen Bett geschlafen – weder ein Kleiderschrank noch ein Schreibtisch passten hinein. Durch ein kleines Fenster hatte sie einen Blick auf das Deeside-Tal. Ihre Kleider musste Shepherd im Dienstmädchenzimmer unterbringen.

Dabei gab es mindestens vier weitere Zimmer im Haus. Das Zimmer ihrer Mutter stand nach deren Tod leer. Es war geräumig, hatte ein Türmchen und eine großartige Aussicht. Ebenso das Zimmer ihres Bruders und ihres Vaters. Selbst das Dienstmädchen hatte ein größeres Zimmer als Shepherd. Doch sie zog ihre Mansarde vor. Siebenundachtzig Jahre lang hat sie in dieser winzigen Kammer geschlafen, in demselben schmalen Bett, unter demselben Fenster mit derselben Aussicht.

Ich stelle mir Shepherd oft in ihrer kleinen Mansarde vor. Sie hat gern bis in die frühen Morgenstunden gelesen, dabei hat sie auf einem Kissen auf dem Boden gesessen. Der Gedanke an die Enge der Mansarde (ihre Biografin beschrieb sie mir als Zelle). Nicht auszudenken, wenn ich mein Leben lang das Zimmer bewohnen müsste, das einmal mein Kinderzimmer gewesen war. Es ist, als bekäme ich keine Luft. Aber Shepherd hat das offenbar nichts ausgemacht. Wie Ellen Falconer, eine Figur in ihrem Roman *The Weatherhouse*, die ihr sehr ähnlich ist, »schloss sie sich ein wie in einem Turm und fühlte sich sicher; oder besser gesagt, sie schloss sich vom Rest des Hauses aus. Das Zimmer schien nicht von den Wänden begrenzt zu sein, durch seine exponierten Fenster wurde es zu einem Teil der endlosen Welt. Dort lag sie und betrachtete die Sterne, bis die Dämmerung über die Berge kam, und stärkte ihre Seele ...«

Ebenso wie in Gwen Johns Bildern kommen in Shepherds Romanen überall Türen und Fenster vor, die sich für alle möglichen Frauen öffnen oder schließen. Die Frauen in Gwens Gemälden sitzen drinnen und schauen nach draußen, während Shepherds Romanfiguren sich rastlos und unentschlossen bewegen, häufig ziellos zwischen dem Draußen und dem Drinnen, unsicher, wo ihr Platz ist, nicht wissend, wie sie sich befreien sollen, schwankend zwischen dem Wunsch zu fliehen und dem Bedürfnis dazuzugehören.

Es gibt ein Foto von Shepherd als Kleinkind, auf dem ihre Sehnsucht nach Freiheit bereits sichtbar ist, ihr Gefühl, zwischen zwei Welten gefangen zu sein. Es ist ein konventionelles Familienporträt, aber sie scheint am liebsten vom Schoß ihrer Mutter rutschen und weglaufen zu wollen. »Es war, als könnte ich es nicht erwarten, mit dem Leben anzufangen«, schrieb Shepherd viel später über das Foto. »Meine Beine scheinen sich zu bewegen.«

Aber ihre Mutter hat sie sicher im Griff, hält die Arme der Kleinen fest und fixiert sie mit eisernem Blick. Und macht dieses Bild nicht genau das deutlich? Die Kleine versucht nämlich nicht, sich loszureißen, stattdessen bohren sich die mütterlichen Finger in ihre pummeligen Ärmchen.

Auf einem späteren Familienfoto steht Shepherd lächelnd vor

ihrer ernst dreinblickenden Mutter, ihr Blick ist nicht auf die Kamera, sondern in die Ferne gerichtet. Auch auf diesem Foto bohren sich die mütterlichen Finger wie Klauen in Shepherds Schultern. Gwen John hat sich der Pflicht der unverheirateten Tochter, einen Elternteil zu pflegen, entzogen, aber Shepherds vom Calvinismus beeinflusstes Anstandsgefühl saß tief und war mindestens so stark ausgeprägt wie ihr Pflichtgefühl und ihre Gutherzigkeit. In Zeiten, in denen unverheiratete Frauen als kostenlose Haushälterinnen und Kindermädchen herumgereicht wurden, konnten sie nur durch eine Ehe familiären Verpflichtungen entkommen.[12]

»In gewisser Weise ist jedes Buch ein Hilferuf.« Mit diesen Worten hat Simone de Beauvoir D. H. Lawrence' berühmten Satz: »Wir legen unser Leiden in Bücher« kommentiert. Gemeint ist offenbar, dass man durch den therapeutischen Prozess des Schreibens seine bösen Geister austreiben kann, aber auch, dass man seine Krankheit durch das Schreiben transzendieren und sich von Schmerz, Trauma und Verwirrung befreien kann. Sowohl de Beauvoir als auch Lawrence haben mithilfe ihrer Romane die Gedanken und Gefühle, die sie belasteten, untersucht und zerlegt und geordnet.

Das war bei Shepherd nicht anders: Im Alter zwischen fünfunddreißig und einundvierzig Jahren schrieb sie in einem kathartischen Schaffensrausch drei gefeierte Romane und eine Gedichtsammlung. Trotz aller Bemühungen, ihre Gefühle zu verbergen, kam alles heraus. In diesem Schreibprozess hat sie sich selbst befragt, lange, intensive Zwiegespräche mit sich selbst gehalten, ihre Gefühle und Gedanken entwirrt. Es überrascht nicht, dass ihre Themen von Begierde, Erziehung, Krankheit,

Scham und Demütigung bis hin zu weiblicher Identität, Alter, Heimat und Selbstbestimmung reichen und ihre Romane von Konflikten und Zwiespalt handeln.

Während dieser Zeit hat Shepherd im Lehrerausbildungszentrum von Aberdeen als Dozentin gearbeitet, abends Vorträge gehalten, eine Studie über die Poesie von Rupert Brook geschrieben, ihre bettlägerige Mutter gepflegt und sich um die Hinterlassenschaft ihres Vaters gekümmert. Deshalb konnte sie in aller Hast immer nur wenige Seiten schreiben, Fragmente, die sie später zu ihrer betörenden Prosa zusammengefügt hat.

Das Bedürfnis, ihr Leiden in ihr Schreiben zu legen, um Hilfe zu rufen, muss überwältigend gewesen sein. Weswegen hätte sie sonst mit derartiger Besessenheit arbeiten sollen?

Shepherd quälten »Selbstverachtung«, schlimme Gedanken und Stimmungen. Genauer hat sie es nicht beschrieben, aber anscheinend hatte Shepherd ein Geheimnis, das sie ihr Leben lang nicht preisgegeben hat. Ein Geheimnis, das ihr vierzehn Jahre lang Seelenqualen beschert und sie zutiefst verunsichert hat. Ein Geheimnis, das sie vor Angst zittern ließ, denn wenn jemand davon erfahren hätte, wäre ihre Welt »in Flammen aufgegangen und zerstört« worden. Schließlich war Aberdeen nicht das Paris der Bohemiens. Shepherd lebte in Schottland mit seiner calvinistischen Kultur des Misstrauens, der Pflicht, der Frömmigkeit und der Konformität. Shepherd wusste genau, was Sünderinnen blühte.[13]

Wir fahren mit einem Bus sechzehn Kilometer nach Süden, wegen der Aussicht auf die Cairngorms, die Shepherd gleich beim ersten Mal so für die Berge eingenommen hat.[14] Später beschrieb sie diesen Anblick folgendermaßen: »die gewaltige gezackte Spalte oberhalb von Glen Feshie; Jahr für Jahr habe ich beobachtet, wie sie sich mit tiefem Blau füllte, und jedes Mal ist mir das Herz aufgegangen ...«[15]

Wir finden das Haus, in dem Shepherd mit ihrer Familie die Sommerferien verbracht hat, und klingeln. Eine Frau in einem Jeanskleid öffnet und sagt, sie hat noch nie von Nan Shepherd gehört. Ich zücke einen schottischen Fünf-Pfund-Schein und zeige auf Shepherds Konterfei, das auf dem Geldschein prangt. (Es ist ein dem wohl bekanntesten Foto von Shepherd nachempfundener Stich, auf dem sie ein mit einem Edelstein verziertes Stirnband trägt, den Blick in die Ferne gerichtet.) Die Frau strahlt und sagt, wir können uns gern umsehen. Hugo macht sich auf die Suche nach Schneehühnern, und ich setze mich ins feuchte Gras und betrachte die in Nebel und Regen gehüllten Berge.

Erst gegen Ende jener entscheidenden Jahre des rauschhaften, läuternden Schreibens hat Shepherd angefangen, in den Bergen zu wandern. Im Frühjahr 1930 nahm sie sich einen ganzen Monat Zeit zum Wandern. Ihre »ganze Natur«, schrieb sie, sei »plötzlich zum Leben erwacht«, und sie verfasse »täglich ein Gedicht«. Aus diesen Gedichten spricht all das stille, schon Jahre anhaltende Leid.

Shepherds Biografin hat akribische Detektivarbeit betrieben, und es entsteht der Eindruck, dass Shepherd vierzehn Jahre lang eine verzweifelte, unerwiderte Liebe zu einem verheirateten Mann hegte: John Macmurray. Dieser hatte in Aberdeen studiert und wurde zu einem bedeutenden Philosophen mit radikalen Vorstellungen von Freiheit. Er war hochintelligent, sehr aufmerksam und übte eine starke Anziehungskraft auf Frauen aus. Ähnlich wie Shepherd hatte er niederschmetternde Erfahrungen gemacht und seinen Glauben verloren. Leider war er mit Betty verheiratet, einer von Shepherds ältesten und besten Freundinnen.

Allerdings war die Ehe kompliziert. Betty hatte einen Liebhaber, mit dem sie eine körperliche Leidenschaft verband, die sie bei ihrem Mann nie gefunden hatte. Ihr körperliches Erwachen führte dazu, dass sie ihren Mann um eine offene Ehe bat. Sie überzeugte ihn davon, dass dies lediglich ein logischer Schritt seiner Philosophie der Freiheit sei. Und so kam es, dass Betty und John einander außerehelichen Sex zugestanden.

Was theoretisch bedeutete, dass Shepherd mit dem Mann, den sie liebte, ein sexuelles Verhältnis haben durfte. Wir wissen, dass Macmurray verschiedene Liebschaften hatte, und nach ihren »schonungslosen, wütenden und unverblümten«[16] Sonetten zu urteilen – auch eine (wenn auch für sie unbefriedigende) mit Shepherd. Ihre Biografin Charlotte Peacock vermutet, dass die beiden während eines Urlaubs in Südafrika, den Shepherd gemeinsam mit den Macmurrays verbrachte, Sex hatten. Aber anscheinend erwiderte Macmurray Shepherds Leidenschaft nicht. Später hat er eingeräumt, er sei »ein bisschen viktorianisch« und schaffe es nicht, seine »Instinkte mit seinen Ideen« in Einklang zu bringen. Sosehr er sich auch gewünscht haben mag, seine sexuelle Freiheit ebenso auszuleben wie seine Frau, es gelang ihm nicht. »Was Sex angeht, mangelt es mir an Selbstvertrauen«, schrieb er. »In dem Punkt wurde ich als junger Mensch zu tief verletzt.«[17]

Vielleicht war Shepherd aber auch einfach nicht sein Typ. Macmurrays Biograf berichtet von einem Gespräch über Sex, das die Macmurrays, Shepherd und eine Freundin namens May während eines gemeinsamen Zelturlaubs in Schottland führten.

May besaß den Mut und fragte Betty, ob sie einmal mit ihrem Mann schlafen dürfe. »Damit sie sich selbst und anderen sagen konnte, dass sie zumindest ein Mal in ihrem Leben mit einem Mann im Bett gewesen war.« In der Nacht schliefen May und John in dem einen, Betty und Shepherd in dem anderen Zelt.[18]

Auf jeden Fall sprechen aus den Sonetten, die Shepherd mit gebrochenem Herzen geschrieben hat, heftige Gefühle: Scham, Demütigung, Schmerz, Begierde, Wut und schließlich widerstrebende Akzeptanz.

Ihr autobiografischer Roman *The Quarry Wood* lässt vermuten, dass Shepherd sich selbst sabotiert hat, sie zum Opfer ihrer Gefühle und Ängste wurde. Martha, ihr Alter Ego, ist für eine »geheime und unmögliche Liebe entflammt«. Mal fühlt sie sich »herrlich lebendig«, mal ist sie »Wirbelstürmen der Begierde« ausgesetzt, bis sie, völlig erschöpft, »rastlos umherwandert«, schließlich auf einer Wiese einschläft und später in einen Wald geht, wo sie Luke begegnet (einer nach John Macmurray gestalteten Figur). »Sie war sofort wie berauscht. Ihr Blut pulsierte, ihr Herz raste.« Sie geht auf Luke zu, entschlossen, ihn in Besitz zu nehmen, doch im letzten Moment gewinnt ihre »gewohnte Selbstkontrolle« die Oberhand, und »die Stille war zu groß, um sie zu brechen«.

Niemand weiß, was zwischen Shepherd und Macmurray vorgefallen ist. Die entsprechenden Seiten aus der Zeit hat Shepherd säuberlich aus ihrem Tagebuch entfernt. Die Macmurrays haben vor ihrem Umzug nach Südafrika ihre gesamte Korrespondenz verbrannt. Die Notizen und ersten Entwürfe für Betty Macmurrays unveröffentlichte Memoiren sind verschollen. Die Memoiren selbst wurden nach ihrem Tod »redigiert«[19]. Alles, was uns geblieben ist, sind Shepherds Romane, ihre Sonette (ihren Gedichtband hat sie den Macmurrays gewidmet) und diverse kryptische Anspielungen auf »ihre besten Freunde« oder »einen Mann«, für die/den sie die Sonette geschrieben hat.

Aber worauf ich hinauswill: Als Shepherd in die Berge aufgebrochen ist, war sie getrieben von Wut, Schmerz und Enttäuschung. Sie hatte die Verwüstungen des Ersten Weltkriegs erlebt, den Tod ihres Bruders, ihrer Nichte und ihres Vaters verkraften müssen, ihre bettlägerige Mutter gepflegt, in dem Versuch, sich zu läutern, wie besessen drei Romane geschrieben und vierzehn Jahre lang darunter gelitten, dass ihre Liebe nicht erwidert und ihr Verlangen nicht gestillt wurde. Das war eine schwere Last aus Herzschmerz, Enttäuschung und körperlichen Qualen für eine Frau, die von sich behauptete, sie sei »körperlich nicht sehr kräftig«.[20]

Sie brauchte die heilende Kraft der schottischen Landschaft: »Es war eine befreiende Gegend. Mehr als die Hälfte der Welt bestand aus Himmel, die Küste verschwand in einem der vier Viertel der Erde und verlor sich in ihrer Unermesslichkeit. Sie war frei von Gedanken.«[21]

Seit einigen Jahren überlassen wir das Navigieren unseren Smartphones. Aber selbst ich weiß, dass mir ein Smartphone mit dem Navi von Google Maps in den Cairngorms nicht weiterhelfen wird. Unsere Karte ist laminiert, damit sie notfalls als Zeltboden dienen kann (das wird zumindest in den Online-Bewertungen behauptet). Ich werde wehmütig, als ich mich an die Zeit erinnere, als ich früher noch einen Stadtplan für London benutzt habe. In den alten Zeiten war ich mit richtigen Reiseführern unterwegs, und auf jeder Wanderung hatten wir mehrere Karten mit Eselsohren im Gepäck. Wir lassen uns auf ganz andere Weise auf die Landschaft ein, wenn wir auf eine Landkarte angewiesen sind. Wir sehen unsere gesamte Route vor uns. Die Gegend, die Richtungen und Koordinaten prägen sich in unsere Gehirnzellen ein, während wir Entfernungen und Zeit abschätzen. Und wenn wir mit der Fingerspitze über Routen, Flussläufe, Saumpfade, Höhenlinien und Sackgassen fahren, können wir schon den Verlauf der Expedition erahnen, freuen uns auf den Weg, der vor uns liegt, und nicht so sehr auf das Ziel. Mit einem Finger über ein Display zu wischen, kann da nicht mithalten. Und auch nicht das blinde Folgen eines sich bewegenden roten Punkts, der uns so schlau den Weg weist, der für uns denkt.

Den nächsten Tag verbringen Hugo und ich in den Cairngorms damit zu lernen, wie wir uns orientieren können. Unser Führer Fred aus Kent nimmt uns auf einen fünfzehn Kilometer langen Marsch durch knietiefen Schnee mit. Mit einer Karte und einem Kompass bewaffnet, sollen wir die Route bestimmen und die Orte und Symbole auf der Karte identifizieren. Unter der dicken Schneedecke liegt wasserdurchtränktes Moos, und es fühlt sich an, als würden wir über ein Wasserbett gehen. Bei jedem Schritt sinken unsere Füße dreißig Zentimeter durch Pulverschnee und dann noch zehn Zentimeter in unsichtbares nasses Moos ein. Es kostet große Mühe, unsere eisverkrusteten Schuhe nach jedem Schritt wieder aus dem Sumpf zu ziehen. Meine Schuhe sind undicht, und nach einiger Zeit habe ich eiskalte, nasse Füße. Über uns ziehen Bussarde träge ihre Kreise. Unter uns jagen weiße Schneehasen im Zickzack durch den Schnee und verschwinden am Horizont.

Wieder fängt es an zu schneien, und ich bin total beeindruckt von den kaleidoskopischen Nuancen, die das Weiß annehmen kann. Unsere Spuren glänzen grünlich weiß, wo unsere Füße ins Moos eingesunken sind. Die Berge, die im Schatten liegen, schimmern bläulich weiß, während die schneebedeckten Hänge silbrig weiß im Sonnenlicht glitzern. Der Himmel über uns wabert in weichen Schattierungen von Grauweiß bis Perlweiß und schließlich, um die fahle Sonne herum, in goldenem Weiß. Und inzwischen sind auch wir weiß, denn unsere bunten Anoraks sind von Schnee bedeckt.

Eine fast aller Farbe beraubte Landschaft hat etwas ungemein Beruhigendes. Allmählich kann ich meine Gedanken loslassen, und das übliche Durcheinander in meinem Kopf löst sich auf.

Ich nehme Hugos Hand. Er grinst mich an, Schneeflocken in den Augenbrauen. In dem Augenblick überkommt mich ein Gefühl überbordender Liebe zu ihm. Es ist, als würde diese eisige, farb- und formlose Landschaft meine Gefühle intensivieren. Doch der Moment des Glücks währt nicht lange, denn mir wird bewusst, dass dies vermutlich das letzte Mal ist, dass wir Hand in Hand gehen, und das macht mich traurig. Hugo ist fast so groß wie ich und geht allmählich eigene Wege. Und so soll es ja auch sein. Mit ihm an meiner Seite – wir beide verloren in diesem Narnia-Weiß – fühle ich mich mutiger, weniger allein. Würde ich die Leere genauso berauschend erleben, wenn ich nicht seine Hand halten könnte?

Irgendwie habe ich den Eindruck, dass wir seit einer Weile im Kreis laufen, und als ich unseren Führer anschaue, gibt er zu, dass wir uns tatsächlich verlaufen haben. Wir beugen uns über unsere Karte. Unser beschämter Führer hüstelt verlegen, dann nimmt er sein Smartphone heraus und zieht sein GPS zurate – was nicht vorgesehen ist. Eigentlich sollen wir uns ohne Technologie zurechtfinden, die ist nämlich – wie er uns eingeschärft hat – durchaus fehlbar, weil man Gefahr läuft, dass genau in dem Moment, wo man sie braucht, der Akku alle ist.

Forscher vermuten, dass wir, indem wir die Navigation Maschinen überlassen, die Teile in unserem Gehirn zerstören, die für räumliche Orientierung verantwortlich sind. Anscheinend spielen mehrere Gehirnareale bei der Raumwahrnehmung eine wichtige Rolle. Gemeinsam bilden sie eine Art Navigationszentrum, das alle für unsere Orientierung notwendigen Informationen verarbeitet. Es ist ein kompliziertes und faszinierendes Wunderwerk der Natur, es verbindet unsere Gelenke und Muskeln mit unseren Sinnen, unseren Erinnerungen und der uns umgebenden Landschaft. Interessanterweise ist dieses Navigationszentrum das erste Gehirnareal, das bei Alzheimerpatienten aufhört zu funktionieren.

Vor ein paar Jahren habe ich plötzlich völlig meine Raumkognition verloren. Es war eine verwirrende und furchterregende Erfahrung. Ich saß im Bus, und plötzlich – warum, konnte kein Neurologe herausfinden – wurde die Umgebung vor dem Fenster pixelig. Ich war nur wenige Minuten von zu Hause entfernt, aber ich hatte keine Ahnung, wo ich mich befand. Nichts kam mir bekannt vor. Ich bin ausgestiegen, und obwohl alles um mich herum verschwommen war, habe ich das Straßenschild mit dem Namen meiner Straße gefunden. Dort wohnte ich schon seit zwanzig Jahren, aber ich habe nichts wiedererkannt. Meine Angst steigerte sich zu Panik, als ich nicht einmal mein Haus finden konnte. Ich hatte mich in meiner eigenen Straße verirrt und war unfähig, meine eigene Haustür zu erkennen, bin mit vor Angst pochendem Herzen durch fremde Vorgärten gestolpert. Es fühlte sich an, als beobachtete ich meinen eigenen Abstieg in die geistige Umnachtung. Irgendwann hat sich mein Gehirn komplett abgeschaltet, ich bin gestürzt, habe mir den Kopf auf dem Pflaster aufgeschlagen und bin in ein kurzes Koma gefallen. Ein Nachbar hat mich gefunden, und ich wurde ins Krankenhaus gebracht, wo ich mich langsam von einem Schädelbruch erholt habe. Fazit ist: Es ist sehr beängstigend, wenn man sich nicht räumlich orientieren kann und vertraute Orte nicht wiedererkennt.

Die Fähigkeit der Navigation ist vor allem für Frauen wichtig. Nicht, weil wir von Natur aus einen schlechteren Orientierungssinn hätten, sondern weil wir als Kinder nicht dazu ermuntert wurden, allein in der freien Natur umherzustreifen.[22] Unsere untrainierten, entmutigten Gehirnzellen haben viele von uns fälschlicherweise glauben lassen, Männer wären kompetenter. Indem wir den Männern das Kartenlesen überlassen haben, haben wir dummerweise unseren Orientierungssinn zusätzlich verstümmelt. Kann das eine Erklärung dafür sein, dass fast zwei Drittel aller Alzheimerpatienten Frauen sind? Das wissen wir nicht, aber es ist ein guter Grund, das Navigieren zu lernen, ehe es zu spät ist.

Fred erklärt uns, dass es fast unmöglich ist, sich in einer Schneelandschaft zu orientieren. Wenn kein Weg und keine Wegmarke mehr zu erkennen sind, flippt unser Gehirn aus, unsere Gehirnzellen blicken nicht mehr durch. Deswegen seien schon Menschen ums Leben gekommen. Wir sind froh, dass er sein Smartphone dabeihat, das uns – perverserweise – in einem Moment Orientierung bietet, wie es keine Karte oder Kompass gekonnt hätte.

Kaum hatte Shepherd sich aus ihrem Herzschmerz heraus- und in die Berge hineinnavigiert, ereilte sie der nächste Schlag, und zwar einer, der sie mitten in ihr schwaches Selbstwertgefühl traf.

1933 kam ihr dritter Roman heraus. Die *New York Times* beschrieb sie in glühenden Worten als eine der wenigen Autorinnen, denen man »reife und individuelle Kunst« attestieren könne, eine Schriftstellerin, der es gelinge, »raue und abgelegene und verborgene Winkel der Erde zum Leben zu erwecken«. Sie hatte inzwischen auf beiden Seiten des Atlantik Anerkennung erworben, war mit Virginia Woolf verglichen und als Vorreiterin der Bewegung zur Wiederbelebung der schottischen Literatur bezeichnet worden. Dieser Roman war ihr Sprungbrett zu literarischem Ruhm. Sie gab ihren Gedichten den letzten Schliff und machte sich mit Freunden auf zu einer Wanderung in den Cairngorms.

Bei ihrer Rückkehr stieß sie auf eine verheerende Kritik in einem Literaturmagazin, geschrieben von Lewis Grassic Gibbon, einem gefeierten schottischen Autor, der sich in denselben literarischen Kreisen bewegte wie Shepherd:

»Miss Nan Shepherd schreibt über das Leben auf einem Bauernhof in Kincardineshire, über die hübsche Enkeltochter eines Bauern, eine Primadonna, die den Frieden stört und Gott allein weiß, wen sonst noch. Der Allmächtige hat mein volles Mitgefühl. Eine unqualifizierte Beschreibung der schottischen Religion und des schottischen Volks – alles wird demontiert, kastriert und vornehm verniedlicht.«[23]

Nach jahrelanger Arbeit an ihren Romanen derart rücksichtslos und rachsüchtig abgekanzelt zu werden, muss Shepherd tief getroffen haben. Trotz des Ruhms, der ihr zuteilwurde, war sie stets von Selbstzweifeln geplagt, zutiefst unzufrieden mit ihren Büchern und hielt sich für mittelmäßig talentiert.[24]

Einen Monat nach Erscheinen der Kritik wurde Shepherd in ihrem Haus in einem Vorort von Aberdeen für die Tageszeitung

The Scotsman interviewt. Sie deckte den Gartentisch mit einer Tischdecke, servierte selbst gebackenen Kuchen und Tee. Ihre Mutter setzte sich dazu, und es entspann sich ein angeregtes Gespräch über moderne schottische Literatur, den Gebrauch des schottischen Dialekts, über schottischen Humor und andere Themen, die Shepherd begeisterten. Als der Interviewer sich zum Gehen erhob, begleitete Shepherd ihn zum Gartentor und sagte zum Abschied etwas vollkommen Unerwartetes: »Eigentlich schreibe ich nicht gern. Tatsächlich schreibe ich nur sehr selten. Nein ... Ich schreibe nur, wenn ich das Gefühl habe, dass etwas unbedingt geschrieben werden muss.«

Danach hat sie sich nur noch äußerst selten zu ihren Romanen geäußert. Wenige Monate später wurde ihre einzige Gedichtsammlung herausgegeben, und dann vergingen zehn Jahre des Schweigens, bis sie erneut etwas veröffentlichte. Erst dreiundvierzig Jahre später veröffentlichte sie ein weiteres Buch. Danach kam nichts mehr.

»Ich bin verstummt«, schrieb sie einmal an eine Freundin. »Ich glaube, ich habe einfach Angst ... Aber es bleibt mir wohl nichts anderes übrig, als weiterzuleben.«

In ihrem Buch *Das andere Geschlecht* schreibt Simone de Beauvoir sehr hellsichtig: »Künstler sind mehr als sonst jemand auf die Meinung anderer bedacht; Frauen sind unmittelbar davon abhängig: Man begreift, welche Kraft eine Künstlerin allein dafür aufbringen muss, sich darüber hinwegzusetzen; oft reibt sie sich schon in diesem Kampf auf.«

Beauvoir war der Kampf um Selbstvertrauen und Erfolg wohlbekannt. Aber mit ihrer Annahme, man begreife das nur allzu leicht, irrt sie sich, und zwar gewaltig.

Hat Shepherd im Kampf um ihr Selbstvertrauen aufgegeben, oder litt sie an Schreibhemmung? Hatte sie nichts mehr zu sagen, oder mangelte es ihr an Talent? Wir können nur raten, was Shepherd dazu bewogen hat, das Schreiben aufzugeben. Ebenso können wir nur mutmaßen, was sie dazu bewogen hat, zehn Jahre später ihr Meisterwerk *Der lebende Berg* zu schreiben und es dann nicht zu veröffentlichen. Nachdem ein Verlag das Manuskript abgelehnt hatte, hat sie es in einer Schublade verschwinden lassen, wo es dreißig Jahre lang verstaubt ist.

Freunde drängten sie, sich einen anderen Verlag zu suchen. Ein Nachbar, der einen kleinen Verlag in Aberdeen leitete, bat sie immer wieder um das Manuskript, doch sie weigerte sich beharrlich. Die Entscheidung mag uns merkwürdig erscheinen, ist doch *Der lebende Berg* ein Buch, das lebt und atmet. Bergluft weht aus seinen Seiten. Windböen pfeifen um seinen Umschlag. Die Düfte der Cairngorms – nach süßem Heidekraut, würzigem Wacholder, frischem Gagelstrauch – steigen aus seinem Rücken. Es ist kein Buch, das in eine dunkle Schublade gehört.

Die Autorin Kathryn Aalto vermutet, dass Shepherd den frauenfeindlichen Blick der Wanderer und Kletterer fürchtete: Sie »sorgte sich, dass ihr sinnliches Buch über das Sein und Fühlen in den Bergen von der dominierenden Kultur männlicher Kletterer, datenfixierter Wissenschaftler und zielorientierter Bergsteiger heruntergemacht und keine Chance auf dem Buchmarkt bekommen würde ...«[25] Noch im Jahr 2016 spottete ein bekannter Wissenschaftler, Kletterer und Autor, *Der lebende Berg* sei »überspannt, erdichtet ... anthropomorph« und bezeichnete Shepherd abschätzig als traurige Gestalt, die ihr Heil in den Bergen suche.[26] »Schnödes Mansplaining«, kontert Aalto in ihrem Buch *Writing Wild*.

Mir gehen Shepherds Worte nicht aus dem Kopf: Ich glaube, ich habe einfach Angst.

Im Aberdeener Vorort Cults gehörte Shepherd einerseits dazu, andererseits blieb sie eine Außenseiterin; es war eine starr in sich geschlossene Gemeinde, fest zusammengehalten durch die Kirche, einen strengen Sittenkodex und Traditionen. Eine Gemeinde, in der eine Frau, die mit offenem Haar tanzte, einen Skandal auslösen und bösartigen Klatsch verursachen konnte.[27] Obwohl Shepherd die Werte dieser Gemeinde mit der Muttermilch aufgesogen hatte, blieb sie im Grunde genommen außen vor. Sie war mit Leib und Seele Lehrerin und beschrieb ihre Arbeit einmal als Versuch, »wenigstens ein paar Schüler davon abzuhalten, sich den überkommenen sozialen Mustern anzupassen.«[28]

Aber dazuzugehören und gleichzeitig eine Außenseiterin zu sein, gleicht einem Drahtseilakt – man ist immer in Gefahr, das Gleichgewicht zu verlieren, muss immer darauf achten, wie viel man preisgibt, aus Angst, ausgestoßen zu werden, lebt ständig in dem Bewusstsein, anders zu sein. Wie Martha in ihrem autobiografischen Roman gehörte Shepherd »nicht ganz zu der Welt, in der sie sich befand«. Sie war »eine Wilde in der Falle«.

Einmal bin ich auf ein Gedicht der amerikanischen Dichterin Elizabeth Austen gestoßen – »The Girl Who Goes Alone«. Als ich es zum ersten Mal las, bekam ich eine Gänsehaut, und mir stockte der Atem. Diese komprimierten, verdichteten Zeilen drückten alles über das Wandern, über die freie Natur, über das Frausein aus, gebündelt in einem geistreichen Gedanken voller Hoffnung: »Die Frau, die allein geht, sagt mit ihrem Körper, dass die Welt das Risiko wert ist.«

In diesem katalysierenden Moment wurde mir bewusst, dass ich mich weder von der Angst lähmen lassen noch sie überwinden musste (auf heroische Weise, wie wir es im Reality-TV vorgeführt bekommen). Ich brauchte mich nur mit ihr anzufreunden, sie anzunehmen, sie zu verstehen. Das Problem war nur, dass ich inzwischen ängstlicher war denn je. Die Angst saß in mir wie eine Zyste, zerstörerisch und schwächend.

Das Muttersein hatte alle meine Ängste verstärkt. Als ich meine Kinder zum ersten Mal mit auf eine Wanderung nahm, hatte meine Höhenangst mich fest im Griff – es ging dabei nicht um mich, sondern um die Kinder. Aber weil ich mich für meine panische Angst schämte und die Kinder nicht damit anstecken wollte, weil ich nicht wollte, dass sie genauso ängstlich werden wie ich, habe ich meine Angst zu verbergen versucht.

Natürlich haben sie es trotzdem gemerkt. Auf einem schmalen, bröckelnden Felsvorsprung in den Dolomiten hatte ich ganz plötzlich die Schreckensvision, dass meine vier Kinder alle in den Tod stürzten. Die Angst vor meinem eigenen Tod war ja schon schlimm genug, aber die Angst vor dem Tod meiner Kinder war unerträglich. Es war nutzlos, sie die ganze Zeit im Auge zu behalten. Aber wegzusehen – meinen Blick irgendwo ins Leere zu richten – brachte ich einfach nicht fertig. Ich hatte die irrationale Vorstellung, dass meine Kinder in Sicherheit waren, solange ich sie nicht aus den Augen ließ. Während mir der Angstschweiß ausbrach, turnten sie auf dem Felsvorsprung herum, schauten neugierig in die Tiefe, bückten sich, um das Moos oder eine Ameise genauer zu betrachten. Vor meinem geistigen Auge sah ich sie ausrutschen und in die Tiefe stürzen. Sie brauchten nur einen falschen Schritt zu machen. Auf einen nassen Stein zu treten. Dann wären sie tot.

»Sag ihnen, sie sollen nicht so nahe an den Rand gehen«, flehte ich Matthew an. »Sie sollen sich beeilen und weitergehen.«

Aber die Kinder lachten und jauchzten so laut, dass er mich gar nicht hörte. Zitternd vor Angst bin ich auf allen vieren weitergekrochen, dabei natürlich immer die Kinder im Blick.

Plötzlich zeigte Matthew nach oben und rief: »Seht mal da, ein Bussard!« Alle vier Kinder legten den Kopf in den Nacken und lehnten sich gefährlich über die Felskante.

»Nein!«, habe ich panisch geschrien. »Nicht nach oben gucken! Ihr sollt nach vorne schauen und weitergehen, verdammt noch mal!«

Einen Moment lang herrschte Stille. Und dann hat Hugo, der damals acht war, völlig verblüfft gesagt: »Wieso krabbelt Mama auf allen vieren? Und wieso ist ihr Gesicht ganz nass und weiß?«

Meine Töchter, ein paar Jahre älter, wussten natürlich sofort Bescheid. »Sie hat Angst! Sie hat Angst!« Und dann sind alle vier Kinder plötzlich auf dem schmalen Pfad herumgerutscht, haben mit den Armen herumgewedelt und so getan, als würden sie gleich in den Tod stürzen. »Hilfe, ich falle, ich falle!«

Mir schlug das Herz bis zum Hals. Vor meinen Augen verschwamm alles. Ich klammerte mich verzweifelt an kleine Pflanzenbüschel und arbeitete mich Zentimeter um Zentimeter vorwärts. »Bitte, mach, dass sie weitergehen«, flehte ich Matthew an.

»Eure Mutter hat Höhenangst«, sagte er ruhig.

Am Abend kamen die Kinder zu mir ins Bett, streichelten mir über den Kopf, kuschelten sich an mich und flüsterten: »Mach dir keine Sorgen, wir passen auf dich auf.«

Angst macht nicht immer mutig. Aber dafür sind andere fürsorglich und mutig.

Es passierte aber nicht nur auf schwindelerregenden Bergpfaden. Am Strand rechnete ich jeden Augenblick damit, dass meine Kinder von einer Riesenwelle fortgerissen würden. In London sah ich sie unter die Räder der Lastwagen kommen. Im Wald wagte ich keine Sekunde, sie aus den Augen zu lassen, aus Angst, sie könnten für immer im Unterholz verschwinden. All das hatte nichts mit meiner Höhenangst zu tun, und ich habe mich oft gefragt, woher diese Ängste kamen. Studien belegen, dass Schwangerschaft und Stillzeit Langzeitauswirkungen auf unser Gehirn und unseren Hormonhaushalt haben können – Auswirkungen, die immer noch nicht restlos erforscht sind. Forscher glauben, dass diese Ängste, die frischgebackene Mütter befallen, ihren Höhepunkt in den ersten Wochen nach der Geburt eines Kindes erreichen und dann allmählich nachlassen. Forschungsergebnisse legen aber auch nahe, dass der neue mütterliche Gehirnschaltplan mit seinem Beschützerinstinkt bis in die Wechseljahre und darüber hinaus aktiv bleiben kann. Es scheint also, dass Angst im mütterlichen Gehirn fest verankert ist.

Als ich ein paar Jahre später noch einmal an unsere waghalsige Wanderung in den Dolomiten zurückdachte, merkte ich, dass alle Erlebnisse, die diese fürchterliche Höhenangst bei mir ausgelöst hatten, stark in mein Gedächtnis eingebrannt waren und ein Eigenleben entwickelt hatten. Mir fiel auf, dass ich während dieser Schreckstarre sehr stark mit meinem Körper verbunden war und mich auf eine Weise lebendig fühlte, was mir im alltäglichen Leben nie widerfuhr. Manche Schreckmomente waren die intensivsten Erinnerungen an die gesamte Wanderung: hochaufgelöste Bilder, durch die ich Zugang zu älteren, verschwommeneren Erinnerungen bekam. Und merkwürdigerweise hat diese gnadenlose Angst, durch die meine Welt auf einen halben Quadratmeter Fels zusammengeschrumpft ist, meine Gefühlswelt erweitert. Hinterher habe ich vieles anders wahrgenommen, einen knurrenden Hund, bestimmte Meldungen in den Nachrichten, Ereignisse aus der Vergangenheit, und meine Höhenangst nicht mehr als beschämend oder behindernd empfunden. Ich habe sie einfach akzeptiert als einen Teil von mir.

Bis zu fünf Prozent aller Menschen leiden an Höhenangst, und zwar doppelt so viele Frauen wie Männer. Manche Wissenschaftler gehen davon aus, dass Höhenangst bei bis zu einem Drittel aller Fälle genetisch bedingt ist. Aber es ist auch erwiesen, dass bei Menschen mit Höhenangst physiologische Bedingungen den Gleichgewichtssinn beeinflussen – Auffälligkeiten bei der Gleichgewichtskontrolle oder eine gravierendere Gleichgewichtsstörung. Eine befreundete Neurologin meint, dass ich zu letzterer Kategorie gehören könnte, da ich als Kind häufig Mittelohrentzündungen hatte. Der Aufenthalt auf Berggipfeln erzeugt bei mir andere physiologische und sensorische Reaktionen als bei anderen Menschen.

Evolutionspsychologen sehen in der Höhenangst nichts weiter als einen Schutzmechanismus, den wir von unseren Vorfahren geerbt haben. Als meine Urahnen sich in Afrika auf den Weg in den Norden gemacht haben, schwer beladen mit Säuglingen, Nahrung und Wasser, hat ihre Höhenangst dafür gesorgt, dass sie waghalsige Pfade gemieden und sich stattdessen sichere Wege gesucht haben. Ich existiere nur, weil meine Vorfahren beim Überqueren von Bergen sehr vorsichtig waren.

Forscher haben festgestellt, dass man Ängste überwinden kann, indem man sich den angstauslösenden Situationen wiederholt aussetzt.[29] Und genau das habe ich vor.

Im August fahre ich erneut in die Cairngorms. Ich will auf Shepherds Lieblingsrouten wandern und wild zelten. Seit jener schrecklichen Wanderung auf dem Kilimandscharo, als Matthew wegen Höhenkrankheit gezwungen war umzukehren und ich mit ihm gegangen bin, habe ich nicht mehr auf einem Berg übernachtet.

Ich möchte Shepherds Theorie überprüfen, die besagt, dass »niemand die Berge wirklich (kennt), der nicht dort geschlafen hat«[30]. In ihrem Buch hat sie dem Übernachten in den Bergen ein ganzes Kapitel gewidmet. »Man denkt nicht, man empfindet kein Verlangen, noch erinnert man sich, sondern weilt in reiner Verbundenheit mit der greifbaren Welt.« Trotzdem macht mich die Vorstellung leicht nervös. Shepherd hat auch ganz offen die Gefahren der freien Natur beschrieben, von Schulkindern berichtet, die in den Bergen erfroren sind, von Jungen, die durch einen Sturm in den Tod gestürzt sind, von Skiläufern, die spurlos verschwunden sind, von einer ihrer Schülerinnen, die »auf geschundenen Händen und Knien durch den Schnee kroch«.

Ihre erste Besteigung des Ben Macdui, des höchsten Gipfels der Cairngorms, hat Shepherd mit einem Führer unternommen, der in eine Trillerpfeife blies, sobald weißer Nebel aufkam. Auch ich bin mit einem Führer unterwegs, Sam, und mit einer Begleiterin namens Claire, die Multiple Sklerose hat und deren Bruder mit Anfang vierzig an derselben Krankheit gestorben ist. Ebenso wie ich möchte sie keine Angst mehr haben. Ebenso wie ich weiß sie, auf welche Weise eine Autoimmunkrankheit unser Verhältnis zu unserem Körper verändert. Sam hat uns eben dazu ermutigt, einen reißenden Bach zu überqueren. Zu unserer Überraschung sind wir mit zitternden Beinen und uneleganten Sprüngen sicher am anderen Ufer gelandet.

Wir schlagen unsere Zelte auf einem eintausendzweihundert Meter hohen Plateau auf, über uns schneebedeckte Gipfel. Zu beiden Seiten stürzen zwei Bäche in die Tiefe, die den Avon speisen, rauschen über riesige Felsblöcke, schäumen durch Schluchten und Felsspalten. Das Tosen des Wassers dröhnt mir in den Ohren. Der Wind nimmt zu, zerrt an unseren Zelten, bläst uns die Haare ins Gesicht. Sam sagt, laut Wetterbericht ist mit wolkenbruchartigem Regen zu rechnen, möglicherweise auch mit Sturm. Er überprüft noch einmal die Heringe, zurrt alle Seile fester und rät uns, unsere gesamte Kleidung anzulassen, auch die Regensachen.

Als wir gerade in unsere Zelte kriechen, hören wir das Rumpeln von Geröll. Ängstlich luge ich nach draußen. Auf einem breiten Felsvorsprung über uns grasen zehn Rentiere im Moos. Als sie uns bemerken, wenden sie sich ab und stieben über die Felsen davon.

Ich liege in meinem Schlafsack und kann mich in all den Kleiderschichten kaum bewegen. Es ist schon nach zehn, aber der Himmel schimmert gelb. Es beginnt zu regnen, erst sanft, dann immer heftiger, bis es sich anhört, als würden Hunderte kleine Füße auf meinem Zelt herumtrampeln. Das Zelt fühlt sich winzig und instabil an. Die Kälte dringt durch die Isomatte, in meinen Mikrofaserschlafsack, durch alle Schichten meiner wasserdichten Outdoor-Kleidung in meine Knochen. Ich schiebe mir meine Kopfhörer in die Ohren und lausche Tilda Swinton, die *Der lebende Berg* liest: »Die Menschheit ist mit Geräuschen übersättigt, doch hier oben wirkt diese nackte, diese elementare Wildheit, dieser winzig kleine Geräuschquerschnitt der Kräfte, die seit Äonen im Universum am Werk sind, eher erregend als niederschmetternd.« Dann verstummt Tilda plötzlich. Mein Smartphone hat den Geist aufgegeben, was häufig passiert, wenn es über längere Zeit großer Kälte ausgesetzt ist.

Bin ich freudig erregt? Nein, ich fühle mich unwohl, und bin total durchgefroren. Aber es fühlt sich nicht an wie die vertraute Schlaflosigkeit, die mich in London manchmal befällt. Ich fühle mich ... Ich komme nicht auf das richtige Wort. Dann, langsam, dämmert es mir. Hier an diesem kahlen und einsamen Ort, um mich herum ohrenbetäubendes Wasserrauschen und Windheulen, auf vereistem Boden fühle ich mich ... verändert, als würde ich eine Metamorphose durchleben.

Heutzutage sind Bequemlichkeit und Komfort für uns selbstverständlich. Wir beklagen uns, sobald es uns an Behaglichkeit und Sicherheit mangelt – und an »niederen Dingen«, wie Daphne du Maurier es einmal ausgedrückt hat. Aber womöglich hat gerade die Kargheit dem Leben unserer Vorfahren Form und Sinn verliehen. Womöglich hat der Fortschritt, der uns von Stille, Hunger, Kälte, Hitze und Dunkelheit befreit hat, uns einen wichtigen Teil unserer selbst genommen. Elektrizität, Zentralheizung, rund um die Uhr geöffnete Supermärkte, Tiefkühlschränke, Mikrowellen, Autos, Computer, Klimaanlagen, haben all diese Dinge unser Leben nicht auch ein bisschen oberflächlicher und langweiliger gemacht?

Zu meinen lebhaftesten Erinnerungen gehört das Schwimmen im eiskalten Meer, durchgefroren bis auf die Knochen, Hunger, der so groß ist, dass mich die Panik packt, undurchdringliche Dunkelheit, tiefe Stille, nur durchbrochen vom Gesang eines Vogels. In Schottland mache ich ähnliche Erfahrungen, die mich vage an eine nicht mehr greifbare Vergangenheit erinnern, zu der ich wie so viele andere auch die Verbindung verloren habe.

Ein bisschen Entbehrung tut dem Körper gut. Neuere Forschungsergebnisse deuten darauf hin, dass physiologischer Stress – Hitze, Kälte, Hunger, Erschöpfung – neue Wege eröffnet, das Immunsystem stärkt und das Gehirn schult. Anscheinend reagiert der Körper positiv auf kurze Notzeiten, er aktiviert Gene, die uns vor Krankheiten schützen: »ein bisschen Hitze, ein bisschen Kälte, ein bisschen Hunger, reichlich Bewegung, ein bisschen Sauerstoffmangel ... All das kann unser Immunsystem anregen.«[31]

Seltsam, aber alle Frauen in diesem Buch scheinen instinktiv gewusst zu haben, dass kurze Zeiten der Entbehrung weder ihrem Körper noch ihrem Gehirn schaden würden. Es ist, als hätten sie gewusst, dass wir manchmal nicht das tun müssen, was wir wollen, sondern das, was wir brauchen.

Niemand weiß, was Shepherd im Alter von dreiundachtzig Jahren dazu bewogen hat, *Der lebende Berg* zu veröffentlichen. Ihre Romane und ihr Gedichtband wurden schon seit Jahrzehnten nicht mehr aufgelegt. Aber kurz bevor sie das Manuskript an einen Verlag geschickt hat, war ein Zeitungsartikel über sie erschienen, der sie mit Sicherheit gewurmt und dazu gebracht hat, über ihre Sterblichkeit und ihr Vermächtnis nachzudenken. Über ihren Berg.

Der unter der reißerischen Schlagzeile »Geniale Autorin hat aufgegeben« erschienene Artikel begann mit den Worten: »Vor über vierzig Jahren galt Nan Shepherd als geniale Autorin ... Aber trotz aller Lobeshymnen hat Miss Shepherd seit dreißig Jahren kein nennenswertes Werk mehr veröffentlicht.«[32]

Es war nicht das erste Mal, dass über Shepherds vorzeitig abgebrochene Karriere als Schriftstellerin geschrieben wurde, aber es war das erste Mal, dass jemand behauptete, sie habe aufgegeben – und aufgeben riecht nach Faulheit, Apathie und Niederlage. Außerdem hatte Shepherd sich nicht gänzlich aus dem Geschäft des Schreibens zurückgezogen. Sie schrieb hin und wieder Artikel für Zeitungen und Zeitschriften, hatte einige neue Gedichte und eine Kurzgeschichte verfasst. Aber vor allem hatte sie *Der lebende Berg* geschrieben, eine atemberaubend radikale Lobeshymne auf ein Gebirge.

»Ich muss gestehen, dass es mir viel Freude bereitet hat, das Manuskript noch einmal zu lesen«, schrieb sie einer Freundin. In den Monaten nach Erscheinen des Zeitungsartikels verfasste sie ein neues Vorwort für ihr Buch und suchte sich einen neuen Verlag. Zehn Monate später, am 27. Oktober 1977, brachte der Verlag Aberdeen University Press das Buch mit einer Auflage von dreitausend Exemplaren heraus. In einem Artikel einer lokalen Tageszeitung wurde es als »exquisite Prosa«, als »kleines Meisterwerk« bezeichnet.

Danach gab es allerdings keine weiteren Buchbesprechungen mehr. Bei Shepherd zu Hause stapelten sich die Bücherkartons. Zehn Stück verschenkte sie an Freunde und Nachbarn. Als das Werk schließlich in einer überregionalen Zeitung besprochen wurde (»eine beeindruckende und liebevolle Analyse der Anziehungskraft von hoch gelegenen und einsamen Orten«, *The Guardian*), war Shepherd schon zwei Jahre tot.

Es sollte noch ein Vierteljahrhundert dauern, bis *Der lebende Berg* als Einzelband wieder aufgelegt wurde.[33] Aber 2008 war das Buch nur noch selten erhältlich und kurz davor, erneut in Vergessenheit zu geraten.

Inzwischen wird Shepherd die Anerkennung zuteil, die sie verdient, sie ist die erste Frau, außer der Königin, deren Konterfei einen schottischen Geldschein ziert. Sie – und *Der lebende Berg* – dienen immer wieder als Vorlage fürs Theater, als Inspiration für Kunstwerke, Retreats und zur Festlegung von Wanderrouten und sogar Gesundheitskampagnen. *Der lebende Berg* gilt als Meisterwerk (»das beste Buch, das je über die Natur und Landschaften Großbritanniens geschrieben wurde«)[34] und wurde in Dutzende Sprachen übersetzt. Shepherds Romane werden im Radio vorgelesen, ihre Gedichte neu aufgelegt. Tatsächlich ist eine weltweite Shepherd-Fangemeinde entstanden, die stetig wächst.

Aber warum hat das so lange gedauert?

Natürlich sind Frauen seit Jahrhunderten überall in Schottland zu Fuß unterwegs. Sarah Hazlitt zum Beispiel, die Ehefrau des berühmten Essayisten, Malers und Wanderers William Hazlitt ist 1822 mehrere Wochen lang durch Schottland gewandert, hat täglich zwischen dreißig und fünfzig Kilometer zurückgelegt und ihre Erfahrungen in einem Tagebuch festgehalten. Ebenso wie Shepherds Buch lag ihr Bericht siebzig Jahre lang in irgendeiner Schublade. Schließlich wurde er als Anhang in einem Buch ihres Exmannes veröffentlicht – allerdings nur als kleines Extra, als zusätzlicher Einblick in die großartige Gedankenwelt ihres Exmannes.

Von ihrem Mann nach Schottland geschickt, um die Scheidung zu organisieren, die sie nicht wollte (William hatte sich unsterblich in die neunzehnjährige Tochter seiner Londoner Vermieterin verliebt), hat Sarah die Zeit genutzt und sich als unabhängige, mutige Frau neu definiert. In ihrem Tagebuch beschreibt sie, wie sie »eine schmale Gebirgsbrücke ohne Geländer« überquert hat, die »über eine tiefe Schlucht führt, an deren Grund ein schäumender Bach über Felsen schießt«. Später berichtet sie von einem »rostigen Fußgängerüberweg, knapp einen Meter breit und ohne Geländer, den wohl kaum jemand ohne Ehrfurcht oder Angst überquert«. Sie hatte oft Angst und schreibt immer wieder von »heftigen Schweißausbrüchen«. Sie ist rutschige Felswände hinaufgeklettert, durch morastiges und unwegsames Gelände gestapft, durch Sumpfland gewatet und hat bei stürmischem Wetter »einsame Gegenden« durchquert.[35]

Normalerweise reisten Frauen aus Sarahs gesellschaftlicher Schicht in Kutschen und besuchten Städte. Aber die freie Natur Schottlands bot Sarah Anonymität und Distanz von ihrem Mann und ihrer Vergangenheit. Sie konnte Kräfte sammeln für ihr zukünftiges Leben als skandalumwitterte geschiedene Frau. In Schottlands Schluchten und Sümpfen erfand Sarah sich neu und wurde zu einer selbstbewussten, starken Frau, es war ein Befreiungsakt, dem sie mit ihrem einzigen bekannten schriftlichen Zeugnis Ausdruck verlieh: *Journal of my Trip to Scotland 1822.*

Von da an hat sie als unabhängige Frau gelebt, zunächst zusammen mit ihrem Sohn. Sie hat nie wieder geheiratet.

Während ich mich dem Gipfel des Ben Macdui nähere, Schottlands zweithöchstem Berg, spüre ich den Wind im Rücken, der mich hinauftreibt. Und zwar vor allem im unteren Rücken. Als würden mich zwei starke Handflächen vorwärtsschieben. Als ich gerade Sam fragen will, warum ich den Wind in erster Linie am unteren Rücken spüre, merke ich, dass das kein normaler Wind ist. Es sind – das sage ich mir jedenfalls – die Geister von Nan Shepherd, Sarah Hazlitt, von den vielen Bauersfrauen, die regelmäßig vierzig Kilometer durch die Berge gewandert sind, auf dem Kopf einen Korb mit Eiern, von Helen Walker, die barfuß von Schottland nach London gewandert ist, um dort um das Leben ihrer Schwester zu bitten. Es sind die starken Geister aller mutigen, vergessenen Frauen, auf deren Spuren ich wandere.

Als wir endlich die Hochebene des Ben Macdui erreichen – einen kahlen, einsamen Ort –, kommt plötzlich Nebel auf, hüllt uns ein, wälzt sich über die Felsen, nimmt uns jede Sicht. Ich frage mich, ob dieser Nebel auch die Geister einhüllt, die sich in meiner Fantasie breitgemacht haben. Als ich nach unten schaue, entdecke ich einen kleinen, dicken, schwarz-weißen Vogel, der auf seinen winzigen Füßen über die Felsen hüpft. Ich lache laut auf. Dass so ein wunderbares Geschöpf bis hierher geflogen ist und jetzt mit solcher Anmut für mich tanzt! Der Vogel – ein kleiner Federball – öffnet den Schnabel und fängt an zu singen. Und plötzlich wirkt der Berg viel freundlicher. Es ist eine Schneeammer. Shepherd hat viel Zeit in »einsamen, beinahe trostlosen Winkeln« in den Bergen verbracht, Schneeammern beobachtet und ihrem Gesang gelauscht, um über »ihre Zartheit und Schönheit nachzusinnen, die in der rauen, kargen Landschaft besonders hervorstechen«. Sie beschrieb die Erfahrung als »epikureisches Vergnügen«. Die Schneeammer steht heute unter Naturschutz, es gibt nur noch sechzig Brutpaare in Großbritannien, und sie leben alle in Schottland.

»Der Berg hat Ihnen dieses Erlebnis geschenkt«, sagt Sam und erinnert uns einmal mehr daran, dass der Berg uns so vieles schenkt: Luft für unsere Isomatten, Wasser, das wir trinken, Blaubeeren, die wir essen, Wildtiere, die wir beobachten.

Und der Berg schenkt uns noch etwas. Beim Abstieg horche ich angestrengt, in der Hoffnung, noch einmal den Gesang einer Schneeammer zu hören. Diesmal höre ich überhaupt nichts. Kein Wasserrieseln, kein Windrauschen. Kein Klackern von herabfallenden Felsbrocken, kein Knirschen von Schritten im Schnee. Sam und Claire sind vorausgegangen, und so erlebe ich die tiefste Stille meines Lebens. Die Stille schockiert mich, und ich lausche verzweifelt, um irgendetwas zu hören. In dem Moment kommen mir Shepherds Worte in den Sinn: »Das Ohr der Stille zu neigen, bedeutet zu entdecken, wie selten es sie gibt... Lauscht man ihr, lässt man die Zeit hinter sich... Sie ist wie ein neues Element.«

Ich lasse die Stille in meine Ohren dringen, spüre, wie sie sich in meinem Kopf ausbreitet, wie sie von meinem Gehirn durch meinen Körper wandert. Es ist, als würde ich mich in sie hinein ergießen, sodass ich ein paar Sekunden niemand und nirgendwo bin.

Sam ruft nach mir. Wie aus einer Trance herausgerissen, sehe ich plötzlich vor mir den felsigen steilen Pfad, vernehme, wie sich meine Wanderstäbe knirschend in das Geröll bohren. Wann habe ich zuletzt eine solche Stille gehört? Seit Jahren erfüllt der Lärm Londons meinen Kopf, er ist ein Teil von mir, den ich nicht abschütteln und dem ich nicht entkommen kann.

Der Lärm der heutigen Zeit beeinflusst mehr als nur unsere Stimmungen. Laut Expertenmeinung bringt uns der Lärm der Städte um. An einem normalen Tag in London höre ich: einen Presslufthammer, Flugzeuge, Polizeisirenen, Krankenwagen und Feuerwehr, Alarmanlagen von Autos, das Rauschen des Straßenverkehrs. Im Haus piept die Waschmaschine, dröhnt der Ventilator im Bad, quietscht die Kühlschranktür, wenn sie nicht richtig geschlossen ist.

Lärm ist für uns selbstverständlich geworden, und wir sind optimistisch und glauben, dass wir uns an ihn gewöhnt haben.

Aber immer mehr Anzeichen legen nahe, dass der Lärm des modernen Lebens eine Gefahr für unsere körperliche und mentale Gesundheit darstellt. Dauerlärm wird in Verbindung gebracht mit Hörschäden, Schlafstörungen, Stress, Beeinträchtigung der Lernfähigkeit, Herzproblemen, Fettleibigkeit, Tinnitus und Diabetes.

Selbst Geräusche, an die wir uns gewöhnt haben und die wir nicht mehr wahrnehmen, wirken sich auf uns aus. Laut Aussage eines Experten beeinflussen sie unseren Puls, unseren Herzschlag, unseren Blutdruck. Nachts, wenn wir schlafen, dringen Geräusche in unsere Ohren und in unser Gehirn. Auch wenn sie uns nicht wecken, beschleunigen sie unseren Herzschlag, erhöhen unseren Blutdruck, stören unseren Kreislauf und unseren Schlaf.[36]

In den nächsten Tagen lausche ich bei jeder Gelegenheit auf die Stille. Während ich mich immer mehr daran gewöhne, stelle ich fest, dass ich umso mehr höre, je größer die Stille ist. Winzige Geräusche erstehen in der Stille, Geräusche, die ich normalerweise nie hören würde, Geräusche, die mir bewusst machen, dass ich nie allein bin.

Ich höre leises Wasserplätschern aus dem Innern der Erde. Ich höre einen Zweig knacken, trockenes Laub rascheln, den leisesten Windhauch, sanften Nieselregen, den Flügelschlag einer einzelnen Mücke. Wenn man in die Stille horcht, wird jedes Geräusch verstärkt, sodass sogar die stillsten Stellen vor Leben pulsieren – man hört Insekten, Bäume, das Wetter, Vögel und unterirdische Wasserläufe.

Nur oben auf dem Plateau und nur wenn kein Wind weht, herrscht absolute Stille. Nach einer Weile macht mich die Stille, ihre hallende Leere unruhig. Und genauso erging es Shepherd. »Diese schreckliche Stille,« schrieb sie, »die unsere Seele aufnimmt wie die Luft Rauch aufnimmt.«[37]

Sosehr sie die Höhe liebte, so empfand sie doch die Einsamkeit der Hochebene als bedrückend.

Mir scheint, dass nichts so befreiend ist wie eine lange Wanderung. Losziehen, alle Habseligkeiten auf dem Rücken, ohne Auto, Fahrrad oder Pferd ... Aber das Wandern führt uns sogar über die Freiheit hinaus. Aufgrund des »Langzeitrhythmus« des Gehens durchlaufen wir einen Prozess der Selbsterkenntnis und gelangen in einen meditativen Zustand, in dem wir ein ganz anderer Mensch sind. »Stunden des stetigen Wanderns ... Stunde um Stunde« halfen Shepherd zu erkennen, »was es heißt zu sein«.

Was macht das stundenlange Gehen mit einem? Auch hier legen Forschungsergebnisse nahe, dass Shepherd instinktiv wusste, was der Körper braucht. Der Mensch ist ein Geschöpf der Ausdauer. Unser Körper mit seinen Muskeln, Sehnen und Gelenken ist dazu geschaffen, stundenlang, tagein, tagaus zu wandern. Das menschliche Herz, so Experten, »hat sich entwickelt, um Tätigkeiten ausüben zu können, die große Ausdauer erfordern.«[38] Sesshafte Menschen haben ein kleineres Herz mit dickeren Wänden, das nicht mehr in der Lage ist, über einen langen Zeitraum hinweg große Mengen Blut durch die Adern zu pumpen. Aber indem wir Ausdaueraktivitäten betreiben wie das Wandern, können wir unser Herz wieder stärken.

Schließlich war das Leben unserer Vorfahren vom Wandern bestimmt. Paläontologen vermuten, dass wir die Savannen Afrikas vor neunzigtausend bis zu einer Million Jahren verlassen haben und durch den Großen Afrikanischen Grabenbruch gewandert sind, bis wir die Levante erreichten. Viele von uns sind weitergewandert, nach Asien, Australasien, Europa und Amerika. Weiter und weiter sind wir gewandert, immer zu Fuß, immer beladen mit Säuglingen, Kochtöpfen, Tierhäuten und den wenigen Habseligkeiten, die wir brauchten, um ein Lager aufzuschlagen, um zu überleben. Als Jäger und Sammler waren wir vielleicht nicht schnell genug, um einen Hirsch einzuholen, aber wir konnten ihn tagelang verfolgen – bis er vor Erschöpfung tot umfiel. Diese Fähigkeit zur Ausdauer stellte das Kennzeichen unserer urzeitlichen Vorfahren dar. Deshalb sind Sarah Hazlitt und Nan Shepherd fünfzig Kilometer pro Tag gelaufen (weshalb Sie und ich das auch können).

Aber auch wenn man auf der Flucht ist, geht man stundenlang. Dann hören wir auf, Menschen zu sein, und immer mehr von uns geht uns verloren. Mit jedem Kilometer werfen wir ein bisschen von uns ab – Verantwortlichkeiten und Pflichten sind vergessen, unsere Identität löst sich auf, Vergangenheit und Zukunft verblassen. Selbst unser Name verliert seine Bedeutung. Wir sind nicht mehr und nicht weniger als ein gehender Körper mit Blasen an den Füßen, knurrendem Magen und vor Durst trockener Zunge.

Nur unsere Zehennägel haben etwas gegen lange Wanderungen. Deswegen haben sich meine auch violett verfärbt und sind nach drei Monaten Wandern im Himalaja abgefallen. Deswegen lassen sich professionelle Langstreckenwanderer die Zehennägel chirurgisch entfernen.

Unter Shepherds jugendlichem Gesicht auf der schottischen Fünf-Pfund-Note steht eine Zeile aus ihrem autobiografischen

Roman *The Quarry Wood*: »Es ist großartig, die Erlaubnis zu leben zu bekommen.«

Was für ein merkwürdiger Satz. Als bräuchte man zum Leben eine Erlaubnis, eine Billigung.

In gewisser Weise ist das tatsächlich so. Wir müssen uns selbst die Erlaubnis geben. Eine Erlaubnis, die zu erteilen, unerklärlich schwierig ist.

An unserem letzten Tag in den Bergen sagt Claire zu mir: »Ich dachte, Gott wäre tot. Ich dachte, auch mein Körper würde sterben. Aber Gott ist hier.« Sie macht eine ausladende Geste, am Horizont schimmert die Sonne matt durch eine dicke weiße Wolke, und schlägt sich mit der Faust auf die Brust. »Mein kranker Körper ist stärker, als ich dachte.« Dann wirft sie mir ihre Wanderstöcke zu und rennt wie ein Berghase über das Heidekraut.

Später, als wir unsere Zelte einpacken, sagt Claire, wie Shepherd würde sie diesen Ort gern zu ihrem machen. Sie wohne nicht weit weg, könne also jedes Wochenende zum Wandern herkommen, aber ohne Auto sei das nicht möglich. Ich habe die Briefe gelesen, die Shepherd und ihre Freunde sich geschrieben haben – sie sind damals die achtzig Kilometer mit dem Bus gefahren, häufig an einem Freitag erst mitten in der Nacht angekommen, und sind, nachdem sie das ganze Wochenende gewandert waren, am Sonntag wieder mit dem Bus nach Aberdeen zurückgefahren. Shepherd ist gar nicht auf die Idee gekommen, den Führerschein zu machen.

»Warum sollen das nur Leute mit Auto machen können?«, fragt Claire. Ich habe Stunden vergeblich über Bus- und Zugfahrplänen gebrütet und kann ihr die Frage nicht beantworten.

»Wenn ich wüsste, wie ich hierherkomme, würde das hier

mein Lieblingsort«, sagt Claire so leise, dass ich sie kaum verstehen kann. »Meine Lieblingslandschaft ...«

Wir alle haben unsere Lieblingslandschaft, Lieblingsorte, wo wir wohnen, wo wir Urlaub machen, wo wir wandern. Aber viele haben Landschaften, die sich ungebeten in ihnen festgesetzt haben – wie zum Beispiel mein saftiges, grünes, walisisches Tal, mein *cwm*. Bei Shepherd waren ihre Lieblingslandschaft und die Landschaft, die sich ungebeten in ihr festgesetzt hatte, identisch, und darum beneide ich sie. Denn wenn wir eine Landschaft in- und auswendig kennen, gibt uns das ein Gefühl der Verbundenheit, ein Gefühl des Verwurzeltseins, der Zugehörigkeit.

Shepherd war tief und fest verwurzelt, auf eine Weise, die uns heute ziemlich altmodisch erscheint. Heute sind so viele Menschen entwurzelt – sie werden ins Exil gezwungen, von großen Konzernen in anonyme Städte entsandt oder entscheiden sich aus freien Stücken für ein nomadisches Leben. Als Frieda von Richthofen in ihren Memoiren schrieb, dass das »Einrichten und Ausräumen von Wohnungen ... befreiend ist, man ist so losgelöst, frei von Verantwortung«, sprach sie für nachfolgende Generationen, die bei der Erforschung von neuen Landschaften und Kulturen diesen unglaublich belebenden Nervenkitzel empfanden. Für Frieda und Lawrence bedeutete das Nomadentum ein erfülltes Leben. Andere, wie Gwen John, kappten die Verbindung zu ihrem Geburtsort nicht zum Vergnügen, sondern aus Lebensnotwendigkeit.

Heute bewegen sich unzählige Reisende kreuz und quer über den Globus, geleitet von Google Maps und begleitet von Instagram, bewaffnet mit Löffellisten und Smartphones. Es ist ein Phänomen, das nichts mehr mit Lebensnotwendigkeit zu tun hat, und es hat einen starken Beigeschmack von Abgekoppeltsein und Unzufriedenheit. Wenn ich Shepherds Buch lese, frage ich mich, ob es an der Zeit ist, die Disziplin und die Pflichten zu akzeptieren, die es mit sich bringt, wenn man in einer Gemeinde und in einer bestimmten Landschaft lebt und einem beides etwas bedeutet.

Was für eine komplizierte Frage. Denn waren unsere wandernden Vorfahren nicht Nomaden und nicht ständig auf der Jagd nach Sonnenlicht, Wärme, Wasser, wilden Tieren? Kann es nicht sein, dass unser Bedürfnis nach ständiger Veränderung, nach neuen Landschaften in unsere Gene eingeschrieben ist?

Shepherd ist der Gegenpol zu all dem rastlosen Reisen, zu all den Frauen in diesem Buch, die in der Ferne Freiheit, Erfüllung und Autonomie gefunden haben. Nan Shepherd hatte alles, was sie brauchte, nicht weiter als achtzig Kilometer von dem Haus entfernt gefunden, in dem sie ihr Leben lang gewohnt hat. Als sie zu schwach zum Wandern geworden war, erfreute sie sich an der Aussicht aus ihrem Fenster. »Ich erfreue mich immer noch an der Weite und der Ferne und dem Himmel«, schrieb sie einer Freundin.

Shepherd hat sich nicht von ihrer Vergangenheit abgenabelt. Erst elf Monate vor ihrem Tod hat sie ihr Zimmer verlassen und ist in ein Seniorenheim gezogen. Dort schrieb sie mit erstaunlichem Optimismus: »Es ist alles wunderbar, es könnte nicht besser sein.«[39]

6

AUF DER SUCHE NACH DEM KÖRPER: SIMONE DE BEAUVOIR

*Frankreich. Wälder. Angst. Sinnlichkeit.
Körperlichkeit. Die Wahrnehmung der Welt
über den Körper.*

»*Gestern war ich wieder unterwegs, und es war die
großartigste Wanderung ... Mich allein und still in einer
einsamen und stillen Landschaft zu bewegen, berührt
mich zutiefst.*«
Simone de Beauvoir, Brief an Nelson Algren, 1947

Einen Rucksack zu packen, hat etwas Merkwürdiges. Es ist ein Akt der Askese, der zugleich befreit und frustriert. Damit ein Gegenstand einen Platz in meinem Rucksack findet, muss er in irgendeiner Weise lebenswichtig sein. Ich begrenze das Gesamtgewicht auf zwölf Kilo, damit alles Unnötige aussortiert wird. Ich verfolge den Wetterbericht, reiße Buchdeckel ab, packe Sachen – Farben, Kameralinsen, Walnüsse – ein und wieder aus. Jedes Mal, wenn ich einen Gegenstand aussortiere, fühle ich mich zuerst gestresst und gleich darauf erleichtert. Das geht so weit, dass ich mich, wenn ich mir den Rucksack auf den Rücken hieve, regelrecht schwerelos fühle. Von Last befreit. Frei. Auf das Wesentliche reduziert.

Ich habe gelernt, meine Sachen unterwegs zu waschen: Ich wasche sie in der Dusche und hänge sie an meinen Rucksack, dann können sie trocknen, während ich wandere. Ich habe gelernt wie Gwen John, im Miniaturstil zu zeichnen. Und auch die moderne Technik hat den Rucksack wesentlich leichter gemacht: Karten, Bücher, Kompass, Taschenlampe, Kamera, alles ist in einem Gerät untergebracht, das nicht viel größer ist als meine Handfläche. Dennoch bleibt es eine Übung in Selbsterkenntnis. Einen Rucksack zu packen, heißt, sich selbst kennenzulernen.

Simone de Beauvoirs Rucksack enthielt immer eine Kerze, einen Wecker, den Guide Bleu, eine Michelin-Karte und eine mit Rotwein gefüllte Feldflasche mit Filzmantel. Die Feldflasche war ein Fortschritt im Vergleich zu dem Weidenkorb, den sie nach ihrer Ankunft in Marseille im Jahr 1931 auf ihren ersten Wanderungen dabeihatte. Da war sie einundzwanzig und endlich aus ihrem Elternhaus ausgezogen. Umgeben von den Bergen, Tälern und Klippen der Provence entwickelte sie ihre Leidenschaft für einsame Wanderungen und die Zwiesprache mit der Natur. »Ich empfand eine Zufriedenheit, wie ich sie in all der Hektik und dem Trubel in Paris nie empfunden hatte«, schrieb sie in ihren Memoiren.[1]

Aber merkwürdigerweise stellt niemand sich Beauvoir als junge Frau vor, die mit einem Rucksack allein durch die Landschaft wandert. Wenn wir an sie denken, sehen wir sie rauchend in einem Pariser Café sitzen, eine Perlenkette um den Hals, einen modischen Turban auf dem Kopf, neben sich Jean-Paul Sartre, der philosophische Vorträge hält.

Aber das ist nicht meine Simone de Beauvoir. Meine Beauvoir – die Frau, die ich in ihren Briefen, Memoiren, Tagebüchern und Büchern entdecke, die Frau, auf deren Spuren ich wandere – ist eine beeindruckende, mutige, häufig verwegene Wanderin. Eine Frau, die hügelige Landschaften, Wälder und Berge liebt. Eine Frau, die genauso kühn und radikal wandert, wie sie denkt. Eine Frau, die uns zeigt, dass das Wandern in freier Natur uns wieder mit unserem Körper verbinden kann. Eine Frau, die nichts mit Jean-Paul Sartre zu tun hat.

Trotzdem war Simone de Beauvoir, so, wie man sie kennt, vor allem eine typische Pariserin. Sie liebte ihre Geburtsstadt – die Bibliotheken, Buchläden, Cafés, Jazzclubs und Aprikosencocktails. Sie hat ihr Leben lang in Paris gewohnt und ist nur wenige Schritte von dem Ort entfernt gestorben, an dem sie geboren und aufgewachsen war. Aber wie so viele andere auch brauchte sie sowohl das Urbane als auch die Natur in ihrem zweigeteilten Leben.

Nach dreißig Jahren in London kann ich Beauvoirs Bedürfnis nachvollziehen. Je länger ich in der Großstadt wohne, desto mehr liebe ich die freie Natur. Und je mehr Zeit ich in der Natur verbringe, desto mehr liebe ich die Stadt. Der starke Kontrast erfordert einen Balanceakt, den Beauvoir souverän meisterte. Die Pariserin Beauvoir ist sehr bekannt und leicht wiederzuerkennen – es ist diejenige, die an kleinen Marmortischen in Cafés sitzt, einen Stift in der einen, ein Glas Whiskey in der anderen Hand. Aber die Beauvoir, die mich neugierig macht und fasziniert, wurde fast nie fotografiert (es existiert nur ein ziemlich körniges Foto von ihr beim Wandern), über sie wurde und wird kaum je gesprochen. In der Wanderliteratur wird sie überhaupt nicht erwähnt. In Anthologien zum Thema Natur wird sie nie zitiert. Selbst in einem kürzlich erschienenen Werk eines französischen Philosophen über wandernde Philosophen kommt sie nicht vor.[2] Stattdessen lesen wir allerorten über die üblichen Verdächtigen Rousseau, Nietzsche, Kant etc. und von den bemerkenswerten Resultaten, die das Wandern hervorgebracht hat: Rousseau, Thoreau und Nietzsche hatten beim Wandern erstaunliche Geistesblitze, Wordsworth und Coleridge ersannen beim Wandern geniale Poesie.

Beauvoir hat nie behauptet, dass auf ihren Wanderungen Gott weiß was passiert wäre. »Ich denke nicht viel nach, ich bin einfach nur glücklich«, schrieb sie nach einer langen Bergwanderung an Sartre. Unterwegs in den italienischen Alpen berichtete sie, sie habe »nicht einen konkreten Gedanken im Kopf gehabt, nur die Blumen und Tiere und steinigen Pfade und den weiten Horizont genossen, und mich gefreut, zwei Beine und eine Lunge und einen Bauch zu haben«.

Ich finde, Glück und Freude zu empfinden, ist Grund genug, wandern zu gehen. Und als ich mit meinen Recherchen begann, war ich davon überzeugt, dass Beauvoir allein aus diesem Grund gewandert ist – um ihren rastlosen Gedanken Ruhe zu gönnen, um sich von den metaphysischen Ängsten abzulenken, die sie zu überwältigen drohten.

Aber am Ende meiner Recherchen bin ich zu einem ganz anderen Schluss gekommen. Die Gründe für ihr Wandern waren wesentlich komplizierter und vielfältiger, als ich es mir je hätte träumen lassen.

Als sie nach Marseille kam, wo es unendlich viele Wanderwege gibt, hatte sie eine heftige emotionale Krise hinter sich. »Mein Leben lang werde ich diese Zeit nicht vergessen, meine Angst, ich könnte alle meine jugendlichen Ideale verraten«, schrieb sie dreißig Jahre später.[3] Sie war getrieben von unkontrollierbarem Verlangen, unsicher, wer sie war, unfähig zu schreiben, unsterblich verliebt in den Weiberhelden Sartre, von dessen Einfluss sie sich zugleich unbedingt befreien wollte – und sie musste sich neu sortieren. »Ich möchte wieder lernen, allein zu sein«, vertraute sie ihrem Tagebuch an.[4]

Ihre neu entdeckte Unabhängigkeit in einer Stadt, wo niemand sie kannte, bot ihr die Zeit und den Raum, zu reisen, zu wandern und ihr Leben zu vereinfachen – allein. Beim Reisen, das hatte sie erkannt, konnte sie sich verlieren: »Augenblicklich verschwanden Vergangenheit und Zukunft, und zurück blieb nur eine wunderbare Gegenwart.« Aber erst das Wandern in den Hügeln und den Calanques rund um Marseille gab ihrem Leben eine neue Wendung. Beauvoir wanderte gegen ihre emotionale, hormonelle und metaphysische Verwirrung an, bewältigte ihre tiefe Krise und trieb sich ihr sexuelles Verlangen aus, dessen Heftigkeit sie verstört hatte.

Jeden Donnerstag und jeden Sonntag ist sie im Morgengrauen aufgebrochen und erst nach Einbruch der Dunkelheit wieder zurückgekehrt. In einem alten Kleid und mit nichts als einem Paar Espadrilles an den Füßen, über dem Arm einen Korb mit Brötchen und Bananen, ist sie auf jeden Berg gestiegen, hat jede Schlucht durchquert und jede felsige Bucht erkundet. Sie hatte keine Lust auf die »klassische Ausrüstung: Rucksack, Nagelschuhe, Lodenrock und -umhang«. Sie hatte keine Lust, ihre Kollegen zu begleiten oder sich einem Wanderverein anzuschließen. Sie ist allein gewandert, durch dichten Nebel und über einsame Bergrücken, hat sich gegen den tückischen Mistral gestemmt, strömendem Regen und sengender Hitze getrotzt. »Anfangs ließ ich es bei einem Marsch von fünf bis sechs Stunden bewenden. Später stellte ich Touren von neun oder zehn Stunden zusammen. Manchmal schaffte ich vierzig Kilometer.«[5]

Sie hat sich selbst das Kartenlesen beigebracht und ihre Wanderungen mit militärischer Präzision geplant. Ihre Wanderungen wurden zu »Expeditionen«, und jede einzelne wurde »zu einem Kunstwerk«.[6]

In ihren Memoiren widmet Beauvoir diesen »fanatischen Wanderungen« viele Seiten und berichtet, dass sie sie »vor Langeweile, Reue und allen möglichen Depressionen« bewahrten. An anderer Stelle schreibt sie, dass die Zeit in der freien Natur sie »mit mir selbst vertrauter« machte. Und in einem Brief an Sartre verteidigt sie ihre langen Wanderungen als »so gesund – all die frische Luft und die körperliche Anstrengung«.

Als Kind hatte Beauvoir lange, sorglose Ferien bei ihren Großeltern auf dem Land verbracht. Dort hatte sie alles, was ihr in Paris fehlte: Freiheit, Ungestörtheit, Weite und Natur. Als sie dreizehn war, nahm ihre »Liebe zum Lande mystische Ausmaße an«, die ihre Welt grundlegend erweiterte: »Ich war nicht mehr ein leeres Bewusstsein, ein abstrakter Blick, sondern das Wogen der Buchweizenähren, der intime Duft des Heidekrauts, die dichte Wärme des Mittags und das leise Schauern der Dämmerung; ich wog schwer, und dennoch verflüchtigte ich mich im Himmelblau, ich hatte keine Grenzen.«[7]

Sie lag stundenlang im Heidekraut und betrachtete »die blaue Wellenlinie der Monédieres«, der Bergkette hinter dem Haus ihrer Großeltern. Hier »verspürte ich ... die Gegenwart Gottes... Und je mehr ich mich an den Boden heftete, desto näher kam ich ihm.«[8]

Als Kind durfte sie in der Wohnung der Familie, die weder über einen Balkon noch eine Toilette verfügte, weder laufen noch springen. Das Zimmer, das sie sich mit ihrer Schwester teilte, war so klein, dass die Mädchen nicht gleichzeitig zwischen den Betten stehen konnten. Unter dem stechenden Blick ihrer streng katholischen Mutter fristete ihr »jämmerliches Gerippe« zunehmend ein Dasein im Sitzen, und sie vergrub sich immer tiefer in ihre Bücher. Sie entwickelte ein besorgniserregendes, unkontrolliertes Zucken im Gesicht, während sich auf ihrem linkischen Körper Pickel und Rötungen bildeten.[9] Ihr Vater bezeichnete sie als »hässlich«, eine Erinnerung, die sie später in ihren Interviews und Schriften immer wieder erwähnte, als könnte sie sie durch das ständige Benennen irgendwann tilgen.

Die finanziellen Rücklagen von Beauvoirs Eltern waren mit der Zeit erschöpft. »Ihr Mädchen werdet fleißig sein und euer Leben lang arbeiten müssen«, erklärte Beauvoirs Vater, nachdem er ihnen eröffnet hatte, dass es keine Mitgift für sie geben werde, weswegen sie vermutlich auch keinen Ehemann finden würden. Beauvoir berichtet, dass ihre Eltern ihr Leben lang alles daransetzten, ihre missliche Lage, die sie als demütigend empfanden, vor ihrer Umwelt zu verbergen.

Beauvoir besuchte eine katholische Mädchenschule; sie war eine hervorragende Schülerin, hatte jedoch keine Freundinnen und wurde wegen ihrer ärmlichen, schlecht sitzenden Kleidung gehänselt. Zu Hause stand sie unter Überwachung. Ihre Mutter öffnete ihre Post, lauschte an ihrer Tür und zensierte ihre Lektüre. Allein Beauvoirs Berichte über das erdrückende Klima in ihrem Elternhaus geben mir das Gefühl, als würde mir ein schwerer Felsbrocken auf der Brust die Luft zum Atmen rauben.

Dass Beauvoir »eine große Sehnsucht nach Freiheit« entwickelte, ist kaum verwunderlich. Und auch nicht, dass die Vorstellung von »Freiheit und körperlicher Lust« sie faszinierte und sie ihr Leben dem Kampf für Freiheit widmete.[10] Beim Wandern fühlte sie sich zweifellos am freisten – weswegen es eine so wichtige Rolle in ihrem Leben spielte.

In den zwei Jahren, bevor Beauvoir das Wandern für sich entdeckte, hatte ihr Leben eine entscheidende Wendung genommen. Sie hatte sich auf eine wilde Liebesbeziehung mit Jean-Paul Sartre eingelassen, »dem Genie, das mir die Welt eröffnet hat«, das ihr Leben »auf den Kopf stellte«. Es war für beide eine leidenschaftliche Beziehung, sowohl auf sexueller als auch auf intellektueller Ebene. In Beauvoirs autobiografischem Roman *Sie kam und blieb* sagt Françoise (Beauvoirs Alter Ego): »Wir waren wirklich eins … Er war genauso Teil (meines) Lebens wie Teil seines eigenen Lebens … Es gab im Grunde nur ein Leben, eine Wesenheit, die nicht er und nicht ich war, sondern wir … Weder Zeit noch Entfernung konnte uns voneinander trennen.« So war es vermutlich auch im wirklichen Leben.

Leider war Sartre in sexueller Hinsicht unersättlich und permanent hinter jungen Frauen her. Er schlug Beauvoir eine offene Beziehung vor – als Existenzialist wertete er Ehrlichkeit höher als Treue. Begeistert von dem Affront gegen bürgerliche Werte, den ihr »Pakt« darstellte, erklärte Beauvoir sich einverstanden – ohne zu ahnen, was dieser Pakt von ihr verlangen würde (jahrelang schrieb er ihr Briefe, in denen er in drastischen Worten von seinen Affären berichtete, und erwartete von ihr, dass sie ihm ihre Studentinnen zuführte), und wie viel emotionales Leid – Seelenqualen, Eifersucht, Angst – ihr Sartres Promiskuität verursachen würde.

Als wäre das nicht genug, sah sich Beauvoir mit Entsetzen auch noch ihrem eigenen gnadenlosen sexuellen Verlangen ausgeliefert. Seitdem sie Sartre »freudig und bereitwillig« ihre Jungfräulichkeit »geopfert« hatte, setzten ihr ihre eigenen körperlichen Bedürfnisse zu, die ihr »echten Schmerz«, »Tortur« und »Qualen« bereiteten. Sie schämte sich fürchterlich, fühlte sich abgestoßen von ihren »körperlichen Gelüsten«, die dazu führten, dass sie wahllos auf jeden Mann scharf war. Schon die zufällige Berührung durch eine anonyme Hand im Bus löste eine Begierde in ihr aus, die sie nicht kontrollieren konnte.

Anfangs betrachtete sie ihre Gefühle und Gelüste als Schwächen, die sie mit ihrem Willen zu unterdrücken versuchte. Doch alle ihre Versuche scheiterten. Ihre Biografin Deirde Bair schreibt, dass Beauvoir immer wieder mit den Nerven dermaßen am Ende war, dass sie sich sinnlos betrank,[11] bis sie nur noch ein Häufchen Elend war. Sie liebte Sartre bedingungslos, die Eifersucht, die sie zeitweise im Griff hatte, war, so sagte sie einmal, »das unangenehmste Gefühl, das ich je hatte«.[12]

Während sie gleichzeitig mit ihrer Eifersucht und ihren unerfüllten Gelüsten kämpfte, waren die Wanderungen, die sie zweimal pro Woche unternahm, ihre Rettung: »Ich ... bezwang meinen rebellischen Körper und war zumindest körperlich wieder mit mir im Reinen«,[13] erklärte sie.

Ihr Alter Ego Françoise in *Sie kam und blieb* erlebt etwas Ähnliches auf ihren Wanderungen über »ausgetrocknete Wege und schattige Höhen«, wo ihr bewusst wird, dass »es auch andere Dinge gab, die man lieben konnte ... schneebedeckte Gipfel, sonnenbeschienene Kiefern«. In den Bergen und Wäldern findet Françoise Schlichtheit, Klarheit und Freude – alles das, was Sartre Beauvoir genommen hatte.[14]

An meinem ersten Tag in den Calanques klettere ich eine Stunde lang in ausgetrockneten Flussbetten herum und schaue in türkisblaues Wasser, das so klar ist, dass ich die Steine am Grund sehen kann. Auf schmalen Sandstreifen liegen Menschen mit eingeölten Körpern, die die letzten Sonnenstrahlen des Jahres genießen.

Auf dem Wanderweg sind unglaublich viele Leute unterwegs, und irgendwann bin ich es leid, im Gänsemarsch zu gehen. Ich begebe mich also landeinwärts ins karge Waldgebiet, wo es sich mehr nach Beauvoir anfühlt, nicht nur, weil ich hier allein bin, sondern auch, weil sie immer wieder betont hat, wie sehr sie Wälder und Bäume liebte. In ihren Memoiren beschreibt sie, wie sie »Tag für Tag ... stundenlang reglos am Fuß eines Baums« stehen konnte. »Bäume«, schrieb sie, brachten sie dazu, dass sie sich »einzigartig und ... gebraucht« fühlte.[15] Viel später, 1947, reiste Beauvoir nach mehreren schlimmen Angstattacken nach Skandinavien und wanderte in den Wäldern, die sie gesunden und wiederaufleben ließen.

Aber an den Bäumen halte ich mich nicht lange auf, denn ich habe etwas über Beauvoir gelesen, das mich beschäftigt. Im Sportunterricht in der Schule war sie immer die Letzte, die in eine Mannschaft gewählt wurde, und sie empfand sich selbst als sehr unsportlich. »Mein Körper war zu nichts zu gebrauchen«, schrieb sie in Erinnerung an ihre Verzweiflung. »Ich konnte nicht einmal schwimmen oder Rad fahren.«[16] Als ich das lese, fällt mir ein, dass mir etwas ähnlich unangenehme Gefühle bereitet hat. Ich hatte es längst vergessen, aber jetzt sehe ich es wieder so lebhaft vor mir, als wäre es gestern geschehen.

Nachdem wir aus unserem walisischen Dorf in eine englische Kleinstadt gezogen waren, kam ich dort in eine höhere Schule.

Ich hatte noch nie Netzball oder Hockey gespielt, hatte noch nie einen Ball mit dem Fuß getreten oder mit einem Schläger geschlagen oder geworfen. Ich konnte weder schwimmen noch Rad fahren. In meiner ersten Sportstunde an der neuen Schule drückte man mir einen Tennisschläger in die Hand. Ich fuchtelte unbeholfen mit dem Ding herum, drehte das Handgelenk hin und her, versuchte, ein paar Schläge in der Luft zu machen. Der Schläger machte, was er wollte. Ein Ball wurde mir zugeworfen, und ich versuchte, ihn mit dem Schläger zu erwischen. Mit dem Ergebnis, dass Ball und Schläger quer über den Tennisplatz schlitterten. Die anderen Mädchen sprangen zur Seite, und Miss Monn, die Sportlehrerin, blies wütend in ihre Trillerpfeife. Dann wies sie die anderen Mädchen an, einen Kreis um mich herum zu bilden, und befahl mir, »einen Aufschlag zu machen«. Beschämt und verwirrt holte ich aus und schlug den Ball, der außerhalb des Feldes landete. Ein paar Mädchen kicherten. Der Schläger fühlte sich ungewohnt und schwer an, aber aus irgendeinem Grund machte ich weiter. Bis Miss Monn mich mit vor Wut rot angelaufenem Gesicht anschrie: »So schlägt man einen Ball nicht auf!«

So ging das über Jahre. Ich diente immer als Beispiel, wie man einen Ball nicht fangen, nicht werfen, wie man nicht ausweichen sollte. Immer wieder bekam ich von Sportlehrern gesagt, ich sei hoffnungslos ungeschickt. Niemand wollte mich in der Mannschaft haben. Nur meine Freundin Tamara stand jeden Mittwoch neben mir im kümmerlichen Häufchen der hoffnungslosen Fälle. Später bekam Tamara ein Stipendium für die Oxford University. Beauvoir trotzte ihrer beschämenden Unsportlichkeit auf die gleiche Weise, indem sie eine Leseratte und später eine anerkannte Wissenschaftlerin wurde.

Aber es gibt immer nur eine Klassenbeste, und in meinem Fall war das Tamara (zu Recht). Also dachte ich mir eine Strategie aus, damit ich der Schande entgehen konnte: Jedes Mal, wenn wir Sportunterricht hatten, habe ich mich auf der Jungentoilette versteckt und geraucht. Ich wurde erwischt, habe es wieder gemacht und musste zur Strafe stundenlang vor dem Büro des Direktors stehen. Irgendwann habe ich angefangen, ganze Tage einfach zu schwänzen und so zu tun, als wäre ich zu cool für die Schule. Die Demütigung hatte mich mit rebellischer Wut erfüllt, aber als Klassenrevoluzzerin konnte ich mir immerhin ein bisschen Selbstachtung bewahren.

Dass man mich ausgerechnet während der Pubertät als linkisch und unsportlich brandmarkte, hat mein Verhältnis zu meinem Körper stark verändert. Durch unseren Körper erleben wir die Welt: Seit jener Zeit hatte ich das Gefühl, dass meine Kontrolle über das Leben dürftig und zerbrechlich war, dass ich nie ganz unabhängig sein würde. Es schien, als hätte mein eigener Körper mich verraten.

Mit Anfang zwanzig begann ich mit dem Wandern – im selben Alter wie Beauvoir –, was sich als unglaublich positive Erfahrung entpuppte. Dadurch konnte ich mich mit meinem Körper versöhnen, für den ich mich viel zu lange geschämt hatte. Plötzlich hatte ich eine größere Ausdauer als andere. Meine Beine waren nicht länger dünn und unzuverlässig. Sie wurden zu kraftvollen Kolben, waren mein ganzer Stolz. Ich konnte vielleicht keinen Ball fangen, aber ich konnte gehen – stundenlang. Allmählich empfand ich meinen Körper nicht mehr als etwas Fremdes, als unkontrollierbaren Klumpen aus Fleisch und Knochen. Ich merkte, dass er sich entwickeln konnte. Das ermutigte mich so sehr, dass ich Skilaufen und Schwimmen lernte.

Ich lernte, wie man einen Tennisschläger hält und wie man mit einem Tischtennisschläger umgeht. Ich begann zu joggen. Ich besuchte ein Fitnessstudio und arbeitete mit Gewichten. Ich entdeckte Yoga. Ich war mein Körper, mein Körper war ich. Die Welt fühlte sich auf einmal ganz anders an. Und zum ersten Mal mochte ich mich.

Beauvoir hat eine ähnliche Entwicklung durchgemacht, und bei ihr wurde sie in Gang gesetzt durch die beiläufige Bemerkung eines Mannes, in den sie in ihrer Jugend verknallt war: »Wie schnell du gehst, das gefällt mir«, hatte er gesagt.[17] Seitdem sah sich Beauvoir, die dieses Kompliment nie vergessen hat, als Geherin. »Wie ein Mann.«[18] Von da war es nur noch ein kleiner Schritt zum unermüdlichen Wandern. »Ich hatte nie Sport getrieben, deswegen machte es mir umso mehr Spaß, meinen Körper zu immer größerer Ausdauer anzutreiben«, schreibt sie in ihren Memoiren.

Indem sie kraxelte und kletterte, sprang und ihren Rucksack schleppte, besiegte Beauvoir ihren unbeholfenen Mädchenkörper. Von Woche zu Woche rekonstruierte sie sich selbst und wurde zu einer kräftigen, athletischen Frau mit geschmeidigen Bewegungen. Das Klettern erfordert Kraft und Geschicklichkeit und einen guten Gleichgewichtssinn, und stundenlanges Wandern eine außergewöhnliche mentale und körperliche Ausdauer. Davon hatte Beauvoir mehr als genug. Kein Wunder, dass sie immer gern mit ihren Wanderungen angab. Indem sie durch Gegenden wanderte, die normalerweise Männern vorbehalten war, behauptete sie ihren Platz in der Welt und stellte ihre Autonomie und ihre Zähigkeit unter Beweis. Aber sie zeigte damit auch, dass sie sich neu erfinden konnte. Später schrieb sie über ihre Zeit in Marseille: »Ich empfand eine gewisse Selbstzufriedenheit ... ich verlor meine Selbstverachtung.«[19]

Es scheint nur logisch, dass das Jahr, in dem sie fanatisch gewandert ist, »eine erstaunliche Veränderung ihrer Persönlichkeit« bewirkte.[20]

Das Wandern verbindet uns mit der Natur. Es macht uns körperlicher und verändert unser Verhältnis sowohl zur physischen Welt als auch zu unserem Körper. Sartre sah das nicht so. Für ihn hatte der Körper keine Bedeutung. Wenn überhaupt, so war er ein Hemmnis. Einmal hat er die Körperlichkeit als »das Nichts des Fleisches« bezeichnet. Seine Biografen behaupten, er habe seinen Körper verachtet und ihm misstraut. Landschaft und Natur interessierten ihn nicht im Geringsten.

Mit jeder Wanderung hat Beauvoir sich ein bisschen mehr von Sartre befreit.

Am Bahnhof von Marseille stehe ich oben auf der endlos langen Steintreppe, die hinunter in die Stadt führt. Mir ist ein bisschen schwindlig. Genau hier hat Beauvoir auch gestanden und den Blick über die zahllosen roten Dächer gleiten lassen, über die Fischerboote und das weite, blaue Meer, hat den Vorgeschmack der Freiheit gekostet, »allein, mit leeren Händen, abgeschnitten von meiner Vergangenheit und von allem, was ich liebte«.[21]

Ein japanischer Lokführer hilft mir, einen Fahrschein nach Cassis zu kaufen, und unterhält mich während der Fahrt mit Geschichten über die achtzig Meter langen Güterzüge, die er nachts kreuz und quer durch Frankreich fährt. Manchmal stehen Wildschweine oder Kühe auf den Schienen, erzählt er mir. Einmal hat er ein Wildschwein überfahren und dann versucht, den zermanschten Kadaver von den Schienen zu kratzen, weil er glaubte, das Fleisch würde ein gutes Abendessen abgeben. Er hat einen großen silbernen Schlüssel, mit dem man den Führerstand jeder französischen Lok öffnen kann. Er zeigt mir den Schlüssel, und als er meine Verwunderung bemerkt, steht er auf und schließt die Tür zum Führerstand vor uns auf. Ich schaue ihm zu, wie er mit dem Lokführer plaudert. Nach einer Weile kommt er heraus, schließt die Tür wieder ab und fängt an, merkwürdige metallene Kisten unter meinem Sitz mit seinem Zauberschlüssel aufzuschließen. Als der Zug in den Bahnhof von Cassis einfährt, schwirrt mir der Kopf vor lauter Zauberschlüsseln und endlosen Güterzügen, die durch die französische Nacht rumpeln und Wildschweine, Füchse und Kühe totfahren.

Von Cassis aus wandere ich über die kupferfarbenen Klippen ostwärts nach La Ciotat. Es ist die erste Wanderung, die Beauvoir nach ihrer Ankunft in Marseille unternommen hat, und sie war so begeistert, dass sie sie, kaum dass sie das Ende der Strecke erreicht hatte, am liebsten gleich noch einmal wiederholt hätte. Zu meiner Rechten liegt das bleigraue Meer. Zu meiner Linken erstreckt sich eine Landschaft, deren Pflanzen – Kiefern, Wacholder, Rosmarin und Lavendel – durch den Mistral ganz schief sind. Ich wandere durch herrliche Duftwolken, zerbreche vertrocknete Zweige von Kiefern und Wacholderbüschen, um ihren würzigen Duft einzuatmen. Ich zerreibe raue Rosmarin- und Lavendelblätter zwischen den Fingern, bis meine Hände ihren Duft angenommen haben. Jedes Mal, wenn ich an ihnen rieche, durchströmt mich ein Gefühl der Zufriedenheit.

Ich ziehe meine Wanderschuhe aus und stelle mir vor, ich hätte leichte Espadrilles an den Füßen. Der Boden fühlt sich weich und zerfurcht an. Vom Meer her weht ein leichter Wind, die Luft schmeckt nach Salz und vage nach Tang. Der Rosmarinduft hängt mir in der Nase. Ginster und Kiefernzweige kitzeln meine nackten Arme. Die Möwen kreischen, der Wind rauscht, meine Fußgelenke knacken. Mein ganzer Körper ist hellwach.

Voll und ganz zu leben, heißt, mit allen Sinnen zu leben, das vergessen wir viel zu leicht. Auch dass das Abtöten der Sinne die Seele tötet. Bei mir hat es Jahre gedauert, bis ich das begriffen habe. Dreißig Jahre lang war ich hin- und hergerissen zwischen der Sehnsucht nach der Stille und Einsamkeit der Natur und dem Bedürfnis nach dem Trubel der Großstadt. Wenn ich zu lange in London war, überkam mich eine innere Unruhe. Meine Stimmung kippte, ich wurde zuerst reizbar und rastlos, dann deprimiert und träge. Jahrelang hatte ich alle möglichen Erklärungen für diese Stimmungsschwankungen parat: meine Periode, Vitaminmangel, Schlafmangel, Arbeitsstress, familiäre Sorgen. Oder irgendetwas anderes, das mir gerade in den Sinn kam. Erst mit Ende dreißig ist mir klar geworden, wieso die Stadt, die ich so sehr liebe, alle paar Wochen zu einem Ort unerträglicher Beklemmung wurde. Dann verlor das geschäftige Treiben – Menschenmassen auf den Gehwegen, in Aufzügen, in U-Bahnen und Bussen – jeden Reiz. Dann schienen die endlosen asphaltierten Straßen nicht aus der Stadt hinaus, sondern immer tiefer in sie hineinzuführen wie in ein albtraumhaftes Labyrinth. Wohin ich auch ging, stieg mir der Gestank nach Diesel in die Nase und setzte sich in meinem Rachen fest, bis ich nichts anderes mehr schmecken konnte. In meinem Kopf dröhnte unaufhörlich der permanente Flugzeuglärm. Ich fing an, wie besessen in Büchern über die Natur zu blättern. Mein müder Blick blieb ständig an Blumenkästen und an moosbewachsenen Backsteinwänden hängen. Alle naselang machte ich den Kühlschrank auf, konnte überhaupt nicht mehr aufhören zu essen.

Irgendwann diagnostizierte ich meine seltsamen Symptome: Ich litt an etwas, das man sensorische Integrationsstörung nennt. Ich empfand eine tiefe Sehnsucht danach, die grüne Natur zu sehen, zu hören, zu riechen und zu spüren. Denn nur dort fand ich Stille, nur dort fühlte ich mich im Hier und Jetzt. Im Grünen zu sitzen, war in Ordnung, aber im Grünen zu wandern, war noch besser. Nach langen Tagen am Schreibtisch waren meine Füße taub, meine Beine schwer und geschwollen, mein Rückgrat steif wie ein Brett. Ich wollte mich wieder als Ganzes fühlen. Ich wollte mich wieder eins mit meinem Körper fühlen, lebendig. Und genauso fühle ich mich jetzt, während ich die Route des Crêtes entlangmarschiere.

Beauvoirs Biografin glaubt, dass Beauvoir hier in der herrlichen Natur rund um Marseille gelernt hat, »in der Gegenwart« zu leben.[22] Als ich schließlich den steilen Weg nach La Ciotat hinuntergehe – ganz benommen von so viel Sonne, die Haare vom Wind zerzaust, euphorisch –, habe ich jede metaphysische Angst vergessen, die mich je geplagt hat.[23] Ich bin voll und ganz in der Gegenwart.

Beauvoirs Touren folgten allmählich einem Muster. Immer wenn sie eine besonders schmerzhafte Erfahrung gemacht hatte, packte sie ihren Rucksack und flüchtete aufs Land, um sich ihren Kummer vom Leib zu wandern.

Nachdem ihr erster Roman überraschend abgelehnt worden war, legte sie sich ins Bett, krank, beschämt und wütend über die Bemerkung des Verlegers, dass ein Buch über moderne Frauen den Ruf seines Hauses schädigen würde. Sartre brachte ihr Manuskript unbeirrt zu einem anderen Verlag. Dort wurde es ebenfalls abgelehnt. »Der Hauptvorwurf gegen diesen Roman ist jedoch sein Mangel an echter Originalität ... Das Sittenbild, das Sie entworfen haben, wurde in den letzten zwanzig Jahren bereits mehrmals skizziert.«[24]

Beauvoir war zutiefst gekränkt. »Zwei Ablehnungen waren zu viel, ich fühlte mich gedemütigt ... Ich hatte das Gefühl, eine Versagerin zu sein ... wertlos.« Nach einer Nacht im Schlafwagen stieg sie in den Alpen aus und »zog sofort los, über Berg und Tal«. Sie marschierte neun geschlagene Stunden. Während der nächsten Tage erkletterte sie »jeden einzelnen Gipfel zwischen Chamonix und Tigne«. Ihre Depressionen verflogen, und kurz darauf begann sie, mit frischer Energie an einem neuen Roman zu arbeiten. *Sie kam und blieb*, erschienen 1943, machte Beauvoir zu der anerkannten Schriftstellerin, die sie unbedingt hatte werden wollen.

Sie war sehr stolz auf ihre Wanderungen. In einem Brief an Sartre gab sie damit an, dass sie allein bis auf dreitausendundeinundfünfzig Meter Höhe geklettert war, »wo es nur noch Schnee und Geröll gab ... Und als ich wieder unten ankam, war ich kein bisschen müde.« Begeistert schrieb sie, sie habe »in tausendsiebenhundert Metern Höhe in einer windumtosten Berghütte geschlafen« und sei »dreißig Kilometer entlang der Dordogne gewandert«. In einem anderen Brief an Sartre heißt es: »Ich bin mächtig stolz auf mich, denn trotz gewisser weiblicher Schwächen habe ich zwischen elf Uhr früh und acht Uhr am Abend fünfunddreißig Kilometer geschafft, ohne mich erschöpft zu fühlen.« Sie prahlte damit, dass sie täglich fünfunddreißig Kilometer wanderte, »nur morgens und nachmittags nach vier«. An ihren Ruhetagen marschierte sie nur siebeneinhalb Stunden und überwand tausendzweihundert Höhenmeter. Wenn sie nicht gerade (zu Recht) mit ihren Erfolgen auftrumpfte, berichtete sie beiläufig von Sonnenbrand, Blasen, Kratzern und blauen Flecken. Das waren ihre Orden. Ihre Kampfnarben. Sartre amüsierte sich über sie und fragte sich, woher diese seltsame Manie kam, »Kilometer zu fressen«.

Jahre, nachdem sie das exzessive Wandern aufgegeben hatte, sprach Beauvoir immer noch gern über ihren Heldenmut. »Ich konnte an die fünfzig Kilometer am Stück wandern, weißt du«, schrieb sie ihrem Geliebten Nelson Algren 1948. Aber am liebsten erinnerte sie sich an ihre Wanderungen in der Gegend um Marseille. »Zweimal pro Woche bin ich in die Berge gefahren«, schrieb sie an Algren, »und bin wie verrückt stundenlang gewandert ... Da habe ich gelernt, allein zu sein, mich selbst zu versorgen, nicht von anderen abhängig zu sein.«

Wie wir unseren Körper wahrnehmen, ist entscheidend dafür, wie frei und wie handlungsfähig wir uns fühlen. Wenn wir erfassen, wozu wir körperlich fähig sind und spüren, wie unsere Gliedmaßen, unsere Nase, unsere Füße mit den physischen Gegebenheiten eines Ortes Kontakt aufnehmen, erkennen wir uns selbst und unseren Platz in der Welt. Dies war Beauvoir sehr deutlich bewusst: In *Das andere Geschlecht* beschreibt sie einen kräftigen, athletischen Körper als »Zugriff auf die Welt«. Aber nur sehr wenige Frauen würden über einen solchen Körper verfügen. Verführt von der Macht des männlichen Blicks betrachteten Frauen sich als Objekte, die wegen ihres Äußeren geschätzt würden, und weil sie sich ausschließlich auf ihr Aussehen konzentrierten, entfremdeten sie sich von ihrem Körper – und für diese Entfremdung zahlten sie einen sehr hohen Preis. Durch hohe Absätze, unpraktische Kleidung, untrainierte

Muskeln, komplizierte Frisuren, Mangel an Selbstwertgefühl gäben Frauen ihren Zugriff auf die Welt auf und schränkten sich zusätzlich ein.

Mir gefällt Beauvoirs Vorstellung. Stark gekürzt würde ich sie so ausdrücken: Aus äußerer Stärke entsteht innere Freiheit.

Aus diesem Grund trainiere ich jeden Tag mit Gewichten. Ich möchte auch mit achtzig noch in der Lage sein, einen Rucksack zu tragen, und ich möchte auch die emotionale Freiheit, die mit kräftigen Muskeln und Sehnen einhergeht.

Eine Stunde lang bin ich bergauf gekraxelt, meist durch schnell fließendes Wasser. Es ist November, und die schmalen Pfade, die sich durch die weißen Klippen des Luberon in Südfrankreich winden, haben sich in muntere Wasserfälle verwandelt. Hin und wieder löst sich unter meinem Fuß ein Stein und poltert den Hang hinunter. Der von Wasser durchtränkte Pfad verläuft im Schatten eines Felsens, in dessen Spalten krumme Eichen, struppige Kiefern und Mooskissen in allen Grünschattierungen wachsen.

Der Pfad öffnet sich, die blasse Novembersonne verbreitet ihr Licht, der Bach wird zu einem Rinnsal. Farn und Moos werden von Rosmarin- und Wacholderbüschen abgelöst. Thymian und graublättrige Euphorbia mit rosafarbenen Stielen wachsen aus Felsspalten. Kleine Höhlen öffnen sich in den Felswänden, davor häufig Felsbrocken, so als hätte ein Einsiedler sich einen Schutzraum zu schaffen versucht.

Vor fast neunzig Jahren ist Beauvoir hier gewandert. In ihren Memoiren schreibt sie: »... wieder allein verlor ich mich in einer Schlucht des Luberon.« Angestachelt von ihrem Mut bin ich früh am Morgen aufgebrochen, bewaffnet mit einer rudimentären Karte und der vagen Vorstellung, den Luberon zu überqueren, wie Beauvoir meinen Körper auf die Probe zu stellen.

Keuchend vor Anstrengung klettere ich aus der Schlucht hinaus. Die mit gelber Farbe gemalten Markierungspfeile sind verschwunden, aber der Pfad führt in Serpentinen weiter nach oben. Die Kalksteinfelsen sind mit ockerfarbenen Adern durchzogen, in der Sonne schimmert alles um mich herum honigfarben. Nur das Plätschern des Wassers ist zu hören, und plötzlich wird mir bewusst, dass ich hier die Einzige bin, obwohl es ein sonniger Sonntagmorgen ist.

Anfangs begeistert mich der Gedanke. Doch dann wird der Pfad schmaler, geht plötzlich nach Norden. Und dann stehe ich auf einem Felsvorsprung, zu meiner Linken gähnt ein Abgrund. Ich halte mich an einem Kiefernzweig fest, atme tief durch. Ich denke an Beauvoir, an ihre Prahlerei: »Ich hatte es mir zur Regel gemacht, mir keine unnötigen Sorgen zu machen … (Angst) als Schwäche zu betrachten und zu unterdrücken.« Nichts konnte sie aufhalten.

Beauvoirs Worte im Sinn, packe ich meine Wanderstöcke ein, ziehe meine Rucksackgurte fester und krieche langsam auf allen vieren über den Felsvorsprung. Ich sehe weder nach unten noch nach oben. Ich unterdrücke meine Angst. Erleichterung überkommt mich, als ich das andere Ende erreiche, wo der Pfad sich wieder verbreitert. Aber an der nächsten Ecke verengt er sich wieder, und erneut tut sich der Abgrund vor mir auf. Schlimmer noch, vor mir auf dem Pfad liegt ein riesiger Felsbrocken, über den ich klettern muss. Unmöglich, darum herumzugehen. Ich bin fast oben auf der Kammlinie. Wenn ich es fertigbringe, über diesen Felsbrocken zu klettern, geht es vielleicht bald bergab. Vielleicht hinunter in ein sonnendurchflutetes Tal. In Wirklichkeit habe ich keine Ahnung, was sich jenseits des Kamms befindet. Auf meiner Karte sieht es so aus, als lägen zwei Kilometer Wald vor mir und am Ende eine schmale Straße. Ich betrachte den Felsbrocken: Er leuchtet in der Sonne, er ist glatt. Nichts, woran ich mich festhalten kann. Ich entdecke eine kleine Vertiefung, in die ich einen Fuß setzen könnte. Doch dann müsste ich mich am oberen Rand des Felsens – auf Höhe meines Kopfs – hochziehen. Und wenn ich es falsch einschätze oder abrutsche, falle ich auf den Pfad und stürze womöglich in den Abgrund hinunter.

Andererseits, wenn ich den Felsbrocken nicht überwinde, muss ich auf allen vieren über den furchteinflößenden Felsvorsprung zurückkriechen. Eine Stimme in meinem Kopf bombardiert mich mit Fragen: Du weißt ja nicht mal, was hinter dem Felsbrocken liegt – was, wenn dich dort ein noch schmalerer Felsvorsprung erwartet? Was, wenn du dir ein Bein brichst? Stimmt, ich bin meilenweit entfernt von der Zivilisation. Ganz langsam drehe ich mich um. Vor Enttäuschung kommen mir fast die Tränen. Aber mehr ist es nicht: Enttäuschung. Und das Übernehmen von Verantwortung für mich selbst. Es geht ums Überleben, nicht um ein apokalyptisches Scheitern.

Außerdem hat Beauvoir auch ab und zu mal Angst gehabt. Einmal wurde sie von einem Hund verfolgt, der nach einer Weile dermaßen dehydriert war, dass er Schaum vor dem Maul hatte, als wäre er tollwütig. Ein anderes Mal hatte sie sich »mühsam durch steile Schluchten gekämpft«, in der Hoffnung, ein Plateau zu erreichen, nur um plötzlich vor einer Felswand zu stehen. Auf dem Rückweg, den sie gezwungenermaßen antreten musste, stieß sie auf eine tiefe Felsspalte, die zu breit war, um rüberzuspringen. Sie bekam Angst, dass sie an diesem einsamen Ort sterben würde. »Ich rief: keine Antwort. Eine Viertelstunde lang rief ich immer wieder. Alles still. Ich nahm allen Mut zusammen, und ich landete wohlbehalten.«

Ich war sehr erleichtert, als ich erfuhr, dass bestimmte Situationen auch Beauvoir Angst eingejagt haben, denn irgendwie hatte die Art, wie sie wanderte, etwas Verbissenes, beinahe Unmenschliches. »… und außerdem würden mir gewisse Dinge – ein Unfall … eine Vergewaltigung – einfach nicht passieren«, schrieb sie. Woher nahm sie diese Sicherheit? Selbst unangenehme Zwischenfälle konnten sie nicht beirren. Als sie einmal allein in den französischen Alpen unterwegs war, ist sie gestolpert, hat das Gleichgewicht verloren und ist in eine Schlucht gestürzt. Während sie fiel, dachte sie, das sei das Ende – der Tod. Sie hat überlebt und ist mit ein paar Schrammen davongekommen, aber sie war über ihre eigene emotionale Reaktion überrascht. Sie hat ihren Rucksack eingesammelt, den sie bei dem Sturz verloren hatte, und ist per Anhalter zu ihrem Hotel zurückgefahren.

Zwar wurde Beauvoir dauernd vor Vergewaltigern gewarnt, die sich angeblich überall herumtrieben, aber sie ist nie überfallen worden. Allerdings ist sie häufig per Anhalter gefahren, und in den Autos und Lastwagen hat sie hin und wieder sehr Unangenehmes erlebt. Einmal hat sie sich gegen einen dicken Lastwagenfahrer zur Wehr setzen müssen, der sie geschlagen und in einen Straßengraben geworfen hat. Ein andermal hat ein Handlungsreisender sie mitten auf der Landstraße stehen lassen, weil sie sich geweigert hatte, »sich mit ihm im Graben zu wälzen«. Später wurde sie von zwei Männern mitgenommen, die jedoch nicht in die Stadt, sondern auf einen menschenleeren Hügel zufuhren, bis Beauvoir in ihrer Not damit gedroht hat, aus dem fahrenden Auto zu springen. – Was in aller Welt hat sie sich dabei gedacht? »Diese kleine Episode diente mir nicht als Warnung, sie stärkte meine Dreistigkeit. Mit ein wenig Wachsamkeit und Entschlossenheit zog man sich aus jeder Affäre. Ich bereue nicht, an dieser Illusion festgehalten zu haben, denn ihr verdanke ich eine Kühnheit, die mir das Leben erleichterte.«

Entschlossen, wenigstens ein bisschen von Beauvoirs Verwegenheit an den Tag zu legen, gehe ich den Weg zurück – rutsche und stolpere durch die Schlucht, platsche durch eiskaltes Bachwasser – und suche nach einer Ersatzroute. Es ist erst halb drei, und Beauvoir, die immer um halb sieben losging, kam nie vor sieben Uhr abends von einer Wanderung zurück. Ich finde eine Wanderwegmarkierung, die in Richtung Wald zeigt. Das ist ungefähr die Richtung zu meinem Hotel, also folge ich dem Pfeil. Der Weg ist breit und ausgetreten, vielleicht ist es ja der ursprüngliche Viehtreiberweg, der die Dörfer früher miteinander verbunden hat. Plötzlich sehne ich mich nach menschlichen Wesen, und womöglich begegne ich ein paar Leuten, die mit ihrem Hund unterwegs sind. Der Weg führt immer tiefer in den Wald hinein, windet sich am Fuß des Massivs entlang. Die Bäume stehen immer dichter, von ihren Ästen hängen lange, bleiche Flechten. Immer weniger Licht dringt durch die Baumkronen. Die feuchte Luft riecht nach Pilzen und verrottendem Laub. Während ich weitergehe, denke ich an Beauvoir. Wie unermüdlich und unerschrocken sie gewesen ist – unter Missachtung aller Gefahren.

Dass Beauvoir die Gefahr suchte, war nichts Neues. Mit neunzehn trieb sie sich in zwielichtigen Pariser Bars herum, setzte sich allein an den Tresen und trank Whiskey und Ginfizz.

Später besuchte sie Nachtclubs, wo sie und eine Freundin sich von Männern aushalten und kreuz und quer durch das Pariser Rotlichtmilieu fahren ließen. Als sie die Lust daran verlor, Männer aufzugabeln, brach sie in Bars Streitereien vom Zaun, bis die Besitzer sie hinauswarfen. Sie trieb sich nachts allein in den heruntergekommensten Pariser Vierteln herum, ließ sich von Männern abschleppen, lachte, wenn Männer ihr anzügliche Bemerkungen hinterherriefen, übergab sich volltrunken in der Metro. Einmal landete sie mit einer Freundin in der Wohnung von zwei Männern, die versuchten, sie zu vergewaltigen. Die beiden Frauen setzten sich zur Wehr und konnten entkommen. Warum ist sie dann später allein getrampt? Warum ist sie in leichten Espadrilles durch die Berge gewandert?

Beauvoir selbst war irritiert von ihren selbstzerstörerischen Neigungen. »Wie kommt es«, fragt sie sich in ihren Memoiren, »dass ich mit einer Leidenschaft, die ... mich stark in ihren Banden hält, diese Dinge liebe«?[25]

Anders ausgedrückt: Wenn wir leichtsinnig bis zur Selbstvergessenheit sind, wenn wir unsere Gesundheit und sogar unser Leben aufs Spiel setzen, fordern wir dann unbewusst das Schicksal heraus oder flirten absichtlich mit der Gefahr?

Ihre Biografin Deirdre Bair führt Beauvoirs sexuell riskantes Verhalten darauf zurück, dass sie »in ihrer Familie nur selten angefasst worden war«. Ihr Vater war immer vor ihr zurückgewichen, selbst bei zufälligem Körperkontakt. Ihre Mutter hatte sie mit zwei Jahren zuletzt in den Arm genommen. Aber reicht das als Erklärung für Beauvoirs Neigung, per Anhalter zu fahren und auf Parkbänken zu nächtigen? Mir scheint, dass Beauvoir die Gefahr gesucht hat und sich dadurch lebendiger, mehr eins mit ihrem Körper gefühlt hat. Ähnlich wie ein Mann, der so viel mehr Freiheiten genoss, hat sie sich durch Konfrontation mit der Gefahr stärker gefühlt.

Das andere Geschlecht enthält ein außergewöhnliches Kapitel, in dem Beauvoir sich darüber beklagt, dass Sportarten, die Frauen offenstehen, ihnen »nicht so viel Aufschluss über einen selbst und die Welt (geben) wie ein regelloser Kampf, eine unvorhergesehene Kletterpartie... Die meisten Mädchen ... nehmen ihren Körper nur passiv hin ... ihnen ist verboten, etwas Neues zu erforschen, etwas zu wagen, die Grenzen des Möglichen zu erweitern.« Dass Mädchen »die Schule der Gewalt« nicht gestattet sei, schwäche ihren Zugriff auf die Welt. Es entmachtet sie, setzt sie herab, macht sie »unfähig, oberflächlich, passiv und fügsam«.

»Eine Frau, die schwimmt, die Klettertouren macht, die ein Flugzeug lenkt oder gegen die Elemente kämpft, die Risiken eingeht oder Abenteuer sucht, wird vor der Welt nicht ... Schüchternheit empfinden.« Nur eine solche Frau kann die Welt ebenso in Besitz nehmen wie die jungen Männer, deren »Wille zur Selbstbestätigung durch die Lehre der Gewalt« gefördert wird.[26]

Indem Beauvoir in den Bergen wanderte, in Schluchten herumkraxelte, per Anhalter fuhr und Männer abwehrte, verschaffte sie sich selbst das körperliche Training, das ihr vorenthalten worden war. Sie testete sowohl ihren Körper als auch ihren Mut und schüttelte auch noch den letzten Rest ihrer Scheu ab.

Nach ihrer Rückkehr aus Marseille lud Beauvoir immer häufiger Freunde ein, sie auf ihren Wanderungen zu begleiten. Im Elsass, in Griechenland und im Atlasgebirge in Marokko war sie mit Sartre unterwegs, obwohl er behauptete, er sei allergisch gegen Chlorophyll, in der Normandie und den provenzalischen Alpen mit Olga Koszakiewicz, eine ihrer Studentinnen, die später ihre Geliebte wurde. In den Schweizer Alpen wanderte sie mit einem Freund, der während der Tour ihr Geliebter war (und später Olga Koszakiewicz heiratete), und im Morvan wanderte sie ebenfalls mit einer ihrer Studentinnen (der sechzehnjährigen Bianca Bienenfeld), zu der sie dort auch eine sexuelle Beziehung hatte.

Trotzdem zog sie immer noch häufig allein los. Nachdem sie an einer Rippenfellentzündung beinahe gestorben wäre (allerdings ist eine Biografin davon überzeugt, dass es sich um einen akuten Anfall von Eifersucht gehandelt habe)[27], konnte sie wochenlang nicht arbeiten. Entgegen den Anweisungen ihres Arztes, der ihr strikte Ruhe verordnet hatte, fuhr sie mit dem Zug nach Toulon und von dort weiter nach Bormes-les-Mimosas, wo sie, obwohl sie total abgemagert war und an Atemnot litt, täglich zwanzig Kilometer durch die Berge wanderte. Im Département Haute-Loire war sie »drei Wochen am Stück« unterwegs, übernachtete in Scheunen und Berghütten, schlief auf Parkbänken und unter Kastanienbäumen. Auf Klettertouren durch tiefe Schluchten und über Hochebenen ernährte sie sich von hart gekochten Eiern und Würstchen.

Beauvoir besaß eine soldatische Entschlossenheit und hat sich selbst bewiesen, dass sie sich voll und ganz auf sich selbst verlassen, Einsamkeit und Trennung, Hitze, Kälte und Schmerz ertragen konnte. Von der Überanstrengung bekam sie geschwollene Knie, was sehr schmerzhaft war. In ihren Espadrilles hat sie sich die Fußsohlen wund gelaufen und musste Socken tragen. Einmal war ihre Schwester mit auf einer Wanderung. Als die unterwegs krank wurde, hat Beauvoir sie kurzerhand in einer Apotheke abgesetzt und ist einfach weitergelaufen. Stunden später, nach Beendigung ihrer Wanderung, hat sie ihre Schwester wieder abgeholt.

Immer und immer wieder hat sie sich selbst auf die Probe gestellt, jede Probe war ein weiterer Schritt in Richtung Befreiung, und mit jedem Schritt wurde sie mehr Beauvoir.

Im Sommer 1939 unternahm Beauvoir, die sich standhaft zu akzeptieren weigerte, dass ein Krieg vor der Tür stand, eine Wanderung, die für sieben Jahre die letzte sein sollte. »Mir kann so etwas nicht passieren, nicht der Krieg, nicht mir«, flüsterte sie, während sie ihren Rucksack packte. Dann machte sie sich auf den Weg in die Provence. Es sollte »die schönste« Wanderung werden, die sie je gemacht hatte. Ein Freund begleitete sie zwei Tage lang auf ihren neunstündigen Touren, dann bekam er jedoch Schüttelfrost. Beauvoir ließ den Mann zitternd und halluzinierend zurück, er brach die Wanderung ab, und sie setzte ihren Weg allein fort. Sie überquerte die Grenze zwischen Italien und Frankreich über die Passstraße Col de Larche, wo sie auf Soldaten bei einem Manöver stieß. Weil alle verfügbaren Betten im Dorf von Soldaten belegt waren, musste sie sich ein Bett mit der Ehefrau des Dorfpolizisten teilen. Am nächsten Tag wanderte sie unbeirrt weiter »und dachte an nichts«.

Dann brach der Krieg doch aus, und Beauvoir begann sich zu verändern. »Ich wurde ein anderer Mensch«,[28] schreibt sie in ihren Memoiren. Sie wurde unsicherer, vorsichtiger in ihrem Urteil, entwickelte ein stärkeres Bewusstsein für die Ungewissheiten und die Zwiespältigkeiten des Lebens. Es waren Veränderungen, die nicht nur ihr Denken, sondern auch ihr Wandern beeinflussten.

Der Krieg machte Beauvoir sehr zu schaffen. Anfang 1946 schrieb sie an Sartre: »Ich fühle mich irgendwie abgekoppelt, wie in einem anderen Leben: Ich erkenne weder mich selbst noch die Welt wieder.« Ihre Erinnerungen an die Vergangenheit ließen sich nicht mit der Gegenwart in Einklang bringen, es war, als wäre ihr Leben in zwei Teile zerbrochen. Die gleiche traurige Ungewissheit, die Shepherd dazu veranlasst hatte, endlose Stunden in den Cairngorms zu verbringen und *Der lebende Berg* zu schreiben, versetzte auch Beauvoir ins Schreibfieber. Aber im Gegensatz zu Shepherd war sie inzwischen berühmt. Ihr erster Roman *(Sie kam und blieb)* war eine literarische Sensation gewesen. 1943 kannte jeder die Namen Beauvoir und Sartre. Die beiden konnten nicht länger unerkannt in einem Café sitzen und ungestört arbeiten.

Sieben Jahre lang musste Beauvoir ohne ihre einsamen Wanderungen leben, die ihr so viel bedeuteten. Nach dem Krieg ließ sie sich neue Kleider machen und bezog ein Hotelzimmer mit Blick auf die Seine. Und sie feierte die Nächte durch, rauchte, was das Zeug hielt, und trank eine Unmenge billigen Whiskey und fürchterlichen Wein.

Im Sommer 1946 reiste Beauvoir von Paris nach Mailand und von dort in die Dolomiten. Sie hatte eine dreiwöchige Wanderung geplant, um ihr inneres Gleichgewicht wiederherzustellen. Seit Monaten quälte sie sich mit Gedanken an Sartres neueste Geliebte, die sich als »beeindruckende Rivalin« entpuppte. Gleichzeitig war ihre eigene Beziehung zu dem sexsüchtigen Philosophen in Auflösung begriffen. Ihr »Pakt« hatte seine Gültigkeit verloren: »An Stelle von zwei freien Menschen standen sich ein Opfer und ein Folterer gegenüber«[29], schrieb Beauvoir. Sie war das Opfer, er der Folterer.

Sie war achtunddreißig, doch sie fühlte sich alt und hinfällig. Höllische Kopfschmerzen, Albträume, zitternde Hände, Magenbeschwerden, Sehstörungen und Angstzustände führten dazu, dass sie sich obsessiv mit ihrer Gesundheit und ihrer Sterblichkeit auseinandersetzte. Vor Vorlesungen war sie tagelang nervös, und am Rednerpult schwitzte sie unübersehbar. Freunde bemerkten, dass es ihr schlecht ging. Carole Seymour-Jones vermutet in ihrer 2008 erschienenen Biografie, dass Beauvoir bei einem Rendezvous von dem Schriftsteller Arthur Koestler vergewaltigt worden war.[30] In den Dolomiten hoffte sie, Heilung für ihre gequälte Seele und ihren geschundenen Körper zu finden.

»In Meran verbrachte ich meinen ersten einsamen Abend, der zu einer meiner köstlichsten Erinnerungen wurde... Es war lange her, dass ich einen wochenlangen Aufenthalt im Gebirge und in der Stille in Erwägung gezogen hatte: Die Gefahren, die mir nun bewusst waren, verliehen meiner Freude etwas Rührendes, das mir Tränen in die Augen trieb.«

Ihre Dolomitenwanderung war großartig: »Und dann wanderte ich von Gipfel zu Gipfel, von Hütte zu Hütte, kreuz und quer über Berge und Felsen. Ich erlebte wieder einmal den Duft der Wiesen, das Gepolter der Steine an den Schutthalden, die keuchende Mühsal des Anstiegs, die Wollust der Entspannung, wenn der Rucksack von den Schultern gleitet, die sich an die weiche Erde schmiegen, der Aufbruch unter bleichem Himmel, die Wohltat, vom frühen Morgen an bis in die Nacht hinein dem Rhythmus des Tages zu folgen.«[31]

Aber irgendwann im Lauf dieser eindrucksvollen Wanderung – die Beauvoir später als eine der schwierigsten und schönsten ihres Lebens beschrieb – hat sie ihr Vertrauen in ihre

Wanderfähigkeit verloren, ist ihr bewusst geworden, dass es ihre letzte lange Wanderung sein würde.

Sie kehrte nach Paris zurück, und dort traf der Bildhauer Giacometti sie in einer Bar an, wo sie »zerzaust« und heulend am Tresen saß. Sie war zu dem Schluss gekommen, dass sie für derart lange, anstrengende Wanderungen zu alt geworden war. Vielleicht hatten ihr ja all die Jahre, in denen sie gesoffen, geraucht und sich kriegsbedingt schlecht ernährt hatte, so zugesetzt, dass es kein Vergnügen mehr für sie war, die üblichen vierzig Kilometer täglich zurückzulegen.

Es ist merkwürdig, dass Beauvoir plötzlich genau diese Schwarzseherei zum Ausdruck bringt, die sie in *Das andere Geschlecht* noch verspottet hat. Kann es sein, dass sie ihre Standhaftigkeit nicht mehr auf die Probe zu stellen brauchte? Oder hatte sie einfach ihren Frieden damit gemacht, dass sie – ebenso wie ihr Alter Ego Françoise – »nie die Sorte Frau sein würde, die ihren Körper ganz und gar beherrsche«?[32]

Wie dem auch sei, nach ihrer Rückkehr aus den Dolomiten begann sie mit der Arbeit am wichtigsten Buch ihres Lebens.

Und doch war dies nicht ihre letzte Wanderung. Ein Jahr später ist sie verwirrt und deprimiert allein nach Korsika geflogen und dort verbissen durch die Landschaft gewandert, »einsam und die ganze Zeit den Geruch von vertrockneter Macchie in der Nase«. Schon nach wenigen Tagen ist sie wieder nach Hause zurückgekehrt, »sehr hässlich ... sonnenverbrannt, mit strähnigen Haaren, zerkratzt und zerlumpt«. Aber das Wichtigste war: Sie hatte eine wichtige Entscheidung getroffen, nämlich mit ihrem neuen Geliebten, dem amerikanischen Schriftsteller Nelson Algren, zusammenzubleiben. Sie war dabei, sich ganz allmählich von Sartre zu befreien, aus seinem gierigen dunklen Schatten hinauszuschleichen.

Anderthalb Jahre später (nach einer erbarmunglos sesshaften Zeit, in der sie *Das andere Geschlecht* geschrieben hatte) waren die Gesundheit und gute Kondition ihrer Vorkriegsjahre dahin: »Ich war dick und hatte einen riesigen Bauch vom Saufen und zu vielen Tabletten und schlechter Ernährung«, erinnerte sie sich. Inzwischen war sie neununddreißig, und auf Korsika unternahm sie tatsächlich ihre letzte Wanderung allein.

Anfangs fällt es mir schwer zu verstehen, wie gleichmütig und stoisch die immer noch junge Beauvoir ihr Wanderleben an den Nagel gehängt hat. Irgendwie kommt es mir vor wie ein Scheitern. Die Unfähigkeit durchzuhalten. Die Unfähigkeit, ihren Körper wieder fit zu machen.

Aber was hat es denn mit dem Scheitern auf sich? Scheitern bedeutet doch nicht Versagen. Scheitern ist nichts weiter als ein Schritt in einer Entwicklung. Wir scheitern. Dann träumen wir wieder. Versuchen es noch einmal. Scheitern erneut. Oder auch nicht.

Außerdem war Beauvoir noch nicht bereit, ihre Espadrilles endgültig an den Nagel zu hängen. Ihre allerletzten beiden Wanderungen waren die leichtsinnigsten, die sie je gemacht hat. 1953, im Alter von fünfundvierzig Jahren, ist sie mit ihrem neuen siebenundzwanzigjährigen Geliebten Claude Lanzmann in die Alpen gefahren, in Richtung Mönch, Eiger und Jungfrau. Sie erwähnt diese Wanderung flüchtig in ihren Memoiren und schreibt stolz wie immer: »Mehr als einmal haben wir bei nächtlicher Fahrt über steile und vereiste Straßen in der Angst ein köstliches Gefühl des Abenteuers gefunden. Wir haben dreitausend Meter hoch am Fuß der Jungfrau geschlafen und die Sonne über dem Eiger aufgehen sehen. Außerdem sind wir viel gewandert: Ich konnte noch mithalten. Oft marschierten wir sieben bis acht Stunden hintereinander in Sandalen über den Firn.«

Lanzmann hat die Wanderung ganz anders in Erinnerung: »Wir begeisterten uns gemeinsam«, schreibt er, »und gingen zügig, in Espadrilles, barhäuptig, ohne Schutzcremes oder Salben für Lippen und Gesicht.« Lanzmann litt zu dem Zeitpunkt an Furunkeln, von denen einer (»ein monströser Abszess«) am Abend zuvor aufgebrochen war, sodass Beauvoir einen Teil der Nacht damit zubrachte, den Eiter abzutupfen.

»Nach zwei Dritteln des Wegs bildete sich plötzlich ein weiterer Furunkel an der schlimmsten Stelle, am Knie. Der Schmerz war intensiv, der Furunkel schwoll sehr schnell an und bildete Pusteln, zwei Köpfe tauchten auf, wir waren weit weg von allem, hatten kein Medikament, keinerlei Notapotheke dabei. Keine Hilfsmöglichkeiten, was hieß: weitergehen oder krepieren, ich bekam Fieber … auch von der brennenden Sonne. Nur mit Mühe kam ich hinkend vorwärts und Castor [Beauvoir], selbst puterrot, sonnenverbrannt und schwitzend, lief vor mir her wie eine Schlafwandlerin, mit verlorenem Blick. Von der Dunkelheit überrascht, verirrten wir uns, erreichten gegen Mitternacht die Hütte, wo wie durch ein Wunder gut ausgerüstete Schweizer Alpinisten sich unserer erbarmten, uns ausschimpften und mit lindernden Salben versorgten, mich mit Schmerzmitteln vollstopften und Castor zu essen gaben… Ich hatte fast vierzig Grad Fieber. Der scheußliche bösartige Abszess … platzte in einem befreienden Geysir.« Am Ende ist er im Krankenhaus gelandet, was er in seinen Memoiren mit den witzelnden Worten kommentiert: »Das Hochgebirge lebt seit jenen Reisen in mir.«

Die Leidenschaft war tatsächlich so stark, dass er ein Jahr später zusammen mit Beauvoir noch einmal in die Alpen gefahren ist. Für sie war es die letzte Wanderung, die sie jedoch weder in ihren Memoiren noch in ihren Briefen an Sartre erwähnt. Einzelheiten über diese wahrhaft katastrophale Wanderung – Beauvoirs Schwanengesang auf das Wandern – kann man auch wieder bei Lanzmann nachlesen.

Bei Sonnenaufgang und blendend gleißendem Schnee machten die beiden sich auf den Weg von Zermatt über das Matterhorn zum Theodulpass. Auch diesmal hatten sie weder Sonnenbrillen noch Mützen oder Sonnencreme dabei. Auch diesmal trugen sie leichte Espadrilles, und Lanzmann (in Shorts) »vergoss Tränen der Liebe« über Beauvoirs »eigensinnige Tapferkeit, die Regelmäßigkeit ihres Schritts«.[33] So weit, so gut.

Dann begann Lanzmann zu schwitzen und beschloss, mit nacktem Oberkörper weiterzuwandern. Die Wanderung dauerte länger als geplant, und sie trafen später als erwartet in der Berghütte ein, »krebsrot und schweißgebadet«. Aber anstatt weiterzuwandern oder sich ein Nachtquartier zu sichern, gönnten sie sich ein ausgiebiges Mittagessen, in dessen Verlauf sie mindestens eine Flasche Wein leerten. Mehrere Stunden später marschierten sie weiter in Richtung Pass, wo sie die letzte Seilbahn auf die italienische Seite erwischen wollten. Allerdings wurde es schon bald dunkel, und sie waren beide vollkommen erschöpft. Es wurde beschlossen, dass Beauvoir hinter einem Felsbrocken Schutz suchen sollte, während Lanzmann – in seinen Espadrilles – über Gletscher eilte und sprang, auf denen man sich normalerweise mit Seilen sicherte, um Hilfe zu holen. Er musste drei italienische Soldaten bestechen, die schließlich einen Schlitten mit Decken vollpackten und sich auf Skiern und mit Helmlampen auf den Weg machten. Beauvoir wurde gerettet, und Lanzmann, der inzwischen hohes Fieber hatte, wurde ins Krankenhaus gebracht und drei Tage lang wegen Verbrennungen zweiten Grades an Schultern und Rücken behandelt.

Von da an hat Beauvoir nur noch kurze Land- oder Stadtspaziergänge unternommen. Die körperliche Tüchtigkeit, die sie sich so hart erarbeitet hatte, war ihr schließlich abhandengekommen.[34] Stattdessen kaufte sie sich ein Auto, mit dem sie begeistert und ziemlich verwegen durch die Gegend brauste.

Auch das zu verstehen, fällt mir schwer ... Statt zu wandern, ist sie fortan fröhlich Auto gefahren? Wirklich? Ich glaube, es gibt einen weiteren Grund, warum Beauvoir ihrem Wanderleben nicht hinterhertrauert. Nach den Schrecken und Entbehrungen des Kriegs schwärmten Sartre und Beauvoir von einer von Wissenschaft, Technik und radikaler Politik beherrschten Zukunft. Das Auto – mit seinem Glanz der Modernität, seinem Versprechen von Freiheit und Abenteuer – bedeutete Hoffnung und ganz neue Möglichkeiten.

Für Beauvoir war das Autofahren ein neuer (und verlockend gefährlicher) Weg der Selbstbestimmung, eine zusätzliche Art der Freiheit, die es zu erkunden galt. Woher sollte sie wissen, dass wir, sobald wir erst das Fahren beherrschen, das Wandern aufgeben? Dass unsere Muskeln erschlaffen, unsere Arterien verkalken und unsere Herzen schrumpfen?

Als Sartre starb, geschah etwas Merkwürdiges. Beauvoir verlor die Kontrolle über ihre Beine. Sie gaben einfach unter ihr nach, als wären sie aus Papier. Mit ihren schlaffen Beinen konnte sie nicht mehr richtig gehen, nur noch schlurfen. Ein Jahr später, als ihre erste Biografin eintraf, um sie zu interviewen, war Beauvoir dreiundsiebzig und konnte sich nur mühsam und unter Schmerzen bewegen. Ihre Haut war gelb von der Leberzirrhose, an der sie sterben sollte.[35]

Damals wusste man nicht, was wir heute wissen – dass zu viel Schmerz und zu viel Alkohol einem die existenzielle Freiheit rauben.

Ich habe die ganze Zeit an Beauvoir gedacht und merke erst jetzt, dass der Wald um mich herum sich verändert hat, wenn auch kaum merklich. Die Schatten sind enger zusammengerückt, die Luft ist abgekühlt, als würde sich dahinter eine Wand aus Eis verbergen. Die Bäume sind hier größer, stehen dichter, ihre knorrigen Äste sind zu einem Netz verwoben, das Laub färbt sich schon gelb. Hier und da durchdringt ein Streifen staubiges Licht das Blätterdach – ein seltsames, uraltes Licht, körnig, als wäre es aus einer modrigen Bibel gefallen. Während ich durch den grünen Schacht hindurchgehe, spüre ich die Dunkelheit näher rücken. Die Stille ist schwer und dumpf – es sind keine Vögel zu hören, nur ab und zu knackt ein Zweig unter meinem Schuh. Warum ist es so still?

Plötzlich ist mir mulmig zumute. Ich habe Angst, mehr als in der Schlucht. Mir kommt es vor, als wäre ich der einzige Mensch auf Erden. Es ist ein unheimliches Gefühl vollkommener Isolation, so heftig, als hätte ich Hunger. Ich gehe tiefer in die unzugängliche Düsternis hinein, während die Stille in meinen Ohren brodelt. Als würde der Wald atmen. Als pulsiere etwas in dem Gewirr aus Zweigen und Gestrüpp. Meine (völlig) irrationale Angst gerät außer Kontrolle.

Ich drehe mich um und gebe der Bitte meiner Beine nach und renne los. Mein Rucksack hüpft auf und ab. Ich stolpere immer wieder, meine Füße in meinen Wanderschuhen fühlen sich bleischwer an. Ich laufe und laufe, bis ich auf eine asphaltierte Straße treffe. Aus dem Schornstein eines Hauses steigt Rauch auf. Ein Auto fährt vorbei, und ich winke wie verrückt. Noch nie war ich so glücklich, von der Sonne beschienenen Asphalt zu sehen, ein Auto, ein menschliches Wesen. Als mein Atem sich beruhigt und mein Herz wieder normal schlägt, schelte ich mich innerlich für meine Feigheit, für mein Versagen. Wieso bin ich aus dem Wald gerannt, obwohl ich mich auf einem guten Weg befand? Warum ist es mir nicht gelungen, die Stimmen in meinem Kopf auf einem »beherrschbaren Niveau der Hysterie« zu halten?[36]

Zurück in meinem Zimmer blättere ich durch meine Notizen, unsicher, wonach ich überhaupt suche. Irgendwie meine ich mich zu erinnern, dass Beauvoir einmal beschrieben hat, wie sie über einen Hügel gewandert ist, wie plötzlich keine Menschenseele mehr zu sehen war, und wie es ziemlich schnell dunkel wurde, »als hätte ich den Rand einer unbegreiflichen Leere berührt«. Das Gefühl hat sie in Panik versetzt, genauso wie im Alter von vierzehn, als ihr bewusst wurde, dass es keinen Gott gibt. Sie ist in eine Gastwirtschaft gestürzt, um menschliche Stimmen hören. Dies beruhigt mich. Ich komme mir weniger vor wie ein Feigling und fühle mich nicht mehr so allein.

Aber am meisten hilft mir Shepherd. Bei einer denkwürdigen Gelegenheit hat sie ihre Angst überwunden und sie in eine ganz andere Emotion verwandelt. Zusammen mit einer Freundin war sie in das kalte, klare Wasser des Loch Avon gewatet. »Dann blickte ich hinunter, und zu meinen Füßen öffnete sich ein Schlund von Klarheit, so tief, dass mir der Atem stockte ... Mein Geist war so nackt wie mein Körper. Es war einer der wehrlosesten Momente meines Lebens.« Für Shepherd war es ein »unerwarteter Moment der Erleuchtung« auf ihrem Weg der Selbstfindung.

Shepherd wusste, dass schon mehrere Männer in solchen Gewässern ertrunken waren, die wegen des klaren Wassers sehr seicht schienen. Anfangs wollte sie das Gefühl der »Schutzlosigkeit« nicht mit Angst in Verbindung bringen: »… glaube ich nicht, dass ich damals in Gefahr war zu ertrinken, noch handelte es sich bei dem Gefühl, mit dem ich in das Becken starrte, um Angst.« Doch in ihrem nächsten Satz beschreibt sie das seltene Vergnügen der Angst: »… Angst an sich, so unpersönlich, so lebhaft wahrgenommen, erweiterte eher meinen Geist, als dass sie ihn beschränkte.«

Shepherd konnte nicht schwimmen.[37] Dort am Rand eines Abgrunds zu stehen und in das unfassbar klare Wasser zu schauen (sie konnte jeden Stein am einunddreißig Meter tiefen Grund erkennen), muss ebenso erschreckend wie überraschend und schaurig-schön gewesen sein. Aber anstatt sich von der Angst lähmen zu lassen, hat sie sie in eine zusätzliche Möglichkeit transformiert, die Fülle des Lebens zu erkennen. Würde ich das auch können? Würde ich in diesen finsteren Wald zurückkehren und meine Angst in eine Bewusstseinserweiterung verwandeln können?

Offenbar existiert das Phänomen Waldangst tatsächlich – sie ist als Hylophobie oder Xylophobie bekannt, wenn sie tagsüber auftritt, und als Nyctohylophobie, wenn sie einen nachts befällt. Manche Menschen leiden so stark unter Hylophobie, dass sie nicht einmal ein Bild von einer Waldlandschaft betrachten können, ohne in Panik zu geraten. Andererseits belegen zahllose Studien, dass das Wandern im Wald beruhigend und stressabbauend wirkt. Wenn das unserem Körper und unserem Geist so guttut, warum bin ich dann aus diesem Wald gerannt, als wäre der Teufel hinter mir her? War es die aufkommende Dunkelheit, die mir das Gefühl gab, vollkommen allein zu sein? Oder war es ein plötzlicher Anfall von Angst vor dem Unbekannten, weil ich nicht wusste, wohin der Weg führte? Manche Studien machen als Ursache für Hylophobie Märchen und Horrorfilme aus, in denen Wälder als Metapher für das Wilde, das Unbezähmbare, das Unkontrollierbare stehen.

Vor langer Zeit konnte man in Wäldern tatsächlich den Tod finden, hauptsächlich als Opfer gefährlicher Tiere. Außerdem hausten in den Wäldern die Ausgestoßenen – Sonderlinge, Landstreicher, Banditen. Gleichzeitig jedoch fand in den Wäldern menschliches Leben statt: Holzfäller, Köhler, Jäger gingen dort ihrer Arbeit nach, Leute wanderten durch die Wälder, um von einem Ort zum anderen zu gelangen. Heutzutage sind die meisten Wälder keine lebensgefährlichen Orte mehr, heute sind sie Orte der Erholung und häufig menschenleer oder dienen rein wirtschaftlichen Zwecken.

Und doch kann man in einem dichten Wald schon mal die Nerven verlieren – so düster, wie es dort ist, so still, dann fehlen womöglich Wegmarkierungen, man fühlt sich eingeengt, hat Angst, nicht mehr aus dem Wald hinauszufinden. Im dichten Wald erlebt man nicht »das Befreiende der Weite«, wie Shepherd es ausgedrückt hat. Deswegen ist es so wichtig, dass es einen Weg gibt, deswegen gewinnt der Weg so große Bedeutung, führt er uns doch aus dem Dunkel ins Licht, von der Wildnis in die Zivilisation, von der Gefahr in die Sicherheit.

Ich stelle ein Foto vom Wald im Luberon ins Internet und füge die Frage an: Wer geht gern im Wald wandern? Sofort hagelt es Reaktionen: »Ich fürchte mich zu Tode im Wald; ich würde nur mit anderen zusammen in den Wald gehen; ich würde vielleicht mit ein paar Hunden in den Wald gehen, aber niemals allein; Wald ist der Horror.« Eine Freundin schreibt beherzt: »Ich mag es, wenn es mich im Wald vor Angst schaudert.«

Alle Märchen, die im Wald spielen, sind Geschichten vom Überleben. Schneewittchen, Goldlöckchen und Rotkäppchen werden vom Jäger oder dem schönen Prinzen gerettet. Ein Evolutionspsychologe erklärt, dass die Angst vor dem Wald, vor Schlangen und Spinnen ein Erbe unserer Vorfahren ist, die vor zehntausend Jahren gelebt haben, als es im Wald noch Wölfe gab, als Schlangen- und Spinnenbisse meist tödlich waren: »Wir leben im einundzwanzigsten Jahrhundert, aber unser Gehirn ist in der Steinzeit stecken geblieben.«[38] Dieses Phänomen, dass unser in der Steinzeit konditioniertes Gehirn Befehle aussendet, die in unserer modernen Welt völlig unbrauchbar sind, ist bekannt als Evolutionsfalle.

Unsere Vorfahren kamen aber nicht aus dem Wald, sondern aus der warmen, offenen Savanne, wo sie vor allem ihre Augen benutzten, weniger ihre Nase und die Ohren. Gute Augen waren das A und O. Aber was nützen uns gute Augen im dunklen Wald? Wie Peter Wohlleben in seinem Waldführer schreibt: »Der Mensch ist von Natur aus nicht für das Leben im Wald geschaffen.«[39]

Wie können wir also »das letzte einigermaßen intakte Ökosystem, das wir haben«,[40] lieben lernen?

Mitten in der Nacht schrecke ich aus dem Schlaf. Eine Erinnerung kommt hoch ... Fetzen eines kürzlich geführten Gesprächs ... Gräueltaten im Luberon. Das Massaker von Mérindol, bei dem innerhalb einer einzigen Woche dreitausend

Menschen ermordet wurden. Ich klappe meinen Laptop auf und gebe Ortsnamen ein. Zwei Stunden später färbt sich der Himmel allmählich blau. Ich habe die Einzelheiten eines grauenhaften Massakers zusammengestückelt. Es hat vor fünfhundert Jahren in der Gegend stattgefunden, in der ich gewandert bin. Zwölf Dörfer waren darin verwickelt. Der Weg, auf dem ich geflüchtet bin, hat früher einmal das Dorf, von dem das Massaker ausging, mit den Dörfern verbunden. Sie wurden niedergebrannt, die Einwohner brutal ermordet, vergewaltigt, verbrannt. In jenen Dörfern lebten damals Protestanten, die Waldenser, weil sie den Lehren eines Mannes namens Peter Walden folgten. Die Waldenser waren für die damalige Zeit gefährlich radikal, sie predigten Gewaltfreiheit, übersetzten die Bibel aus dem Lateinischen ins Provenzalische und erlaubten es Laien und Frauen, als Prediger tätig zu sein.[41]

Wie zu erwarten, wurden sie vom Papst zu Ketzern erklärt, und am 15. April 1545 stellte der Baron Jean Maynier – ein schmallippiger, in Pelze gekleideter Mann mit Schlupflidern – im Auftrag des Papstes im Dorf Oppède eine Armee zusammen, mit der er von Dorf zu Dorf zog und sämtliche Bewohner niedermetzelte. Augenzeugenberichte waren derart abscheuerregend, dass der Baron und sein Rechtsanwalt später für ihre Verbrechen ins Gefängnis geworfen wurden. Einige wenige Dörfler konnten entkommen und flüchteten in die Berge, wo sie sich in Höhlen versteckten und am Ende verhungerten.

Normalerweise glaube ich nicht an Geister. Und auch nicht an übernatürliche Phänomene. Aber war es möglich, dass in dem vogellosen, lichtlosen Wald die Geister des Massakers von Mérindol umgingen? Können solche Gräueltaten kaltes Grausen hinterlassen und einen Ort nachhaltig prägen?

Ich entschließe mich, noch einmal in diesen Wald zurückzukehren und den Weg vom anderen Ende her in Angriff zu nehmen. Ich werde früher losgehen, wenn das Licht heller und klarer ist. Wie Beauvoir will ich meinen Mut auf die Probe stellen und meinen Zugriff auf die Welt testen.

In *Das andere Geschlecht* sagt Beauvoir, dass der Körper »eine Situation ist, durch die wir die Welt erfahren und letztendlich Freiheit erlangen«. Aber sie sagt auch, dass der weibliche Körper Nachteile hat, die das Erlangen von Freiheit erschweren. Trotzdem stellt sie klar: Jede Frau kann selbst entscheiden, ob ihr Körper eine Quelle der Unterdrückung oder der Freiheit ist. Nicht unsere Physis behindert uns, sondern die Art und Weise, wie wir sie wahrnehmen. Und diese Wahrnehmung wird vor allem durch eine Gesellschaft beeinflusst, die Frauen dazu bringt, sich selbst als »Objekte« zu sehen, sie von ihrem eigenen Körper zu entfremden.

Aber es gibt einen feinen Silberstreifen am Horizont: Beauvoir fügt hinzu, dass die zusätzliche Komplexität, mit der Frauen leben müssen, auch bereichernd sein kann. Vor allem auf dem Land, wo Frauen aufnahmefähiger seien und sich tiefer mit der Natur verbunden fühlten. Ihr Innenleben erlangt mehr Tiefe, und ihre Offenheit kann eine wertvolle Aufnahmefähigkeit bewirken, und so entwickeln sie eine ganz besondere Liebe zur Natur.

In der Natur, frei von den begierigen Augen der Männer und den kritischen Blicken der Mütter, können Frauen ihre Körper nach eigenem Gutdünken definieren. Freiheit, so Beauvoir, braucht entlegene Räume, um unbehelligt vom Blick der Öffentlichkeit ihre Muskeln spielen zu lassen.

Gegen Ende des genannten Kapitels steht ein Satz, der in der Stunde meiner irrsinnigen Angst direkt zu mir zu sprechen scheint. Ich lerne ihn auswendig, um ihn mit in den Geisterwald zu nehmen: »Aus ihrer Unterwerfung, ihrer Verarmung und der Intensität ihrer Verweigerung kann die Heranwachsende den größten Wagemut ziehen.«[42]

Mit anderen Worten: Unsere Angst kann der Motor unserer Veränderung werden.

Der Himmel ist zartblau mit kleinen Schäfchenwolken. Die schneebedeckten Gipfel des Vaucluse am Horizont glitzern im Licht. Das Wetter scheint perfekt für eine Rückkehr in den Wald, wo es mich so gegruselt hat. Diesmal bin ich besser vorbereitet, ich habe die Route und die Entfernungen genau überprüft. Und ich habe zusätzlich jede Menge Informationen gesammelt und die neuesten Forschungsberichte über Bäume und Wälder gelesen, über die Symbiose zwischen Pflanzen und Bäumen.[43] Bäume haben außerordentlich elterliche Instinkte und ziehen ihre Jungen auf eine Weise groß, die einen in großes Erstaunen versetzt. Ich habe Berichte von Leuten gelesen, deren Blutdruck im Wald auf wundersame Weise sinkt, und von bemerkenswerten Experimenten, bei denen Pinienextrakte Krebszellen schrumpfen lassen.[44] Als ich mich auf den Weg mache, habe ich alle Vorstellungen, die ich je von Wäldern hatte, über den Haufen geworfen. Alle Hirngespinste von Massakern sind durch das, was ich gelernt habe, in den Hintergrund getreten. Und ich murmele immer wieder das Wort »Waldeinsamkeit« vor mich hin, ein deutsches Wort, das den Frieden beschreibt, den man im Wald findet.

Ich betrete den Wald über denselben schmalen, gewundenen Pfad entlang der Kalksteinfelsen. Erst geht es bergauf, dann bergab. Eichen, Lärchen, junge Eschen, junge Kirschbäume, Birken und Ahornbäume drängen sich zum Licht. Das Blätterdach wird immer dichter. Die Luft wird kühler. Das Vogelgezwitscher verstummt. Mein Herz macht einen Satz, doch ich ignoriere es. Mit einem meiner Stöcke stupse ich schwarze Pilze groß wie Untertassen an, die glänzen wie nasser Lakritz. Ich greife mit den Fingern in frisch aufgewühlte Erde – hier haben sich Wildschweine vergnügt – und halte sie mir an die Nase. Ich betrachte das grüne Moos an den Ästen der Bäume und gerate in Begeisterung über Baumstümpfe mit Halskrausen aus Pilzen in Orangerot, Zimtbraun und Taubengrau. Mein neues Wissen über Wälder und Bäume, über die Erde, in der sie wachsen, verändert die Art, wie ich gehe, wie ich schaue, was ich sehe.

Als der Wald immer dichter und düsterer wird, kann ich meine Beklemmung abschütteln, denn ich weiß jetzt, warum das so ist: Je weniger Licht durch das Geäst nach unten dringt, desto kräftiger und gesünder sind die Schösslinge. Laut Peter Wohlleben sind »Baumkinder« in dunklen Wäldern häufig breiter als hoch. Sie warten, sammeln Kraft und Energie, um einen großen Baum ersetzen zu können, wenn er stirbt. Ich betrachte die Schösslinge, vergleiche ihre Breite mit ihrer Höhe. Die kräftigen Äste weiter oben schützen ihre Nachkommen vor zu viel Hitze und zu viel Licht. Diese Bäume wetteifern um Sonne, und ihre Wurzeln um Wasser, sie teilen Nährstoffe mit anderen, ernähren ihre Baumfamilie. Ich befühle die rote Erde und stelle erleichtert fest, wie feucht sie ist, denn es bedeutet, dass keiner der Bäume vor Durst weinen muss (eine weitere neue Offenbarung in Bezug auf Bäume).[45]

Ich gehe weiter durch den Wald, beschwingt von dem Kaleidoskop aus Farben, Gerüchen und Erkenntnissen, und auf einmal weiß ich genau, wo ich bin. Ich habe die Stelle erreicht, wo ich vor einer Woche vor Angst die Flucht ergriffen habe. Ich bleibe stehen und lausche. Stille. Vollkommene Stille. Die Luft fühlt sich seltsam verdichtet an. Verfestigt, als bliese hier kein Wind. Aber diesmal weiß ich, dass das nächstgelegene Dorf nur ein paar Kilometer entfernt ist, und ich in zwanzig Minuten dort sein kann, dass der Weg ins Licht und in die Weite führt. Ich gehe weiter, jetzt ein bisschen schneller, frage mich, was diese Bäume gesehen haben, ob in den Baumstämmen, in den Ästen, in der Rinde, in den unzähligen Pilzen, die in der feuchten Erde unter meinen Füßen ein Netzwerk bilden, Erinnerungen stecken. Denn Bäume können zählen und sich erinnern, sie können die Kaugeräusche einer Raupe erkennen, die sich an ihrer Rinde gütlich tut.

Als ich das Dorf erreiche, ist mir ganz schwindlig vor Glück und Freude über meine Freiheit. Ich mache kehrt und marschiere auf direktem Weg zurück in diese Kathedrale aus Bäumen – ohne den geringsten Anflug von Angst.

Frieda und Lawrence glaubten, dass mit zunehmendem Wissen das Staunen abnimmt. Aber sie irrten sich. Nan Shepherd war da anderer Meinung. Sie schrieb: »Wissen nimmt nicht das Geheimnisvolle.« Sie hatte recht. Unser neu gewonnenes Wissen über Wälder und Bäume, über Erde und Pilze und Insekten kann doch nur unsere Neugier anstacheln! Kann uns doch nur staunen lassen! Uns Dinge lieb und teuer werden lassen, die uns vorher angewidert oder eingeschüchtert haben!

Trotzdem ist das Staunen – oder die Ehrfurcht – eine Erfahrung, die eher mit »dem Großartigen und Göttlichen in der

Natur«[46] assoziiert wird – mit Bergen, Wasserfällen, weitem Himmel. Das junge Forschungsgebiet der Forstwissenschaft zeigt uns, dass Wälder – mit all ihren unsichtbaren Wundern – allen Grund zum Staunen bieten. Die Wissenschaft des Staunens (ja, das gibt's tatsächlich) bestätigt das. Wenn wir etwas betrachten, das wir noch nie zuvor gesehen haben, kann es uns staunen, das heißt, Ehrfurcht empfinden lassen, sagt die Psychologin Amie Gordon. Staunen und Ehrfurcht werden häufig durch das Unerwartete ausgelöst. Aber was könnte unerwarteter sein als die Erkenntnis, dass Waldboden Bakterien enthält, die gegen Depressionen helfen, Bäume in Familienverbänden leben und Birken mit ihren herunterhängenden Ästen ihre Nachbarn in Schach halten?

Mithilfe solcher erstaunlichen Einzelheiten können wir Angst abschütteln und eine neue Ebene der Freiheit entdecken. Auch wenn ich mir nicht sicher bin, dass wir die Angst ganz und gar loswerden. Vielleicht sortieren wir sie ja auch nur in die faszinierende Unordnung unseres Lebens ein. Vielleicht müssen wir einfach akzeptieren, dass Angst, selbst eingebildete Angst, ein wichtiger Teil unseres Lebens ist.

Alle mir bekannten Wanderinnen haben irgendwann Angst erlebt. Auch das hat meiner Angst den Stachel genommen und mir geholfen, sie vorsichtig zu akzeptieren. Selbst die Weltenbummlerin Rosie Swale (eine der mutigsten, verwegensten Frauen der Welt, die es sogar mit sibirischen Wölfen und Äxten schwingenden Männern aufgenommen hat) schreibt, dass sie Angst und Schrecken empfunden hat, als sie sich auf ihrer Zweitausendzweihundert-Kilometer-Winterwanderung quer durch Wales im Wald verirrt hat.[47]

Angst ist nicht geschlechtsspezifisch. Männliche Wanderer

erwähnen sie nur mit keinem Wort in ihren Berichten. John Hillaby, einer der berühmtesten Wanderer (der wie ich an Höhenangst litt), hat uns sein Geheimnis in einem beiläufig hingeworfenen Satz am Ende seines Wanderberichts *Journey Through Europe* von 1972 verraten: »Angst ist etwas, worüber die meisten Menschen kaum oder gar nicht sprechen, und mir geht es da nicht anders«, schreibt er. Mit Menschen meint er vermutlich Männer, denn Frauen gehen mit dem Thema eher offen um.

Doch dann ändert sich Hillabys Ton: »Ich würde die Tatsachen beschönigen ... wenn ich nicht offen zugäbe, dass ich oft Angst hatte.«

Ich gebe zu, ich habe einen Freudentanz aufgeführt, als ich diese Zeilen gelesen habe. Irgendwann hat jeder Angst. Nur manche tun einfach so, als wäre es anders. Fairerweise muss man allerdings sagen, dass heutzutage auch männliche Wanderer mit erfrischender Offenheit von ihren Ängsten berichten.

Ich packe ein Sandwich und eine Wasserflasche ein und begebe mich auf eine Tagestour durch die Berge und Wälder des Luberon. Der Himmel ist kristallblau. Die Bäume stehen in Flammen – golden, scharlachrot, bronzefarben –, und der Geruch nach Holzfeuer liegt in der Luft. Die fernen Berge, hier und da hinter Wolken verborgen, schimmern schiefergrau.

Ich nehme den Schotterweg, der sich durch den Wald und über die Kalksteinklippen bis zum nächsten Dorf windet. Beim Näherkommen höre ich Hundegebell, Glockengebimmel, Schüsse. Ich frage einen Bauern, der seine kahlen Rebstöcke beschneidet, ob man gefahrlos in die Berge gehen kann.

Er zeigt auf seine Brust, und ich sehe, dass er eine kugelsichere Weste trägt. Dann erklärt er mir in rasantem Französisch, dass ich heute nur in die Berge gehen kann, wenn ich auch eine kugelsichere Weste trage.

Heute sei Treibjagd auf Wildschweine. Mit Hunden, die Glocken um den Hals tragen. Falls ich also unbedingt wandern wolle, würde ich womöglich von durchgedrehten, blutrünstigen Hunden zerrissen oder von einem verängstigten Wildschwein angegriffen werden (das mich fressen werde, falls ich eine blutende Wunde davontrage). Oder einer der Jäger könne mich anschießen (alles Männer, sagt er, *pas de femmes*).

Wieder zeigt er auf seine kugelsichere Weste. Wenn er schon Angst hat, eine Kugel abzubekommen, während er im Tal seine Reben beschneidet, wäre es ziemlich verrückt, den Wald zu betreten. Ich gehe bis zu dem Parkplatz am Fuß der Berge, wo die Jäger ihre Autos geparkt haben. Zwei Pick-ups. Also sorgen zwei Männer dafür, dass heute niemand das riesige Waldgebiet betreten kann. Haben Männer sich nicht schon immer die Wildnis genau auf diese Weise angeeignet, während Frauen außen vor gehalten und zurück ins Haus und an den Herd geschickt wurden?

Wenige Monate vor ihrem Tod war Beauvoir noch einmal in ihren geliebten Alpen, diesmal mit dem Auto in Tirol. Im Jahr davor hatte sie – auch mit dem Auto – die Niagarafälle besucht, war dem Lauf des Hudson gefolgt und hatte den Acadia National Park in Maine erkundet. Eigentlich assoziiert man sie eher mit den Cafés von Paris, aber die freie Natur hat während ihres ganzen Lebens zu ihrer Selbstfindung gehört. Ihre anstrengenden, beglückenden Wanderungen, egal, ob auf dem Land oder in der Stadt, haben einen wichtigen Teil ihrer Persönlichkeit ausgemacht, ihr geholfen, sich mit ihrem Körper auszusöhnen, nachdem ihre fromme katholische Erziehung sie zu einem reinen, körperlosen Geist gemacht hatte.[48] »Wer das Vertrauen in seinen Körper verliert, verliert das Vertrauen in sich selbst«, lautet eine ihrer berühmten Aussagen.[49]

Im Alter von fünfundfünfzig wurde Beauvoir von depressiven Gedanken erfasst. Sie grübelte über ihren Tod nach, trauerte um all die Erfahrungen, die mit ihr untergehen würden, all die Orte, die sie besucht hatte ... »die Stierkampfarenen von Huelva, der candomblé von Bahia, die Dünen von El Oued, die Wabansia Avenue, die Morgendämmerung der Provence, Tiryns ... ein schwefelgelber Himmel über einem Wolkenmeer, die purpurroten Buchen, die weißen Nächte von Leningrad, die Glocken der Befreiung, ein orangefarbener Mond über dem Piräus, eine rote Sonne, die über der Wüste aufgeht ...«[50]

Ihre wehmütigen Worte lassen vermuten, dass sie sich dem Tod nahe fühlte. In Wirklichkeit hat sie danach noch dreiundzwanzig Jahre gelebt. Aber ihre Worte (die später auf ihrer Beerdigung vorgetragen wurden) zeigen auch ihre Gabe, das Glück zu beschreiben, das unter freiem Himmel zu finden ist. Wie in Shepherds *Der lebende Berg* sind dies ungestüme Worte, die von den Seiten purzeln, die vor Erwartung und Vorfreude pulsieren und uns an das »einzigartige Wunder des Lebens« erinnern,[51] an das Leben, »das explodiert, anhaftend, reichhaltig und oh, so wohlriechend«[52] ist.

Mit ihrer kunstvollen Prosa zeigen uns Beauvoir und Shepherd, wie wir unseren Körper zu einer sinnlichen Quelle der Freiheit und der Freude machen können, wie wir durch unseren Körper leben. Aber sie erinnern uns auch daran, wie sehr wir mit der lebendigen Welt verbunden sind – mit unser aller

Zuhause. Sie zeigen uns nicht nur, wie wir uns selbst finden, sondern auch, wie wir dazugehören.

Ich beende meine Arbeit an diesem Kapitel im Luberon, wo ich jeden Morgen und jeden Abend durch den menschenleeren Wald wandere. Ich habe mir ein letztes Ziel gesetzt: Ich möchte die vier Kilometer lange Strecke in der Abenddämmerung wandern. Nach drei Wochen – inzwischen bin ich mit meiner Strecke vertraut –, macht es mir keine Angst mehr, in der Dämmerung loszugehen. Nach vier Wochen traue ich mich, bei hereinbrechender Dunkelheit zu wandern. Noch vor einem Jahr hätte ich das nicht gekonnt, ja, ich hätte es nicht einmal in Erwägung gezogen; schon die Vorstellung, allein im dunklen Wald zu sein, hätte mich in Angst und Schrecken versetzt.

An meinem letzten Abend versinkt die Sonne hinter den Bergen mit einem Feuerwerk in Pink, Lila und Gold. Der Mond geht auf, eine von Kratern übersäte Eiswaffel am blauschwarzen Himmel. Ich gehe durch den Wald, lausche auf das Fiepen und Rascheln unzähliger unsichtbarer Geschöpfe, atme den Duft von Kiefernnadeln, Harz und Erde ein. Ich ziehe die Schuhe aus und spüre den weichen Boden unter den Füßen. Eine leichte Brise zupft an meinen Haaren. Ich fühle mich ein bisschen losgelöst, so als hätte ich überraschenderweise einen Teil von mir abgestoßen. Als hätte ich einen alten Morgenmantel abgelegt und stünde plötzlich in einem glitzernden Abendkleid anstatt in einem alten Schlafanzug da.

Ich habe wohl eine Hautschicht aus Angst und Beklemmung abgestreift. Angst und Beklemmung, die ich von meinen Vorfahren geerbt habe, die von der Gesellschaft kultiviert und fermentiert wurde, die sich verstärkte, als ich Mutter wurde. Die ich jetzt nicht mehr brauche. Angst und Beklemmung, die mich viel zu lange eingeengt und behindert haben.

Vergessen Sie nicht: Das Ich ist kein festes Ding, sondern ein Werden – immer weiter, bis wir sterben.

7

AUF DER SUCHE NACH RAUM: GEORGIA O'KEEFFE

Texas, New Mexico, Wüsten und Ebenen, Vögel, Dunkelheit, Wind, Kreativität, keine Angst, Emma Gatewood, Gedanken an ein Zuhause.

»Die Luft macht frei – frei von allem ... Irgendwie will ich keine Leute um mich – nur Raum.«
Georgia O'Keeffe in einem Brief an Alfred Stieglitz,
9. Oktober 1916

Es gab eine Zeit in meinem Leben, da hatte ich einen Tick mit Wüsten. Ich war extrem gestresst, arbeitete Vollzeit in einem anstrengenden Job, war schwanger mit meinem dritten Kind, musste mich um einen Säugling und ein Kleinkind und meine Karriere kümmern, die im Dotcom-Fieber des neuen Jahrtausends auf Hochtouren lief. Ich ging total auf dem Zahnfleisch. Und innerlich war ich dabei, ganz still zu implodieren. Die freie Natur hatte ich immer als Zufluchtsort genutzt, aber jetzt war ich zu erschöpft, zu beschäftigt, zu eingespannt, um irgendwo anders zu sein als an dem Ort, an dem ich wohnte und arbeitete – London. Was mich nicht weiter störte, denn Bäume, Parks und Blumen waren für mich sowieso zu kompliziert geworden. In meinem Gefühlshaushalt gab es keinen Platz für ihre Komplexität. Es war die Wüste, nach der ich mich sehnte. Irgendwann konnte ich an nichts anderes mehr denken und von nichts anderem mehr träumen als von weichen Dünen und einem Horizont, der von keinem Baum und keinem Gebäude unterbrochen wurde. Vor meinem geistigen Auge sah ich nur noch Sand und Himmel. Mehrere Wochen lang bestimmten Bilder von der Wüste meine Fantasie, halfen mir beim Einschlafen und beruhigten mich an meinen hektischen Tagen, wenn mir alles zu entgleiten schien.

Anfangs betrachtete ich das als Zeichen, dass ich eine Wüste aufsuchen musste. Doch dann überzeugte mich ein Absatz aus dem Tagebuch der niederländischen Autorin Etty Hillesum, dass meine Fantasien weniger mein Bedürfnis ausdrückten, in die Sahara zu reisen, als die dringende Notwendigkeit, Ordnung in meinem Leben zu schaffen.

»Der ganze kleinbürgerliche Kram, alles Überflüssige muss innerlich beiseitegeschoben werden… Der Zweck (des Meditierens) sollte sein: dass man sich innerlich zu einer großen Ebene ausweitet, ohne all das heimtückische Gestrüpp, das die Aussicht behindert. Dass etwas von ›Gott‹ in einem erwächst … dass auch eine Art ›Liebe‹ entsteht … eine Liebe, mit der man in der kleinen alltäglichen Praxis etwas anfangen kann.«[1]

Als der chronische Stress nachließ, verschwand auch meine Sehnsucht nach Leere. Ich hatte mein Leben ziemlich gründlich ausgemistet und meine Vollzeitstelle aufgegeben, damit ich mehr Zeit und Ruhe für unsere Kinder hatte. Ich vergaß meine Wüstenfantasien und wandte mich wieder allem Lebendigen und Ungeordneten zu.

Irgendwann musste ich wieder an Georgia O'Keeffes Briefe denken, die ich in der Zeit gelesen hatte, als meine Nerven blank lagen. O'Keeffe war eine Frau, die in der Leere Trost und Erfüllung gefunden hatte. Sie brauchte leere Landschaften, um »eine weite, leere Ebene« aus ihrem »Innersten« zu machen. Sie mochte »kleine, alltägliche Dinge« wie Kiesel, Knochen, Federn, denn die erzählten »von der Weite und Schönheit der Welt«. Und sie konnte sich noch mehr für diese kleinen Dinge begeistern, wenn sie von Weite umgeben war. Sie schaffte Ordnung in ihrem inneren Chaos, indem sie sich in die Weite der Natur begab. Und irgendwie konnte ich das nachvollziehen.

O'Keeffes Leben erzählt davon, wie sie sich tastend selbst gefunden hat, wie sie sich wieder verlor und dann ganz neu erfunden hat. Es ist eine Reise, die sich in ihrer Kunst widerspiegelt, in unzähligen Fotos und Briefen von ihr. Aber vor allem ist es eine Reise durch weites, leeres, windgepeitschtes Land.

Trotz all meiner Wüstenfantasien war ich in Wirklichkeit noch nie in einer derart weiten, offenen, dem Wind ausgesetzten Gegend gewesen wie dem Texas Panhandle, wo O'Keeffes Künstlerkarriere Gestalt annahm. Im Internet fand ich Bilder von der texanischen Hochebene: kahl, öde, total unwirtlich. Die Vorstellung von so viel Leere jagte mir Angst ein. Wie sollte ich eine Landschaft verstehen, in der es keine Hecken und Wasserläufe gab, keine Felder, Hügel und Wälder?

Vor vielen Jahren waren Matthew und ich einmal über die (winzige) Hochebene von Wiltshire gewandert. Wir sind vorzeitig umgekehrt, weil Kampfflugzeuge so tief flogen, dass sie uns fast zu berühren schienen, und als es dann auch noch anfing zu regnen, gab es weit und breit nichts, wo man sich unterstellen konnte. Wir haben uns äußerst ungeschützt gefühlt. Als wir schließlich im Zug zurück nach London saßen, waren wir uns ganz sicher, dass Ebenen zum Himmel hin zu offen sind, zu weiträumig. Und außerdem langweilte uns ihr monotoner Anblick – es gab nichts für das Auge. All das Nichts.

Als ich mitten in der Planung für meine Pilgerfahrt in O'Keeffes Land steckte, lernte ich einen Amerikaner namens Bob kennen, der Stiefel mit Absätzen trug und mir erklärte, ich müsse verrückt sein zu glauben, ich könnte Texas zu Fuß in Angriff nehmen. »In Texas geht kein Mensch zu Fuß«, sagte er. »Das ist Autoland.«

Er versicherte mir, Amarillo (wo O'Keeffe anfangs gewohnt hat) sei die hässlichste Stadt in ganz Amerika, und ich solle nicht so dumm sein, dort ohne Fluchtauto hinzufahren. Und mit einem Greyhound-Bus von Amarillo nach Santa Fe zu fahren, sei sowieso die bescheuertste Idee überhaupt. »Mit einem Greyhound-Bus fahren Junkies und Obdachlose«, sagte er. »Die haben Knarren dabei, und das heißt, du brauchst auch eine.«

O'Keeffe ist mit dem Zug von Amarillo nach Santa Fe gefahren, aber diese Bahnstrecke existiert nicht mehr, deswegen und weil Beauvoir mit dem Bus gereist ist, als sie 1947 die USA durchquert hat, schien mir der Greyhound-Bus eine gute Lösung zu sein.

Aber was Bob mir erzählte, schreckte mich ab. Ich wollte nicht in einem hermetisch abgeschlossenen Auto fahren. Aber ich wollte auch nicht mit einer Pistole bewaffnet in einem Greyhound-Bus sitzen – oder in einem erschossen werden. Schließlich gelangte ich zu der Überzeugung, dass ich mich in der unbegehbaren texanischen Hochebene und der Wüste von New

Mexico weder wohlfühlen noch O'Keeffe dort finden würde. Und wenn ich sie nicht fand, wie sollte ich dann ihr langes Ringen um Freiheit verstehen – ein Drama, das sich meist abgespielt hatte, wenn sie zu Fuß unterwegs war, und zwar vor einem Hintergrund aus rotem Staub und weitem Himmel. Plötzlich kamen mir meine Reisepläne verrückt, naiv und schlecht durchdacht vor.

Und was in aller Welt hatte überhaupt dazu geführt, dass O'Keeffe sich so stürmisch in Amerikas hässlichste Stadt verliebt hatte?

Bob mit den hohen Stiefelabsätzen hatte – zumindest teilweise – recht. Bei den Vorbereitungen meiner Reise stellte ich fest, dass sich die Blockhütte, die ich gemietet hatte, über dreißig Kilometer vom Flughafen entfernt befand. An diesem Flughafen gab es weder eine Bushaltestelle noch einen Bahnhof oder einen Taxistand, und er lag knapp fünfundzwanzig Kilometer entfernt von der nächsten Tankstelle, dem nächsten Laden und dem nächsten Café. Vor lauter Schreck habe ich ein Auto gemietet und Matthew gebeten, mich zu begleiten, damit er miterlebte, wie fehl ich mich am Platz fühlte, weil ich aus dem ach so kleinen England in das Land kam, das zu groß war, um es zu erwandern.

O'Keeffe hat immer behauptet, sie habe weder Talent noch »eine besondere Begabung«, dafür könne sie hart arbeiten und besitze »eine gewisse Unerschrockenheit ... hauptsächlich eine große Portion Unerschrockenheit«. Und in der rauen, einsamen Weite der texanischen Prärie begann O'Keeffe, langsam und mühsam, diese »Unerschrockenheit« zu entwickeln.

Mir entgeht nicht das Ironische daran – ich muss jetzt auch meine Unerschrockenheit finden.

Am 15. August 1912 begrüßte die Tageszeitung *Amarillo Daily News* Miss Georgia O'Keeffe, die in der gerade neu eröffneten Highschool ihren Dienst als Zeichenlehrerin antrat. Sie war sechsundzwanzig Jahre alt und auf der Flucht vor ihrem Zuhause – einem Haus in Charlottesville, Virginia, wo ihre an Tuberkulose erkrankte Mutter illegal Fremdenzimmer vermietete, und wo O'Keeffe, »bettelarm und schäbig gekleidet«, den Gästen das Essen serviert hatte. Ihr Vater, der nach mehreren Firmenpleiten mit der Schande nicht leben konnte, hatte sich aus dem Staub gemacht und versuchte sein Glück woanders.

Im Lauf von zehn Jahren war die ehemals wohlhabende Familie O'Keeffe, die in Sun Prairie, Wisconsin, eine riesige Farm betrieben hatte, völlig verarmt. Nicht nur konnten die O'Keeffes sich nicht länger die vornehmen Kleider, Kutschen und anderen Annehmlichkeiten leisten, die sie gewohnt waren, sie konnten nicht einmal mehr das Schulgeld für ihre sieben Kinder bezahlen.

Nach zwei zermürbenden Jahren als Illustratorin in Chicago hatte O'Keeffe ihre Träume von einem Leben als Künstlerin aufgegeben. Sie wusste, dass ihre Mutter sterben würde – die Tuberkulose war hochansteckend und hatte bereits drei ihrer Onkel dahingerafft (den letzten hatte ihre Mutter bis zu seinem Tod gepflegt), und ihr war klar, dass sie für ihren Lebensunterhalt selbst sorgen musste. Zwar hatte sie mehrere Kunstschulen besucht und verschiedene Preise gewonnen, aber eine offizielle Ausbildung zur Kunstlehrerin besaß sie nicht. Als sie in Amarillo eintraf, berichtete die *Amarillo Daily News* irrtümlicherweise, sie habe »die beste Qualifikation, die es in ihrem Beruf gibt«. Um nicht aufzufliegen, hielt O'Keeffe sich von ihren Kollegen fern und mietete sich ein Zimmer in einem billigen, vor allem von Cowboys frequentierten Hotel.

O'Keeffe, die mit Geschichten über Billy the Kid und dem Wilden Westen groß geworden war, hatte den Mythos von Tatendrang, Neuanfang und Freiheit mit der Muttermilch aufgesogen. »Ich fand es total aufregend, da hinzugehen, wo Billy the Kid gewesen war«, erinnerte sie sich. Mit der Entscheidung für Texas, das in den USA als letzte Gegend besiedelt wurde, gab sie sich selbst stillschweigend die Erlaubnis, wild zu sein, sich von den Traditionen und Einschränkungen des konventionellen Amerika zu befreien – ebenso vogelfrei zu werden wie Billy the Kid. O'Keeffe wusste, dass sie sich in Männerland begab, und schrieb von ihrer Sehnsucht, »ein Mann zu sein«, damit sie sich auf die »Suche nach der großen Einsamkeit« machen konnte, »weit weg von den Leuten«. Sie assoziierte das Land mit Männern, die Freiheit und Einsamkeit der freien Natur mit Männlichkeit und Autonomie.

Diese Freiheit und Unabhängigkeit war es, wonach sie sich sehnte. »Die Männer aus meiner Familie würde ich niemals um etwas bitten«, schrieb sie trotzig. Durch eine Landschaft zu wandern, die sie gedanklich mit Cowboys und Büffeljägern verband, gab ihr ein Gefühl von Unabhängigkeit. Gleichzeitig fühlte sie sich eingeschüchtert von der Weite. Sie habe »nicht den Mut, allein so weit zu gehen«, wie sie es gern getan hätte, klagte sie einmal; es war eine Angst, gegen die sie ihr Leben lang ankämpfen sollte.

O'Keeffe war völlig fasziniert vom Llano Estacado, dem südlichsten Ausläufer der großen Präriegebiete. Ich brauchte »nur ins Nirgendwo und in den Sonnenuntergang hineinzuwandern«, erinnerte sie sich. »Die Prärie war wundervoll – sanfte Bodenwellen – trockenes Gras – solche Stille und solche Weite ist einfach großartig.«[2] Sie liebte das unbeständige Wetter, den heftigen Wind, das Land, das sich flach und leer bis in die Unendlichkeit ausdehnte. Die Begeisterung für die Landschaft spricht aus ihren Briefen, in denen (innerhalb von siebzehn Monaten) das Wort »wundervoll« fünfzigmal vorkommt. In einem einzigen Brief schreibt sie neunmal, dass sie die Landschaft »liebt« und »ganz verrückt« nach ihr ist.[3]

Sie war schon immer gern gewandert, aber in West Texas stellte das Wandern nicht mehr nur einen Zeitvertreib dar, sondern wurde zu einem Teil ihrer Persönlichkeit. Im Winter schob sie sich zum Schutz gegen den Wind Zeitungen unter die Jacke. Im heißen Sommer war sie, wenn sie von einer Wanderung zurückkehrte, von Kopf bis Fuß mit rotem Staub bedeckt, »der Farbe der Straße«.

»Ach, die Sonne war heiß, und der Wind brutal, und im Winter war es eiskalt, aber ich war einfach verrückt danach«,[4] schrieb sie einmal.

Später beschrieb sie die Prärie als »der einzige Ort, wo ich mich je heimisch gefühlt habe«, als »mein Land – schrecklicher Wind und eine wunderbare Leere«. Immer wieder sagte sie, sie fühle sich wiederhergestellt von der »Leere«, belebt von dem »Nichts«. Als sie mit über neunzig gefragt wurde, was nach ihrem geliebten Zuhause – der Ghost Ranch in New Mexico – ihr liebster Ort auf der Welt sei, antwortete sie, ohne zu zögern: »Amarillo, Texas«. Nicht Bermuda, Hawaii oder Japan oder einer der vielen exotischen Orte, die sie besucht und bewundert hatte, sondern jene karge, wasser- und baumlose Landschaft, wo sie zum ersten Mal die Erdkrümmung gesehen hatte.

Wie kann das Wandern von einer Beschäftigung zu einem Teil der Persönlichkeit werden?

Gespannt auf die Antwort auf diese Frage springe ich aus dem Bett, immer noch etwas benebelt vom Jetlag. Ein Informationsblatt auf dem Küchentisch warnt mich vor starkem Wind, Klapperschlangen, giftigen Tausendfüßlern, Stechfliegen, umherstreifenden Kojoten, Blitzschlägen und Tornados. In einem fett gedruckten Absatz wird auf die Zahl der Menschen aufmerksam gemacht, die jährlich durch Dehydrierung, Stürze oder Sturzfluten ums Leben kommen. Darauf folgt eine Liste mit Notrufnummern. Zum Schluss dann die Warnung in Großbuchstaben, nicht in der Nähe der hohen Felsen zu wandern. Sie sind porös, und es ist mit Steinschlag zu rechnen. GEFÄHRLICH.

Der Himmel ist tintenblau und so weit, dass mir der Atem stockt. In einer Ecke hängt ein Halbmond, silbern, durchsichtig wie Eis, winzig in einem Meer aus Dunkelheit. Ich gehe den Weg entlang in Richtung Osten auf einen schmalen, blassen Lichtstreifen zu. Die reglose Stille erinnert mich an die schottischen Cairngorms. Aber diese unendliche Weite, der immense Himmel – so etwas habe ich noch nie erlebt. Als meine Augen sich an die Dunkelheit gewöhnt haben, erkenne ich knorrige Büsche, Stacheldraht, schlafende Rinder mit langen, gebogenen Hörnern.

Ein leiser Ruf wie von einer Eule erklingt über der Prärie. Ein Kojote heult. Ein Hund bellt. Dann herrscht wieder vollkommene Stille. Ich habe das seltsame Gefühl, als stünde ich am Rand der Welt. Als könnte der Himmel mich mikroskopisch kleines Wesen mit einem einzigen Atemzug aufsaugen. Ich folge dem Weg an unserer Hütte. Ganz langsam geht die Sonne auf. Und plötzlich entflammt der Horizont in Streifen aus Orange, Lavendel und Rosa. Innerhalb von Minuten steht die Sonne am Himmel und überflutet das Land mit perligem rosafarbenem

Licht. Vor mir erstreckt sich das flache Land mit seinem ausgebleichten Büffelgras, abgetrennt von der riesigen Himmelskuppel durch eine feine, schnurgerade Linie.

Im ersten Licht ist alles rund. Mir ist, als würde ich auf einem riesigen Ball herumeiern, als wäre ich das einzige menschliche Wesen, als befände ich mich im Zentrum des Universums. Als würde ich zugleich am Rand der Welt und in ihrer Mitte balancieren. Ich komme mir so winzig vor wie eine Ameise.

Es gibt nichts, was meinen Blick behindert, aber auch nichts, woran er hängen bleiben könnte – weder Hügel noch Berge, Gebäude oder Bäume. Nur ich und das Land und der Himmel. Der Raum summt, er ist endlos und furchteinflößend, und doch fühle ich mich in ihm aufgehoben. So als würde seine Leere mich halten, mich umhüllen, als wäre ich ihr schlagendes Herz.

Meine Hand tastet zur Hosentasche, aber ich widerstehe dem Impuls, mein Handy herauszunehmen. Ich möchte diesen Ort aufsaugen, möchte verstehen, warum er mir Orientierung gibt, und ich zugleich die Orientierung verliere.

Im Flugzeug habe ich einen Aufsatz darüber gelesen, wie bestimmte Landschaften eine Raumwahrnehmungsstörung in uns auslösen. Der Autor vermutet, dass Menschen mit einer ausgeprägten Fantasie von einer solchen Raumwahrnehmungsstörung auf sich selbst zurückgeworfen werden, auf ihr Innenleben. Die leere Landschaft wird zu einer Art Brutkasten für Gedanken und künstlerischen Ausdruck.[5] Einfach ausgedrückt: Wenn draußen nichts ist, wendet sich der Blick nach innen. Auf jeden Fall stimmt es, dass O'Keeffe während ihrer Jahre in Texas dazu angeregt wurde, ganz außergewöhnliche Bilder zu malen, »die aus meinem Kopf kamen«.

Diese Theorie spielt jedoch herunter, wie sehr die Landschaft zu ihr gesprochen hat. O'Keeffe hat sehr viel Energie darauf verwandt, Dinge zu reduzieren, alles in ihrem Leben schlicht und einfach zu halten. Sie trug nur Schwarz und Weiß. Sie schminkte sich nicht und färbte sich nicht die Haare. Ihre Wohnungseinrichtung war minimalistisch: Sie bevorzugte kahle Wände, und über ihren Sesseln lagen weiße Überwürfe. Kuratoren bat sie, ihre Bilder an weiße Wände zu hängen. »Ich hab's am liebsten so sparsam wie möglich«, hat sie einmal gesagt.[6]

Als ich zur Hütte zurückgehe, ziehen sich über mir weiche, blaue Wolken zusammen. Hier, wo sich nichts anbietet, woran mein Blick sich heften kann, gewinnt das Firmament eine ganz neue Bedeutung. Mir fallen die unterschiedlichen Formen der Wolken auf, ihre verdrehten Enden, die an Knoten in Taschentüchern oder an Kaninchenschwänze erinnern. Manche treiben ziellos dahin und sehen aus wie an den Himmel geschmiert. Andere sind dicht und aufgebauscht, und hinter ihnen schweben zarte Zirruswolken wie Fetzen von Zuckerwatte. Während ich in den Himmel schaue, habe ich das Gefühl, immer leichter zu werden. So als hätte ein Wölkchen sich zwischen meine Schuhsohlen und die Erde geschoben.

Wir genießen die endlose, einsame Weite besonders, wenn wir aus beengten, überfüllten Räumen kommen (wozu auch unser Kopf mit den gnadenlos kreisenden Gedanken gehört). In solchen Momenten können die Weite und die Ausdehnung der Prärie oder des Ozeans unsere Gedanken und Gefühle verändern.

O'Keeffe war immer auf der Suche nach Weite, auf die sie sehr instinktiv reagierte, besonders in Lebensphasen, in denen sie sich unglücklich und niedergeschlagen fühlte. Lange Spaziergänge am Meer, ausgedehnte Wanderungen durch die Prärie oder die Wüste halfen ihr immer wieder, Rückschläge zu verkraften, und waren ihr Quelle der Inspiration.

Irgendwann fing sie an, Raum so zu malen, dass er zum Gegenstand wurde. Mithilfe von Farbe hat sie den Raum als festes, strukturiertes Objekt dargestellt, während sie gleichzeitig die scheinbare Festigkeit der Leinwand weicher gemacht hat. Indem sie der Ferne dieselbe Bedeutung gab wie dem Raum als Objekt, verwandelte sie die Leere und das Nichts in einen »Gegenstand«. Unter ihren kräftigen Pinselstrichen wurde die Leere gegenwärtig.[7]

Vierzig Jahre später, nachdem sie längst nicht mehr in Texas lebte, hat sie immer noch versucht, die endlosen Horizonte der Prärie zu malen, das fahle Licht und die imposante Leere einzufangen.[8]

Ich kehre zurück von meinem Morgenspaziergang mit von der Kälte rosiger Haut und dem unheimlichen Bellen von Kojoten in den Ohren.

Ich hatte damit gerechnet, dass mich die flache, staubige Prärie aufwühlen würde. Stattdessen fühle ich mich unglaublich ruhig. Wenn mich nicht eine von einem Elektrozaun geschützte, geschlossene Wohnanlage aufgehalten hätte, wäre ich vermutlich weiter ins Nichts gelaufen. Immer und immer weiter in diesen Himmelozean hinein.

Ich kann gut nachvollziehen, dass O'Keeffe hier nicht nur sich selbst, sondern auch ihre Kunst neu erfunden hat. Die Prärie wirkt seltsam frei von Vergangenheit und Zukunft, ähnlich wie eine weiße Leinwand. All dieser Raum, der erblüht. So etwas kann Leere bewirken – wenn man sich nicht davon eingeschüchtert fühlt, wenn die harte Gefühllosigkeit der Welt einen nicht niederschmettert.

O'Keeffe hat selbst nie verstanden, warum sie diese unfruchtbare, lebensfeindliche Gegend dermaßen geliebt hat. Sie hielt sich für schrullig. Einer Freundin hat sie einmal geschrieben: »Hier ist nichts – vielleicht stimmt ja etwas nicht mit mir, wenn ich sage, dass mir genau das so sehr gefällt.«[9]

Anderthalb Jahre später versuchte sie immer noch zu verstehen, warum sie so heftig auf diese Landschaft reagierte. »Ich frage mich, warum ich sie so liebe«, schrieb sie, »… ist es nicht merkwürdig, dass ich so gern hier bin – dass es mir hier so unglaublich gut gefällt?«[10]

Auch mir gefällt es hier, allerdings aus ziemlich prosaischen Gründen: In der Prärie fühle ich mich sicher. Wenn man meilenweit sehen kann, und wenn meilenweit nichts zu sehen ist außer Leere und weitem Himmel und gleißendem Licht, dann fragt man sich nicht, wer oder was hinter der nächsten Ecke, dem nächsten Hügel, dem nächsten Baum lauern könnte. Und an das Wetter hat O'Keeffe nicht einmal einen Gedanken verschwendet, weil sie es immer schon »eine Woche im Voraus kommen sah«.

Das Gefühl der Angstfreiheit wird durch die Stille noch verstärkt. Und das liegt daran, dass auch Stille befreit, weil sie uns sagt, dass wir allein und in Sicherheit sind. Wenn das Geheul eines Kojoten kaum zu hören ist, dann wissen wir, dass der Kojote weit weg ist.

O'Keeffe hat es einmal nach einem einsamen mitternächtlichen Spaziergang so ausgedrückt: »Man braucht da draußen vor nichts Angst zu haben, weil da einfach nichts ist.«

O'Keeffe wurde zu einer sehr beliebten und leidenschaftlichen Lehrerin, nachdem sie 1916 nach Texas zurückgekehrt war und sich in Canyon niedergelassen hatte, einer Kleinstadt gut dreißig Kilometer von Amarillo entfernt. In der Zwischenzeit hatte ihr Leben eine Kehrtwendung vollzogen: Eine Freundin hatte ihre Kohlezeichnungen dem Galeriebesitzer Alfred Stieglitz gezeigt, der sie in seiner berühmten Galerie 291 ausstellte.

Ermutigt begann O'Keeffe, wieder zu malen, und ließ sich dabei von der Einsamkeit und der Landschaft der Prärie und des Palo Duro Canyon inspirieren. Der Canyon ist ein fast zweihundert Kilometer langer zweihundertfünfzig Meter tiefer Spalt, der sich durch die Prärie zieht. O'Keeffe bezeichnete den Canyon als »Schlitz«. Wasser- und Winderosionen haben dieses vielfältige und fragile Gewirr aus Geschichte, Geologie, Geografie, wilder Natur und Kultur geschaffen, eine Landschaft aus vielschichtigen Steilhängen, bizarren Gipfeln und fantastischen Felsformationen, die aussehen wie riesige umgekippte Pilze. Im Lauf von 246 Millionen Jahren ist eine bunt gestreifte Landschaft aus Sandstein, Schiefer, Lehm und Gips entstanden – ein vergängliches Kaleidoskop aus Karminrot, Orange, Perlgrau, Ocker, Pink und Kristallweiß.

O'Keeffe war total begeistert von dem Canyon, sie schwärmte von seinen gewaltigen Dimensionen, seinen »riesigen Erhebungen«, seinen »steilen Hängen«, seinen »dicken, struppigen Zedern« und seinen Farben. »Ich bin hingerissen«, schrieb sie. »Ich kann gar nicht genug davon bekommen ... Es macht mich fast verrückt.« Sie hat alle weibliche Zurückhaltung sausen lassen, konnte gar nicht mehr aufhören, in den roten Felsen herumzukraxeln. Manchmal ist sie extra in Schuhen mit hohen Absätzen losgezogen, damit sie nicht kletterte.[11]

Immer wieder malte sie den Canyon, gewann mit der Zeit mehr Selbstvertrauen und wurde verspielter. Sie vereinfachte und abstrahierte seine Formen, Linien und Farben. Die Farben (»Lavendel und Pink und Rot und Blau«), die Linien (die »ungeheure Linie«, wo Erde und Himmel sich berührten) und die Formen waren so kräftig und ausgeprägt, wie sie es noch in keiner Landschaft gesehen hatte. Aus dieser Phase stammen einige der verwegensten und originellsten Bilder, die O'Keeffe in sechzig Jahren gemalt hat.

O'Keeffe ist Viehspuren gefolgt, aber Matthew und ich nehmen einen schmalen, gewundenen Pfad, der auf den Grund des Canyon führt. Die milchige Luft ist eisig, und während die Sonne langsam von Osten nach Westen wandert, ändern sich die Farben des Gesteins, werden erst heller, dann dunkler, dann wieder schimmern sie im oszillierenden Sonnenlicht, sodass der Canyon sich auszudehnen und wieder zu schrumpfen scheint.

Die Luft fühlt sich reglos an – wie zusammengestaucht von der Last der Vergangenheit, von Tausenden Jahren überlagernder Geschichte. Zwölftausend Jahre lang bewohnten amerikanische Ureinwohner dieses Gebiet, Jäger und Sammler, Bauern, die sich nahmen, was sie brauchten, und den Canyon so hinterlassen haben, wie sie ihn vorgefunden hatten. Seit O'Keeffes Zeit hat sich ein Großteil des Millionen Jahre alten Canyons sehr verändert. Eine asphaltierte Straße führt hindurch. Ein Open-Air-Theater, öffentliche Toiletten, Burger-Restaurants, Parkplätze und Ferienhütten wurden in seine Hänge gebaut. Die Ureinwohner und die Büffel sind verschwunden.

Wir studieren unsere Karte und versuchen, den von Schwarzpappeln gesäumten Bach zu finden, an dem O'Keeffe oft entlanggewandert ist. Ein Mann und eine Frau, schwer bepackt mit Kameras, Ferngläsern und Rucksäcken, bieten an, uns den Weg zu zeigen, sagen, sie seien auch dorthin unterwegs. Matthew und ich schauen uns an, wir haben denselben Gedanken: Jemandem folgen ist eigentlich nicht dasselbe wie umherstreifen, jemandem folgen ändert alles. Doch wir nicken wortlos, immerhin hat es in unbekanntem Gelände auch seine Vorteile, wenn einer sich auskennt.

Wir folgen David und Sarah zu einem Bachbett, wo blauäugiges Gras in Büscheln blüht. Das Laub der Schwarzpappeln schimmert silbrig weiß, und ihre Äste ragen wie Geisterfinger in den Himmel. David und Sarah geben uns ihre Ferngläser und zeigen Richtung Gebüsch. Aber noch ehe wir etwas entdecken können, hören wir Vogelgesang, der anschwillt und abebbt. Im nächsten Augenblick ertönt aus den Bäumen über uns ein gewaltiges Vogelkonzert – schrilles Zwitschern, spöttisches Johlen, freches Keckern, raues Krächzen, liebliches Gurren. Bäume und Gebüsch sind voller winziger Vögel.

Während wir angestrengt in die sandige Weite lauschen, nehmen wir auch noch andere Geräusche wahr... leises Lispeln, hektisches Flügelschlagen, Blätterrascheln.

Durch die Ferngläser sehen wir Vögel mit gestreiftem Kopf, Vögel mit hellgelben Streifen unter den Flügeln, Vögel mit roten Augen, Vögel mit Punkfrisur, Vögel mit buttergelbem Schnabel und Flügeln mit gelber Unterseite und hellgrauem Muster. Wir stupsen uns an wie aufgeregte Kinder.

Die Vögel fliegen weg. Sarah rasselt alle möglichen Namen herunter: Schwarzhäubchenmeise, Weißflügeltaube, Einsiedlerdrossel, Grundammer, Dachsammer, Winterammer. Plötzlich bin ich wieder acht Jahre alt und über mein Buch mit den gepressten Blumen gebeugt, deren Namen ich herunterbete: Kuckucks-Lichtnelke, Weiße Lichtnelke, Sternmiere, Wiesenkerbel, Wilde Erbse, Hornklee, Fingerhut, Schlüsselblume, Hornveilchen, Scharbockskraut.

Ein lautes Vogelträllern lässt mich zusammenfahren. David lacht und erklärt mir, dass es sich um eine App handelt. »Damit rufe ich sie«, sagt er und erhöht die Lautstärke. Wenige Sekunden später trällert ein Vogel seine Antwort. David betätigt die App erneut, und im nächsten Moment antwortet der Vogel wieder und kommt aus dem Gebüsch gehüpft.

»Das ist grausam«, flüstere ich Matthew zu. »Einen Vogel so reinzulegen ...« Das Ganze irritiert mich. Wieso müssen wir dauernd unsere Überlegenheit über die Natur unter Beweis stellen, über etwas, das kleiner ist als unsere Hand?

Aber Matthew sieht das anders: »Er lockt den Vogel raus, weil er möchte, dass wir das Vogelbeobachten genauso toll finden wie er.«

Sarah hält ihr Handy hoch in die Luft. »Ich nehme seinen Gesang auf«, erklärt sie uns, so als spüre sie mein Unbehagen. »Wir speichern das alles in einer Datenbank für Forschungszwecke.« Derweil fotografiert David den Vogel, zuerst mit seiner Kamera (mit einem Teleobjektiv, das so lang ist wie mein Arm), dann noch mal mit seinem Handy.

Wir folgen David und Sarah den ganzen Tag, beobachten Rotschwanzbussarde, Wegekuckucke und Weißhalsraben, Finken und Fuchsammern. Im Palo Duro Canyon gibt es zweihundertneunzehn Vogelarten, und wir sind völlig fasziniert von ihrer zarten Zeichnung, ihren leuchtenden Augen, der Symphonie ihres Gesangs – von ihrer schieren Vielfalt. Das ist keine unserer üblichen Wanderungen. Ganz langsam, geführt von unserem geschärften Gehör, folgen wir dem Rascheln, Flattern und Zwitschern winziger Vögel. Einmal sehen wir einen grellroten Rotkardinal. Wir beobachten einen kreisenden, segelnden Falken, dessen rote Flügelspitzen in der Sonne leuchten.

Immer wieder lässt David seine App ertönen, lockt dicke kleine Vögel aus dem Gestrüpp hervor und bringt Wegkuckucke dazu, wie verrückt im Kreis zu rennen. Ich werde den Eindruck nicht los, dass die aus ihren Verstecken gelockten Vögel verwirrt sind. Verdutzt legen sie den Kopf schief und blinzeln neugierig.

»Du kannst sie nicht an menschlichen Maßstäben messen«, flüstert Matthew.

Am Abend versuche ich vergeblich, die Gedanken an David und seine App zu verscheuchen. Etwas an seinem Kontrolltick geht mir gegen den Strich. Vage kommen mir Worte von Simone de Beauvoir in den Sinn, summen in meinem Kopf wie Mücken. »Die Natur, das Königreich, das der Mensch seinem Willen unterwirft.«[12]

»Warum hängst du dich so daran auf?«, fragt Matthew genervt. »Er macht das für den Vogelschutz. Hast du Malta schon vergessen?« Als wir vor zwei Jahren auf Malta und Gozo gewandert sind, waren wir entsetzt über die getarnten Hütten auf den Klippen, in denen übergewichtige Männer hockten und Zugvögel abschossen. Sechzig Jahre zuvor hat Clara Vyvyan angewidert von einer Begegnung mit einem Griechen berichtet, der grinsend zwei Turmfalken hochhielt, die er gerade abgeschossen hatte. Um seinen Hals hingen jede Menge tote Singvögel auf einer langen Schnur.

Während ich im Dunkeln daliege, die Stirn sorgenvoll gerunzelt, wird mir bewusst, dass ich jetzt anders wandere – mit geschärften Sinnen, mit dem Gefühl, etwas verlieren zu können. Die Freiheit und das Vergnügen, mit dem ich seit Jahrzehnten wandere, haben eine neue Unterströmung bekommen, eine Mischung aus Wut, Trauer, Schuldgefühlen, Verlangen, die je nach Situation mehr oder weniger deutlich zu spüren ist. Ich muss wandern, ich muss mich in der freien Natur bewegen, aber ein Teil von mir steht neuerdings kurz davor zu explodieren, oder wird von Verlustangst oder dem begeisterten Drang gepackt, überall hinzugehen, an allem zu riechen, jedes Blatt, jede Blüte, jeden Grashalm anzufassen – solange ich es noch kann, solange es das alles noch gibt.

O'Keeffe hatte ähnliche Gefühle, sie schrieb vom wunderbaren blauen Himmel, »der auch dann noch da sein wird, wenn der Mensch sein Zerstörungswerk vollendet hat«. Aber der Unterschied ist: Sie glaubte, dass der blaue Himmel bis in alle Ewigkeit bestehen würde. Diese Gewissheit ist uns abhandengekommen. Uns bleibt nur noch die vage, bange Hoffnung.

»Sarah hat immer ein Messer dabei, wenn sie allein loszieht, um Vögel zu beobachten«, sage ich, als mir plötzlich Bob mit den hohen Stiefelabsätzen einfällt, der meinte, ich bräuchte unbedingt eine Pistole. »Meinst du, ich sollte mir ein Messer besorgen? Ein Taschenmesser vielleicht?«

Aber Matthew hört nicht zu, sondern starrt unverwandt an die Decke. »Wie hieß noch dieser kleine Vogel? Der winzige mit dem blauen Häubchen? Ich kriege seinen Gesang nicht mehr aus dem Kopf. Wie kann etwas so Winziges so unerschrocken singen ... so schön, so virtuos?«

Ich muss an Nan Shepherd denken, die laut gelacht hat, als Mauersegler durch die windstille schottische Luft kurvten und zwitscherten und ihr das Gefühl gaben, »als würde sie die ganze

Zeit tanzen.«[13] Später stoße ich auf einen Bericht aus dem Kings College in London, in dem steht, dass Vogelgesang emotionalen Auftrieb geben kann, der bis zu vier Stunden anhält.[14]

Ein winziger Vogel. Ein kurzes Lied. Vier Stunden Glücksgefühle.

Stieglitz lockte O'Keeffe aus ihrer wundervollen texanischen Wildnis mit seinem lauten und dominanten Gesang nach New York. Er köderte sie mit seiner schmeichelnden Aufmerksamkeit, die er in ellenlangen Briefen bekundete. Wie geschmeichelt sie sich gefühlt haben muss ... Amerikas angesehenster Galerist, ein gefeierter Fotograf, bittet um ihren Besuch, bestätigt und nährt ihre geheimsten Wünsche und Träume als Künstlerin. Wie hätte O'Keeffe dem widerstehen sollen?

Und dann hat er sie beobachtet, posieren lassen, sie fotografiert. Wie besessen. Meisterhaft. Da war keine App vonnöten.

Die Briefe zu lesen, die in den ersten Jahren ihres Werbens umeinander zwischen O'Keeffe und Stieglitz hin- und hergeflogen sind, hat etwas seltsam Voyeuristisches.[15] In einem Brief erinnert Stieglitz an die Nacht, als sie ihm ihre »Jungfräulichkeit geschenkt« hat, und beschreibt, wie sie »hinterher auf dem Boden lag, nackt mit einem Verband – ein verwundeter Vogel«.

Wenn ein fliegender Vogel ein Symbol der Freiheit ist, dann ist der am Boden liegende Vogel dessen Antithese.

Aber sie war nicht nur ein schöner Vogel. Der Kosename, den er am häufigsten für sie gebrauchte, war Kind: mein liebstes großartigstes Kind, meine Kindfrau, mein großartiges kleines Mädchen. Stieglitz war zwar genauso alt wie O'Keeffes Mutter, aber das rechtfertigt nicht, dass er sie infantilisierte, und auch nicht, dass sie ihn darin bestärkte – was sich andererseits teilweise durch ihre Erlebnisse in der Prärie erklärt, von denen sie ihm in Hunderten von Briefen berichtete.

Es ist wirklich seltsam, wie klein man sich da draußen in der Prärie fühlt, wie sehr man in dieser Weite das Gefühl für das eigene Selbst verliert. O'Keeffe hat das immer wieder beschrieben, denn sosehr die Landschaft ihr den Atem verschlug, sie verblüffte und begeisterte, löste sie bei ihr auch den Wunsch aus, sie könnte »so tief einatmen, dass ich platze«. Sie schwelgte in der Vorstellung, die Weite könnte sie fast auslöschen. »Da draußen fühle ich mich verloren«, schrieb sie, und »klein«, sie bezeichnete sich selbst als »kleines Mädchen«, während sie im selben Atemzug ihren Drang beschrieb, »unabhängig« und »frei von allem« zu sein. Obwohl sie schon fast dreißig war, genoss sie es, von einer Wanderung in der Prärie »wie ein kleines Mädchen auf wackeligen Beinen« zurückzukehren. »Es ist großartig, klein zu sein – ich liebe es«, schrieb sie glücklich an Stieglitz. Ihre emotionale Verletzlichkeit angesichts der Unermesslichkeit von Land und Himmel stachelten Stieglitz' paternalistische Fantasien an, in denen O'Keeffe zwei Rollen spielte – die der mutigen abstrakten Malerin und die des kleinen Mädchens, das Schutz und Führung brauchte.

Wenn wir an O'Keeffe denken, sehen wir meistens die temperamentvolle, reizbare Frau vor uns, zu der sie in New Mexico wurde, aber ihre frühe Korrespondenz zeigt uns eine ganz andere Frau, eine, die in einem komplizierten Strudel aus Angst, Verwirrung und Rausch die Freiheit kennenlernte. Nie wieder hat sie so überschwänglich beschrieben, wie frei sie sich fühlte. Aber die Angst und die Verwirrung blieben ihr weiterhin treu.

Während ich im Canyon herumkraxele, kommt mir wieder O'Keeffes plötzliche Begeisterung für das »Kleinsein« in den Sinn. Irgendwie geht es mir genauso wie ihr, denn das Gefühl, ameisenhaft klein zu sein, hat zugleich etwas seltsam Emanzipierendes.

Für Emily Brontë, die mit Begeisterung durch die Moorlandschaft gewandert ist, war es das höchste Glück, nachts bei Mondschein und Wind draußen zu sein:

»Wenn ich nicht bin und außer mir keiner –
Nicht Erde, nicht Meer, noch klarer Himmel –
Nur noch die wandernde Seele weit
Durch grenzenlose Unendlichkeit.«

Nachdem die Schriftstellerin Katharine Trevelyan ihr Leben lang gewandert war, hat sie es so ausgedrückt: »Es gibt nichts Befreienderes als die Erkenntnis, dass man vollkommen unbedeutend ist. Sie befreit das Herz mit einem Mal von tausend Fesseln ...«[16]

Unnötig zu erwähnen, dass Stieglitz das natürlich nicht begriffen hatte.

Aber O'Keeffe fühlte sich nicht nur von Stieglitz' Macht und Prestige angezogen. Stieglitz und seine Galerie bedeuteten auch künstlerische und intellektuelle Freiheit. Und tatsächlich war Freiheit Stieglitz sehr wichtig. Das Wörtchen »frei« führte er ständig im Munde, es begleitete jede Idee, fast jeden seiner Gedanken: Er wollte frei sein und einer Arbeit nachgehen, die ihm gefiel, er wollte frei sein und er selbst sein, er wollte ein freies Leben führen, ohne dass er seine Seele verkaufen musste. Für eine Frau, die zum ersten Mal in den Genuss finanzieller und sozialer Freiheit kam, die immer wieder von Bewegungsfreiheit sprach, musste die Aussicht auf künstlerische, intellektuelle und zeitliche Freiheit äußerst verlockend sein.

Sie konnte nicht ahnen, wie viel von ihrer mühsam erkämpften Freiheit sie wieder einbüßen würde. Stieglitz dagegen fühlte sich wie neugeboren: O'Keeffe hat ihn verjüngt, sie hat diesem Mann, der von sich selbst gesagt hatte, er sei »bereit für die Müllhalde ... alter Schrott«, neues Leben eingehaucht.[17]

Seit ihrer späten Jugend hatte O'Keeffe ein unstetes Leben geführt und den Sommer jeweils an einem anderen Ort verbracht als den Winter. Nachdem Stieglitz sie überredet hatte, nach New York zu kommen, behielt sie das Muster bei: Gemeinsam mit Stieglitz verbrachte sie jetzt den Winter in New York und den Sommer im Sommerhaus der Familie Stieglitz am Lake George, gut dreihundert Kilometer nördlich von New York. Sie flatterte zwischen zwei Orten hin und her, die jedoch beide schon bald zu einer Art Käfig wurden.

Und so gern sie flatterte, musste sie es als Stieglitz' Modell auch ertragen, dass sie sich manchmal überhaupt nicht bewegen durfte. Mehr als zehn Jahre lang war sie sowohl Künstlerin als auch das Objekt des unerbittlichen Blicks ihres Ehemannes. Stieglitz fotografierte sie Hunderte Male, gern beim Malen, wodurch sie auf verwirrende Weise gleichzeitig als Künstlerin wie als Muse erscheint, Subjekt und Objekt. Häufig positionierte er sie so, dass ihre Kunst provokant aus ihrem Körper zu dringen und zu fließen scheint, was Stieglitz in seinen von Freud beeinflussten psychosexuellen Ansichten bestätigte, wonach die Frau die Welt durch ihren Schoß erfahre, dem Sitz ihrer tiefsten Gefühle.

Seine dreihundert Fotos von O'Keeffe beinhalten Aktfotos,

auf denen sie entweder auf mysteriöse Weise androgyn oder sexuell aufreizend wirkt, und Aufnahmen von losgelösten Körperteilen – Hände, Rumpf, Füße, Hals. Viele Fotos wurden mit einer vierminütigen Belichtungszeit gemacht, und so lange musste O'Keeffe – von Stieglitz positioniert – natürlich stillhalten. O'Keeffes Biografin Roxanna Robinson schreibt: »Er verfügte über ihre Zeit, ihren Körper und ihre Privatsphäre.« Oder, wie O'Keeffe es selbst formulierte: »Er hat mich fotografiert, bis ich durchgedreht bin.«[18]

Nachdem er 1917 die ersten Aufnahmen von ihr gemacht hatte, schrieb sie ihm, die Fotos seien sehr schön, fügte jedoch bezeichnenderweise hinzu: »Es bringt mich zum Lachen, dass sie mir so gut gefallen – dass mir das gefällt, was du aus mir gemacht hast.« Aber ihre Begeisterung währte nicht lange: »Es war sein Ding«, sagte sie später resigniert. Und als sie die Fotos fünfzig Jahre später betrachtete, fragte sie sich, »wer diese Frau ist«.

Je länger ich mir die Fotos ansehe, umso mehr muss ich O'Keeffe recht geben. Wer ist diese Frau? Sie hat keine Ähnlichkeit mit der quicklebendigen O'Keeffe, die aus den Briefen aus Texas spricht, und auch nicht mit der stolz gealterten Berühmtheit, die sie später war. Nachdem ich Stunden über Stieglitz' Fotos von O'Keeffe gebrütet habe, überlege ich nicht mehr, wer sie ist, sondern, wo sie ist. Ihr Gesichtsausdruck – leer, benebelt, abwesend – wirkt weder so, als wäre sie aktiv an der Entstehung der Fotos beteiligt, noch wie der eines verwundeten Vogels noch wie der eines lebhaften Kindes oder einer radikalen Künstlerin. Es ist, als wäre sie gar nicht da. Als hätte sie sich abgemeldet.

Susan Sontag hat einmal geschrieben: »Menschen fotografieren heißt ihnen Gewalt antun, indem man sie so sieht, wie sie selbst sich niemals sehen, indem man etwas von ihnen erfährt, was sie selbst nie erfahren; es verwandelt Menschen in Objekte, die man symbolisch besitzen kann.«[19]

Und plötzlich wird mir klar, dass das nicht O'Keeffe ist, die ich auf den Fotos sehe. Es ist Stieglitz.

Offenbar hat O'Keeffe das genauso aufgefasst, denn viel später hat sie einmal gesagt, dass Stieglitz eigentlich immer sich selbst fotografierte. Aber um das zu erkennen, brauchte sie Abstand. Meistens sehen wir nicht, was sich direkt vor unserer Nase befindet.

Vor Jahren habe ich einmal für einen Künstler Modell gestanden. Die Quälerei fing schon damit an, dass ich Kleider aussuchen sollte, die mich repräsentierten, eine Entscheidung, die eine Flut existenzieller und nicht zu beantwortender Fragen ausgelöst hat. Der Stress wurde noch schlimmer, als sich herausstellte, dass die Sachen, die ich ausgesucht hatte, zu dünn waren für das unbeheizte Atelier. Ich habe stundenlang mit verdrehtem Hals und eiskalten Füßen dagestanden und zugesehen, wie der Regen gegen die Fensterscheiben trommelte. Meine Muskeln verkrampften sich. Mir knurrte der Magen vor Hunger. Meine Blase drohte zu platzen. Schließlich hat der Künstler einen Heizlüfter eingeschaltet. Prompt habe ich angefangen zu schwitzen. Da ich mich auf keinen Fall bewegen durfte, habe ich in meiner Verlegenheit nach oben gepustet, um mir die feuchte Stirn zu kühlen, wodurch allerdings mein Pony in Unordnung geraten ist. Der Künstler fand das überhaupt nicht lustig, er hat angefangen, entnervt mit dem Fuß aufzustampfen und ungehalten zu schnauben, und mir klargemacht, er sei der Künstler und ich nichts als ein nichtsnutziges Modell, dümmer als eine Schale voll Obst.

Irgendwann hat er mir das Bild gezeigt. Ich habe es angestarrt wie eine Idiotin. Wer zum Teufel war ich? Wieso hat er die ganze Zeit nichts von mir mitbekommen? Und das Schlimmste war, ich hatte rollende Augen wie ein in Panik geratenes Pferd.

Erst Monate später habe ich kapiert, dass er mich gemalt hatte, während ich total angestrengt aus dem Fenster starrte, innerlich abgemeldet, eine Version von mir, die mir total fremd war. Ich wusste nur, wie ich aussah, wenn ich mich kritisch im Spiegel betrachtete oder in eine Kamera lächelte. Aber wenn ein Künstler uns positioniert, um uns zu malen, entsteht nur dessen Interpretation von uns. Später hat er mir das Porträt geschickt, wahrscheinlich hatte er sich daran sattgesehen. Ich fand es unerträglich, habe es ganz hinten in meinem Kleiderschrank versteckt und später verbrannt. Sich selbst so zu sehen, als wäre man jemand anders, ist zutiefst irritierend.

Die Geschichte von O'Keeffe und Stieglitz ist bekannt. Er hat ihr großzügig ein Jahreseinkommen und einen Raum in seiner Galerie angeboten, damit sie ihren Job als Lehrerin aufgeben und sich auf das Malen konzentrieren konnte. Kurz darauf hat er sich von seiner Frau getrennt. Seine Tochter Kitty erlitt einen Nervenzusammenbruch und wurde in eine psychiatrische Klinik eingeliefert. Die Ärzte meinten, wenn Stieglitz und O'Keeffe heirateten, würde das Kitty helfen, die Trennung ihrer Eltern besser zu verarbeiten. Also haben die beiden geheiratet, aber Kitty hat es nicht geholfen; sie ist bis zu ihrem Lebensende in der Psychiatrie geblieben.

In den ersten Jahren waren Stieglitz und O'Keeffe bis über beide Ohren ineinander verliebt. Sie wurde von seiner großen

Familie und seinem Freundeskreis mit offenen Armen aufgenommen. Aber als sie heirateten, war ihre Beziehung bereits abgekühlt und wurde mehr und mehr zu einem Tauschgeschäft. O'Keeffe hatte sich immer ein Kind gewünscht. Stieglitz verweigerte ihr den Wunsch mit dem Argument, sie sei selbst »so ein Kind«, wie er seiner Nichte einmal erklärte. Sie war dreiunddreißig.[20]

Mit zunehmendem Erfolg – den sie teilweise Stieglitz' geschickter und manipulativer Vermarktung ihrer Person und ihres Körpers verdankte – änderte sich O'Keeffes Beziehung zu Stieglitz. Sie war immer weniger bereit, stundenlang für ihn Modell zu sitzen. Ihr widerstrebte zusehends, wie ihr Ehemann sie sexualisierte und als »die amerikanische Frau« vermarktete. O'Keeffe brauchte mehr Zeit für sich. Sie litt immer mehr unter den Ansprüchen, die Stieglitz und seine überdrehte Familie an sie stellten.

Aber aus dem, was sie später über diese Zeit geschrieben hat, lässt sich schließen, dass da etwas gärte, was viel tiefer saß. Die Frage ist doch: Wie fühlt man sich in einer Welt, die durch die Linse eines anderen gesehen wird, in einem Leben, das von einem anderen choreografiert wird, von jemandem, der ganz anders ist als man selbst? Wie fühlt man sich inmitten von Fotos, Freunden, Angehörigen, ausgesuchten Landschaften (und das auf Fotos in zweifacher Ausführung), die einem anderen gehören? Wie soll man sich entwickeln, wie soll man werden, wenn ein anderer einen zu verschlingen droht, wenn dieser andere einem sagt, wer man sein soll?

O'Keeffe begann, sich zurückzuziehen, häufig nach Maine, wo sie am Meer spazieren ging, die Leere des Ozeans genoss, am Strand Muscheln sammelte, wo sie große Bilder von Wellen und Himmel malte. Sie verschwand immer dann, wenn Stieglitz mal wieder Aktfotos schoss, zum Beispiel von seiner fünfzehnjährigen Nichte oder von Rebecca Strand, der Ehefrau seines Freundes.[21] O'Keeffe hatte den Verdacht, dass er sie betrog, und tatsächlich begann Stieglitz weniger als vier Jahre nach ihrer Heirat eine Affäre mit einer wohlhabenden verheirateten Frau namens Dorothy Norman, die achtzehn Jahre jünger war als O'Keeffe und vierzig Jahre jünger als er selbst.

Schließlich hat O'Keeffe ihre Prioritäten neu gesetzt: Sie wollte mehr Freiheit, mehr Zeit und mehr Raum »für meinen Lebensstil«. Sie war von ihrem Weg abgekommen, hatte sich von Stieglitz kapern lassen. »Ich musste entweder zu meiner eigenen Lebensweise zurückfinden oder aufgeben – fast alles war schon abgestorben«, schrieb sie. Jahrelang hatte sie ihre Bedürfnisse denen ihres Mannes untergeordnet, aber als Stieglitz' Affäre mit Norman anhielt und öffentlich bekannt wurde, änderte sich O'Keeffes Gemütslage. Und als die Kunstmäzenin und Schriftstellerin Mabel Dodge Luhan sie nach New Mexico einlud, sagte sie, ohne zu zögern, zu.

In der offenen Weite New Mexicos verbesserte sich ihre Stimmung auf Anhieb. »Ich habe mich an der Ostküste nie so heimisch gefühlt wie hier«, schrieb sie einer Freundin. »Endlich habe ich wieder das Gefühl, am richtigen Ort zu sein – mich wie ich selbst zu fühlen – und es ist wunderbar.«[22] Sie begann wieder, zu malen und dafür wie früher in Texas vorbereitende Skizzen anzufertigen.

Sie machte den Führerschein, rauchte, tanzte und trank Wein zum Abendessen. »Du glaubst gar nicht, wie Georgia sich emanzipiert hat«, schwärmte eine Freundin in einem Brief. Weit weg von dem Kontrollfreak Stieglitz genoss O'Keeffe wieder ihre

Freiheit. Endlich konnte sie wieder ganz sie selbst sein, voller »frischer innerer Kraft«.[23]

Es war nicht O'Keeffes erster Aufenthalt in New Mexico. Sie hatte die karge Schönheit dieser Landschaft zwölf Jahre zuvor zufällig auf dem Weg in die Rocky Mountains entdeckt, wo sie mit ihrer Schwester einen Monat lang Urlaub machen wollte. Weil zwei Brücken von einem Hochwasser beschädigt waren, mussten sie einen Umweg über New Mexico machen. O'Keeffe verliebte sich sofort in die Gegend. »Das Nichts ist noch viel ausgedehnter als in Texas«, schrieb sie begeistert.[24]

Die Schwestern legten einen Zwischenstopp in Santa Fe ein, wo sie in den Ausläufern der Sangre-de-Cristo-Gebirge wanderten. »Hier draußen ist so viel Weite zwischen Erde und Himmel ... Ich möchte am liebsten bleiben«, schrieb O'Keeffe und fügte hinzu, sie fühle sich »wie eine Himmelsrakete«.

Jetzt, zwölf Jahre später, war sie wieder genauso hingerissen von dieser Landschaft, »die sich tief ausbreitet – tief in mich hinein –, Dinge in mir berührt, die mir bisher völlig unbekannt waren –, es ist, als hätte ich mich bisher für etwas ganz Bestimmtes gehalten, nur um jetzt festzustellen, dass ich etwas ganz anderes bin.«[25]

Aber geht es uns nicht allen so, wenn wir uns an Orte begeben, die unsere Seele berühren? Die Vorstellung von der Existenz eines einzigen, unveränderbaren Ich ist von der Wissenschaft inzwischen widerlegt, aber sie wurde schon viele Jahre zuvor zerpflückt von Schriftstellern und Philosophen, unter ihnen Anaïs Nin, die, als das *Harper's Magazine* ihr einen Artikel widmen wollte, das Ansinnen mit der Begründung ablehnte: »Ich ändere mich von Tag zu Tag, ich ändere meine Routine, meine Konzepte, meine Ansichten. Ich bin alle möglichen Stimmungen und Emotionen. Ich spiele tausend Rollen.«[26] Nin erwähnte nicht die Rolle von Orten in ihrem ständig wechselnden Selbst. Aber das musste sie auch nicht. Denn eine Landschaft kann unsere Stimmungen, Gefühle und Routinen unweigerlich verändern.

New Mexico hat O'Keeffe unglaublich verändert. 1930 hat sie einmal gesagt, sie liebe diese Landschaft so sehr, dass es schmerzte. Ebenso wie Shepherd war sie »den Bergen verfallen« und in einen »entrückten Zustand« geraten, den sie kaum mit Worten beschreiben konnte. Sie hatte sich verliebt. Aber nicht in einen Menschen, sondern in eine Landschaft.

In O'Keeffes Abwesenheit waren sich Stieglitz und Dorothy Norman sehr nahegekommen. Als Reaktion darauf setzte O'Keeffe sich einfach wieder ab, diesmal zuerst nach Maine ans Meer und dann wieder nach New Mexico. Sowohl in Maine als auch in New Mexico, wo sie genug Inspiration fand, um sich in ihre Kunst zu vertiefen, unternahm sie ausgedehnte Wanderungen. Während ihres zweiten Aufenthalts in New Mexico entstanden zweiundzwanzig Landschaftsbilder und mehr als ein Dutzend Gemälde von Kirchen, Wegkreuzen und Blumen. Ihre Skizzenbücher waren voll mit Zeichnungen von Iris, Maiglöckchen, Callas, Rosen, Stockrosen und Fresien.

Zurück in New York stürzte sie sich wie besessen in ihre Arbeit. Einer Freundin schrieb sie: »Meine Zukunft mag vielleicht ein bisschen trostlos erscheinen, aber mein Gefühl in Bezug auf mein Leben hat etwas seltsam Triumphierendes – ich sehe, dass es trostlos ist, ich weiß, dass es so ist – aber ich schreite furchtlos voran, weil ich einfach keine andere Wahl habe – und genieße meine Bewusstheit.« Die Arbeit, fügte sie hinzu, sei das Einzige, was zählte.[27]

Aber sie war nicht ganz ehrlich. Der Ort, an dem sie sich aufhielt, war ihr genauso wichtig wie ihre Arbeit. Für O'Keeffe war die Landschaft nicht nur untrennbar mit ihrer Arbeit verbunden, sondern auch mit ihrer Identität. Jeder Wendepunkt in ihrem Leben war ein Wendepunkt im Raum. Am liebsten in einem gigantischen, leeren und luftigen Raum. Schließlich kann man die Richtung einfacher ändern, wenn man nicht von Wänden eingeengt wird, von Möbeln, Menschen und Krempel.

Einmal, mitten im Begriff, eine Kehrtwende zu vollziehen, hat sie Stieglitz einen herzzerreißenden Brief geschrieben, in dem sie verzweifelt zu erklären versucht, warum sie Zeit für sich in New Mexico braucht: »In mir ist so viel Leben ... Mir ist klar geworden, dass es stirbt, wenn es sich nicht auf etwas zubewegen kann ... Ich habe mich entschieden hierherzukommen, weil es mir hier wenigstens gut geht – und hier habe ich das Gefühl, zu wachsen, wieder groß und aufrecht zu werden ...«

Wer wir sind, wird davon bestimmt, wo wir sind. Die meisten Menschen können sich nicht den Luxus leisten, ihren Aufenthaltsort nach Belieben zu ändern, aber O'Keeffe zeigt uns, wie wir dieses Problem lösen, wie wir wachsen und wieder »groß und aufrecht« werden können.

Diese Worte haben mich monatelang verfolgt. O'Keeffe hat sie im Alter von einundvierzig geschrieben, und die Vermutung liegt nahe, dass sie endlich zu der Frau wurde, die sie sein wollte, was ihr fünfzehn Jahre zuvor beinahe schon einmal gelungen wäre. Zu wachsen ist nie ein linearer Prozess, und der Raum ist ebenso entscheidend wie die Zeit. Und der Weg, den wir gehen, bis wir innerlich groß und aufrecht sind, ist krumm und holprig. Man muss mutig in die Welt hinausziehen, wenn man sich innerlich ändern will.

Während der zehn Jahre, die sie in New York verbracht hatte, war O'Keeffe immer wieder krank gewesen und hatte zum Teil lange das Bett hüten müssen. Ihre Biografen machen ihren emotionalen Stress für ihre zahlreichen, diffusen Leiden verantwortlich: schwere Erkältungen, geschwollene Beine, Arthritis, Erschöpfungszustände, Kopfschmerzen. In New Mexico erholte sie sich zusehends und unternahm jeden Tag ausgedehnte Wanderungen, badete in Flüssen, genoss die frische Luft und die Sonne. »Ich bin schon immer gern gewandert«, schrieb sie. »Und ich glaube, ich habe in jedem Bach zwischen Abiquiu und Española gebadet. Auch Bewässerungsgräben sind nicht schlecht, sie sind gerade breit genug, um sich hineinzulegen.«[28]

1931 ist O'Keeffe zwei Monate früher als gewöhnlich in ihr Sommerdomizil gefahren, und diesmal hat sie sich in Alcade, einem kleinen Ort, umgeben von karger, sandiger Landschaft und Wüsten-Beifuß, ein eigenes Häuschen gemietet. Aus ihrem Ford hat sie den Beifahrersitz ausgebaut und das Auto zu einer Staffelei auf Rädern umfunktioniert. So konnte sie nicht nur im Freien, sondern auch an den abgelegensten Stellen malen. Angespornt von der Landschaft, malte sie wieder Aquarelle, was sie das letzte Mal in Texas getan hatte. Stieglitz hatte es ihr ausgeredet. Einmal mehr beflügelte New Mexico ihre Fantasie: »Noch nie hatte ich so viel Freude am Malen«, schrieb sie. »Noch nie habe ich so pausenlos gearbeitet, und noch nie war ich so begeistert von diesem Land.«

Während O'Keeffe ganz langsam wieder zu sich fand, konzentrierte sich auch Stieglitz auf seine Arbeit. Am 15. Februar 1932 veranstaltete er eine Retrospektive anlässlich seiner seit vierzig Jahren währenden Tätigkeit als Fotograf. Neben Fotos von der jungen O'Keeffe stellte er Aufnahmen der sechsundzwanzigjährigen Dorothy Norman aus, hauptsächlich Aktaufnahmen, auf denen sie mit großen Rehaugen unterwürfig in die Kamera schaut. »Das Ganze macht mich sehr traurig«, schrieb O'Keeffe ihrer Freundin Dorothy Brett nach der Ausstellungseröffnung. Wenige Monate später machte Stieglitz Norman zur Geschäftsführerin seiner Galerie.

O'Keeffe vergrub sich häufig in ihrer Arbeit, doch diese Geschichte hatte sie bis ins Mark erschüttert, und die Arbeit war jetzt ihr letzter Strohhalm. Wenige Monate nach Stieglitz' Ausstellung kam es nach all den Jahren der unterdrückten Seelenqualen zu einer Krise, ausgelöst durch ihren plötzlichen Wunsch, »etwas für einen bestimmten Ort zu malen – und zwar etwas Großes«.

Als sie gebeten wurde, ein Wandgemälde für die Damentoilette des Konzertsaals der Radio City Music Hall im Rockefeller Center anzufertigen, sagte sie zu. Das Honorar war lächerlich gering. Stieglitz bekam einen Tobsuchtsanfall und bezeichnete O'Keeffe als »Kind«, das nicht für seine Handlungen verantwortlich gemacht werden könne. Aber es war zu spät, O'Keeffe hatte den Vertrag bereits unterschrieben und war entschlossen, ihn auszuführen.

Manchmal frage ich mich, ob ihr Bedürfnis »etwas Großes« zu malen, nicht eigentlich Ausdruck ihrer Sehnsucht nach der freien Natur war, nach einer Flucht aus der erstickenden Großstadt und ihrem eingeengten Leben dort. Ihre Bilder von in den Himmel ragenden Wolkenkratzern sind mir immer fürchterlich bedrückend erschienen, weil sie so wenig Raum und Licht haben, beinahe klaustrophobisch wirken. Vielleicht brauchte O'Keeffe keinen Auftrag für ein Wandgemälde, sondern Luft zum Atmen.

Mit dem Malen konnte sie erst sechs Wochen vor der offiziellen Eröffnung des Konzertsaals am 27. Dezember 1932 beginnen. Bei den Vorbereitungsarbeiten stellte sie dann fest, dass die Leinwand, auf der sie malen sollte, sich langsam von der Wand löste. O'Keeffe, die normalerweise in allen Lebenslagen die Ruhe bewahrte, verlor die Fassung und brach in Tränen aus. Am nächsten Tag verkündete Stieglitz, O'Keeffe könne das Wandgemälde nicht fertigstellen, da sie einen Nervenzusammenbruch erlitten habe und sich in einem Sanatorium befinde. O'Keeffe litt an Atembeschwerden und Schmerzen in der Brust. Stieglitz' Bruder, der Arzt war, diagnostizierte erst einen Schock, dann verfrüht einsetzende Wechseljahre. Beide Diagnosen waren falsch. O'Keeffe wurde wieder aus dem Sanatorium entlassen, aber bereits nach kurzer Zeit traten neue Symptome auf: Weinkrämpfe, Schlaflosigkeit, Appetitlosigkeit, Kopfschmerzen. Zwei Monate später kam sie in ein anderes Krankenhaus. Diesmal lautete die Diagnose Psychoneurose. Sie wurde zwei Monate lang in ein kleines Einzelzimmer gesperrt. Stieglitz durfte sie nicht besuchen.

Was für eine Ironie, dass die Frau, die dafür lebte, durch weites, offenes Gelände zu wandern und den Wind in den Haaren zu spüren, in den steinernen Eingeweiden New Yorks in ein winziges Zimmer gesperrt wurde.

Weiße Lügen ... weiße Tünche ... weiße Elefanten ... Was hat es mit der Farbe Weiß auf sich? Ich hatte schon immer ein Problem mit der Reinheit von Weiß, mit seiner nichtssagenden Konformität, seiner schlummernden Heimtücke, seiner versteckten Aggression. Und dabei reden wir noch gar nicht von Bleiweiß, der Schminke, mit der die Frauen früher ihr Gesicht gebleicht und damit ihren Körper vergiftet haben, bis sie im Namen der Schönheit langsam gestorben sind.

Mir scheint, dass O'Keeffes Sehnsucht nach Raum aus den weißen Gemälden spricht, die sie kurz vor ihrem Zusammenbruch gemalt hat. Während sie im Krankenhaus lag, hat Stieglitz die Bilder für ihre neue Ausstellung aufgehängt – Bilder von weißen Stäben, weißen Muscheln, weißen Pflanzen, weißen Lilien, weißen Rosen, Weiß-in-Weiß-Abstraktionen. Warum hat O'Keeffe, die einmal gesagt hat, »Farbe gehört für mich zu den Dingen in der Welt, die das Leben lebenswert machen«,[29] wie besessen Bilder in Weiß gemalt?

O'Keeffes weiße Gemälde sind von verstörender Hellsichtigkeit. Es ist, als würde all das Weiß die Innenräume des Sanatoriums andeuten, die weißen Laken von Krankenhausbetten, die weißen Arztkittel. Es gibt so viele Möglichkeiten, diese Bilder zu interpretieren. Symbolisierte das Weiß ihre eigene Reinheit, die in starkem Kontrast zum treulosen, ehebrecherischen Charakter ihres Mannes stand? Benutzte sie das Weiß, um sich symbolisch selbst zu läutern? Oder waren die Bilder ein tief im wachsartigen Weiß vergrabener Hilfeschrei?

All das Weiß. Es erinnert mich so sehr an die Zeit, als auch ich mich nach Wüste, nach Leere, nach dem Nichts gesehnt habe. So als wüsste die Seele, was sie braucht: den Trost, den Weite, Stille und Einsamkeit spenden. Eine ungesättigte, amnesische Welt des Nichts.

Kein einziges ihrer Bilder wurde verkauft. Nicht einmal das berühmte »*Jimson Weed*«, das 2014 für 44,4 Millionen Dollar ersteigert wurde. Das teuerste Gemälde einer Künstlerin, das je bei einer Auktion verkauft wurde.

Während O'Keeffe im Krankenhaus lag, brachte Stieglitz, den

das Leiden seiner Frau anscheinend nicht interessierte, ein Buch mit Gedichten von Dorothy Norman heraus, illustriert mit seinen Fotos. Gleichzeitig stellten zwei von O'Keeffes Schwestern in einer New Yorker Galerie eigene Bilder aus, die denen von O'Keeffe so sehr ähnelten, dass eine Tageszeitung schon von einem genetischen Talent schrieb. O'Keeffe, abgemagert, verängstigt, weinerlich und labil[30], war außer sich und drohte ihrer Schwester Catherine in einem Brief, sie werde ihre Bilder in Stücke reißen. Zwei Jahre lang hatten die beiden Schwestern keinen Kontakt, und Catherine hat nie wieder gemalt.

Am Tag ihrer Entlassung holte eine Freundin O'Keeffe ab und fuhr mit ihr nach Bermuda. Dort erholte sie sich auf ihre bewährte Art und Weise: indem sie am Meer spazieren ging. Nachdem ihre Freundin wieder nach New York zurückgekehrt war, blieb O'Keeffe noch weitere zwei Monate; sie wanderte, radelte und kletterte, bis sie so erschöpft war, dass sie Bettruhe brauchte, um sich zu erholen.

Anderthalb Jahre lang fertigte O'Keeffe kein einziges Gemälde und keine einzige Zeichnung an. »Sie malt nicht«, schrieb Stieglitz an Anselm Adams. »Womöglich malt sie nie wieder.«

»Ich hänge hier in meiner trägen Suppe fest ... schaffe es kaum, aus dem Bett aufzustehen«, sagte O'Keeffe, der ihr Arzt verboten hatte, nach New Mexico zu gehen.[31] Derweil organisierte Stieglitz eine weitere Ausstellung ihrer Werke, obwohl sie kein neues Bild gemalt hatte.

Im Januar 1934 wurde die Ausstellung eröffnet, die vierundvierzig Bilder umfasste: Birken, Muscheln, Blüten. O'Keeffe bemerkte dazu, die Ausstellung mache sie »meiner selbst überdrüssig«. Zelda Fitzgerald dagegen, die ebenfalls wegen eines Nervenzusammenbruchs in Behandlung war, zeigte sich begeistert von den Bildern. Die psychiatrische Anstalt,[32] in der sie lebte, hatte ihr Ausgang gewährt, damit sie sich O'Keeffes Ausstellung ansehen konnte. Tief bewegt beschrieb sie die Werke als »unglaublich einsam und großartig und herzzerreißend«. Sie war so aufgewühlt, dass man ihr bei ihrer Rückkehr ins Sanatorium ein Beruhigungsmittel verabreichen musste.

Auf meinen Wanderungen durch die Wüste denke ich an all die Frauen in ihrer Zwischenwelt, die sich nach kreativer Freiheit und Unabhängigkeit sehnen, während sie zugleich den Konventionen und Erwartungen der Gesellschaft des zwanzigsten Jahrhunderts gerecht werden müssen: Lucia Joyce, Zelda Fitzgerald, Janet Frame, Vivienne Eliot, Virginia Woolf, Sylvia Plath, Katharine Trevelyan, Charlotte Wilder, Edna St. Vincent Millay, Georgia O'Keeffe. Wie sie immer wieder in schmalen Betten in kleinen Klinikzimmern mit vergitterten Fenstern gelandet sind, hinter verschlossenen Türen. Eingesperrt.

O'Keeffe und viele andere Künstlerinnen des frühen zwanzigsten Jahrhunderts sehnten sich nach Freiheit, die im Widerspruch stand zu der für sie vorgesehenen Rolle als ans Haus gebundener Frauen. Aus den Schriften von Nan Shepherd, aus dem Leiden von Frieda von Richthofen, aus den Gemälden von Gwen John und Georgia O'Keeffe spricht ihre Sehnsucht nach Freiheit und ihr endloses Leiden.

Um kreativ tätig zu sein, mussten sie sich immer wieder Freiräume erkämpfen, wo sie denken und arbeiten konnten. Und das ewige Kämpfen forderte seinen Tribut und schädigte nicht nur die körperliche, sondern auch die mentale Gesundheit dieser Frauen. Das ständige Hin-und-her-gerissen-Sein zwischen zu Hause und unterwegs sein, Beengtheit und Autonomie,

Pflicht und Freiheit, Objekt sein und als Subjekt agieren, kostete enorm viel Kraft.

Über Jahre hinweg hatte O'Keeffe innerhalb dieser Spannungen und Komplikationen irgendwie Inspiration gefunden. Aber als das ganze Gebäude zusammenbrach, wurde das, was ihre Kunst einst genährt hatte, unerträglich. Obwohl sie sich über die gesellschaftlichen Konventionen, über familiäre Bande, über die Geister ihrer Vergangenheit und über eine von Europa und von Männern dominierte künstlerische Ästhetik hinweggesetzt hatte, war sie, wie ihr jetzt bewusst wurde, dem übermächtigen Willen ihres Ehemannes ausgeliefert. Ein verwundeter Vogel. Ein Kind.

Wenn man sich den Visionen, den Werten und den Bedürfnissen eines anderen unterwirft, gibt man seine Freiheit auf. Und wenn man das tut, dann stirbt ein Teil von einem. Kein Wunder, dass O'Keeffe anfing, auf ihren langen Wanderungen durch die Wüste Knochen zu sammeln und sie wie besessen zu malen. Schädel, Oberschenkelknochen, Beckenknochen.

»Die Knochen lagen da herum, also habe ich sie aufgehoben«, sagte sie, um der Vermutung zu widersprechen, dass ihre Knochenbilder eine Geschichte erzählten, irgendeine Bedeutung hatten oder eine Symbolik enthielten. Sie ließ ganze Kisten mit Knochen nach New York schaffen. Aber Stieglitz änderte sich nicht.

O'Keeffe hat auch andere Dinge gesammelt: versteinerte Muscheln, Federn, Steine. Wenn wir etwas sammeln, sammeln wir dann nicht die verstreuten Teile unseres zerbrochenen Ich ein?

Doch O'Keeffe hatte nicht die Absicht, ihrem Mann wieder die Kontrolle über ihr Leben zu überlassen. Und auch nicht, die

Frau zu bleiben, die er in ihr sehen wollte. Sie hatte während ihrer Zeit mit Stieglitz viel gelernt, vor allem, wie man Kontrolle erlangt und ausübt. Indem man bestimmt, was die Menschen sehen, bestimmt man, was sie denken. Sie hatte die Macht der Bilder kennengelernt. Jetzt würde sie das Bild von sich schaffen, das sie wollte: unabhängig, stark, frei.

Aber zuerst musste sie sich ganz neu in das Leben verlieben. Und dazu brauchte sie Abstand und Leere.

In einem von O'Keeffes Briefen an Stieglitz findet sich eine besonders ergreifende Stelle, wo sie schreibt, wie sehr die Überwindung ihres Kummers sie dazu in die Lage versetzt, »zu fühlen, wie die Sterne mein Innerstes berühren ... nachts, draußen in den Bergen«. Es ist, als bildeten das nächtliche Wandern und der Prozess der Selbstbehauptung das Gewebe ihres Heilungsprozesses.

Auch ich schleiche mich nachts nach draußen, um den Sternen nahe zu sein. Unter einem gigantischen, von Sternen und einem schmalen Sichelmond gesprenkelten Nachthimmel streife ich durch die Prärie. Ohne Farbe und ohne Licht wirkt die Leere noch leerer, die Weite noch weiter. O'Keeffe konnte gar nicht genug davon bekommen. Nach einer ihrer vielen Nachtwanderungen schrieb sie überschwänglich: »Ich habe das Sternenlicht genossen, die Dunkelheit, den Wind!« In solchen Momenten fühlte sie sich »unfassbar frei«.[33]

»Ich will draußen unter den Sternen sein – da, wo viel Platz ist«, hat sie einmal zu ihrem Freund Paul Strand gesagt, einem Fotografen.[34] Immer wieder schrieb sie über »die Leere der Nacht«, das »große, stille Mondlicht«, das »herrliche Sternenlicht«, über den Nachtwind, der ihr in die Wangen beißt.

O'Keeffe hat sehr stark auf Landschaft, Natur und Dunkelheit reagiert und fand es »seltsam«, wie die Dunkelheit sie mal begleitete und mal allein ließ. Unterwegs in der Prärie hatte sie manchmal das Gefühl, von ihr gejagt zu werden, wie von »einem ungeheuren – unfassbaren – schrecklichen Etwas«.[35]

Mit den mitternächtlichen Wanderungen hatte sie im Alter von vierundzwanzig Jahren begonnen, als sie noch neu in Texas war. Sie berauschten sie und flößten ihr zugleich Furcht ein. Nachdem sie einmal mit ihrer Schwester unter einem riesigen weißen Mond gewandert war, schrieb sie in einem Brief: »Ich hatte Angst – ich hab's nicht gesagt – trotzdem war es so – Ich hatte schreckliche Angst – aber es hat sich gelohnt.«

Im Westen, über Amarillo und noch weiter weg, liegt gelblicher Nebel. Aber im Osten ist nur dunkler Sternenhimmel zu sehen. Die Luft ist eisig, der Wind zupft an meinen Haaren und schlägt mir ins Gesicht. Wenn ich stehen bleibe und die Milchstraße betrachte, spüre ich eine schwindelerregende Bewegung, so als würde ich in die Luft hinauffallen und von der Dunkelheit wie von einer Schwerkraft angezogen.

Wir brauchen die Dunkelheit in unserem Leben. Und das Sternenlicht und die Mondstrahlen. O'Keeffe wusste das: Als sie nach New York zurückkam, hat sie als Erstes ihr Bett unter ein Oberlicht geschoben, damit sie die Sterne sehen konnte.

Zehn Jahre später, in New Mexico, wollte sie unbedingt allein zelten gehen, ganze Nächte unter den Sternen verbringen. Aber sie hat sich nicht getraut, und das hat sie zutiefst irritiert. Irgendwann hat sie eine Frau kennengelernt, die bereit war, sie zu begleiten. Gemeinsam sind die beiden meilenweit in die Berge gewandert und haben ihr Zelt an den abgelegensten Stellen aufgebaut, wo der Nachtwind an den Zeltplanen rüttelte und ihre Tage mit dem ersten bleichen Licht begannen.

Ihre Angst zu überwinden, war für O'Keeffe eine Lebensaufgabe. Unter Einsatz all ihrer inneren Kraft gelang es ihr, ihre Angst in eine Quelle kreativer Energie zu verwandeln. Viele Jahre später hat sie sich eine erhobene Hand aus Bronze gekauft, die die buddhistische Geste Abhayamudra, »fürchte dich nicht«, darstellt. Diese Hand hat sie am Fußende ihres Betts an die Wand gehängt, damit sie das Letzte war, was sie abends vor dem Einschlafen sah, und das Erste, was sie morgens nach dem Aufwachen erblickte. Lange Zeit hat sie ihre Angst bekämpft, bis sie gelernt hat, mit ihr zu leben. In einem in den Achtzigerjahren aufgenommenen Interview spricht sie darüber, dass sie sich immer geweigert hat, sich von ihren vielen Ängsten abhalten zu lassen, zu tun, was sie tun wollte. Man hört den Stolz in ihrer Stimme.

Frauen fürchten sich vor (und sehnen sich nach) der Nacht. In einer kürzlich auf Twitter geführten Debatte über die Frage, was Frauen am liebsten tun würden, wenn die Männer für vierundzwanzig Stunden von der Erde verschwänden, lautete die häufigste Antwort: angstfrei nachts spazieren gehen. Von demselben Wunsch beseelt schrieb Sylvia Plath: »Ich möchte auf einer Wiese schlafen können, ich möchte nach Westen reisen, nachts allein spazieren gehen können.«

Bei meinen Recherchen für dieses Buch habe ich Hunderte Berichte von Frauen über ihre Erfahrungen beim Wandern gelesen. Immer wieder wurde die Angst vor der Dunkelheit thematisiert. Wenn ich Männer fragte, ob sie sich manchmal beim Wandern fürchten, haben sie mich verständnislos angesehen.

Ich habe versucht, mir vorzustellen, wie es sich anfühlt, angstfrei durch dunkle Gegenden zu gehen. Ich habe mich mit den von der Nacht inspirierten Werken von Schriftstellern und Malern beschäftigt – Dickens, Baudelaire, van Gogh, Whistler – und einen Raum gefunden, der Frauen verschlossen ist.

Wie sollen wir also die Schönheit und Klarheit der Nacht in der Natur verstehen, wenn wir unsere Angst nicht überwinden können?

Von allen Berichten, die ich gelesen habe, hat mich besonders der von Katharine Trevelyan beeindruckt, die 1930 im Alter von zweiundzwanzig Jahren allein von Montreal nach Vancouver gewandert ist, wofür sie drei Monate gebraucht hat. »Ich habe nur eine Methode gefunden, die unsinnige Angst vor der Dunkelheit abzuwehren«, schrieb sie in ihrem handgenähten Zelt in einem einsamen kanadischen Wald. »Es geht nur, wenn man zu einem Teil der Nacht und der Erde und der Umgebung wird.« Indem sie sich mit der Nacht und dem Land verband, konnte sie ihre Angst überwinden. Wenn die letzte Glut ihres Lagerfeuers erlosch, stellte sie sich vor, sie gehörte »zu den Waldwesen, die die ganze Nacht in Bewegung und Teil des Bodens sind, auf dem ich schlafe. Und weil ich weiß, dass der Wald und die Erde keine Angst kennen, verliere ich auch meine Angst.«[36]

Diese Fähigkeit, sich ganz und gar eins mit der Natur zu fühlen, war genau das, was auch O'Keeffe, Beauvoir und Shepherd die Kraft gab, über ihre Ängste hinauszuwachsen oder mit ihnen zu leben. Genau das hat Shepherd gemeint, als sie schrieb, dass sie »aus dem Körper hinaus und in die Berge hinein« wanderte. Das hat O'Keeffe gemeint, als sie schrieb, sie liebe die Erde »mit meiner Haut«, und einem Agenten erklärte, wenn sie einen Baum male, dann werde sie zu diesem Baum. Das hat

Beauvoir gemeint, als sie schrieb: »Ich war wie Dunst in der blauen Sommerluft und kannte keine Grenzen.«[37]

Was nicht bedeutet, dass es keine praktischen Methoden gibt, unsere Ängste zu reduzieren. Trevelyan hatte besonders große Angst, wenn sie Hunger hatte oder fror. Aber nach einer kräftigen Mahlzeit und eingehüllt in ihren warmen Schlafsack wirkte die Nacht schon wesentlich weniger bedrohlich, und es fiel ihr wieder leichter, zu einem Teil der Natur zu werden, in der sie schlief.

Seitdem ich in Frankreich so oft in der Abenddämmerung durch den Wald gewandert bin, ist meine Angst nicht mehr so groß. Aber ich weiß, dass die Nacht in der Prärie noch mal etwas ganz anderes ist. Die Leere hat völlig andere Dimensionen, fühlt sich noch einsamer an. Und doch finde ich es schön. Es gefällt mir, wenn alles von Dunkelheit umhüllt ist. Je weniger ich sehen kann, desto schärfer werden meine anderen Sinne. Ich höre besser, ich rieche besser, ich spüre den Wind deutlicher, den Staub im Mund, das weiche Gras unter meinen Füßen.

Es gefällt mir, wie mein Gehör sich an die Stille anpasst, die eigentlich gar keine Stille ist. Ich höre meinen Atem, die unterschiedliche Klangfarbe, je nachdem, ob ich durch den Mund oder die Nase atme. Ich höre meine Schritte im weichen Sand, bemerke, dass mein Absatz beim Auftreten ein anderes Geräusch macht als meine Schuhspitze. Ein Bonbonpapier raschelt in meiner Hosentasche. Ein Kojote heult. In weiter Ferne ertönt das Dröhnen eines Flugzeugs und ebbt wieder ab. Und dann der merkwürdige Vogelgesang, den ich jede Nacht höre, ein einziger klagender Ton, der durch die Nachtluft schwebt. Ich nenne den Sänger meinen Windvogel und frage mich, wo er sich wohl in dieser Endlosigkeit aus Gras, Himmel und Dunkelheit versteckt.

O'Keeffe wurde zu einem ihrer frühesten und schönsten Gemälde inspiriert, als sie in den Blue Ridge Mountains zeltete. Wenn sie nachts durch die dreieckige Öffnung ihres Zelts in den indigoblauen Sternenhimmel schaute, empfand sie eine Einsamkeit, die von ihrer Umgebung gespiegelt wurde. Sie war davon so hingerissen, dass sie in einer Zeichnung, in zwei Aquarellen und einem Ölgemälde diese dreieckige Zeltöffnung als Rahmen verwendet hat.[38] Von da an tauchten jedes Mal, wenn sie sich in einem Übergangsstadium befand, in ihren Werken Türen auf.

Bei meiner Rückkehr betrachte ich die Veranda, den Dachfirst, die kümmerliche Robinie neben der Hütte. Im Dunkeln sieht alles ganz anders aus – wie geometrische Formen, wie abstrakte Gebilde.

Das nächtliche Wandern in der Prärie ist eine Offenbarung, die von Mal zu Mal intensiver wird. Mit jeder Schicht Angst, die ich abwerfe, verändert sich mein Verhältnis zur Dunkelheit. Und auch ich selbst verändere mich. Langsam. Immer ein bisschen mehr. Kristallisiere innerlich. Werde äußerlich immer weicher. Spüre die Neigung der schwarzen Erde unter meinen Füßen.

Besonders schlimm ist, was Angst mit unserer Neugier macht, mit unserem Ideenreichtum, mit unserer Fähigkeit, offen zu bleiben. Ein ängstlicher Geist ist gelähmt, er kann sich nicht öffnen. Und Offenheit, das belegen zahllose Studien, ist die Voraussetzung für Kreativität.

»Angst ist die übelste, finsterste und am meisten lähmende

Empfindung«, hat Trevelyan in ihrem Zelt in den kanadischen Wäldern geschrieben. »Angst verkrampft, sie macht uns klein; ohne Angst würden Frauen aufblühen wie Blumen in der Sonne.«[39]

Obwohl O'Keeffe irgendwann finanziell von Stieglitz unabhängig war, hat sie sich nie von ihm getrennt. Und sie hat nie ein Wort über die Untreue ihres Mannes verloren – bis auf ein einziges Mal, als sie kurz nach seinem Tod ihre tiefe Abneigung gegen Dorothy Norman zum Ausdruck brachte. Und doch hat O'Keeffe es ausgerechnet Norman zu verdanken, dass diese sie, als Stieglitz immer bedürftiger und gebrechlicher wurde, von der Pflicht entband, sich ständig um ihren schwierigen, alten Ehemann zu kümmern. O'Keeffe verbrachte mehr und mehr Zeit in New Mexico, sie »brauche einen trockenen, offenen Raum für mich allein«, erklärte sie, sie bewege sich »mehr und mehr auf eine bestimmte Art Alleinsein zu, nicht weil ich das so wünsche, sondern weil es keine andere Möglichkeit zu geben scheint.«[40]

Zehn Jahre lang verbrachte sie von da an die Winter in New York, wo sie sich um Stieglitz kümmerte, und die Sommer allein in New Mexico, wo sie sich zwei Häuser kaufte, die beide zu einem wesentlichen Teil ihrer neuen Identität wurden. Hier entwickelte sie Gewohnheiten, die sie bis an ihr Lebensende beibehalten sollte: Sie stand bei Sonnenaufgang auf und unternahm ausgedehnte Wanderungen, auf denen sie Steine und Knochen sammelte, neue Aussichtsplätze suchte und unter freiem Himmel malte. Zum ersten Mal hatte sie einen Ort, der ihr »eine gewisse Freiheit« gab und den sie als ihr Zuhause betrachtete.

Nach Stieglitz' Tod ist sie endgültig in ihr Haus in der Wüste gezogen. Einer Freundin schrieb sie: »Ich kann dir gar nicht sagen, wie glücklich es mich macht, wieder in dieser Welt zu sein – wie erleichtert ich bin … An meinem ersten Morgen hier musste ich laut lachen – es war, als wären die Bäume und die ganze Weite, die sich hinter ihnen erstreckt – ganz warm vom herbstlichen Gras – und die ewigen Berge am Ende des Tals – alle zu mir ins Zimmer gezogen.«[41]

Zum ersten Mal seit Jahrzehnten hat sie wieder ein Lebewesen in einem Gemälde abgebildet – einen fliegenden Vogel.[42] Einige Kunsthistoriker sind der Meinung, der Vogel symbolisiere den kürzlich verstorbenen Stieglitz. Ich glaube, es ist O'Keeffe. Endlich frei.

Nach Stieglitz' Tod wandte O'Keeffe sich wieder den Themen ihrer prägenden Jahre in Texas zu. Das ging so weit, dass sie sogar die riesigen weiten Ebenen noch einmal gemalt hat. Ein Kurator namens Daniel Catton Rich, dem das gleich auffiel, meinte, als er ihre neuen Bilder sah: »Die Formen und Rhythmen gehen zurück auf einige (ihrer) ersten Zeichnungen aus den Jahren 1915 und 1916.«[43]

O'Keeffe erkannte etwas in ihren frühen Zeichnungen und Aquarellen wieder, wonach sie sich zurücksehnte, als repräsentierten diese Bilder sie so, wie sie wieder sein wollte, als würden sie wahrhaftiger ihre Persönlichkeit zum Ausdruck bringen. Beim Durchsehen der Bilder für ihre fünfte Retrospektive im Jahr 1970 hat sie plötzlich innegehalten und zu ihrer Agentin gesagt: »Eigentlich brauchen wir diese Ausstellung gar nicht. Ich habe nie etwas Besseres gemacht.«[44] Wenige Jahre später beschrieb sie die Zeit in Texas, in der diese Kohlezeichnungen und Aquarelle entstanden waren, als »so ziemlich die beste Zeit meines Lebens ... Ich war allein und vollkommen frei, habe allein gearbeitet, war total unbekannt – und brauchte nur meinen eigenen Ansprüchen zu genügen.«

Matthew fliegt nach Hause, und ich mache mich auf den Weg zur Greyhound-Haltestelle. Ohne Messer. Ohne Pistole. Die Ratschläge von Bob mit den hohen Stiefelabsätzen wurden von mehreren Texanern wiederholt, die ziemlich entsetzt waren, als sie hörten, dass ich weder mit dem Flugzeug noch mit dem Auto nach New Mexico gelangen wollte.

Die Wartehalle ist überfüllt mit Menschen und Reisetaschen, Koffern und Plastiktüten. Es herrscht helle Aufregung. Viele Leute sind verwirrt. Busse kommen, Busse fahren ab. Fahrtziele werden geändert, Busse verspäten sich. Fahrer schreien Anweisungen. Leute rasten aus. Gepäckstücke werden hin und her geschoben und in Ecken gequetscht. Koffer springen auf, Reißverschlüsse geben nach, Taschen reißen auf und spucken ihren Inhalt aus: Spielsachen, Kleider, Süßigkeiten, Coladosen. Leute fluchen in ihre Handys. Schlangen bilden sich und lösen sich wieder auf. Eine Frau mit pinkfarbenen Haaren schreit einen Busfahrer an, der sich weigert, sie mit nach St. Louis zu nehmen. Die Luft ist stickig, es stinkt nach Schweiß und sonstigen Körpergerüchen und ungewaschenem Bettzeug. Ich sehe mich nach Schusswaffen um.

Endlich sitze ich im Bus. Der Fahrer reißt Witze über seine Sprechanlage, lässt uns an seinem Leben teilhaben, erzählt uns, was er gefrühstückt hat, was er sich am Abend in der Glotze ansehen will, wo er sich die Haare schneiden lässt. Ich plaudere mit einer Mexikanerin, die mit ihrer Tochter nach Albuquerque unterwegs ist, um ihre frisch verheiratete Schwester zu besuchen. Fünf Stunden lang lächelt mich das kleine Mädchen mit vorgehaltener Hand schüchtern an. Als wir bei einem McDonald's kurz halten, steigen alle aus und rauchen. Ein blasser Mann mit einem verfilzten Pferdeschwanz erzählt mir, dass er sechs Wochen lang mit dem Motorrad durch Schottland gekurvt sei, und es habe kein einziges Mal geregnet. Die beste Reise seines Lebens, sagt er. Wir steigen wieder ein, es riecht nach Frittenfett und Zigarettenrauch.

Ich schaue auf die endlose, öde Ebene hinaus. Wie kommt es, dass das Unerwartete uns mehr Freude bereitet als das, was wir geplant haben? Warum bleiben einem Zufallsbegegnungen – egal, ob mit einem Menschen, einem Reiher, einem Berg, einem Pilz oder einem Gebäude – besonders lange im Gedächtnis haften?

Freude scheint häufig mit Überraschung verbunden zu sein. Vielleicht ist das der Grund, warum ich viel lieber zu Fuß oder mit öffentlichen Verkehrsmitteln unterwegs bin als mit dem Auto. Außerdem verschieben Zufallsbegegnungen den Blickwinkel, aus dem wir die Welt betrachten. Sie bieten uns eine neue Perspektive und befreien uns von der Last der Erwartung.

In New Mexiko suche ich die Ghost Ranch auf, das O'Keeffe Museum, und die Orte, an denen O'Keeffe gewandert ist und gemalt hat. Ein O'Keeffe-Schüler hat einmal darüber gestaunt, wie erfinderisch die Malerin gewesen ist, wie sie sich immer wieder gezwungen hat, Neues auszuprobieren, Dinge aus einer anderen Perspektive zu betrachten. Und es stimmt. Immer wieder sehen wir durch sie Dinge mit neuen Augen, angefangen bei ihren frühen abstrakten Arbeiten, über die riesigen Blüten bis hin zu der radikalen Darstellung von Knochen und Wolken.

O'Keeffe hat siebzig Jahre lang gemalt, und sie ist nie langweilig geworden. Wie hat sie das gemacht? Lag es an den Landschaften? Spielten ihre Wanderungen eine Rolle?

Forscher haben untersucht, auf welche Weise sich das Wandern in der Natur auf unseren Einfallsreichtum, unsere Fähigkeit auswirkt, Zusammenhänge zu erkennen und neue Ideen zu entwickeln. Anscheinend wird unser Denkvermögen nicht durch das Gehen allein beeinflusst, sondern durch das Gehen in der freien Natur.[45] Liegt es an der besseren Durchblutung des Gehirns? Ist es die Mischung aus Phytonziden und Stickoxid? Sind es die Endorphine? Keiner weiß es. Aber die Vorstellung ist zumindest nicht neu. Wordsworth zum Beispiel hat einmal gesagt, er könne sich nur beim Wandern in der Natur Gedichte ausdenken. Sowohl Rousseau als auch Nietzsche haben behauptet, die besten Gedanken kämen ihnen beim Wandern. Auch O'Keeffe wusste, dass eine lange Wanderung in der freien Natur sie aus der Stagnation befreien konnte. 1915 hat sie einmal geschrieben: »Noch nie in meinem Leben habe ich mich so leer gefühlt ... Ich sollte eine lange Wanderung unternehmen ... am besten im Wald ... Vielleicht habe ich ja dann wieder etwas zu sagen.«[46]

Anscheinend regt das Gehen das Gehirn dazu an, die Gedanken schweifen zu lassen, Verbindungen herzustellen, Erinnerungen wachzurufen, von einer Idee zur nächsten zu gleiten. Durch »die seltsame Mischung aus Monotonie und Vielfalt, Routine und Neuheit«, wie Clara Vyvyan sich einmal ausgedrückt hat,[47] wird etwas in uns freigesetzt. Es ist ein Klischee, aber beim Wandern geraten wir ins Staunen.

Ich habe meine eigene kleine (unbewiesene) Theorie. In der freien Natur reagiert der Körper spontan – kühler Tau berührt unsere Knöchel, der Duft von Thymian steigt uns in die Nase, der traurige Ruf einer Waldtaube dringt zu uns herüber – lange bevor unser Verstand rationale Schlüsse ziehen kann. Und in dieser winzigen zeitlichen Lücke können Ideen entstehen, wachsen, kollidieren, aufblühen.

Einmal unternehme ich eine ziellose, ideenanregende Wanderung in das Sangre-de-Cristo-Gebirge. Hier hat O'Keeffe die Landschaft New Mexicos kennengelernt, und ich will ihren Spuren folgen und mir dabei vorstellen, wie sie diese Gegend, die sie so stark beeinflussen sollte, beim ersten Mal erlebt hat.

Ich wandere unter einem kalten blauen Himmel, links von mir der Highway, rechts von mir verschneites Gestrüpp. Natürlich verlaufe ich mich, aber es ist noch früh, die Sonne scheint golden, der Schnee glitzert wie mit Diamanten übersät, und der Himmel ist so hoch und so blau, wie ich es noch nie gesehen habe. Gerade lese ich das neue Buch von Rebecca Solnit, *Die Kunst, sich zu verlieren*. Ein Führer durch den Irrgarten des Lebens, und darin steht zum Beispiel: »Wer sich nie verlaufen hat, hat nicht gelebt.« O'Keeffe war von demselben Abenteuergeist beseelt, sie ist häufig »ohne Grund und ohne Ziel«[48] losgezogen. Und warum auch nicht? Wer möchte schon immer in geografischer Sicherheit leben?

Ich finde keine Wegmarkierungen und denke, dass geografische Sicherheit vielleicht doch besser ist, als ziellos am Stadtrand umherzuirren. Ich frage einen Mann, der vor seiner überdimensionierten Mülltonne steht. Er wirft einen Blick auf meine Karte und schüttelt den Kopf. »Das ist sehr weit«, sagt er stirnrunzelnd. »Meine Frau und ich biegen normalerweise hier ab.« Er zeigt auf einen roten Punkt, der nur einen Bruchteil der von mir geplanten Strecke darstellt. »Da müssen Sie mit viel Schnee rechnen«, sagt er. »Und mit Matsch. Ich würd's nicht riskieren.«

Er zeigt mir, wo es langgeht, aber der Weg, den ich schließlich nehme, stimmt irgendwie nicht. Mühsam arbeite ich mich durch Gestrüpp. Plötzlich sehe ich mehrere ganz in Schwarz gekleidete Männer mit gepflegtem schwarzem Haar und schönen dunklen Augen barfuß über einen vereisten Pfad gehen.

»Hallo!«, rufe ich. Ich bin völlig fasziniert von ihrer Schönheit, ihren schwarzen Kimonos, ihren langen, bleichen Füßen. Sie gehen behände und aufrecht auf ein niedriges Gebäude zu. Ich kneife die Augen zusammen, um lesen zu können, was über dem Eingang steht: Zen Buddhist Centre. »Ich suche nach dem Weg«, rufe ich den Männern zu.

Einer der Mönche bleibt stehen und zeigt nach rechts. »Fünf Minuten in die Richtung«, sagt er lächelnd. Seine Augen sind wie schwarze bodenlose Teiche. Sein Haar glänzt im Licht. Seine Stimme klingt wie Musik. Dann wendet er sich ab, die schwarzen Kimonos schweben in das Gebäude.

Nach einer Mastektomie im Alter von achtundsechzig Jahren hat O'Keeffe sich angewöhnt, schwarze Kimonos zu tragen. Es sollte niemand sehen, dass man ihr eine Brust abgenommen hatte, und sie wollte auch keinen BH mit einer Prothese tragen. Also hat sie Kimonos angezogen, um die Asymmetrie zu verbergen. Sie hatte sehr viele, alle aus hundertprozentiger Baumwolle, ihrem Lieblingsstoff.

Endlich finde ich den Weg und folge einer Spur, bestehend aus zwei Fuß- und vier Pfotenabdrücken. Ich gehe mehrere Kilometer weit, zerreibe immer wieder Wacholderbeeren und Kiefernnadeln zwischen den Fingern und atme ihren Duft ein. Nach einer Weile habe ich die Spur des Menschen mit seinem

Hund verloren und folge stattdessen den winzigen Krallenspuren eines Vogels. Schließlich gehe ich weiter durch jungfräulichen Schnee und dicken roten Matsch. Eine Schlammschicht bildet sich an meinen Schuhen, die immer schwerer werden und sich anfühlen wie Gewichte, die ich immer wieder aus dem Schnee herausziehen muss. Der Wind bläst mir kalt und scharf ins Gesicht. Vögel singen in den Kiefern, und die Sonne brennt mir auf den Rücken.

Ich entdecke Fußspuren, sie sind unter dem Schnee von letzter Nacht gerade so zu erkennen. Vielleicht ist gestern jemand hier entlanggegangen, oder vielleicht vor einer Woche. Ich folge den Spuren, die sich sicher um die matschigen Stellen herumschlängeln. Es ist ein schönes Gefühl, als wäre ich nicht allein, als würde ein Freund vor mir hergehen. Nach einer Weile gelangen wir – mein unsichtbarer Freund und ich – an einen schneefreien Weg, der bergab führt. Hier verlieren sich die Fußspuren, aber ich folge dem Weg, es ist ein ausgetrocknetes Bachbett voller Kies und Geröll. Der in den schwarzen Gesteinsbrocken eingeschlossene Glimmer glitzert im Sonnenlicht. Die rostroten Steine mit grauen und zartrosafarbenen Adern sind warm von der Sonne. Ich stochere im Geröll herum und entdecke grüne und ockerfarbene Steinchen und winzige Kristalle. Wie O'Keeffe stecke ich sie mir in die Hosentaschen. Sie liebte Kieselsteine und hat sie überall in ihrem Haus zusammen mit kleinen Knochen und Keramikscherben, die sie ebenfalls auf ihren Wanderungen gesammelt hat, zu hübschen Mustern arrangiert. »Meine Schätze« hat sie sie genannt. Einmal war sie dermaßen hingerissen von einem glatten schwarzen Kieselstein, den sie im Haus einer Freundin entdeckt hatte, dass sie ihn heimlich geklaut hat. Die Frau, die bei ihrem Tod ein Vermögen von siebzig

Millionen Dollar hinterließ, wollte nichts so sehr besitzen wie einen perfekten Kieselstein.

Als ich von meiner Wanderung zurückkomme, bin ich total zerzaust. Der Wind hat meine Haare verfilzt, mein Schal ist verknotet, und ich habe Kiefernnadeln und Sand in den Taschen und im Futter meiner Jacke. Ich fühle mich so lebendig, aber auch, als hätte der Wind mich sauber gepustet. Und zwar außen und innen. O'Keeffe hat den Wind geliebt. Deshalb kann ich mich ebenfalls mit dem Wind anfreunden und die schreckliche Erinnerung an eine Bergwanderung abschütteln, als Sturmböen meine Kinder und mich zwangen, auf allen vieren zu kriechen.

Die Niederländer haben ein Wort für Wanderungen im Wind: *uitwaaien*. O'Keeffe hätte das Konzept genau verstanden.

Ich sitze in der öffentlichen Bibliothek von Santa Fe und lese einen Artikel, in dem steht, dass mehr als sechzehntausend Quadratkilometer in den USA von Asphalt bedeckt sind. Auf einmal höre ich eine laute, zeternde Frauenstimme zwischen den Bücherregalen direkt hinter mir.

»Ihr englischen Huren, macht, dass ihr wegkommt – weg mit euch! Ihr verdammten englischen Huren!«

Ich sehe mich im Lesesaal um. Alle starren ungerührt auf ihre Bildschirme. Es sind nur Männer. Vermutlich hat die Frau mich mit der Bibliothekarin sprechen hören und meinen englischen Akzent erkannt. Ich fixiere den Blick grimmig auf meinen Bildschirm. Noch nie hat mich jemand als englische Hure beschimpft.

»Ihr verdammten englischen Huren ...«, vernehme ich die Stimme jetzt leiser. Die Frau entfernt sich, dann ist sie weg.

Ich tippe ein paar Worte, aber ich kann mich nicht konzentrieren. Aufgewühlt packe ich meine Sachen zusammen und mache mich auf den Weg zum Supermarkt. Es ist dunkel, und es schneit. Wie üblich sind die Gehwege leer bis auf ein paar arme Autolose wie mich, die zu Fuß unterwegs sind: eine alte Frau, die einen mit Lumpen und Müll gefüllten Einkaufswagen vor sich herschiebt, ein Mann, der seine verdreckte Hose festhält.

In dieser Gegend hier ist das Zu-Fuß-Gehen fast so etwas wie eine Schmach und wird assoziiert mit Armut und Obdachlosigkeit. Frieda und Lawrence sind mit Stolz zu Fuß gegangen, das Wandern war für sie Ausdruck ihres rebellischen Außenseitertums. Auch O'Keeffe ist mit Stolz zu Fuß gegangen. Sie wusste, dass sie als schrullig galt wegen ihrer stundenlangen Wanderungen durch die Wüste, auf denen sie auch noch Knochen sammelte, die sie dann nach Hause schleppte. Für sie gehörte das Wandern zu ihrem Selbstbild, und sie freute sich riesig, wenn sie merkte, dass sie eine bessere Kondition besaß als manche junge Männer.

Ich gehe zügig weiter, neben mir die sechsspurige Straße. Zweimal muss ich entgegenkommenden Autos ausweichen. Es gibt keine Straßenbeleuchtung, und der Schnee fällt immer dichter.

Ich kaufe Brot, Salat und Käse und will auf Google Maps den kürzesten Weg zurück zu meiner Unterkunft suchen. Kein Handyempfang. Aber ich bin mir ziemlich sicher, dass ich trotz Dunkelheit und dichtem Schneetreiben zurückfinde. Ich gehe schnell, denn die menschenleeren Straßen sind mir unheimlich. In Santa Fe sehen alle Häuser gleich aus – Stadtpolitik, wie es scheint –, und ich verliere die Orientierung. Zwanzig Minuten später habe ich mich komplett verirrt. Anscheinend bin ich aus der Stadt hinausgelaufen: Ich stehe am Rand eines Highways.

Autos und Lastwagen donnern an mir vorbei, rote Rücklichter verschwinden in der Dunkelheit. Der Randstreifen ist nicht mal einen halben Meter breit. Ich biege in eine Seitenstraße ein, die in die richtige Richtung zu führen scheint. Der Schnee durchnässt meine Jeans, setzt sich in die Falten meiner Jacke. Ich will nur noch in mein warmes Zimmer mit seiner funzeligen Lampe, den bunten Kissen und dem winzigen Wasserkessel. Zu meiner Linken ist die Straße von Bäumen gesäumt, und das gefällt mir nicht. Wenn ich in Richtung Stadt unterwegs wäre, müsste doch hier mehr Beton sein und weniger Grün, oder?

Auf dieser Nebenstraße sind weder Fußgänger noch Autos unterwegs. Nirgends gibt es Häuser oder Straßenlaternen. Das macht mir Angst. Tränen brennen mir in den Augen. Ich habe mich verlaufen, ich friere, ich habe keinen Handyempfang, und weit und breit ist niemand, den ich nach dem Weg fragen kann. Ich laufe zurück in Richtung Highway, stolpere und rutsche aus auf dem alten, rissigen Asphalt – der nicht für Fußgänger gemacht ist. Schluchzend laufe ich weiter und kollidiere blind vor Tränen mit einer Plastikmülltonne, die krachend umfällt.

Als ich den riesigen schwarzen Highway erreiche, erblicke ich einen Mann vor mir. Seit einer Stunde irre ich jetzt durch die Dunkelheit, und er ist der erste Fußgänger, dem ich begegne. Vor lauter Verblüffung höre ich auf zu heulen und renne erleichtert auf ihn zu. »Verzeihen Sie, wo geht's nach Santa Fe?«, frage ich atemlos. Er sieht mich mit großen Augen an, offenbar ebenso verblüfft wie ich, dass er nicht der einzige Fußgänger ist. Oder vielleicht wundert er sich nur über meine verheulten Augen und meine ganze Erscheinung. Er zeigt die Straße hoch und sagt, wenn ich eine halbe Stunde in die Richtung ginge, käme ich in die Stadt.

Ich marschiere los, umrunde riesige Müllcontainer und verfluche den buckligen Asphalt, den Schnee, den schwarzen Himmel und meinen schlechten Orientierungssinn. Vor allem verfluche ich Amerika mit seinen verrotteten Straßenbelägen und seinen eintönigen, schnurgeraden, endlosen Highways.

Nach einer Weile entdecke ich die Leuchtreklame eines McDonald's-Drive-Through und in einiger Entfernung die Lichter von Santa Fe. Ich bin zutiefst erleichtert, und meine Angst, vermischt mit Wut, weicht einer Mischung aus Sehnsucht und Vorfreude. Voller Wehmut denke ich an zu Hause, an Europa. An die verwinkelten kleinen Städte in Bayern, am Gardasee, in den Dolomiten, in Schottland und Wales, in England, an ihre schmalen, gewundenen Straßen, ihre geheimen Plätze und verborgenen Gärten, ihre gut beleuchteten Gehwege, die gemütlich fahrenden Autos, die Radfahrer, die Gassigeher, die warmen, hell erleuchteten Pubs, Restaurants und Cafés.

Ich denke an Grün, an üppiges Blattwerk, das sanfte Murmeln von Gras. Dann habe ich plötzlich O'Keeffes Stimme in den Ohren, die sich über das »schwere, dunkle Grün« von Lake George beklagt. »Das Grün ist so unglaublich sauber – aber ich kann es nicht ausstehen«, schrieb sie. »Ich fühle mich hier regelrecht von Grün erschlagen ... Alles hier ist weich. Ich gehe viel und ertrage das Grün ... und grüße aus der Ferne den Wind und die Weite.«

Im Vergleich zu O'Keeffes gigantischen ausgebleichten Landschaften – Wüste, Canyon, Felsen, Himmel – kommt mir das walisische Tal meiner Seele langweilig und farblos vor. Und klein. Fürchterlich klein. Und doch liebe ich das leuchtende, blattreiche Grün meiner Heimat. Als ich in Indien war, hatte ich irgendwann derartiges Heimweh, dass ich nur noch in Moosgrün geträumt habe und an nichts anderes mehr denken konnte als an das kühle, saftige Grün von Wales.

Außerdem fehlen mir auf einmal abgegrenzte Räume – gepflügte Felder, Schafweiden, Hecken, kleine Wäldchen, überwucherte Bachufer, Hügel und Täler. Katharine Trevelyan entwickelte ähnliche Sehnsüchte auf ihrer unfassbar langen Wanderung quer durch Kanada, durch die »öde, staubige, kahle« Prärie. Auch sie träumte irgendwann von »Wiesen und Wäldern, Feldern und Bächen ... kleinen Häusern und Kirchtürmen«.[49]

Meine Gedanken wandern wieder in Richtung Heimat, meine Wehmut wächst, während der Verkehr an mir vorbeidonnert. Ich denke an die eng stehenden, maroden Häuser mit den windschiefen Kaminen und winzigen Fenstern. An Zebrastreifen, Fahrradbügel und Bäume. An die Intimität und Überschaubarkeit. Aber vor allem denke ich an die vielen Fußgänger: Leute, die ihre Hunde hinter sich herziehen, Kinderwagen schieben, Einkaufstüten schleppen. Ich sehe sie zum Briefkasten eilen, zum Pub, zum Lebensmittelladen an der Ecke. Ich denke an die Wanderer, die Flaneure und die Jogger. Ich habe Heimweh. Nach dem Kontinent, auf den ich gehöre. Ich möchte dort leben, wo die Leute zu Fuß gehen, wo Asphaltdecken in Schuss gehalten werden, wo man zu Fuß losgeht, um schnell ein Päckchen Tee zu kaufen oder Freunde zu besuchen. Wo Fußgänger nicht für Obdachlose gehalten, sondern als vollkommen normale Menschen wahrgenommen werden.

Das Land des Autos ist ein einsamer Ort.

Es ist merkwürdig, wie Angst und Verunsicherung Sehnsüchte wecken. Als ich am nächsten Morgen die Vorhänge aufziehe, bietet sich mir der gleiche Anblick wie seit Tagen: durchsichtiger blauer Himmel, rote Erde, die sich scheinbar endlos ausbreitet, schneebedeckte Gipfel in unendlicher Ferne. Es ist so still, dass ich das Gras seufzen und mein eigenes Herz schlagen höre. Einen verrückten Augenblick lang stelle ich mir vor, hier zu leben. Könnte ich das?

Den Kopf voll mit widersprüchlichen Gedanken über meine Heimat begebe ich mich auf eine Pilgerreise zur Kiowa Ranch, der Blockhütte, in der Frieda sich nach Lawrence' Tod eingerichtet hat. Frieda liebte New Mexico, sie fühle sich »sehr amerikanisch«, schrieb sie, und fügte hinzu, »dieses Land tut meiner Seele gut«. Ebenso wie O'Keeffe – mit der sie sich anfreundete – hat Frieda sich für ihren Lebensabend eine abgelegene Ecke von New Mexico ausgesucht. Die Kiowa Ranch befindet sich acht Kilometer vom nächsten Dorf entfernt knapp zweihundertfünfzig Meter über dem Meeresspiegel an einem Berghang; von dort hat man einen Blick über »die weite, wunderbare Wüste ... mit ihrer klaren, reinen Luft«.[50]

Hier hat Frieda feierlich alle Lawrence-Biografien verbrannt, die ihr nicht gefielen, und die Feuerstelle mit einer Kerze in einem Marmeladenglas markiert. Hier hat sie ihre Memoiren geschrieben, während Ratten unter den Dielen raschelten. Lawrence' Tantiemen hatten sie zu einer wohlhabenden Frau gemacht, und sie hatte jetzt nicht nur einen wesentlich jüngeren Ehemann, sondern auch das Geld, die Blockhütte zu modernisieren: Sie ließ sich einen Wasseranschluss legen, eine Toilette einbauen und ein im bayrischen Stil gehaltenes Gästezimmer anbauen. Als zwei ihrer Kinder zu ihr zogen, wurde die Blockhütte endlich zu dem Zuhause, das sie sich immer erträumt hatte. Hier ist Frieda auch gestorben, und zwar am Morgen ihres siebenundsiebzigsten Geburtstags. Die Nacht hatte sie am offenen Fenster verbracht, mit Blick auf die Sterne.

Angeblich ist ihr Geist noch mehrere Wochen nach ihrem Tod in die Blockhütte zurückgekehrt und nachts in einem Nachthemd umhergeschwebt. Während ich mich umsehe und dem Wind lausche, der durch die Kiefern pfeift, denke ich darüber nach, was ein Zuhause bedeutet, welche komplizierte Rolle es für die weibliche Identität spielt. Das Zuhause, hat man uns beigebracht, ist ein Ort, an dem wir sicher sind. Und doch ist für manche Frauen das Zuhause viel gefährlicher als die Wildnis.

All diese Frauen – Gwen John, Frieda von Richthofen, Clara Vyvyan, Nan Shepherd, Daphne du Maurier, Simone de Beauvoir und Georgia O'Keeffe – sind leidenschaftlich gern in der freien Natur gewandert und hatten trotzdem eine ganz besonders enge Bindung an ihr Zuhause, entweder an ihr Haus, an die Umgebung oder an beides. Sie verwandten viel Zeit und Energie auf die Einrichtung ihrer Wohnräume und die Gestaltung ihrer Gärten: O'Keeffes sorgfältig angeordneten »Schätze« und Beauvoirs kunstvoll arrangierten Bücher und Skulpturen werden in allen Biografien erwähnt; Gwen John hat ihr Zimmer in Paris immer wieder neu gestrichen; Clara Vyvyan hat in ihrem Garten liebevoll seltene Pflanzen gezogen. Es ist zur Genüge dokumentiert, wie sehr Daphne du Maurier ihr Cornwall, Shepherd ihren kleinen Zipfel Schottland und Beauvoir ihr Paris geliebt haben.

Ich frage mich, ob der Mut dieser Frauen sich aus ihrer tiefen Verbundenheit mit ihrem Zuhause gespeist hat, aus ihrem Gefühl der Zugehörigkeit zu einem bestimmten Ort. Ihre Fähigkeit, mit der Ungewissheit zu leben – eine Notwendigkeit, wenn man allein durch wenig bekannte Gegenden wandert, noch dazu ohne das Sicherheitsnetz, das uns heute zur Verfügung steht –, war beeindruckend. Kann es sein, dass ihr Mut gerade in der tiefen Heimatverbundenheit wurzelte, in der Sicherheit, die diese verleiht? Ich taste mich an diesem dünnen Gedankenfaden entlang, suche nach einem Muster, hinterfrage das wankelmütige Verhältnis, das mich mit dem Haus verbindet, in dem ich seit dreißig Jahren wohne, versuche zu ergründen, ob ein Gefühl des Verbundenseins Mut verleiht oder Angst macht. Meine Fragen scheinen sehr geschlechtsspezifisch zu sein. Immer wieder sehe ich Gwen John vor mir, die stundenlang ihr Zimmer in Paris gestaltete und verschönerte, während Rodin wusste, »dass sein Haus nichts für ihn war ... Tief in sich trug er eines Hauses Dunkel, Zuflucht und Ruhe, und darüber war er selbst Himmel geworden und Wald herum ...«[51]

Immer wieder komme ich auf Emma Gatewood zurück, die ihren Kindern 1955 verkündete, sie werde sich auf den Weg machen. Da war sie siebenundsechzig Jahre alt, Mutter von elf Kindern, Großmutter von dreiundzwanzig Enkeln und zweifache Urgroßmutter. Sie machte jedoch keinen Nachmittagsspaziergang, wie ihre Kinder glaubten, sondern wanderte den gesamten Appalachian Trail, einen gut dreitausendfünfhundert Kilometer langen Fernwanderweg, und zwar allein.[52]

Gatewood hatte nie in ihrem Leben Sport getrieben. Sie war nicht einmal eine erfahrene Wanderin, was ihr Schuhwerk und ihre spärliche »Ausrüstung« beweisen. Als sie losmarschierte, trug sie eine Latzhose und Tennisschuhe, die sie wegen ihrer Ballenzehen an den Seiten aufgeschnitten hatte. (In einen Schuh hat sie später als behelfsmäßige Einlage den Gummiabsatz eines weggeworfenen Herrenschuhs gesteckt.) Ihr Gepäck bestand aus einem selbst genähten Beutel, der unter anderem ein Baumwollkleid, ein Taschenmesser, eine Packung Heftpflaster und einen Duschvorhang zum Schutz gegen Regen enthielt und über fünfzig Kilo wog. Als Proviant hatte sie lediglich Brühwürfel, Erdnüsse und Rosinen dabei, die sie sich in die Hosentaschen gestopft hatte. Keinen Schlafsack, kein Zelt. Sie schlief auf Laubhaufen, in Scheunen, auf Gras, und ab und zu übernachtete sie bei Leuten, die ihr ein Bett anboten.

Was hat Grandma Gates in die Berge getrieben, während andere Großmütter zu Hause hockten und für die Enkel strickten und Plätzchen backten? Sie war ein sehr schweigsamer Mensch. Aber ihre Vorgeschichte erzählt von schrecklichen und wiederholten Misshandlungen.

Im Alter von achtzehn Jahren heiratete sie einen zur Gewalt neigenden Mann, der sie immer wieder vergewaltigte, manchmal mehrmals täglich. Ihr Mann war unvorstellbar grausam, er hat sie regelmäßig verprügelt und mehrfach versucht, sie zu erwürgen. Nach einem Fluchtversuch hat er sie kaum noch aus den Augen gelassen, aus dem Haus durfte sie nur, um mit ihren Töchtern in den Wald zu gehen. Der Wald wurde zu einem Zufluchtsort. Sie unternahm einen zweiten Fluchtversuch, ertrug aber nicht die Trennung von ihren Kindern und kehrte wieder zu ihrem Mann zurück, der jedoch immer brutaler wurde, ihr Zähne ausschlug, Rippen brach und das Gesicht blutig schlug. Zwei Jahre später reichte sie die Scheidung ein.

Acht Jahre später, 1949, las Gatewood im *National Geographic Magazine* einen Artikel über den Appalachian Trail. Und das hat sie nicht mehr losgelassen. Irgendwann ist sie täglich fünfzehn Kilometer gewandert, um ihre Beinmuskulatur zu stärken, auch wenn sie nach Jahrzehnten als Bäuerin und Mutter besser in Form war, als sie glaubte. 1955 war es schließlich so weit. Als erste Frau ist sie den gesamten Appalachian Trail allein gewandert. Und danach noch zweimal – bei ihrer dritten Wanderung war sie vierundsiebzig –, was sie unter amerikanischen Langstreckenwanderern zur Legende gemacht hat. Womit sie Simone de Beauvoir, die sich im Alter von achtunddreißig für Fernwanderungen zu alt fühlte, weit in den Schatten stellt.

Zuhause. Der Ort, an den Frauen seit Generationen gefesselt sind. Der angeblich sichere Ort, wo wir seit jeher unsere Pflicht erfüllen. Als der deutsche Pfarrer Friedrich Evertsbusch Mitte des neunzehnten Jahrhunderts schrieb: »Das Haus ist die rechte Heimat des Weibes ... Armselig ist die Jungfrau, die außer dem Hause ihre besten Freuden sucht«, hat er zum Ausdruck gebracht, was die vorherrschende Meinung in der damaligen Gesellschaft war.[53] Und was Rousseau fast hundert Jahre zuvor klargestellt hatte.

Während Gatewood sich in den Wäldern und Bergen der Appalachen neu erfand, stellte O'Keeffe um ihr Lehmziegelhaus »Betreten-verboten«-Schilder auf, wütend darüber, dass die Eigentümer des Landes, das ihr Haus umgab, dieses nicht ihr, sondern der presbyterianischen Kirche verkauft hatten.

Im selben Jahr hat Beauvoir liebevoll ihre erste eigene Wohnung eingerichtet, die Wände mit mexikanischen Wandteppichen dekoriert, ihre Picasso-Zeichnung und ihren Druck von Léger und Fotos von ihren Freunden gerahmt, und Regale für ihre Bücher und Schallplatten anfertigen lassen. Wenn es eine gibt, die unser zwiespältiges Verhältnis zu unserem Zuhause verstanden hat, dann ist es Beauvoir. »Die Frau«, heißt es in *Das andere Geschlecht*, »muss dieses Gefängnis in ein Königreich verwandeln.« Sie hatte begriffen, dass das Zuhause für die meisten Frauen sowohl »ihren gesellschaftlichen Wert als auch ihre innere Wahrheit zum Ausdruck bringt«.[54]

Die Gewalt, die Emma Gatewood angetan wurde, hat ihr Zuhause nicht nur zu einem gefährlichen Ort gemacht, sie hat auch ihren gesellschaftlichen Wert und ihre innere Wahrheit zerstört – also alles, was sie als Person ausmachte. Es wäre zu einfach zu sagen, durch das Wandern wurde Gatewoods gesellschaftlicher Wert und ihre innere Wahrheit wiederhergestellt. Das hat sie selbst getan, und zwar aufgrund ihres unglaublichen Muts und ihrer Zähigkeit. Wir dürfen uns nicht von althergebrachten Vorstellungen des trauten Heims täuschen lassen, Vorstellungen, die von der Wirtschaft nur zu gern propagiert werden, nur um uns noch mehr Heimutensilien anzudrehen. Ich finde, wir sollten unser Zuhause nicht mit einem Schloss vergleichen, sondern mit einem Nest, einem Ort, den man verlassen und zu dem man zurückkehren kann, den man wieder aufbauen und dem man, wenn nötig, fernbleiben kann. Es ist ein Ort, der zugleich sicher und offen sein sollte. Offen für Veränderungen, Zufall, Flucht, Rückkehr.

Im Zentrum von O'Keeffes perfektem Haus befand sich ein Nest, das sie ihr Zimmer ohne Dach nannte, denn es handelte sich um ein Atrium, über dem ein Geflecht aus Weidenzweigen einen Schutz vor der sengenden Sonne bot.[55] Aber das Gehen hat sie nicht losgelassen: Jeden Morgen und jeden Abend ist sie mit ihren Hunden zu einem Spaziergang in der Prärie losgezogen. Im Alter von sechsundneunzig ist sie um ihr Haus herumgegangen und hat nach jeder Runde einen Kieselstein aufgehoben, um sicherzugehen, dass sie jeden Tag die gleiche

Anzahl Runden drehte. Als sie nicht mehr laufen konnte, hat sie wehmütig und sehnsüchtig von den großartigen Wanderungen in den Ebenen und Hügeln rund um ihre Ghost Ranch herum erzählt. Ihre Erinnerungen waren zu Zeitkapseln geworden, von denen sie zehren konnte, emotionale Stützen, die sie aufrecht hielten, während ihr Körper langsam verfiel. Eine ähnliche Funktion haben für mich unsere Familienwanderungen – es sind Erinnerungen, die sich unauslöschbar in meine Seele eingebrannt haben.

Nach O'Keeffes Tod (sie starb mit achtundneunzig Jahren) wurde ihre Asche in den Wind am Cerro Pedernal verstreut, an dem Gebirgszug, den sie so sehr geliebt hat.

O'Keeffes Landschaftsbilder sind so betörend, so klar, dass die Felsen, Bäume und Plateaus real erscheinen, so verlockend, dass ich am liebsten sofort wieder losziehen möchte. Aber mein Aufenthalt ist zu Ende, ich kehre nach Hause zurück, in ein Zuhause, das sich endgültig verändert hat. Ich nehme die Drucke von O'Keeffes Bildern von den Wänden meines Hotelzimmers und klappe meine Bücher zu. Ich packe meine Zahnbürste, meine Ersatzhose und meine Ersatzunterwäsche, meinen Schlafanzug, meine Wanderkarten ein.

Auf dem Weg zur Bushaltestelle fällt mir etwas auf. Sonnenstrahlen fallen in einer kahlen Hecke auf etwas Rundes zwischen zwei stacheligen Zweigen. Es sieht aus wie ein Kinderball, und ich biege die äußeren Zweige auseinander. Aber es ist kein Ball, sondern ein Vogelnest, und es lässt sich so leicht lösen, als hätte es auf mich gewartet. Ich halte es in der Hand und betrachte das Moos, mit dem es ausgepolstert ist und das immer noch grünlich schimmert. In dem Geflecht aus Gras und Zweigen befinden sich keine Spuren von Schnee, Eis oder Feuchtigkeit. Als hätte die Vogelmutter gewusst, dass ihre Jungen in dieser dornigen Hecke vollkommen in Sicherheit sein würden. Ich schaue zum Himmel, als würde über mir ein Vogel darauf warten, dass er in sein Nest zurückkehren kann. Und plötzlich laufen mir Tränen über die Wangen, denn mir wird bewusst, dass ich nicht bereit bin für das kinderlose Nest, das zu Hause auf mich wartet.

8

ZUHAUSE

*»Ich akzeptiere die Gefahr.
Lieber gehe ich angstvoll aufrecht,
anstatt in Sicherheit zu kriechen ...«*
George Eliot, *Armgart*, 1870

Monatelang habe ich über die Geschichten von allen möglichen Wanderinnen nachgegrübelt und zu verstehen versucht, warum sie bereit waren, sich Gefahren auszusetzen und ihren Ruf aufs Spiel zu setzen, und woher sie den Mut nahmen, so entschlossen gegen die Rollenklischees ihrer Zeit zu verstoßen. Am Ende bin ich zu der Überzeugung gelangt, dass sie einem inneren Drang gefolgt sind, dass sie nicht anders konnten. Sie alle waren mit Verlust und Verwirrung konfrontiert, und sie alle sind gewandert, um beides zu überwinden.

Und ich habe drei Jahre gebraucht, um zu begreifen, dass auch ich gewandert bin, um Verlust und Verwirrung zu überwinden.

Die Frauen in diesem Buch sind nicht nur vor ihrem inneren Schmerz davongelaufen. Ihr Wandern stellte nicht nur eine Flucht dar, sondern diente zugleich der Vorbereitung auf einen neuen Lebensweg. Sie wollten ihren Mut erproben, ihre Entschlusskraft, ihre Fähigkeit, das Alleinsein auszuhalten.

Ohne mir dessen bewusst zu sein, tat ich genau das Gleiche: Ich verarbeitete einen Verlust und bereitete mich auf ein neues Leben vor.

Alle diese Frauen mussten lernen, mit weniger Ballast zu leben. Reduziert. Wenn wir uns mit einem Rucksack auf Wanderschaft begeben, merken wir, wie wenig wir eigentlich brauchen. Wir fixieren uns nicht mehr auf Äußerlichkeiten, sondern konzentrieren uns auf unsere Gefühle. Wir lernen, unabhängig zu sein.

Auch ich musste das lernen. Denn Mutterschaft bedeutet oft eine endlose Anhäufung von Dingen. Unser Haus war bis unters Dach vollgepackt mit Spiel- und Anziehsachen, aus denen die Kinder rausgewachsen waren, mit alten Pantoffeln, kaputten Computern, Sandwichtoastern, Smoothie-Mixern, Eiswürfelbehältern, unvollständigen Puzzles, einzelnen Socken, unzähligen Dingen.

Durch das Wandern entdeckten die Frauen eine neue Art zu sein, eine neue Art, Körperlichkeit und Sinnlichkeit zu leben. Diese Körperlichkeit, besonders eloquent beschrieben von Shepherd und Beauvoir, durchzieht alle ihre Schriften und Kunstwerke. Beim Wandern in der freien Natur, in abgelegenen Gegenden, erfuhren sie wieder innere Ruhe, die Harmonie von Gedanken und Bewegung. Aber sie traten auch in Kontakt mit einer erdigeren Seite an sich – schmuddeliger, unparfümiert. Wilder.

Auch ich habe das gebraucht, irgendwie habe ich gespürt, dass mit dem Ende des Mutterseins eine Zeit intensiver Körperlichkeit zu Ende gehen würde. Eine Zeit der Schwangerschaften, Geburten, des Stillens und Badens, eine Zeit, in der jede Nacht mindestens ein Kind mit im Bett lag, in der man die

Kinder herumgetragen, umarmt, getröstet hat. Es war ein sehr körperliches Leben – klebrig und köstlich –, das mir immer mehr entglitt.

Solche Prozesse spielen sich vermutlich im Unterbewusstsein ab. So als wüssten wir instinktiv, was wir brauchen, um zu gesunden, uns zu verändern, zu werden.

Unser Haus war plötzlich leer. In dem Haus, das immer von dem für eine kinderreiche Familie typischen Trubel erfüllt gewesen war, herrschte auf einmal Stille. Kein Türenschlagen, kein Fußgetrappel, keine laute Musik, keine klingelnden Telefone, keine verstimmten Instrumente. Kein Gelächter, kein Geheul, kein Geschrei, kein Flüstern, keine Rufe nach Hilfe, Essen oder sauberen Hosen.

Alle Zimmertüren standen offen, kaltes Licht fiel durch die Fenster herein, alle Betten waren gemacht, auf den Fußböden lagen keine Klamotten oder Spielsachen. Geisterzimmer. Das Witzige war, dass ich so lange auf diesen Augenblick gewartet hatte, denn ich hatte mich permanent überfordert gefühlt, weil ich immer nur dann ein bisschen an meinen Texten arbeiten konnte, wenn ich nicht gerade einen Einkaufswagen vor mir herschob, ein Kind zur Schule brachte oder mit dem Hund zum Tierarzt musste. Ich hatte eine gefühlte Ewigkeit darüber geschimpft, dass das alles einfach nie aufhörte, und ganz plötzlich war es vorbei.

Ich musste akzeptieren, dass die Zeit nicht stehen blieb. Vor allem musste ich mich neu justieren, damit ich mein zukünftiges Leben in Angriff nehmen, meinen Weg finden, das Gute am Neuen entdecken konnte. Befreit von dem Zwiespalt zwischen meiner Sehnsucht nach Freiheit und meinen mütterlichen Pflichten sah ich ein wunderbares, abenteuerliches Leben vor mir liegen. Ich wusste nur nicht, wie ich da hinkommen sollte.

Unsere Hündin war im Jahr zuvor im Alter von fünfzehn Jahren gestorben, und ich hatte mich immer noch nicht daran gewöhnt, ohne sie spazieren zu gehen. Es war, als hätte sie ein winziges Stück von mir mitgenommen, ein Fragment, das ich noch nicht zurückgewonnen hatte, das irgendwo frei im Raum schwebte. Ich war mir nicht sicher, ob ich es wiederbekommen würde. Oder ob ich es wiederhaben wollte. Manchmal stellte ich mir vor, dass ich ihr dieses Fragment geschenkt hatte, aus Dankbarkeit für alles, was sie uns gegeben hatte. Falls das so war, warum suchte ich dann danach?

Ich hatte keine Antworten, ich wusste nur, dass mein Leben völlig auf den Kopf gestellt worden war und ich mich total verändert hatte. Ich wollte verstehen, wer ich jetzt war. Ich musste nach vorne schauen, ich musste weiterwandern. Und während ich Pläne machte, Routen auswählte und Biografien studierte, stellte ich mir vor, dass das Wandern eine Art Ellipse zwischen den Kapiteln meines Lebens sein könnte. Ich hegte die Hoffnung, dass ich in der Wildnis, in den Spuren dieser bemerkenswerten Wanderinnen, mit denen ich mich beschäftigte, meinen neuen Platz in der Welt finden würde.

Man könnte sagen, dass ich mich auf einer Pilgerreise befand, die ich zu Ehren der Verwegenheit der Frauen unternahm, die vor mir gewandert und viel mutiger als ich gewesen waren. Sie waren nicht zurück zur Natur gewandert, sondern vorwärts in die Natur hinein, vorwärts in ihr zukünftiges Ich.

Nicht jedes Werden wird von uns selbst bestimmt. Aber häufig sind es genau die unerwarteten Entwicklungen, die uns weiter bringen, als wir zu hoffen gewagt haben, die uns zu Höchstleistungen befähigen.

O'Keeffe hat nie damit gerechnet, dass Stieglitz sich so verhalten würde. Frieda wollte ihre Kinder nicht verlieren. Shepherd hat sich nicht gewünscht, unverheiratet und kinderlos zu bleiben. Beauvoir wollte kein von Eifersucht bestimmtes Leben. Und genau in diesen Phasen war der Ruf der freien Natur am beharrlichsten. In Zeiten der Verzweiflung, der Verwirrung, der Trauer haben wir am wenigsten zu verlieren. Als wäre in solchen Momenten weniger von uns selbst übrig, das sich zu erhalten lohnt. Dann überkommt uns ein Mut, der an Verwegenheit grenzt und uns befähigt, ins Unbekannte vorzudringen.

Zum Glück ist das so! Wie Virginia Woolf einmal gesagt hat: »Wenn wir nicht kühn leben, den Stier bei den Hörnern packen und über Abgründen schweben wollten ... dann wären wir welk, fatalistisch und alt.«

Und wer will das schon?

Eines Morgens, einige Wochen nach meiner Rückkehr aus Amerika, packe ich einen Satz Wäsche zum Wechseln, eine Wasserflasche, eine Wanderkarte, einen Skizzenblock, ein Päckchen Heftpflaster und ein Taschenmesser in meinen Rucksack, gehe aus dem Haus und zur Themse hinunter. Die Sonne geht gerade auf und sprenkelt das Wasser mit flüssigem Gold. Ich überquere die Putney Bridge. Ich will zur Quelle der Themse, die zweihundertneunzig Kilometer von meinem Haus entfernt liegt.

Was für ein Hochgefühl, die Flucht gewagt, die Fesseln abgeworfen zu haben, frei zu sein. Meine Freude hat etwas mit meinem neu entdeckten Selbstvertrauen zu tun. Hunderte von Kilometern zu wandern, hat mir dieses Selbstvertrauen gegeben. Und die Frauen, deren Spuren ich gefolgt bin.

Ich denke an all die Frauen, die ich im Lauf der vergangenen Jahre entdeckt habe, an all die ungelesenen Briefe, die unveröffentlichten Manuskripte, die vergriffenen Bücher, die unbeachteten Berichte. Ich denke an all die Frauen, die zu Fuß gegangen sind, ohne Spuren zu hinterlassen: die Gänsemägde, die Hausiererinnen, die Dienerinnen und Hebammen, die Wildbeuterinnen und Brennholzsammlerinnen, die Wäscherinnen und Wasserträgerinnen. Sie alle mussten nicht nur bestimmte Wege zurücklegen, sondern auch damit zurechtkommen, dass sie Frauen waren, häufig allein und häufig in freier Natur unterwegs. In der Stille des frühen Morgens habe ich das Gefühl, als würden sie sich um mich herum versammeln und mich wie ein schützender Nebel begleiten. Einmal drehe ich mich um, weil ich meine, das Rascheln eines Rocks, das Klackern einer Milchkanne, ein unterdrücktes Kichern gehört zu haben. Aber da ist nichts. Ich bin allein. Und doch bin ich nicht allein. Denn dieser Uferpfad gehört den Frauen schon seit Jahrtausenden. Auch ich gehe hier nur entlang und hinterlasse meine Spuren.

Die Sonne steigt immer höher, färbt den Himmel perlrosa, der sich im silbergrauen Wasser spiegelt, sodass ich im Licht zu schwimmen scheine. Ich denke an O'Keeffes Bilder und an Shepherds Gedichte und an all die anderen Kunstwerke, auf die ich gestoßen bin. Kunst hilft uns, die Landschaft mit anderen Augen zu sehen. Dadurch verlieben wir uns immer wieder neu in die Bäume, die Wolken, die Wiesen, die wir jeden Tag sehen und die wir andernfalls als selbstverständlich hinnehmen und nicht weiter beachten würden.

Meine Gedanken kreisen, schlängeln sich, treiben dahin, berühren alle möglichen Erinnerungen. Als wir in Bayern vor Blitz und Donner flohen. An der spanischen Küste über Geröllpisten von einem Leuchtturm zum nächsten kraxelten. Als wir Kaninchenbraten und Fritten mit den Fingern aus einer Schüssel aßen, während über uns die Bussarde kreisten. Brennende Wälder in der Provence. Hagelkörner wie Glassplitter. Schwerelose Schneeflocken in Schottland. Eiskalte silbrige Morgendämmerung. Lichtsprenkel auf dem Gardasee. Der Himmel in Texas in Scharlachrot, Purpur und Gold. Auf Zehenspitzen über gefrorene Felder, darüber ein filigraner Mond. Die samtene Leere der Nacht. Das andauernde, wunderbar Alltägliche am Wandern, an der Erschöpfung.

Und ich denke an das Zuhause, das ich zurückgelassen habe. An die leeren Zimmer mit den ordentlich gemachten Betten, an die unheimliche Stille, das Ende des Mutterseins. Aber jedes Ende birgt den Samen eines neuen Anfangs. Im Prozess der Loslösung finden wir neue Kraft, neuen Mut, neue Wissbegierde.

Ich bin jetzt so weit, dass ich aufhören kann, vor etwas davonzuwandern. Ich bin bereit hineinzuwandern. Ich bin bereit herauszufinden, was es bedeutet zu sein, wie Nan Shepherd es ausgedrückt hat. »Aus dem Körper hinaus- und in die Berge hineinzuwandern.« Ich habe keinen Berg. Aber wir alle haben irgendetwas, irgendwo. Ich habe einen Fluss – einen glitzernden, mäandernden Wasserlauf, der mich langsam, sicher irgendwohin führt.

Meine Tochter schickt mir eine Nachricht:

Hi, Mum, habe das WE frei! Komme nach Kingston. Brauche ein Riesenfrühstück! Hab dich lieb!

Dann die nächste Nachricht, diesmal von Matthew:

Überraschung! Hab zwei Hunde für dich reserviert! Hole sie jetzt gleich ab!

Ich schalte das Handy aus und stopfe es ganz unten in meinen Rucksack. Als ich meinen Rucksack wieder schultere, höre ich schweres Flügelschlagen. Ich blicke auf und sehe einen Reiher, der seine Flügel ausbreitet und über das Wasser gleitet. Ich folge ihm mit dem Blick, bis er am schmetterlingsgelben Horizont verschwindet. Und gehe weiter.

EPILOG:
UNSER WILDES WANDERNDES ICH

*»Um mit der Erde zu sprechen ... um an der Heiligkeit
einer Landschaft teilzuhaben, müssen wir das Reisen
genießen und das Ziel außer acht lassen, dann müssen
wir zu Fuß gehen.«*
Shirley Toulson, *The Moors of the Southwest*, 1983

1923 bezeichnete die spanische Schriftstellerin und Feministin Margarita Nelken das Gehen als die einzige Tätigkeit, die die Frau des zwanzigsten Jahrhunderts von früheren Generationen unterscheidet. »Diese Standfestigkeit, dieses morgendliche Spazierengehen – der elastische Schritt, der bewegliche Körper in lockerer, bequemer Kleidung der jungen Frauen, die an einem klaren, warmen Frühlingsvormittag zu Fuß gehen, um gesund zu bleiben ... Sie haben die Fenster der traurigen Zimmer geöffnet, in denen ihre Großmütter gesessen haben«, schrieb sie in einem Artikel für eine Zeitschrift namens *La Moda Elegante*. Die Freiheit, spazieren zu gehen, schrieb sie, sei ein größerer Schritt in Richtung Emanzipation als die Freiheit, berufstätig zu sein.[1]

Beauvoir war anderer Meinung. Für sie begann die Freiheit in der Geldbörse. Und doch haben sie beide recht: Bei der Emanzipation der Frau im zwanzigsten Jahrhundert ging es um viel mehr als um das Wahlrecht. Es ging um eine andere Geisteshaltung, ein neues Bewusstsein für die Sexualität, um neuen Mut, um die Bereitschaft und den Wunsch, die Welt zu erforschen, sei es durch die Ausübung eines Berufs oder durch das Wandern. Das neue Bewusstsein verhalf den Frauen zu einer veränderten Selbstwahrnehmung in der Landschaft. Sie fingen an, die Landschaft zurückzuerobern.

Wenn ich an Nelkens »Großmütter« in ihren »traurigen Zimmern« denke, fallen mir die Frauen in Gwen Johns Gemälden ein, die neugierig aus dem Fenster schauen. Beobachtend. Abwartend.

Und ich denke an meine eigene Großmutter, die irgendwann nicht mehr gehen konnte und Jahrzehnte in einem »traurigen« Seniorenheim verbracht hat. Mit Anfang sechzig brauchte sie einen Gehstock, mit Anfang siebzig einen Rollstuhl, und mit Anfang achtzig war sie bettlägerig. Sie hatte es selbst so gewollt: Sie hatte sich einfach entschlossen, nicht mehr zu gehen.

Irgendwie haben wir es zugelassen, dass unser Körper keine Verbindung mehr zum Boden hatte. Seit der industriellen Revolution, die Millionen Menschen vom Land in die Fabriken getrieben hat, und seit wir uns auf dem digitalen Superhighway bewegen – haben wir das tief sitzende Bedürfnis unseres Körpers vergessen, sich in der Natur zu bewegen. Wir haben vergessen, dass wir genetisch dazu bestimmt sind zu gehen, uns zu bücken und zu strecken, Lasten zu tragen, uns zu drehen und zu klettern.

Wir haben sieben Millionen Jahre gebraucht, um uns zu den Menschen zu entwickeln, die wir heute sind. Seit einem Bruchteil dieser Zeit – der Bruchteil beträgt genau genommen

0,01 Prozent – leben wir so, wie wir es derzeit tun: mit krummem Rücken in Betonwüsten, von denen wir uns zunehmend entfremden. Während des größten Teils der Evolution haben wir mit den Elementen gelebt, in Sicht- und Hörweite von Wasser, Wind und Bäumen. Zwischen Erde und Himmel. Und in Bewegung, immer in Bewegung.

Als Jäger und Sammler sind wir kilometerweit gewandert, mit Säuglingen und Kleinkindern auf dem Rücken, während wir Feuerholz, Wasser und erlegte Tiere getragen haben. Anthropologen schätzen, dass wir täglich zwischen sechs und sechzehn Kilometer gewandert sind, Männer wie Frauen. Zur Zeit der Jäger und Sammler hat eine Mutter ihr Kind bis zum Alter von vier Jahren getragen und in dieser Zeit viertausendachthundert Kilometer zurückgelegt.[2]

»Zehntausende von Jahren haben wir in einem goldenen Zeitalter gelebt«, so der Historiker Yuval Noah Harari, haben immer wieder unser Lager neu aufgeschlagen. Wir waren »die sachkundigsten, geschicktesten Menschen der Geschichte«. Wir hatten detaillierte Landkarten im Kopf, kannten jede Pflanze und jedes Tier. Wir kannten uns mit den Jahreszeiten und mit dem Wetter aus. Wir haben »jeden Flusslauf, jeden Walnussbaum, jede Bärenhöhle und jeden Feuerstein genau untersucht. Mithilfe unserer ausgeprägten Beobachtungsgabe, unserer scharfen Augen und unseres geschulten Gehörs waren wir in der Lage, noch das leiseste Gleiten einer Schlange wahrzunehmen.« Wir waren körperlich so fit und ausdauernd wie Marathonläufer, so Harari.[3]

Wie die Geschichte weitergegangen ist, wissen wir: Als Nächstes kam die Agrarrevolution. Und wir haben angefangen, uns selbst einzuengen, Zäune zu ziehen, um Menschen und Tiere entweder sicher ein- oder sicher auszusperren. Jetzt baute man Getreide an und streifte nicht mehr auf Nahrungssuche durchs Gelände.

Harari nennt das den »größten Schwindel der Geschichte«. Und wir Frauen sind bei diesem Schwindel am schlechtesten weggekommen. Wir wurden durch endlose Schwangerschaften in unserer Beweglichkeit eingeschränkt, der Raum, den man uns zugestand, wurde immer kleiner und beengter, und so wurden unsere Muskeln schlaff und unsere Knochen schwach. Wir besitzen längst nicht mehr die Körperkraft unserer Vorfahrinnen. Wir sind verletzlich und ängstlich geworden. Und schließlich haben wir uns in »traurige« Räume zurückgezogen und angefangen, sehnsüchtig aus dem Fenster zu schauen.

Aber: Auch wenn es kaum Berichte darüber aus erster Hand gibt, so steht außer Frage, dass Frauen immer durch die Natur gewandert sind. Vielleicht nicht zum Vergnügen. Und wahrscheinlich auch nicht, um ihren Gefühlshaushalt ins Gleichgewicht zu bringen. Aber sie haben weite Strecken zu Fuß zurückgelegt, Wasser, Brennholz oder Nahrung besorgt, Waren auf den Markt getragen, Freunde und Verwandte besucht. Mit Holzbündeln, Obstkörben oder vollen Wassereimern beladene Frauen waren ein vollkommen normaler Anblick auf den Straßen. Bis Anfang des zwanzigsten Jahrhunderts, als nach und nach die meisten Häuser einen Wasseranschluss bekamen, sah man überall Frauen mit schweren Wassereimern über Hügel und durch Täler und Wälder laufen. (Es waren immer die Frauen, die das Wasser holten, Männer taten das nur gegen Bezahlung.)[4]

Selbst die einfachsten Verrichtungen waren häufig mit langen Fußwegen verbunden. Frauen brachten ihren Brotteig zum Bäcker, um ihn dort backen zu lassen, sie legten Wege zurück, um Milch und Eier zu besorgen. (Bei Flora Thompson zu Hause »musste die Milch beim Bauern geholt werden, dessen Hof zweieinhalb Kilometer entfernt lag«.[5]) Selbst um zur Toilette zu gehen, mussten sie »bis zum Waldrand« laufen.

Ich will nicht darauf herumreiten, aber das Gehen in der Natur ist tief in unsere molekulare Erinnerung eingebettet, in unser Muskelgedächtnis. Es ist unauslöschlich in unsere DNS eingeschrieben. Es mag verkümmert sein, aber es ist da. Unser Herzland.

Aber irgendwann im Lauf der Geschichte war es damit vorbei, irgendwann konnten Frauen nicht mehr furchtlos durch die freie Natur wandern. Für unsere Aktivitäten im Freien standen uns jetzt der private Garten oder öffentliche Parks zur Verfügung. Die freie Natur wurde zu einem Ort, an dem Männer das Abenteuer suchten, ihren Mut testeten, zu Eroberern wurden, ein Ort, wo Männer ihren Körper stählen und ihren Heldenmut unter Beweis stellen konnten. Sie kletterten auf Berge, legten Fallen aus, gingen auf die Pirsch, schossen Hasen, wilderten Hirsche, angelten Fische, maßen, zählten und fällten Bäume oder unternahmen ausgedehnte Spaziergänge à la Rousseau, die freie Natur war ihr Reich.

Aber wenn man ein bisschen gräbt, stößt man auf zahlreiche Frauen, die sich weigerten, sich aus ihrem Herzland vertreiben zu lassen, die sich nicht davon einschüchtern ließen, dass Frauen kaum noch draußen unterwegs waren, von der Bedrohung durch männliche Gewalt, der Gefahr zu stürzen oder ihren guten Ruf zu verlieren.

Alle diese sehr modernen Frauen sind Vorbilder. Mit ihren kühnen Wanderungen fordern sie uns auf, es ihnen nachzutun. Mit ihrem Beispiel geben sie uns die Erlaubnis, die Inspiration und das nötige Selbstbewusstsein, damit wir auf Berge klettern, lange Rucksacktouren unternehmen, uns allein auf den Weg machen, unter den Sternen schlafen, nachts wandern, Wind, Regen, Hitze und Kälte trotzen, mit Unsicherheit, Angst und den Komplikationen des weiblichen Körpers leben, die Wildheit in uns entdecken.

Diese Frauen haben uns nicht nur ihre Aufzeichnungen und ihre Kunst geschenkt, sie haben uns ihr Leben geschenkt. Sie sind unser aller Mütter.

DANK

Mein Dank für die Erlaubnis zu zitieren geht an: den Nachlass von Nan Shepherd für die Zitate aus Shepherds unveröffentlichten Briefen und Tagebüchern und *Der lebende Berg*; die British Library für die Zitate aus den unveröffentlichten Memoiren von Mathilde Blind; an die National Library of Wales für die Zitate aus den unveröffentlichten Aufzeichnungen und Briefen von Gwen John.

Dieses Buch ist mit Unterstützung zahlreicher Institutionen entstanden, denen ich für ihre großzügige Hilfe danken möchte: der London Library, der National Library of Wales, der National Library of Scotland, der British Library, der University of East Anglia Library, der University of Nottingham Library, der Gladstone's Library, der Bibliothek und dem Lesesaal der Tate Britain, dem Georgia O'Keeffe Research Center and Archives, dem Amarillo Museum of Art und dem Pan-Handle Plains Historical Museum.

Ich danke dem Dora Maar House und dem Nancy B. Negley Artist's Residency Program für das großzügige Stipendium, das mir die intensive Arbeit am »französischen« Teil dieses Buchs ermöglicht und mir Gelegenheit gegeben hat, den Spuren von Simone de Beauvoir zu folgen. Außerdem danke ich Gwen Strauss ganz besonders für ihre Unterstützung.

Außerdem schulde ich vielen Personen großen Dank, die mir ihre Zeit und ihr Fachwissen zur Verfügung gestellt haben. Ganz besonders danke ich Charlotte Peacock, Erlend Clouston, Kathryn Aalto, Professorin Amy von Lintel, Alex Gregory, Professorin Maggie Humm, Charlotte Batson, Simon Greaves, Margaret Fuller, Carol Purkiss, Meredith McKinney, Sharon Galant und Thomasin Chinnery. Für ihren außerordentlichen Glauben an dieses Buch (unter anderem) möchte ich meinen Agentinnen danken: Rachel Mills und Alexandra Cliff in London; Stuart Krichevsky und Laura Usselmann in New York. Und natürlich meinen Verlegern für ihre vorbehaltlose Unterstützung: Lisa Highton und ihr Team bei Two Roads – Kate Craigie, Anna Egelstaff und Jess Kim – und Craig Popelars und Masie Cochran bei Tin House.

Wie immer schulde ich zahlreichen Wissenschaftlerinnen Dank für ihre akribischen Recherchen, insbesondere den Biografinnen von Frieda von Richthofen, Gwen John, Daphne du Maurier, Nan Shepherd, Simone de Beauvoir, Georgia O'Keeffe und Emma Gatewood. Ohne ihre Beharrlichkeit und ihren Elan würde dieses Buch nicht existieren. Außerdem möchte ich mich bei Ann Prideaux für ihre Blogs über Clara Vyvyan bedanken.

Und bei meinen Freundinnen, die sich während der Entstehung des Buchs auf Wanderungen und Gespräche mit mir eingelassen haben: Philippa Aylmer, Camille Bann, Alice Burnett, Mandy Durham, Caroline Graham, Annie Harris, Rhiannon Jones, Kate Lowe, Duncan Minshall, Nina Oden, Clare Pooley, Emma Robertshaw, Amy Robson, Susan Saunders und Meriel Stintson.

Besonders erwähnen möchte ich an dieser Stelle meine

Eltern: meinen Vater, dem ich die Wanderlust verdanke und der ganz plötzlich und unerwartet starb, kurz bevor dieses Buch erschien. Er fehlt mir jeden Tag. Eine zweite besondere Erwähnung gilt meiner Mutter, die mir vorgelebt hat, wie frau mit einem leeren Nest zurechtkommt: Als ich mit achtzehn zu Hause auszog, ist sie mit ihrem ramponierten Auto – sie hatte gerade erst den Führerschein gemacht – kreuz und quer durch Europa gekurvt und hat sich für ihr erstes eigenes Buch vergessene, verwilderte Gärten angesehen.

Und schließlich danke ich meiner Familie: Matthew, Imogen, Bryony, Saskia und Hugo. Ich danke euch dafür, dass ihr so großartige Abenteurer und Wandergefährten seid, jetzt und auch in Zukunft.

Am dritten Tag meiner Wanderung entlang der Themse schlug Covid-19 zu, und die Welt taumelte, wankte, blieb stehen und verschob sich. Während ich dies schreibe, befindet sich fast die ganze Welt im Lockdown, und viele von uns sitzen zu Hause fest. Frauen hatten schon immer überdurchschnittlich mit psychischen Problemen zu kämpfen – dafür gibt es vielfältige Ursachen, angefangen bei häuslicher Gewalt bis hin zu der Verpflichtung, für andere da zu sein –, was noch durch die Pandemie verstärkt wurde. Wenig überraschend machen Frauen sich typischerweise mehr Sorgen und leiden häufiger unter Depressionen, und erste Studien legen nahe, dass der Kollateralschaden von Covid-19 in Bezug auf die seelische Gesundheit von Frauen verheerend sein könnte.

Kürzlich landete ein Forschungsbericht auf meinem Schreibtisch, der nachweist, dass das Wandern in ländlichen und abgelegenen Gegenden bei Frauen oft einen Prozess der »psychologischen Transformation« und der »emotionalen Erneuerung« auslöst. Genauso wie bei den Frauen in diesem Buch.

Ich hoffe, Sie fühlen sich ausreichend ermutigt und angeregt, ebenfalls Ihren Weg zu finden.

BIBLIOGRAFIE

Aalto, Kathryn, *Writing Wild: Women Poets, Ramblers, and Mavericks Who Shape How We See the Natural World*, Timber Press, 2020

Andrews, Kerri, *Wanderers: A History of Women Walking*, Reaktion Books, 2020

Bair, Deirdre, *Parisian Lives: Samuel Beckett, Simone de Beauvoir, and Me: A Memoir*, Atlantic Books, 2020

Bair, Deirdre, *Simone de Beauvoir: Eine Biographie*, btb, 2000

Barson, Tanya, *Georgia O'Keeffe*, Tate Publishing, 2016

Beauvoir, Simone de, *Der Lauf der Dinge*, Rowohlt, 1968

Beauvoir, Simone de, *Memoiren einer Tochter aus gutem Hause*, Rowohlt, 1986

Beauvoir, Simone de, *Sie kam und blieb*, Rowohlt, 2004

Beauvoir, Simone de, *In den besten Jahren*, Rowohlt 1969

Beauvoir, Simone de, *Das andere Geschlecht*, Rowohlt, 2000

Benke, Britta, *O'Keeffe*, 1995

Birkett, Dea, *Off the Beaten Track: Three Centuries of Women Travellers*, NPG Publications, 2004

Borzello, Frances, *Ihre eigene Welt, Frauen in der Kunstgeschichte*, Gerstenberg, 2000

Byrne, Janet, *A Genius for Living: A Biography of Frieda Lawrence*, HarperCollins, 1995

Carlson, Paul und Becker, John, *Georgia O'Keeffe in Texas*, State House Press, 2012

Chitty, Susan, *Gwen John 1876–1939*, Hodder & Stoughton, 1981

Christy, Bayard H., *Going Afoot: A Book on Walking*, Leopold Classics, 2015

Damrosch, Leo, *Jean-Jacques Rousseau: Restless Genius*, Mariner Books, 2007

Drohojowska-Philip, Hunter, *Full Bloom: The Art and Life of Georgia O'Keeffe*, W. W. Norton, 2004

Elkin, Lauren, *Flâneuse, Frauen erobern die Stadt*, btb, 2018

Foster, Alicia, *Gwen John*, Tate Publishing, 2015

Glendon, Mary Ann, *Les Lettres Inédites de Marie-Thérèse Le Vasseur*, Columbia: A Journal of Literature & Art, Nr. 18/19, 1993

Green, Martin, Else und Frieda, *Die Richthofen-Schwestern*, Kindler, 1990

Greenough, Sarah, My Faraway One: *Selected letters of Georgia O'Keeffe and Alfred Stieglitz*, Volume 1.

Grunfeld, Frederic, *Rodin: A Biography*, Da Capo Press, 1998

Hesp, Anneke, *Walking with Simone de Beauvoir*, private Veröffentlichung

Holroyd, Michael, *Augustus John: The New Biography*, Vintage, 1997

Humble, Kate, *Thinking on My Feet*, Octopus, 2018

Jebb, Miles, *Walkers*, Constable, 1985

John, Augustus, *Chiaroscuro*, Jonathan Cape, 1952

John, Rebecca und Holroyd, Michael, *The Good Bohemian: The Letters of Ida John*, Bloomsbury, 2017

Kirkpatrick, Kate, *Simone de Beauvoir*, Piper, 2020

Kolk, Bessel van der, *Verkörperter Schrecken, Traumaspuren in Gehirn, Geist und Körper und wie man sie heilen kann*, G.P. Probst Verlag, 2019

Langdale, Cecily und Jenkins, David Fraser, *Gwen John: An Interior Life*, Rizzoli, 1986

Lanzmann, Claude, *Der Patagonische Hase: Erinnerungen*, Rowohlt TB 2012

Lawrence, D. H., u. a. *Italienische Dämmerung, Liebende Frauen, Söhne und Liebhaber*

Lawrence, Frieda, *And the Fullness Thereof* (siehe Tedlock)

Lawrence, Frieda, *Nur der Wind… mit neunzig Briefen und fünf Gedichten von D.H. Lawrence*, Verlag Die Rabenpresse Berlin SW 19, 1936

Laws, Bill, Byways, *Boots & Blisters: A History of Walkers & Walking*, The History Press, 2009

Leng, Flavia, *Daphne du Maurier: A Daughter's Memoir*, Mainstream Publishing, 1995

Lintel, Amy von, *Georgia O'Keeffe: Watercolours 1916–1918*, Radius Books and Georgia O'Keeffe Museum, 2016

Lintel, Amy von, *Georgia O'Keeffe's Wartime Texas Letters*, College Station: Texas A&M University Press, 2020

Lisle, Laurie, *Portrait of an Artist: A Biography of Georgia O'Keeffe*, Washington Square Press, 1997
Lloyd-Morgan, Ceridwen, *Gwen John: Letters and Notebooks*, Tate Publishing, 2004
Lucas, Robert, *Frieda von Richthofen*, Diogenes, 1985
Maathai, Wangari, *Afrika, mein Leben: Erinnerungen einer Unbeugsamen*, Dumont, 2011
Malchik, Antonia, *A Walking Life*, Da Capo Books, 2019
Mara, Shane O., *Das Glück des Gehens*, Rowohlt, 2020
Marples, Morris, *Shanks's Pony: A Study of Walking*, J. M. Dent, 1959
Maurier, Daphne du, *The Birds and Other Stories*, Virago, 2004
McKinne, Meredith, *Travels with a Writing Brush: Classical Japanese Travel Writing*, Penguin Books, 2019
Minshull, Duncan, *Beneath my Feet: Writers on Walking*, London: Notting Hill Editions, 2019
Minshull, Duncan, *While Wandering: A Walking Companion*, London: Vintage, 2014
Mintz Messenger, Lisa, *Georgia O'Keeffe*, Thames & Hudson, 2001
Montgomery, Ben, *Grandma Gatewood's Walk: The Inspiring Story of the Woman Who Saved the Appalachian Trail*, Chicago Review Press, 2016
Morris, Mary und O'Connor, Larry, *The Virago Book of Women Travellers*, Virago, 1994
Nichols, Wallace J., *Blue Mind: Wie Wasser uns glücklicher macht*, Hirzel, 2020
Peacock, Charlotte, *Into the Mountain: A Life of Nan Shepherd*, Galileo Publishing, 2017
Peters, Sarah Whitaker, *Becoming O'Keeffe: The Early Years*, Abbeville Press, 1991
Roe, Susan, *Gwen John: A Life*, Vintage, 2001
Robinson, Roxanna, *Georgia O'Keeffe: A Life*, Bloomsbury, 1997
Rosnay, Tatiana de, *Manderley Forever: The Life of Daphne du Maurier*, Allenand Unwin, 2017
Rousseau, Jean-Jacques, *Émile*, Gustav Kiepenheuer Verlag Leipzig und Weimar 1980
Rousseau, Jean-Jacques, *Bekenntnisse*, Insel 1985
Sagner, Karin, *Frauen auf eigenen Füßen: Spazieren, Flanieren, Wandern*, Elisabeth Sandmann Verlag, 2016

Sarton, May, *Journal of a Solitude*, W. W. Norton, 1993
Selhub, Eva, *Your Brain on Nature*, Collins, 2014
Seymour-Jones, Carol, *A Dangerous Liaison*, Century, 2008
Shepherd, Nan, *In the Cairngorms*, Galileo Publishing, 2018
Shepherd, Nan, *The Grampian Quarter: The Quarry Wood, The Weatherhouse, A Pass in the Grampians*, Canongate, 1996
Shepherd, Nan, *Der lebende Berg*, Matthes & Seitz, 2011
Shepherd, Nan, *Wild Geese*, Galileo Publishing, 2018
Solnit, Rebecca, *Wanderlust*, Matthes & Seitz, 2019
Squires, Michael, *D. H. Lawrence and Frieda: A Portrait of Love and Loyalty*, Andre Deutsch, 2008
Squires, Michael und Talbot, Lynn K., *Living at the Edge: A Biography of D. H. Lawrence & Frieda von Richthofen*, Hale, 2002
Storr, Anthony, *Solitude*, HarperCollins, 1997
Strayed, Cheryl, *Wild: A Journey from Lost to Found*, Atlantic Books, 2013
Tamboukou, Maria, *Nomadic Narratives, Visual Forces: Gwen John's Letters and Paintings*, Peter Lang Publishing, 2010
Taubman, Mary, *Gwen John*, Scolar Press, 1985
Tedlock, Ernest Warnock, *Frieda Lawrence: The Memoirs and Correspondence*, Knopf, 1961
Thomas, Alison, *Portraits of Women: Gwen John and her Forgotten Contemporaries*, Polity Press, 1994
Toulson, Shirley, *East Anglia: Walking the Ley Lines and Ancient Tracks*, Wildwood House, 1979
Toulson, Shirley, *The Country of Old Age*, Hodder & Stoughton, 1998
Toulson, Shirley, *The Drovers' Roads of Wales*, Wildwood House, 1977
Trevelyan, Katharine, *Fool in Love*, Littlewood Books, 1962
Trevelyan, Katharine, *Through Mine Own Eyes*, Kessinger, 2010
Trevelyan, Katharine, *Unharboured Heaths: Reminiscences of Canada*, Selwyn & Blount, 1930
Vyvyan, Clara, *Arctic Adventure*, Transatlantic Books, 1961 (neu veröffentlicht unter The Ladies, the Gwich'in and the Rat: Travels on the Athabasca, Mackenzie, Rat, Porcupine and Yukon Rivers in 1926, University of Alberta Press, 1998)
Vyvyan, Clara, *Down the Rhône on Foot*, Peter Owen, 1955
Vyvyan, Clara, *Journey up the Years*, Peter Owen, 1966
Vyvyan, Clara, *On Timeless Shores: Journeys in Ireland*, 1968

Vyvyan, Clara, *Roots and Stars*, The Country Book Club, 1963
Vyvyan, Clara, *Temples and Flowers: A Journey to Greece*, Peter Owen, 1955
Williams, Florence, *The Nature Fix: Why Nature Makes Us Happier, Healthier, and More Creative*, W. W. Norton, 2017
Williams, Florence, *The Three-Day Effect*, Audible, 2019
Winn, Raynor, *Der Salzpfad*, Dumont, 2019
Wohlleben, Peter, *Das geheime Leben der Bäume*, Ludwig, 2015
Wohlleben, Peter, *Gebrauchsanweisung für den Wald*, Piper, 2017
Wright, Susan, *Georgia O'Keeffe: An Eternal Spirit*, Todtri, 1996

ANMERKUNGEN

Einleitung

1   Rebecca Solnit, *Wanderlust*, Matthes & Seitz, 2019
2   Alle Zitate aus: Rousseaus *Émile* oder *Bekenntnisse*

Kapitel 1

1   Jean-Jacques Rousseau, *Émile*, Gustav Kiepenheuer Verlag Leipzig und Weimar 1980, S.19
2   Jean-Jacques Rousseau, *Bekenntnisse*, Insel 1985 Viertes Buch, S. 243
3   Mary Ann Glendon, »Les Lettres Inédites de Marie-Therese Le Vasseur«, Columbia: *A Journal of Literature and Art*. Nr. 18/19, 1993

Kapitel 2

Nicht näher benannte Zitate von Frieda Lawrence sind entnommen entweder aus *Nur der Wind ...* oder *The Memoirs and Correspondence*.

1   D. H. Lawrence, *Mexikanischer Morgen und Italienische Dämmerung*, Kap.: Das Kruzifix in den Bergen, S. 414, Rowohlt 1963
2   Frieda Lawrence, *Nur der Wind...* mit neunzig Briefen und fünf Gedichten von D.H. Lawrence, Verlag Die Rabenpresse Berlin SW 19, 1936
3   ebd. S. 65
4   ebd.

5 Clemens G. Arvay, *The Biophilia Effect*, 2018
6 *Nur der Wind ...*, S.65
7 D. H. Lawrence, *Pan in America*
8 D. H. Lawrence, *Whistling of Birds*
9 D. H. Lawrence, *Der Regenbogen*
10 Frieda Lawrence, *Nur der Wind...*
11 www.medicalnewstoday.com/articles/321921.php?utm_source=newsletter&utm_medium=email&utm_campaign=weekly
12 Friedrich Nietzsche, *Götzendämmerung*, Naumann, Leipzig 1889 »Sprüche und Pfeile Nr. 34«
13 D. H. Lawrence an Edward Garnett, 4/8, 1912, in *The Collected Letters of D. H. Lawrence*, Vol. 1, herausgegeben von Harry T. Moore, Heinemann, 1962
14 *Nur der Wind ...*
15 *Nur der Wind ...*
16 Alle Zitate von D. H. Lawrence, »Hymns in a Man's Life«, in *A Selection from Phoenix*, herausgegeben von A. A. H. Inglis, Penguin, 1971
17 *Nur der Wind ...*
18 Barbara Weekley Barr, »Memoir of D. H. Lawrence«, in *D.H. Lawrence: Novelist, Poet, Prophet*, herausgegeben von Stephen Spender, Weidenfeld and Nicolson, 1973
19 D. H. Lawrence, *Reflections on the Death of a Porcupine and Other Essays*, Cambridge University Press, 1988
20 *Nur der Wind ...*
21 Shirley Toulson, *The Country of Old Age*

Kapitel 3

1 Michael Holroyd, *Augustus John: The New Biography*, Vintage, 1997
2 Gwen John an Ursula Tyrwhitt in: Sue Roe, *Gwen John, A Life*, Vintage, 2002
3 Susan Chitty, *Gwen John 1876–1939*, Hodder & Stoughton, 1981
4 Aubrey Le Blond, *Day In, Day Out*, John Lane, Bodley Head, 1928
5 Bessel Van der Kolk, *Verkörperter Schrecken: Traumaspuren in Gehirn, Geist und Körper und wie man sie heilen kann*, G.P. Probst Verlag 2019, Prolog S. 11

6 Karlen Lyons-Ruth und Deborah Jacobvitz, »Attachment Disorganization: Unresolved Loss, Relational Violence, and Lapses in Behavioral and Attentional Strategies«, in *Handbook of Attachment: Theory, Research, and Clinical Applications*, herausgegeben von Jude Cassidy und Phillip R. Shaver, Guilford Press, 1999
7 Ida John an ihre Mutter, 1898 in: *The Good Bohemian: The Letters of Ida John*, herausgegeben von Rebecca John und Michael Holroyd, Bloomsbury, 2017
8 Gwen John an John Quinn, in: Maria Tamboukou, *Farewell to the Self: Between the Letter and the Self-Portrait*, Life Writing 12, Nr. 1
9 ebenda
10 Eine Studie, wonach Töchter sich doppelt so oft um ihre alten Eltern kümmern als Söhne: Angelina Grigoryeva, presentation to the American Sociological Association, August 2014, www.asanet.org/press-center/pressreleases/daughters-provide-much-elderly-parent-care-they-can-sons-do-little-possible
11 Alle Zitate in diesem Abschnitt sind aus: *The Gwen John Collection at the National Library of Wales*, oder aus: Chitty, *Gwen John 1876–1939*
12 Flora Thompson, *Lark Rise to Candleford*, Oxford University Press, 1939
13 Brief von Frieda Weekley an Otto Gross, in: Turner, John, u. a., *The D.H. Lawrence Review*, vol. 22, no. 2, 1990
14 Mathilde Blind, unveröffentlichtes Manuskript, 1862, British Library
15 Mary Eyre, *Over the Pyrenees into Spain*, Bentley, 1865
16 Odette Keun, *I Discover the English*, John Lane, Bodley Head, 1934
17 Obwohl wir uns in der Stadt sicherer fühlen, geht aus Statistiken hervor, dass wir in Wirklichkeit auf dem Land sicherer sind. In Großbritannien kommen in ländlichen Gebieten auf 1000 Personen 2,2 Vergewaltigungen, in städtischen Gebieten dagegen sind es 2,8.
18 Simone de Beauvoir, *In den besten Jahren*
19 Mary Lee Settle, *Turkish Reflections, A Biography of a Place*, Touchstone, 1992
20 Sue Roe: *Gwen John, A Life*, Vintage, 2001 Augustus John zugeschrieben
21 Brief von Foster an John Quinn, in: Sue Roe, *Gwen John, A Life*
22 Mary Taubman, *Gwen John*
23 Sarah Lea, *Antony Gormley: Body and Soul*, Royal Academy Magazine, September 2019

24 Jean-Jacques Rousseau, *Bekenntnisse*
25 Gwen John an Ursula Tyrwhitt, 1904, in: Roe, *Gwen John: A Life*
26 Ida John an Gwen John, in: *The Good Bohemian, The Letters of Ida John*, herausgegeben von Rebecca John und Michael Holroyd, London, Bloomsbury, 2017
27 Chitty, *Gwen John 1876–1939*
28 Sue Roe, *Gwen John*
29 ebd.
30 Chitty, *Gwen John 1876–1939*
31 Gascon u. a., *Outdoor Blue Spaces, Human Health and Well Being: A Systematic Review of Quantitative Studies*, International Journal of Hygiene and Environmental Health, 2017
32 Wallace J. Nichols, *Blue Mind: How Water Makes You Happier, More Connected and Better at What You Do*, Abacus 2014
33 Willa Cather, *Willa Cather in Europe: Her Own Story of the First Journey*, University of Nebraska Press, 1956
34 Cecily Langdale und David Fraser Jenkins, *Gwen John: An Interior Life*, Rizzoli, 1986

Kapitel 4

Clara Vyvyan zugeordnete Zitate, die jedoch nicht mit Fußnoten sind, wurden ihren Schriften entnommen: *Down the Rhone on foot, Journey up the Years, Arctic Adventure* und *Temples and Flowers* (siehe Bibliografie).

1 Karin Arndt, »Die Angst allein zu sein«, *Psychologie heute*, 8. April 2018
2 Interview aus A. A. Prideaux, www.aaprideaux.com/general/lady-clara-coltman-vyvyan-1885-1976-aka-c-c-rogers/
3 Daphne du Maurier an Oriel Malet, in: *Letters from Menabilly: Portrait of a Friendship*, herausgegeben von Oriel Malet, M. Evans, 1992
4 Thomas L. Friedman, »*Cellphones, Maxi-Pads and Other Life-Changing Tools*«, New York Times, 6. April 2007
5 Brief von Daphne du Maurier an Sheila Hodges, in: Sheila Hodges, *Editing Daphne du Maurier*, Women's History Review, 11:2, 2002

6 Frieda Lawrence, *Nur der Wind ...*
7 C. C. Vyvyan, *Journey up the Years*, Peter Owen, 1966
8 C. C. Vyvyan, *On Timeless Shores: Journeys in Ireland*, Peter Owen, 1957, und: *Down the Rhône on Foot*, Peter Owen, 1955.
9 Alle Zitate in diesem Absatz aus: C. C. Vyvyan, *Arctic Adventure*, London, Transatlantic Books, 1961, und Clara C. Rogers, *The Rat River*, Geographical Journal 73, no. 5, 1929
10 Lionel Trilling, »The Situation of the American Intellectual at the Present Time«, in *A Gathering of Fugitives*, Beacon Press, 1956
11 Werner Herzog, *Vom Gehen im Eis*
12 Alle Zitate in diesem Absatz aus Nan Shepherd, *Der lebende Berg*
13 Tohoku University, »Walking Together: Personal Traits and First Impressions Affects Step Synchronization«, *Science Daily*, 21. Februar 2020
14 C.C. Vyvyan, Temples and Flowers: *A Journey of Greece*, Peter Owen, 1955

Kapitel 5

Alle Nan Shepherd zugeordneten, aber nicht mit Fußnoten versehenen Zitate stammen aus ihrer Biografie *Into the Mountain* von Charlotte Peacock oder aus Shepherds eigenen Arbeiten, vor allem ihren Briefen und Notizbüchern, die in der National Library of Scotland archiviert sind, und aus ihren Büchern: *The Grampian Quartet, Der lebende Berg, Wild Geese* und *In the Cairngorms* (siehe Bibliografie)

1 Nan Shepherd, *Der lebende Berg*, S. 52
2 Shepherd drückt sich so aus: »... plötzlich ist das Werk da, bricht aus seiner eigenen Reife hervor ... das Leben ist explodiert, anhaftend, reichhaltig und oh, so wohlriechend!« Brief an Barbara Balmer, in: Charlotte Peacock, *Into the Mountain: A Life of Nan Shepherd,* Galileo, 2017
3 Virginia Nicholson, *Singled Out: How Two Million Women Survived without Men after the First World War*, Penguin, 2008
4 ebd.
5 ebd.

6 Simone de Beauvoir, *Das andere Geschlecht*
7 Charlotte Peacock, *Into the Mountain*
8 Robert MacFarlane, Vorwort zu *Der lebende Berg*
9 Die Themen Mutterschaft und Kinder ziehen sich wie ein glitzernder Faden durch Shepherds Tagebücher, Briefe und Romane. Unter ihren Hinterlassenschaften befinden sich mehrere Tagebücher, in dem sie über die Entwicklung einer Nachbarstochter, Sheila, und später über deren Kinder schreibt, für die sie eine Art Adoptivgroßmutter wurde. Erlend Clouston and Charlotte Peacock, Interviews mit der Autorin am 18. Dezember 2019 und 3. Mai 2019
10 Anne Brontë, *Dreams*. Alle Brontë-Gedichte finden sich in Shepherds unveröffentlichten Tagebüchern, Gleanings, National Library of Scotland.
11 Als Shepherds Mutter im Alter von achtundachtzig Jahren starb, hatte sie das Haus fünfzig Jahre lang nicht verlassen.
12 Interview der Autorin mit Erlend Clouston, 18. Dezember 2019
13 Aus einem Brief von Nan Shepherd an Jessie Kesson, in: Charlotte Peacock, *Into the Mountain*
14 Nan Shepherd, »The Burning Glass«, 1921, in: *Wild Geese*, herausgegeben von Charlotte Peacock, Galileo 2018
15 Unveröffentlichter Brief von Nan Shepherd an Lyn Irvine, 25. Juni 1957, St. John's Library. Das war die Aussicht von dem Ferienhaus außerhalb von Kingussie, wo ihre Eltern mit ihr und ihrem Bruder Urlaub machten.
16 Robert MacFarlane, Vorwort zu *In the Cairngorms* von Nan Shepherd, Galileo, 2018
17 John Costello, John Macmurray: *A Biography*, Floris, 2002
18 ebd.
19 Betty Macmurray, *Now and Then*, unveröffentlichtes Manuskript, zitiert in: Charlotte Peacock, *Into the Mountain* und diskutiert bei Gesprächen und Schriftwechseln mit Charlotte Peacock
20 Nan Shepherd an Neil Gunn, 1931, National Library of Scotland
21 Nan Shepherd, »The Weatherhouse«, in: *The Grampian Quartet*, Canongate, 1996
22 Die Neurologin Gina Rippon legt anschaulich dar, wie der Mythos entstanden ist, Frauen hätten einen schlechten Orientierungssinn, warum das unzutreffend ist, und wie man ihn aus der Welt schaffen

kann: *The Gendered Brain: The New Neuroscience That Shatters the Myth of the Female Brain*, Bodley Head, 2019
23 Lewis Grassic Gibbon, »A Pass in the Grampians«, 1933, in: Charlotte Peacock, *Into the Mountain*
24 Charlotte Peacock, *Into the Mountain*
25 Kathryn Aalto, *Writing Wild: Women Poets, Ramblers, and Mavericks Who Shape How We See the Natural World*, Timber Press, 2020
26 Adam Watson, *Essays on Lone Trips, Mountain-Craft, and Other Hill Topics*, Paragon Publishing, 2016
27 Charlotte Peacock, *Into the Mountain*
28 Nan Shepherd an Neil Gunn, in: Charlotte Peacock, *Into the Mountain*
29 J. P. Watson, R. Gaind und I. M. Marks, »Prolonged Exposure: A Rapid Treatment for Phobias«, in: *British Medical Journal 1*, Nr. 5739, Januar 1971, und überprüft in neueren Studien von Frankland u. a., »Facing Your Fears«, *Science*, 15. Juni 2018
30 Nan Shepherd, *Der lebende Berg*, S. 145
31 David Sinclair, *Lifespan: Why we Age and Why we Don't Have to.* Thorsons, 2019
32 »Writer of Genius Gave Up«, *Aberdeen Evening Express*, 15. Dezember 1976
33 1984 wurde unter dem Titel *The Grampian Quartett* ein Sammelband herausgegeben, der ihre drei Romane und *Der lebende Berg* enthielt (s. Bibliografie)
34 Jim Perrin, »Pennant Melangell, Powys,« Country Diary, *Guardian*, 20. Oktober 2007
35 Sarah Stoddart Hazlitt und William Hazlitt, *The Journals of Sarah and William Hazlitt 1822–1831*, herausgegeben von William Hallam Bonner, University of Buffalo Press, 1959
36 Professor Stephen Stanfeld, in: Harry Wallop, »How Noise Pollution Affects Your Health – It Takes Years Off Your Life,« *The Times*, 18. Juni 2019
37 Nan Shepherd, »Above Loch Avon«, in: *The Cairngorms*, Galileo, 2018
38 Aaron Baggish, in: Chrissy Sexton, »The Human Heart Evolved for Endurance, Not for a Sedentary Lifestyle«, Earth.com, 22 October 2019, www.earth.com/news/human-heart-evolved/. Robert E. Shave u. a., »Selection of Endurance Capabilities and the Trade-Off between Pressure and Volume in the Evolution of the Human Heart«,

Proceedings of the National Academy of Sciences of the United States of America 116, Nr. 40, 1 Oktober 2019

39 Nan Shepherd an Kesson, 29. Juni 1980, in: Charlotte Peacock, *Into the Mountain*

Kapitel 6

Alle nicht näher bezeichneten Zitate von Simone de Beauvoir sind den hier aufgeführten Werken entnommen. Siehe Bibliografie.

1 Simone de Beauvoir, *In den besten Jahren*, Rowohlt TB, 1969
2 Frédéric Gros, *Unterwegs. Eine kleine Philosophie des Gehens*, 2009. Dort werden fast keine Frauen erwähnt.
3 *In den besten Jahren*
4 Deirdre Bair, *Simone de Beauvoir: eine Biographie*, 1990
5 *In den besten Jahren*, S. 80
6 Irgendwann ersetzte sie den Korb durch einen Rucksack; Rucksäcke wurden damals aus robustem Segeltuch genäht, mit Lederriemen und Messingschnallen.
7 Simone de Beauvoir, *Memoiren einer Tochter aus gutem Hause*, Rowohlt TB, 1986, S. 119 f.
8 Einige Jahre später sagte Beauvoir sich von Gott und ihrem Glauben los. Aber ihre spirituelle Verbundenheit mit der Natur begleitete sie ein Leben lang.
9 Deirdre Bair, *Simone de Beauvoir*
10 *Memoiren einer Tochter aus gutem Hause*
11 Deirdre Bair, *Parisian Lives: Samuel Beckett, Simone de Beauvoir and Me – a Memoir*, 2020
12 Deirdre Bair, *Simone de Beauvoir*
13 *In den besten Jahren*
14 Die Beziehung zwischen Sartre und Beauvoir war kompliziert. Zurzeit kursieren drei Theorien: dass Beauvoir Sartre geliebt hat, heterosexuell und ihm meistens treu war; dass Beauvoir in sexueller Hinsicht genauso gierig und unersättlich war wie Sartre und ihre Studenten entsprechend ausgenutzt hat; dass Beauvoirs Indiskretionen ein Versuch waren, sich bei Sartre einzuschmeicheln, während sie – ebenso wie alle anderen –

in einer seltsamen, inzestuösen »Familie« aus ihnen beiden und lauter jungen Mädchen, die ihm zu Willen waren, nach seiner Pfeife tanzte. – Lesen Sie die Biografien und ziehen Sie Ihre eigenen Schlüsse.

15 *Memoiren einer Tochter aus gutem Hause*
16 Ebd.
17 René Maheu, in: Seymour-Jones, *A Dangerous Liaison*, Century, 2008
18 Beauvoir, *Sie kam und blieb*
19 *In den besten Jahren*
20 Deidre Bair, *Simone de Beauvoir: eine Biographie*
21 *In den besten Jahren*, S. 79
22 Deidre Bair, *Simone de Beauvoir: eine Biographie*
23 *Memoiren einer Tochter aus gutem Hause*
24 *In den besten Jahren*, S. 279
25 *Sie kam und blieb*
26 *Memoiren einer Tochter aus gutem Hause*, S. 296
27 *Das andere Geschlecht*, S. 403–410
28 Seymour-Jones, *A Dangerous Liaison*
29 Beauvoir, *Der Lauf der Dinge*, Rowohlt 1968, S. 106 f.
30 Seymour-Jones, *A Dangerous Liaison*
31 *Der Lauf der Dinge*
32 *Sie kam und blieb*
33 Claude Lanzmann, *Der Patagonische Hase: Erinnerungen*, Rowohlt TB 2012
34 Anneke Hesp, *Wandelen met Simone de Beauvoir*, 2015
35 Deirdre Bair, *Parisian Lives*
36 Elizabeth Austen, *The Girl Who Goes Alone*, Floating Press 2010 »Das Mädchen, das allein wandert, hat ständig Angst, ist dauernd damit beschäftigt, die Stimmen in ihrem Kopf auf einem beherrschbaren Niveau von Angst zu halten.«
37 Interview mit Charlotte Peacock, 3. Mai 2019
38 Mark Leary, *Understanding the Mysteries of Human Behavior*, The Great Courses, 2013
39 Peter Wohlleben, *Gebrauchsanweisung für den Wald*, 2017, S. 118
40 ebd.
41 https://de.wikipedia.org/wiki/Waldenser
42 *Das andere Geschlecht* Darin tritt sie ein für körperliches Training von Mädchen und weist darauf hin, dass »ihnen ... verboten (ist), etwas

Neues zu erforschen, etwas zu wagen, die Grenzen des Möglichen zu erforschen«.

43 V. Bala Chaudhary u. a., *MycoDB, a Global Database of Plant Response to Mycorrhizal Fungi*, Scientific Data 3, Nr. 160028 (May 2016), https://doi.org/10.1038/sdata.2016.28

44 Nguyen, Hoai & Ho, Duc & Thao, Do & Orav, Anne & Raal, Ain. (2015). »Selectivity of Pinus sylvestris extract and essential oil to estrogen insensitive breast cancer cells«, *Pharmacognosy magazine*

45 Peter Wohlleben, *Das geheime Leben der Bäume*

46 Edmund Burke, *A Philosophical Enquiry into the Origin of Our Ideas of the Sublime and Beautiful*, F. & C. Rivington 1803

47 Rosie Swale, *Winter Wales*, Golden Grove 1989

48 *Memoiren einer Tochter aus gutem Hause*

49 *Das andere Geschlecht*, S. 406

50 *Der Lauf der Dinge*, S. 622 f.

51 Shepherd, *Descent from the Cross, Wild Geese*, herausgegeben von Charlotte Peacock, Galileo 2018

52 Nan Shepherd an Barbara Balmer, in: Charlotte Peacock, *Into the Mountain*

Kapitel 7

Alle Georgia O'Keeffe zugeordneten Zitate sind den hier aufgeführten Werken entnommen, vor allem ihrer neuesten Biografie: *Full Bloom* und den Arbeiten von Amy von Lintel (siehe Bibliografie).

1 Etty Hillesum, *Das denkende Herz. Die Tagebücher von Etty Hillesum 1941–1943*, Rowohlt 1985, S. 35 f.

2 Paul H. Carlson und John T. Becker, *Georgia O'Keeffe in Texas: A Guide*, State House Press, 2012

3 Amy von Lintel, *Georgia O'Keeffe: Watercolours 1916–1918*, Radius Books und Georgia O'Keeffe Museum, 2016

4 Calvin Tomkins, »Georgia O'Keeffe's Vision: The Painter Considers Her Life and Work«, *New Yorker*, 4. Mai 1974

5 John Matthews, »The Influence of the Texas Panhandle on Georgia O'Keeffe«, *Panhandle-Plains Historical Review* 57, 1984

6 Georgia O'Keeffe's Vision: »The Painter Considers Her Life and Work«, *New Yorker*, 4. Mai 1974
7 Sehen Sie sich zum Beispiel ihre Bilder an, auf denen der Himmel durch die Löcher von Beckenknochen zu sehen ist.
8 Ein gutes Beispiel ist *From the Plains II 1954*, das im Thyssen-Bornemiza National Museum in Madrid hängt.
9 Brief O' Keeffes an Anita Pollitzer, 1916, in: *Lovingly, Georgia: The Complete Correspondence of Georgia O'Keeffe and Anita Pollitzer*, herausgegeben von Clive Giboire, Touchstone, 1990
10 O'Keeffe an Alfred Stieglitz, 5. Januar 1918, in: *My Faraway One: Selected Letters of Georgia O'Keeffe and Alfred Stieglitz*, herausgegeben von Sarah Greenough, Sarah, Vol. 1. Yale University Press, 2011
11 Brief von O' Keeffe an Stieglitz, 22. Oktober 1916, in: Amy von Lintel, *Georgia O'Keeffe's Wartime Texas Letters*, Texas A&M University Press, 2020
12 Beauvoir, *Das andere Geschlecht*. Beauvoir schreibt ausführlich über die Angst der Männer vor Mutter Erde seit dem Aufkommen des Patriarchats und vom Drang der Männer, die Natur auszubeuten und zu kontrollieren.
13 Nan Shepherd, *Der lebende Berg*
14 King's College London News Centre, *Exposure to Trees, the Sky and Birdsong in Cities Beneficial for Mental Wellbeing*, 16 Januar 2018
15 Vor ihrem Tod hat O'Keeffe fünftausend dieser Briefe der Beinecke Library in Yale vermacht, unter der Bedingung, dass sie erst zwanzig Jahre später gelesen werden würden (2006). Inzwischen wurden sie von Sarah Greenough herausgegeben unter dem Titel: *My Faraway One: Selected Letters of Georgia O'Keeffe and Alfred Stieglitz*, Bd. 1, Yale University Press, 2011
16 Katharine Trevelyan, *Fool in Love*, Gollancz, 1962
17 Stieglitz an O'Keeffe, 22 August 1917, in: *My Faraway One: Selected Letters of Georgia O'Keeffe and Alfred Stieglitz*, herausgegeben von Sarah Greenough, Bd. 1, Yale University Press, 2011
18 *Georgia O'Keeffe*, Dokumentarfilm von Perry Miller Adato, in dem O'Keeffe interviewt wird (PBS, 1977), 55 Min.
19 Susan Sontag, *In Platos Höhle*, S. 11 unten
20 Roxana Robinson, *Georgia O'Keeffe*, 1990

21 Eins von Stieglitz' berühmten Zitaten lautet: »Fotografieren ist für mich Liebe machen.« In: Robinson, *Georgia O'Keeffe*
22 Hunter Drohojowska-Philip, *Full Bloom: The Art and Life of Georgia O'Keeffe*, W.W. Norton 2006
23 ebd.
24 O'Keeffe an Paul Strand, in: Hunter Drohojowska-Philip, Full Bloom: *The Art and Life of Georgia O'Keeffe*
25 *My Faraway One: Selected Letters of Georgia O'Keeffe and Alfred Stieglitz*, herausgegeben von Sarah Greenough
26 Maria Popova, »In Defense of the Fluid Self: Why Anaïs Nin Turned Down a Harper's Bazaar Profile«, *Brain Pickings*, 19. Dezember 2012
27 O'Keeffe an Dorothy Brett, in: Full Bloom: *The Art and Life of Georgia O'Keeffe*
28 ebd.
29 ebd.
30 O'Keeffe an William Milliken, 1. November 1930, in: Britta Benke, *O'Keeffe*, Taschen, 1995
31 O'Keeffe an Beck Strand, August 1933, in: Sharyn R. Udall, »Georgia O'Keeffe and Emily Carr, Health, Nature and the Creative Process«. *Woman's Art Journal*, vol. 27, Nr. 1, 2006
32 Seltsamerweise handelte es sich um dieselbe Anstalt, in der auch Stieglitz' Tochter Kitty behandelt wurde, die ebenso wie Zelda bis an ihr Lebensende dort eingesperrt blieb.
33 O'Keeffe an Stieglitz, 31. Oktober 1916, in: Amy Von Lintel, *Georgia O'Keeffe's Wartime Texas Letters*
34 O'Keeffe an Paul Strand, 1917 in: Hunter Drohojowska-Philip, Full Bloom: *The Art and Life of Georgia O'Keeffe*
35 O'Keeffe an Stieglitz, 26. September 1916, in: *My Faraway One: Selected Letters of Georgia O'Keeffe and Alfred Stieglitz*, herausgegeben von Sarah Greenough
36 Katharine Trevelyan, *Unharboured Heaths: Reminiscences of Canada*, Selwyn & Blount, 1930
37 Simone de Beauvoir, *Memoiren einer Tochter aus gutem Hause*
38 Vgl. auch *Starlight Night* und *Light Coming on the Plains*, beide 1917
39 Katharine Trevelyan, *Unharboured Heaths: Reminiscences of Canada*
40 O'Keeffe an Jan Toomer, in: Hunter Drohojowska-Philip, Full Bloom: *The Art and Life of Georgia O'Keeffe*

41 *O'Keeffe Art and Letters*, herausgegeben von J. Cowart, National Gallery of Art, 1987
42 Das Gemälde ist: *A Black Bird with Snow-Covered Red Hills*, 1946
43 Daniel Catton Rich, Georgia O'Keeffe: *Forty Years of Her Art*, Worcester Art Museum, 1960, Ausstellungskatalog
44 Ralph Looney, Georgia O'Keeffe, Atlantic Monthly, April 1965, in: Hunter Drohojowska-Philip, Full Bloom: *The Art and Life of Georgia O'Keeffe*
45 z. B. Shane O'Mara, *In Praise of Walking: The New Science of How We Walk and Why It's Good for Us*, Penguin, 2019; Florence Williams, *The Nature Fix: Why Nature Makes Us Happier, Healthier and More Creative*, W. W. Norton, 2017; Eva Selhub und Alan C. Logan, *Your Brain on Nature: The Science of Nature's Influence on Your Health, Happiness and Vitality*, Collins, 2014
46 O'Keeffe an Anita Pollitzer, September 1915, in: Sarah Whitaker Peters, *Becoming O'Keeffe: The Early Years*, Abbeville Press, 1991
47 Clara Vyvyan, *Down the Rhone on Foot*
48 O'Keeffe an Stieglitz, 26. Oktober 1916, in: Amy Von Lintel, *Georgia O'Keeffe's Wartime Texas Letters*
49 Katharine Trevelyan, *Unharboured Heaths*
50 Frieda Lawrence, *Nur der Wind*
51 Der Dichter Rainer Maria Rilke arbeitete für Rodin zu der Zeit, als Gwen und Rodin ein Paar waren. So beschreibt er Rodin, in: Kleinbard, D., *The Beginning of Terror: A Psychological Study of Rainer Maria Rilke's Life and Work*, New York, NYU Press, 1995
52 Die ganze Geschichte von Emma Gatewood kann man nachlesen in *Grandma Gatewood* von Ben Montgomery.
53 Karin Sagner. *Frauen auf eigenen Füßen*, Elisabeth Sandmann im Insel Taschenbuch 2016, S. 107
54 Simone de Beauvoir, *Das andere Geschlecht*
55 Hunter Drohojowska-Philip, Full Bloom: *The Art and Life of Georgia O'Keeffe*

Epilog

1 Elizabeth Munson, »Walking on the Periphery: Gender and the Discourse of Modernization«, *Journal of Social History 36*, Nr. 1, Herbst 2002
2 Yuval Noah Harari, *Eine kurze Geschichte der Menschheit*, DVA 2013
3 ebd.
4 Caroline Davidson, *A Woman's Work is Never Done, A History of Housework in the British Isles 1650–1950*, Chatto & Windus, 1982
5 Flora Thompson, *Lark Rise to Candleford*, Oxford University Press, 1939

Annabel Abbs

Miss Elizas englische Küche

Eine wahre Geschichte über eine besondere Freundschaft

432 Seiten, ISBN 978-3-442-77229-2
Deutsch von Michaela Meßner

Wie das erste moderne Kochbuch entstand.

England, 1835. London wird geradezu überschwemmt mit aufregenden neuen Zutaten, seltenen Gewürzen und exotischen Früchten. Aber niemand weiß, wie man sie verwenden soll …

Die faszinierende Geschichte der Eliza Acton und ihrer Assistentin, die gemeinsam die britische Küche und Kochbücher auf der ganzen Welt revolutionierten.

btb

Annabel Abbs

Frieda von Richthofen

Eine Frau sprengt die Fesseln ihrer Zeit

464 Seiten, ISBN 978-3-442-71942-6
Deutsch von Michaela Meßner

»Ein wundervolles Porträt einer außergewöhnlichen Frau.«
The Times

Ihre stürmische Liebe zu dem Schriftsteller D. H. Lawrence schockiert zu Beginn des 20. Jahrhunderts die Welt. Sie inspiriert ihn zu seinem berüchtigten Roman »Lady Chatterley«. Für ihn, den mittellosen Engländer, verlässt sie Mann und Kinder. Annabel Abbs erzählt die faszinierende Geschichte der Frieda von Richthofen, einer kühnen Frau, die sich nicht an die Konventionen ihrer Zeit halten will. Deren Liebe zum Symbol sexueller Befreiung wird. Und die dafür einen hohen Preis zahlen muss.

btb